제4판

Financial Asset Management

금융 자산관리론

김희오 지음

publishing and culture
피앤씨미디어

제4판 머 리 말

금융투자환경의 변화와 더불어 다양한 금융상품들이 개발되어 2008년 2월 초판 발간 이후 2014년에 개정판을 발간하고 2015년에 제3판 발간 이후 2년 만에 다시 제4판을 발간하게 되었다. 이러한 이유는 변화하는 환경에 따라 금융시장의 유동성 증대와 변동성 확대에 적극적으로 대처하여 투자자들이 금융시장과 투자에 대한 올바른 이해와 금융의 주요 특징인 자유화, 국제화, 증권화, 디지털화는 외환위기 이후 국제금융시장의 변화가 국내금융시장에 미치는 영향력이 더욱 증대 되었고 자본시장 통합법에 따라 금융기관의 업무영역이 확대되고 있다. 이러한 금융환경의 변화로 인해 자산관리의 중요성은 커졌다. 특히 개인의 자산관리를 통하여 인생의 4대 목적자금인 결혼자금, 주택자금, 교육자금, 노후자금 등을 마련하기 위해 현재의 소비를 줄이고 자신의 미래 행복을 추구하기 위하여 연령에 따른 자산관리 방법의 변화가 필요하다.

출산율의 지속적 저하와 평균수명의 증가에 따라 고령화가 급속하게 진행되고 있다. 그런데 외환위기 이후 고용은 불안정해지고 직장에서 은퇴시기가 앞당겨지고 있으며, 저금리 시대는 계속되고 있다. 이에 따라 자산관리는 저축의 시대에서 투자의 시대로 전환되고 소득흐름과 소비흐름의 불일치 상태가 지속되고 있다. 이러한 상황에서 급변하는 환경변화에서 미래의 행복지수를 높이기 위한 능동적이고 효과적인 대비책의 일환으로 금융자산관리가 필수적이다.

금융자산관리에 성공하려면 이에 대한 전문지식이 필요하다. 주식에 투자하려면 주식에 대한 전문지식, 펀드에 투자하려면 펀드에 대한 전문지식, 금융상품에 투자하려면 금융상품에 대한 전문지식을 습득한 후에서야 비로소 그 분야에 대한 정보를 제대로 이해하고 소화할 수 있다. 그리고 정보를 습득하고 전문지식을 갖춘 후 자산관리에 성공하려면 갖추어야 할 것이 센스다. 비슷한 수준의 정보와 지식을 갖춘 투자자라도 투자의 수익률에서 차이가 나는 것은 센스의 차이임을 알 수 있다. 따라서 본서는 개인의 자산관리에 있어 전문지식의 습득에 도움을 주고 개개인의 특성에 따라 자산의 선택 및 관리에 대한 이해의 폭을 넓혀주는 센스를 기를 수 있도록 도움을 줄 것이다.

본서는 총 6부로 구성되어 있으며, 제3판에는 제1부는 금융자산관리의 개요, 제2부는 금융자산관리와 자본시장에서 최근자료로 수정 보완하였으며, 제3부는 금융자산관리와 증권의 분석, 제4부는 금융상품, 제5부는 금융자산관리와 파생상품, 제6부는 금융자산관리와 세금부분도 보완하였다. 이와 같은 측면에서 본서는 건전한 금융자산관리의 길잡이로서 역할을 하고자 노력하였다. 그러나 이와 같은 노력에도 불구하고 많은 아쉬운 점이 남아 있다. 독자들의 많은 비판과 조언을 통해 부족한 부분은 다음 개정판에서 수정과 보완이 있기를 기대해 본다.

한편 본서의 구성에서 완성까지 국내외의 많은 문헌과 관련서적을 참고로 하여 구성되어졌다. 이 자리를 빌어 국내외 학자들께 양해를 구하며 감사의 뜻을 전한다. 제4판을 출판하기까지 그동안 많은 분들의 귀중한 도움을 받았다. 집필을 위해 적극적으로 도와주신 피앤씨미디어의 박노일 사장님과 임직원들께 진심으로 감사를 드린다.

2017년 8월
저 자 씀

차 례

1 PART 금융자산관리의 개요

5 PART 파생상품시장

제14장 주가지수 옵션

6 PART 금융자산의 세금관리

제 1 부

금융자산관리의 개요

「

Ask and you will receive,
seek and you will,
knock and the door will be opened to you.

- Matthew 7 : 7 -

구하라 그러면 얻을 것이요,
찾아라 그러면 보일 것이며,
두드려라 그러면 열릴 것이니라.

- 마태복음 7장 7절 -

」

제1장 금융자산관리의 이해

제1절 금융자산관리의 기초

1. 금융자산관리의 개념

금융자산관리(financial asset management)란 정부, 금융기관, 기업, 가계 등과 같은 경제주체의 입장에서 장기적이고 종합적인 계획을 수립하고 이에 맞춰 금융자산을 체계적, 효율적으로 관리하기 위하여 현재 또는 미래 금융자산의 유출입을 예측하고, 운용 및 관리하는 활동을 의미한다.

경상적이고 반복적으로 실현되는 금융자산과 소득에 대한 투자의 결과로 발생하는 각종의 수입은 개인의 재산을 구성하게 되고 이를 관리하는 것은 협의의 자산관리이다. 즉, 자산과 부채를 포함한 재산의 축적 및 증식과 같은 재산관리가 곧 자산관리의 중요한 부분이 된다. 한편 광의의 자산관리는 수입 및 지출의 관리, 재산의 축적 및 증식관리, 재산의 보호관리, 신용관리, 세무관리, 노후관리 등의 활동을 포함하여 개인이 원하는 양적·질적인 삶의 수준을 충족시키기 위한 총체적 관리과정을 의미한다.

장기적이고 전략적인 관점에서 평생에 걸친 수입과 지출의 흐름을 체계적으로 파악하고 그에 대한 합리적인 관리를 수행할 때 성공적인 자산관리의 결과를 얻을 수 있다. 따라서 바람직한 자산관리 활동은 동태적이고 유연성있게 여러 단계로 진행되어야 하는 매우 유기적인 관리활동이 되어야한다.

2. 금융자산관리의 목적

사람들은 자산관리를 통하여 연령대별, 인생의 4대 목적 자금인 결혼자금, 주택자금, 교육자금, 노후자금 등을 마련하기 위해 현재의 소비를 줄이고 자신의 미래 행복을 추구하기 위하여 연령에 따른 자산관리 방법의 변화가 필요하다. 특히, 사람의 평균 수명[1]이 의학의 발달로 늘어나고, 출산율은 저조함에 따라 고령화율이 급격하게 높아지고 있으며, 고용이 불안정하고 직장에서 은퇴시기가 앞당겨지고 있으며, 저금리 시대는 계속되고 있다. 따라서 소득흐름과 소비흐름의 불일치 상태가 지속되고 있다. 이러한 시대의 환경변화에 따른 효과적인 미래의 행복지수를 높이기 위한 대비책의 일환으로 금융자산관리를 하는 목적이 있다.

행복지수 = 성취/욕망

다음으로 금융자산관리의 성공여부를 판단하는 기준은 물질적으로 어느 정도 금융자산을 소유하고 있느냐에 따라 Stanley & Danko(1996)[2]의 부자지수의 법칙으로 설명할 수 있다. 부자지수의 법칙은 현재의 연령을 기준으로 살펴본다는 관점에서 나이의 법칙이라고도 한다.[3]

즉, 부자지수비율이 200%를 넘으면 현재 금융자산관리에 성공을 했거나 성공 가능성이 매우 높으며, 50% 이하일 경우 금융자산관리에 재점검을 해야 할 것이다. 현재 자산관리의 방법이 부동산자산관리에서 금융자산관리로 변화되어 가는 것이 세계적인 흐름이다.

$$\text{부자지수비율} = \frac{\text{연소득} \times \text{자신의나이}/10}{\text{순자산}} \times 100$$

3. 금융자산관리의 기본요소

금융자산관리에 성공하려면 금융자산관리에 대한 전문지식이 필요하다. 주식에 투자하려면 주식에 대한 전문지식, 펀드에 투자하려면 펀드에 대한 전문지식을 습득한 후에 그 분야에 대한 정보를 얻어야 한다. 그 분야에 정보를 얻지 못

1) 통계청 자료에 의하면 우리나라의 평균수명은 2016년 기준 82세(남자 79세, 여자 85세).
2) Stanley · Danko(1996), The Millionaire Next Door.
3) 김종선 · 김종오(2006), 금융과 재테크, 비앤엠북스, pp.5~6 참조.

한 지식은 낡은 지식일 뿐이다. 따라서 정보를 습득한 후 자산관리에 성공하려면 갖추어야 할 것이 센스다. 비슷한 수준의 정보와 지식을 갖춘 투자자라도 투자의 수익률에서 차이가 나는 것은 센스의 차이임을 알 수 있다.

> ※ 금융자산관리 기본요소
>
> ① 지식(knowledge) ⇆ ② 정보(information) ⇆ ③ 센스(sense)

제 2 절 금융자산의 특성

1. 수익성

금융자산은 일정기간 자산을 보유함으로써 얻게 되는 수익으로 금융자산의 보유 결과 얻을 수 있는 이익이다. 주식의 경우 증권시장에서 주가의 상승에 대한 기대와 결산기 이후 지급하는 배당 수익에 대한 기대가 있다. 채권의 경우에는 채권 가격이 상승하고 이자 수입이 일정한 기간 내에 안정적으로 지급되는 것에 대한 기대를 의미한다. 금융기관에서 취급하고 있는 금융상품을 비교해 보면 비교적 높은 수익을 기대할 수 있는 금융상품을 찾을 수 있다. 그러나 수익이 높은 것은 위험이 높고, 환금성이 떨어지든지 분명히 이유가 있다. 따라서 금융기관이 수익률을 다양한 형태로 제시하고 있는 점에 유의하여야 한다. <표 1-1>은 금리의 종류와 수익률 관련 용어를 나타내고 있다.

〈표 1-1〉 금리의 종류와 수익률 용어

종 류	주요내용	비 고
단 리	예금의 만기에 이자를 1회 계산하여 지급하는 방식	표면금리가 동일하다면 복리상품이 실효수익률 면에서 유리
복 리	만기이전에 일정기간 단위(1개월, 3개월, 1년 등)로 이자를 계산하여 원금에 가산하는 방식	

<table>
<tr><th>종 류</th><th>주요내용</th><th>비 고</th></tr>
<tr><td>명목금리</td><td>돈의 가치변동 즉 물가 변동을 고려하지 않는 금리</td><td>돈의 가치 즉 물가변동 고려여부</td></tr>
<tr><td>실질금리</td><td>명목금리에서 물가상승률을 뺀 금리</td><td></td></tr>
<tr><td>총수익률</td><td>만기까지 받는 총수익의 투자원금에 대한 비율</td><td></td></tr>
<tr><td>연 평 균
수 익 률</td><td>만기가 1년 이상인 상품에 있어서 만기까지의 총수익률을 계약연수로 나누어 산출한 수익률</td><td></td></tr>
<tr><td>표면금리</td><td>예금증서, 채권 등의 표면에 기재된 이자율을 말하며 단순히 연간 이자수입만을 나타내는 금리</td><td rowspan="2">실효수익률에서 세금까지를 고려한 세후 실효수익률이 금융상품 선택 기준이 됨</td></tr>
<tr><td>실효수익률
(연수익률)</td><td>원금, 이자 및 그 이자의 재투자수익 등을 모두 더한 총수입금액의 원금에 대한 1년 단위 증가율</td></tr>
</table>

2. 안정성

금융자산이 갖게 되는 손실발생 가능성으로 어떤 금융상품에서 약속된 원금과 이자의 지급이 약속대로 지켜지지 않을 가능성을 나타내는 채무불이행위험과 금융증권의 판매시 가격이 매입 당시 가격보다 낮아질 가능성을 나타내는 시장위험이 있다. 따라서 금융기관을 선택할 때는 부실화 가능성은 없는지 또 해당 금융상품이 예금자보호법에 의한 보호대상인지 여부를 미리 확인해 볼 필요가 있다. 주식이나 회사채를 매입하는 경우에도 최소한 원금을 보장하는 상품인지를 확인한 후 결정하는 것이 좋다. 또한 실적배당형 금융상품은 확정금리형 상품과는 달리 운용실적에 따라 투자원금까지 손해 볼 수 있는 위험을 안고 있으며, 예금자보호 대상에서도 제외된다는 점에 유의하여야 한다. 일반적으로 수익성이 높은 금융상품일수록 위험도 높기 때문에 여유자금을 특정 금융상품에 집중시키지 말고 안정성이 다른 상품에 분산하는 것이 바람직하다. <표 1-2>는 금융자산의 특성을 나타내고 있다.

〈표 1-2〉 금융자산의 특성

구 분	거래비용	시장위험	자본가치	수익성
화 폐	없 음	없 음	안 전	없 음
주 식	있 음	있 음	불확실	있 음
채 권	있 음	있 음	불확실	있 음
부동산	있 음	낮 음	안 전	있 음

3. 유동성(환금성)

유동성(환금성)은 돈이 필요할 때 자산의 손실을 입지 않고 또는 일정한 가격보다 낮지 않는 가격으로 만기일 이전 어떤 시점에서도 필요시 신속히 화폐로 전환할 수 있는 가능성을 말한다. 일상생활 중 급하게 현금이 필요한 경우가 있다. 만기가 장기인 예금이나 적금 등은 중도해지에 따른 불이익이 크므로 유동성이 낮다고 할 수 있다. 반면 은행의 수시입출금식 예금은 손쉽게 현금으로 인출할 수 있으므로 유동성이 높은 금융상품이다. 그러나 유동성이 높으면 일반적으로 수익성이 낮아지게 된다. 따라서 일상생활에 필요한 자금이나 대기성 자금은 수시 입출금식 예금을 하는 것이 바람직하다. <표 1-3>은 환금성 수준별 주요 금융상품을 나타내고 있다.

〈표 1-3〉 환금성 수준별 주요 금융상품

구 분	주요 금융상품
환금성이 높은 단기 금융상품	– 은행의 MMDA, RP, CD – 입출금이 자유로운 상품 : 보통예금, 저축예금, 가계당좌예금 등 – 만기 1년 이내의 상품 : 종합금융회사의 CMA, 증권회사·자산운용회사의 MMF, 단기수익증권, 개방형 뮤추얼펀드 등
환금성이 낮은 단기 금융상품	– 은행의 만기 1년 이상 상품 : 저축성예금, 신탁상품 및 금융채 – 증권회사·자산운용회사의 장기 수익증권, 폐쇄형 뮤추얼펀드 등 – 보험회사의 저축성 보험상품 등

제 3 절 금융자산관리의 설계

1. 장기설계

인간의 삶은 긴 여정과 같다. 에베레스트산 등반을 할 때 최고봉 정상의 목적지에 도착 하려면 치밀하게 계획을 세운 다음 출발을 한다면 눈사태 등을 피해 예정된 코스에 따라 진로를 조정하고 예기치 않은 악천후에 적절히 대응하면서 순조롭게 등반을 마칠 수 있다. 이와 같이 장기생활의 설계는 우리의 경제생활을 "현재는 윤택하며 미래는 안정적으로 생활"하기 위한 계획이라 할 수 있다. 현재의 한정된 수입으로 미래를 어떻게 대비해야 할 것인지를 사전에 면밀히 검토해보는 것이라고 표현할 수 있다.[4)]

미래를 준비하고 대비 한다고 해서 소비하고 남은 돈으로 저축만 하는 것만이 올바른 방법은 아니다. 지출예정금액에 대해 얼마를 저축하고 또 모자라는 부분은 어디에서 빌릴 것인지에 대한 구체적인 자산관리계획을 설계하는 것이다.

2. 재산증식과 재산유지 설계

현재의 재산을 유지하기 위해 금융상품을 선택하는 일은 기본적으로 위험을 감수하고서라도 높은 수익이 기대되는 금융상품을 추구할 것인가 아니면 위험을 회피하고 안정적인 수익을 추구할 것인가는 선택의 문제이다. 금융상품 중에서 예금은 원금 손실의 위험이 작은 반면 이자율이 높지 않아 수익이 작다. 높은 수익을 위해서는 주식이나 신용등급이 낮은 회사채에 투자할 수 있지만 이 경우엔 원금 손실의 위험도 함께 높아진다. 투자에 있어 "위험이 크면 수익이 높다(high risk, high return)"는 기본원리를 항상 명심해야 한다. 일반 투자자의 경우 잘못 알려진 정보에 따라 투자에 참여 했다가 귀중한 재산을 잃게 되는 경우가 가끔 있다. 이러한 경우와 같이 고수익의 자산이 항상 좋다고 말할 수 없다. 그렇다고 주식 등에 투자를 하지 말라는 뜻은 아니다. 증권시장의 대세판단 기준이 되는 거시경제 동향에 따라서 투자시점을 고려할 경우 원금 손실의 위험을 낮추고 높은 수익을 기대할 수 있다.

4) 한국은행(2013), 금융길라잡이 참조.

3. 장기설계 금융상품

우리나라의 금융기관은 고객의 수요에 따라 여러 가지 금융상품을 개발하여 판매하고 있다. 따라서 고객은 자기의 조건에 맞는 금융상품을 선택해야 한다.

1) 저수익 무위험 금융상품

무위험 상품으로는 은행의 예금과 보증사채가 있다. 예금은 고객이 수시로 입금과 출금을 자유롭게 할 수 있는 요구불예금이 있고, 일정기간 일정금액을 입금하고 만기일에 원금과 이자를 지급받는 정기적금과 같은 저축성예금으로 구분한다. 보증사채는 발행시에 금융기관 등에서 지급을 보증하여 발행된 채권으로서 만기시에 원금과 이자를 지급받을 수 있다.

2) 고수익 고위험 금융상품

고위험 고수익 금융상품은 대표적으로 주식과 채권이 있으며 수익증권과 같은 간접투자 상품도 있다. 주식과 채권에 직접 투자를 하려면 투자에 관한 지식과 금융시장의 여러 가지 변동 상황을 늘 살펴보아야 한다. 만약 전문지식이 부족한 사람이 증권에 직접투자하는 것은 원금의 손실 위험이 높고 자기자신의 주된 업무에도 충실하지 못할 수 있다. 이러한 경우 금융기관에 투자자금을 믿고 맡겨서 대신 투자하도록 하는 간접투자 방법을 이용하는 것이 좋다. 그러나 간접투자상품의 경우 수익이 예금이자 보다 높을 수 있으나 자산의 운용 결과에 따라 원금의 손실이 날 수도 있으며, 이 경우 손실의 책임은 투자자에게 있다. 이러한 간접투자상품은 크게 수익증권, 뮤추얼펀드, 금전신탁의 3가지 종류가 있다.

(1) 수익증권

수익증권은 투자자가 자산운용회사에 투자자금을 맡겨 이 자금을 운용하여 발생한 이익을 돌려받을 수 있는 권리를 표시한 증서이다. 자산운용회사가 다수의 투자자를 대상으로 자금을 모아 채권에 투자하여 운용하게 되면 채권형 수익증권이라 하고, 주식에 주로 운용하면 주식형 수익증권이라고 하며, 주식과 채권에 혼합하여 운용하는 혼합형 수익증권도 있다. 일반적으로 펀드(fund)라고 하는 것이 바로 수익증권이다. CP, CD 등 단기금융상품에 운용하여 얻은 수익을 실적대로 지급하는 MMF(money market fund)는 가입기간에 제한이 없고, 환금성도 좋아 단기자금의 운용에 인기가 있는 상품이다.

최근에는 수익증권의 투자대상이 금융상품 뿐만 아니라 실물자산으로 확대됨에 따라 부동산에 주로 투자하는 "부동산간접투자형 수익증권"과 선박 등 실물자산에 투자하는 "실물간접형 수익증권" 등이 있다.

(2) 뮤추얼펀드

뮤추얼펀드(mutual fund)는 투자자로부터 자금을 모아, 즉, 펀드를 만들어 운용한 후 투자수익을 실적대로 지급하는 점이 수익증권과 유사하다. 다만 뮤추얼펀드는 자산운용회사가 펀드마다 하나의 운용회사를 만들어 관리하는 것으로서 사람들이 뮤추얼펀드에 투자하는 것은 회사의 주식을 매수하는 것과 같다. 주식운용을 주로하는 주식형과 채권운용을 하는 채권형은 수익이 발생할 경우 배당을 하게 된다. 또한 일정기간 환매가 금지되는 폐쇄형 뮤추얼펀드는 증권거래소나 코스닥 시장에 상장되어 있으므로 중간에 현금화할 경우 주식시장에서 서류상 회사의 주식을 매도한다.

(3) 금전신탁

금전신탁은 은행이 일반 금융상품과 분리된 신탁계정에서 고객에게 팔고 있는 신탁상품이다. 자산운용회사의 수익처럼 투자 결과에 대한 책임은 자금을 맡긴 사람이 지게 되어 있다. 운용결과에 따라 원금의 손실이 발생할 수 있으나, 운용결과가 좋으면 예금이자보다 높은 수익을 받을 수도 있다. 은행은 일반 금융상품과 구별하기 위하여 신탁상품을 실적배당상품이라고도 한다.

3) 미래위험에 대비한 보험상품

보험상품은 미래의 불확실한 재난 및 사고로부터 경제적 손실을 보전할 목적으로 다수의 사람이 자금을 모아 공동의 준비재산을 마련하여 재난 및 사고를 당한 사람에게 약정된 금액을 지급하는 금융상품이다. 보험에는 생명보험과 손해보험이 있다. 생명보험은 생사(生死), 상해, 장애, 질병 등으로 개인이 소득상실로 위험에 처했을 때 지급하는 금융상품이다. 손해보험은 화재, 도난 등 우연한 사고 등으로 재산상 손해를 당할 때 지급하는 금융상품이다.

4) 부동산 투자상품

부동산 투자상품의 대표적인 것이 리츠(real estate investment & trusts : REITs)와 부동산간접투자형 수익증권이다. 이 상품은 금융기관 가입자들의 자금을 부동산에 투자하고 그 운용수익을 가입자들에게 나누어주는 상품이다. 이러한 부동산 간접투자 상품은 거액이 소요되는 부동산 투자자금을 소액으로 증권화 함으로써 건전한 투자를 활성화하는 한편 부동산 개발 및 투자에 따른 이익을 다수의 투자자에게 골고루 나누어 주는 기능을 한다.

연 습 문 제

1. 금융자산관리의 개념을 설명하시오.
2. 금융자산관리의 목적을 설명하시오.
3. 금융자산관리의 기본요소를 설명하시오.
4. 금융자산관리의 특성을 설명하시오.
5. 금융상품을 환금성 수준별로 분류하시오.
6. 금융자산의 장기설계에 대하여 설명하시오.
7. 고위험 · 고수익상품의 종류를 설명하시오.

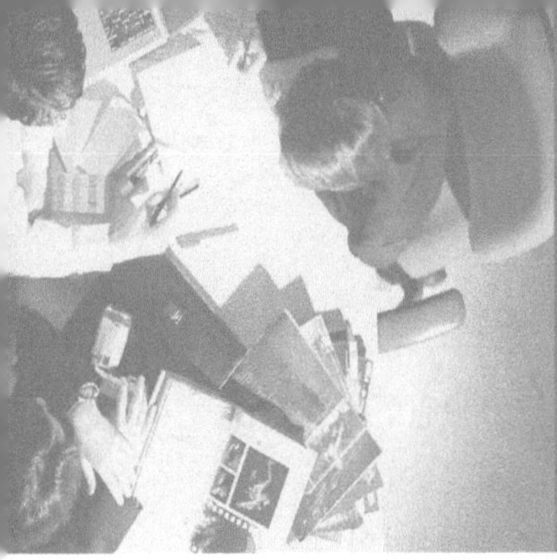

제2장 금융자산과 금융시장

제1절 금융자산

1. 금융자산의 개념

투자자산은 크게 부동산과 같은 실물자산(real asset)과 예금과 같은 금융자산(financial asset)으로 나눈다. 실물자산은 기계, 장비, 토지, 그리고 상가와 같이 재화와 용역을 생산하는 데 필요한 자산이다. 금융자산은 주식, 채권, 그리고 예금과 같이 실물자산에 대한 청구권으로 화폐증권과 자본증권으로 나눈다.

또한 금융자산은 국민경제 전체적인 입장에서 보면, 소유하는 경제주체는 자산이 되며, 다른 경제주체는 부채의 관계를 가진다. 은행의 예금은 예금자의 자산이며, 은행의 입장에서는 부채가 된다. 은행의 여신은 은행의 입장에서 자산이 되고, 반대로 여신을 활용하는 입장에서 부채가 된다. 이처럼 금융의 자산과 부채는 동전의 앞뒤와 같은 관계이므로 각각의 합계는 같은 금액이 된다.[1]

2. 금융자산과 실물자산

실물자산(real asset)은 그 자체가 경제적 가치를 창출하고 사회적 부의 창조에 직접 공헌한다. 하지만 금융자산(financial asset)은 직접 경제적 가치나 사회적 부를 창출하거나 대표하지 못하고 간접적으로 공헌한다. 예를 들면, 현대자동차의 실물자산은 경제적 부를 직접 창출하지만, 현대자동차가 발행하는 주식과 회사채는 금융자산으로서 현대자동차의 자본조달 수단이 되어 간접적으로 경제적 가치창출에 기여한다. 아무리 현대자동차의 채권이 많이 발행되었다 하

1) 김종선·김종오(2004), 금융시장론, 학현사, p.121 참조.

더라도 그 자체가 사회적 재산을 늘리는 것은 아니고, 액면 5,000원인 현대자동차 주식이 1주당 100,000원이 된다고 해서 국부가 늘어나는 것은 아니다. 다만 이러한 금융자산은 기업의 생산증대나 고용확대 등 가치창조에 기여할 뿐이다.

실물자산은 재무상태표의 차변인 자산부분에만 계상된다. 그러나 금융자산은 재무상태표의 차변과 대변의 양쪽에 계상된다. 왜냐하면 현대자동차가 발행한 채권은 투자자인 나에게는 자산이 되지만 현대자동차 입장에서는 부채가 되어 재무상태표의 대변에 계상된다. 국가 전체로 볼 때 재무상태표의 자산과 청구권은 서로 상쇄되어 순자산은 제로가 된다. 따라서 국부의 증가효과는 나타나지 않지만, 금융자산은 실물자산의 투자를 유도하는 윤활유 역할을 한다.

실물자산은 물리적 파괴나 자연적 소멸에 의해 그 존재가 없어지지만, 금융자산은 계약기간의 만료와 같이 인위적으로 그 존재가 없어진다. 예를 들면, 채권은 계약기간의 만료로 그 존재가 소멸한다.

일반적으로 경제가 발전할수록 실물자산 투자보다 금융자산 투자가 더 큰 비중을 차지한다. 미국이나 영국과 같은 선진국은 모두 금융선진국임을 알 수 있으며, 이집트나 베트남과 같은 후진국일수록 금융자산의 발달이 미약하다.

투자 자산의 관점에서 볼 때 투자자 모두가 실물자산에 투자하는 것은 불가능하다. 예를 들면, 모든 투자자가 현대자동차 공장은 가질 수 없으나, 현대자동차가 발행하는 주식은 가질 수 있다. 이와 같이 금융자산은 투자자로 하여금 간접적으로 실물자산에 투자할 수 있게 해준다. 금융자산은 실물자산의 가치를 그대로 반영하므로 실물자산이 창출하는 가치나 소득 그리고 부는 금융자산으로 이전되어 투자자는 그 성과(payoff)를 향유할 수 있다.

실물자산은 그 금액이 일정치 않고 분리되거나 잘라서 매매될 수 없으며, 투자단위 또한 일반투자자가 접근하기에 너무 크므로 현실적으로 투자를 고려하기에 어려움이 많다. 따라서 실물자산을 증권화하여 금융자산으로 바꾸면 투자하기가 용이하다.

제 2 절 금융시장

1. 금융의 의의

금융이란 경제주체간에 자금을 융통하는 것을 말한다. 즉 금융은 자금이 남아도는 경제주체가 자금이 모자라는 경제주체로 자금을 공급하고 그 대가로 배당 및 이자를 받는 경제활동이다. 여기에서 남아도는 경제주체를 흑자경제주체라고 하며 이는 소득이 지출보다 큰 경제주체를 의미한다. 반대로 자금이 모자라는 경제주체를 적자경제주체라고 하는데 이는 소비가 소득보다 많은 주체를 의미한다. 경제활동은 크게 소득, 소비, 저축의 세 부분으로 나누어진다. 먼저 생산활동에 참여하여 소득을 얻고 그 소득으로 주택구입 등 기본적인 의식주 활동과 더불어 삶의 질 향상을 위하여 소비하게 된다. 이렇게 소비하고 남은 소득을 저축하게 된다.

그런데 저축을 현금의 형태로 보유하게 되면 자금을 이용한 투자수익과 보유하는 기간 이익을 상실하게 되고, 물가 상승 등으로 인한 화폐가치의 하락에 따른 가치손실도 발생하게 된다. 따라서 여유가 있는 흑자경제주체가 보유 현금의 가치보전과 증대를 위해 여유자금을 투자수익과 배당 등의 조건으로 자금의 수요자인 적자경제주체에게 빌려주게 된다. 반면, 자금의 수요자인 적자경제주체는 수익성이 있는 사업에 투자하여 이자를 갚고도 수익이 발생할 것으로 기대될 경우 돈을 빌려 비즈니스를 하게 된다. 적자경제주체가 예상하는 투자 수익률이 흑자경제주체가 요구하는 이자율보다 높을수록 자금에 대한 수요는 증대된다.

이처럼 자금의 수요, 공급자들 사이에서 서로 경제적 이익이 부합하면 금융거래가 이루어지며, 수입이 지출보다 커서 자금의 여유가 있는 흑자지출단위로부터 지출이 수입보다 커거나 투자수요가 커서 자금이 부족한 적자지출단위로 자금이 이전되는 것을 금융이라 한다.

2. 금융시장의 개념

경제주체는 소비단위인 가계, 생산단위인 기업, 생산과 소비단위인 정부로 나눌 수 있으며, 가계는 노후대비, 자녀교육, 다양한 목적으로 가계 수입 중 일부를 저축 등으로 모으고 있는 형태를 흑자지출단위(surplus spending units)이다. 생산단위인 기업은 언제나 더 많은 수익을 창출하기 위하여 투자를 하여야 하며, 이때 투자에 필요한 자금은 내부자금으로 충당하기도 하지만 유상증자나 회사채 발행, 은행 차입금 등으로 자금을 조달하기도 한다.

이처럼 자신의 저축을 초과하여 투자지출을 수행하는 기업이 적자지출단위(deficit spending units)이다. 결국 금융시장이란 경제주체간의 거래행위에서 흑자지출단위에서 적자지출단위로 자금의 유통이 이루어지는 장소를 금융시장이라 한다.

일반적으로 경제주체간의 거래는 금융자산거래와 실물자산거래로 나눌 수 있다. 금융자산을 매매하는 거래를 금융거래(financial transaction)라 하고 상품 및 서비스를 매매하는 거래를 실물거래(real transaction)라 한다.

글로벌시대의 자유시장 경제체제를 유지하는 필수적 금융제도는 금융기관과 금융시장 및 금융상품까지 포함하는 총체적 조직과 규범을 의미하는 광의의 개념이다. 주식, 채권, 예금, 보험등과 같은 금융상품은 금융거래 당사자간의 권리와 의무를 나타내는 증서로 표시하며, 이러한 금융거래는 수요와 공급에 따라서 가격, 거래규모 등이 결정되는 메커니즘이 금융시장이다.

3. 금융시장의 구성요소

1) 자금의 공급자와 수요자

자금의 공급자와 수요자를 결정하는 요인으로는 세 가지가 있다. 즉, 어느 한 경제주체가 일정한 기간 동안 적자지출단위(deficit spending units)가 되느냐 또는 흑자지출단위(surplus spending units)단위가 되느냐 하는 것은 첫째, 최초 경제주체의 자금사정에 달려있다. 즉 그 경제주체의 경상이익, 기대수익 그리고 부의 크기에 의존한다. 둘째, 투자기회선의 기울기를 결정하는 시장수익율의 수준에 따라 결정된다. 셋째, 그 경제주체의 현재와 미래의 지출에 관한 상호체계인데, 경제주체의 나이, 건강정도, 구성가족현황, 취미 등의 요인들에 의해 결정된다.[2]

2) 유지성(1998), 통화금융론, 박영사, p.101 참조.

2) 금융수단

자금의 이전을 통하여 이용되는 방법이 금융수단이다. 증권을 발행하여 자금의 이전을 취하고 있는데 금융증권은 주식, 채권, 예금, 보험증권, 신탁증권 등의 지분으로 구성된다. 그리고 이러한 금융수단들은 수익성, 안전성, 그리고 유동성의 세 가지 기준에 의해 평가된다.

3) 금융기관

우리나라의 금융기관은 은행, 비은행 예금취급기관, 보험회사, 금융투자회사 기타 금융기관, 금융보조기관 등으로 분류할 수 있다. 은행은 일반은행과 특수은행으로 구분하며, 일반은행은 시중은행, 지방은행, 외국은행 국내지점 등이 있으며, 특수은행에는 한국산업은행, 한국수출입은행, 중소기업은행, 농업협동조합중앙회, 수산업협동조합중앙회 등이 있다. 비은행 예금취급기관으로는 종합금융회사, 상호저축은행, 신용협동기구(상호금융, 신용협동조합, 새마을금고)가 있으며, 금융투자회사로는 증권회사, 자산운용회사, 선물회사, 증권금융회사, 투자자문회사 등이 있다. 보험회사는 생명보험회사, 손해보험회사, 우체국보험, 공제기관, 수출보험공사 등이 있다.[3]

한편, 금융시장에 있어서 금융기관의 역할은 다음과 같다.

첫째, 금융시장의 금융기관들은 적자지출단위(deficit spending units)가 신규로 발행하는 본원증권을 인수(underwriting) 또는 중개(brokerage)하는 기능을 담당한다.

둘째, 금융시장의 금융기관들은 이미 발행되어 융통된 증권들의 유통을 촉진시킨다.

셋째, 금융기관들은 발행시장 및 유통시장에서 증권 등에 관련된 제반 정보를 수집하고 분석하여 금융투자자에게 정보를 제공한다. <표 2-1>은 우리나라 금융기관의 분류이다.

---

3) 이경균(2014), 금융상품의 이해와 활용, 두남, p.94, 한국은행, 우리나라 금융기관 참조.

〈표 2-1〉 우리나라의 금융기관

구 분		
은행	일반은행	시중은행
		지방은행
		외국은행 국내지점
	특수은행	한국산업은행
		한국수출입은행
		중소기업은행
		농업협동조합중앙회
		수산업협동조합중앙회
비은행 예금취급기관	상호저축은행	
	신용협종기구	신용협동조합
		새마을금고
		상호금융
	우체국예금	
	종합금융회사	
금융투자업자	투자매매중개업자	증권회사
		선물회사
	집합투자업자	
	투자일임자문업자	
	신탁업자	은행/증권/보험/부동산 신탁회사
보험회사	생명보험회사	
	손해보험회사	손해보험회사
		재보험회사
		보증보험회사
	우체국보험	
	공제기관	농협공제/새마을공제/수협공제/신협공제
기타 금융기관	금융지주회사	은행지주
		비은행지주
	여신전문금융회사	리스회사/카드회사/할부금융회사/신기술사업금융회사
	벤처캐피탈회사	중소기업창업투자회사
	증권금융회사	
	한국무역보험공사	
	한국주택금융공사	
	한국자산관리공사	
	한국투자공사	
	한국정책금융공사	
금융 보조기관	금융감독원	
	예금보험공사	
	금융결제원	
	한국예탁결제원	
	한국거래소	
	신용보증기관	
	신용정보회사	
	자금중개회사	

자료: 한국은행

제3절 금융시장의 분류

1. 제도권금융시장과 비제도권금융시장

금융시장은 조직적이고 전문적인 중개기능을 수행하느냐에 따라 제도권금융시장과 비제도권금융시장으로 구분된다. 제도권금융시장은 근대적인 조직을 갖춘 금융기관을 중심으로 금융거래가 이루어지는 시장이다. 비제도권금융시장은 제도권금융조직 이외의 근대적 조직을 갖추지 않는 곳에서 금융거래가 이루어지는 사(私)금융 시장의 형태이다. 일반적으로 금융시장이라면 제도권금융시장을 의미한다.

2. 직접금융시장과 간접금융시장

자금의 조달 형태에 따라 직접금융시장과 간접금융시장으로 구분될 수 있으며, 직접금융시장은 자본시장이라고도 한다. 기업의 장기운전자금이나 시설자금의 조달을 목적으로 적자지출단위(deficit spending units)에서 발행하는 주식, 채권 등 직접증권 또는 본원적 증권(direct 또는 primary security)이 발행자의 명의로 바꾸지 않고 흑자지출단위(surplus spending units)에게 거래되는 시장을 말한다.

[그림 2-1] 직접금융시장과 간접금융시장

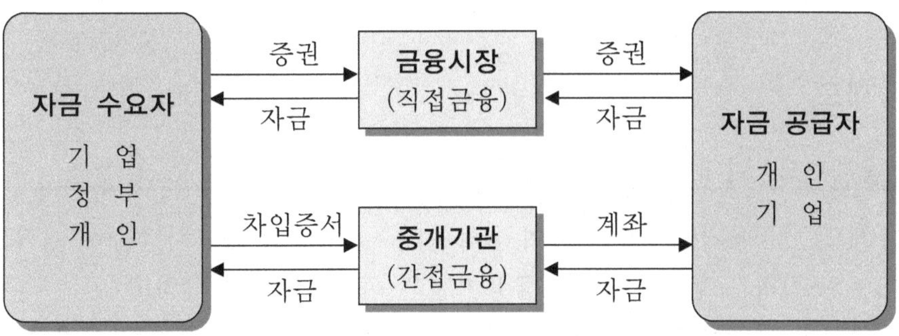

중개시장이라고도 불리는 간접금융시장은 적자지출단위(deficit spending units)가 발행한 예금증서, 수익증권과 같은 간접증권 또는 2차 증권을 발행하여 조달한 자금으로 흑자지출단위(surplus spending units)에서 거래되는 시장을 말한다. [그림 2-1]은 직접금융시장과 간접금융시장의 구조다.

3. 단기금융시장과 장기금융시장

금융자산의 기간, 금리, 기타조건에 따라 단기금융시장(money market)과 장기금융시장(capital market)으로 구분된다. 단기금융시장은 통상 만기가 1년 미만인 증권이 거래가 되는 시장이며, 여기에 참가하는 주체들은 단기증권을 매매하면서 유동성을 조절하고 있다. 장기금융시장은 만기가 없거나 1년 이상인 증권이 거래되며, 장기자금의 수요자인 주체, 즉 기업이나 정부가 자금조달을 위해 참가하는 시장을 말한다.

4. 발행시장과 유통시장

금융시장은 발행시장(primary market)과 유통시장(secondary market)으로 구분된다. 발행시장은 자금의 수요자인 발행자가 자금의 공급자인 투자자에게 최초로 증권이 이전되는 시장이고, 유통시장은 이미 발행된 증권이 투자자 상호간에 매매가 이루어지는 시장이다.

제4절 금융제도와 금융상품

1. 금융제도

1) 금융제도의 의의

금융제도는 금융기관을 포함하여 금융수단, 금융상품, 금융시장을 총체적으로 나타내는 조직과 규범을 말한다. 금융기관은 여유자금을 보유하고 있는 흑자지출단위로부터 자금을 필요로 하는 적자지출단위에게로 자금을 이전시키는 역할을 수행하는 주체를 말한다. 금융수단은 미래의 시점에서 타인의 소득이나 부에 대한 청구권을 나타내는 증서로서 일반적으로 금융상품이라 불린다. 금융시장은 흑자지출단위, 적자지출단위, 그리고 금융기관들이 금융수단의 거래를 연결시켜 주는 구체적으로 금융시장 및 시장 내에 존재하는 각종의 금융기구와 금융기관, 그 시장에서 거래되는 각종 금융자산을 포괄하는 개념이다.

2) 금융제도의 기능

(1) 일반적 기능

금융제도가 수행하는 경제적 역할을 살펴보면 다음과 같다.

① 교환의 매개수단과 가치의 저장수단을 제공하는 기능을 수행한다.

② 저축자와 투자자 사이에서 자금의 중개기능을 담당한다.

③ 위험을 변형시키고 분산시키는 자산의 다변화를 통하여 금융발전에 기여한다.

④ 전반적인 물가와 생산수준에 영향력을 행사하여 경제의 원활한 운영을 촉진시킨다.

(2) 특수기능

금융제도가 수행하는 기능은 구체적으로 다음과 같이 7가지로 구분되어 진다.

① 저축기능

금융제도는 저축기능(saving function)을 수행한다. 금융시장에서 창출된 금융청구권은 일반대중에게 수익성이 높고 위험이 낮은 저축수단을 제공한다. 이러한 저축의 증대는 금융시장을 통하여 투자를 증대시켜 미래에 더 많은 상품과 서비스의 생산을 증가시켜 국민경제 및 소득수준의 향상을 초래한다.

② 부의 저장기능

금융제도는 금융기관을 통하여 창출된 부를 저장(store wealth)하는 가장 좋은 수단을 제공한다. 주식, 채권, 은행예금 등과 같은 금융상품은 시간의 경과에 따라 소득을 발생시키는 도구로서의 역할을 수행하기도 한다.

③ 자산변환기능

금융제도의 자산변환기능(assets transformation function)은 금융자산의 손실위험 없이 현금으로 전환시킬 수 있는 기능을 말한다. 즉, 자산변환기능은 흑자지출단위(surplus spending units)로부터 창출된 만기와 규모가 다양한 자금을 적자지출단위(deficit spending units)에게 일정기간 필요한 자금을 공급해 주는 것을 의미한다.

④ 신용공여기능

금융제도는 저축기능뿐만 아니라 소비 및 투자지출을 위해 다양한 형태의 신용기능(credit function)을 수행한다.

⑤ 지급결제기능

금융제도는 다양한 메카니즘을 제공하는 지급기능(payment function)을 수행한다. 생산요소시장에서 생산요소를 위한 지급거래가 이루어지고, 생산물시장에서는 상품과 서비스의 거래를 위한 지급이 이루어지고, 금융시장에서는 금융청구권의 거래를 위한 지급이 이루어지는 시장이다.

⑥ 위험분산기능

금융제도는 기업, 가계 및 정부에게 생명, 건강, 재산 및 소득상의 위험 등에 대한 보호 장치를 제공한다. 이 위험분산기능(risk hedging function)은 우선 생명 및 손해보험증서의 발행을 통해 이루어진다. 피보험자가 사망할 경우 재산 및 소득의 상실가능성으로부터 생명보험회사는 그 가족을 보호한다. 또한 질병 및 범죄, 화재, 태풍의 피해로부터 운전부주의 및 과실에 이르기 까지 보험의 가입자를 보호한다. 즉, 금융시장은 금융수단의 일종인 보험증서의 발행 및 선물, 옵션거래를 통해 위험분산기능을 수행한다.

⑦ 정책기능

금융제도는 정책기능(policy function)을 수행하기 위하여 물가안정, 경제성장 및 국제수지 균형이란 경제정책의 목표달성을 위한 주요한 경로가 된다. 구체적으로 중앙은행이 금융정책의 양적수단인 이자율정책, 지급준비율정책, 공개시장조작정책 등을 금융시장을 통하여 경제안정화정책을 수행할 수 있게 된다. 또한 금융제도는 정부의 성장, 고용, 안정 등의 정책을 실현하는 경로가 된다.

3) 금융제도의 구조

금융제도의 구조는 직접금융과 간접금융으로 구분되어진다.

(1) 직접금융

직접금융(direct finance)은 적자지출단위가 금융시장에서 흑자지출단위로부터 직접 자금을 차입한다. 이때 적자지출단위는 장래에 지급을 약속하는 증권을 발행하고 흑자지출단위는 자금을 대부하는 대가로 증권을 수취한다. 이때 적자지출단위가 발행한 증권을 본원적 증권(primary securities) 또는 직접증권(direct securities)이라고 부른다. 직접금융에 있어서는 본원적 증권이 형태를 바꾸지 않고 적자지출단위로부터 흑자지출단위로 이전되는 경로를 말한다.

(2) 간접금융

간접금융(indirect finance)은 금융기관이 흑자지출단위에서 자금을 인수하여 다시 이 자금을 적자지출단위로 이전시키는 자금의 흐름 또는 금융기관이 자기의 책임하에 발행한 간접증권이 거래되는 과정에서 형성되는 자금의 이동 경로를 말한다.

금융기관은 금융 중개기관을 말하며 일반은행, 특수은행, 생명보험회사, 신용협동조합, 상호저축은행, 투자신탁회사 등이 있고 그들이 발행한 간접증권의 유형으로는 은행의 각종 예금, 보험증서, 연기금의 증서, 투자신탁회사의 수익증권 등이 있다.

그리고 금융 중개기관은 금융거래에 관한 정보를 제공하고 수익을 얻는 브로커(broker)와 직접거래에 참여하여 수익을 추구하는 딜러(dealer)가 있다. 브로커는 금융자산의 거래에서 매도자와 매수자를 연결시켜 거래를 성사시키는 중개인이며 딜러는 금융자산의 거래에서 자기명의로 증권을 거래하여 수익을 얻는 전문중개인이다.

2. 금융상품

1) 금융상품의 정의

금융상품은 금융시장에서 흑자지출단위에서 적자지출단위로 자금이 융통되는 과정에서 나타나는 부수적인 금융수단 이다. 자금의 수요자인 기업은 적자지출단위이며, 저축의 주체인 가계는 흑자지출단위이다. 자금의 수요자인 적자지출단위에서 차입이나 채권발행 등을 통해 자금의 공급자인 흑자지출단위로부터 자금을 조달하여 자기의 경제활동을 위해 초과소득을 얻어 지출을 확대할 수 있게 된다. 차입이나 채권발행 등을 통하여 조달한 자금을 외부금융(external finance)이라 하고, 기업의 내부유보와 같이 축적된 자금을 활용하는 자기금융은 내부금융(internal finance)이라고 한다. 또한 자금의 대차관계에서 거래되는 금융증서는 차입자의 입장에서 보면 금융부채이지만 대여자의 입장에서는 금융청구권으로서 양자는 결국 같은 것이다. 금융청구권이란 미래에 그 증서에 표시되어 있는 원금과 이자의 인도를 요구할 수 있는 권리를 말하는 것으로서, 금융청구권을 나타내는 모든 증서를 금융수단 또는 금융상품이라 한다.[4]

2) 금융상품의 유형

금융상품은 거래되는 시장의 유형에 따라 은행의 예금, 대출과 같은 간접금융상품(indirect financial market)이 있고, 자본시장에서 거래되는 주식, 채권과 같은 직접금융상품(direct financial market)이 있으며, 선도계약(forward contracts), 선물계약(futures contracts), 옵션계약(option contracts), 스왑거래(swaps)와 같은 파생상품으로 구분되어 진다.

(1) 간접금융상품

은행의 대표적인 간접금융상품으로 예금과 대출이 있으며, 예금은 일반대중 또는 불특정 다수로부터 자금을 예탁 받아 운용, 관리하는 금융상품이다. 이 상품은 예금자의 저축동기, 만기, 이자지급방식, 예금보험의 적용여부, 원리금 지급보장 등에 따라 다양하게 구분된다.

대출상품 역시 원리금 상환방법, 이자율의 적용, 대출형식에 따라 다양하게 적용된다.

① 예금상품의 종류

요구불예금은 당좌예금, 가계당좌예금, 보통예금, 별단예금 등이 있고, 저축성예금은 정기예금, 정기적금, 저축예금, 기업자유예금, 근로자우대저축, 장기주택마련저축, 상호부금 등이 있으며, 단기자금의 운용을 위한 상품으로서 CD와 RP 및 표지어음 등이 있다.

② 대출상품의 종류

은행의 신용공여 수단인 대출은 이자율 적용방식에 따라 증서대출, 어음대출, 어음할인 및 당좌대출로 구분된다.

대출의 종류에는 상업어음할인, 무역금융, 일반자금대출, 주택자금대출, 적금

---

4) 김종선·김종오(2006), 비엔엠북스, p.34 참조.

관계대출, 외화대출 등이 있다.

(2) 직접금융상품

주식과 채권은 직접금융상품의 대표상품으로 다음과 같이 구분되어 진다.

① 주식

주식은 기업의 소유권에 대한 지분으로서 보통주, 우선주 등으로 구분된다.

② 채권

채권은 발행주체에 따라 국공채, 특수채, 회사채로 구분되며, 이자지급방식에 따라 할인채, 복리채, 이표채로 구분된다. 상환기간에 따라 단기채, 중기채, 장기채로 구분하며, 보증유무에 따라 보증채, 무보증채, 모집방법에 따라 사모채와 공모채로 구분한다.

(3) 파생금융상품

파생금융상품은 계약형태에 따라 선도거래(forwards), 선물거래(futures), 옵션거래(option)거래, 스왑(swap)거래 등으로 구분하며, 시장형태에 따라서 거래소 거래와 장외거래로 구분한다. 또한 기초자산의 가치변동에 따라 통화선물(currency futures), 금리선물(interest rate futures), 주가지수 선물, 주가지수 옵션 등으로 구분한다.

제5절 금융제도의 유형

각국의 금융제도는 그 나라의 환경 요인에 따라 상이한 특성을 보인다. 직접금융과 간접금융의 상대적 중요성을 기준으로 시장중심 금융제도와 은행중심 금융제도로 분류되고, 금융기관의 업무영역을 제한하는 정도에 따라 전업주의 금융제도와 겸업주의 금융제도로 분류되기도 한다.

1. 겸업주의제도와 분업주의제도

1) 개념

우리나라의 금융기관 중 은행은 전통적으로 예금업무와 대출업무에만 전담하여 왔다. 그러나 최근에 들어와서 IT산업의 발달과 더불어 세계적인 금융환경의 변화에 따른 금융자유화의 물결속에 전통적인 본연의 업무이외에 증권업무, 보험업무 등을 취급하거나 다른 금융기관과의 업무제휴를 통하여 타 업무를 겸업해 가는 추세에 있다. 또한 증권회사와 보험회사도 은행의 지분 참가와 업무제휴 등으로 경영의 폭이 확대되고 있다.

외국의 경우도 1980년대 이후 전통적으로 겸업은행(universal banking)제도를 해오던 독일, 프랑스, 이탈리아 등과, 분업은행(specilized banhing)제도를 유지해오던 미국과 일본 등도 겸업은행제도를 채택하고 있다.

2) 겸업주의의 장 · 단점

(1) 겸업주의의 장점

첫째, 겸업주의의 장점은 범위의 경제(economies of scope)가 가능하다는 것이다. 금융산업에 있어서 범위의 경제에서 얻을 수 있는 효과는 업무의 다양화를 통한 양질의 금융 서비스를 제공함과 동시에 비용의 절감 효과를 가져와 생산성이 향상될 수 있다.

둘째, 금융기관의 겸업화를 통하여 은행과 증권, 은행과 보험간의 경쟁을 촉진하고 자원배분의 위험성을 감소시키고, 금융중개 비용을 최소화 시켜 금융기관의 안전성과 효율성을 증대 시킨다.

셋째, 겸업주의 하에서 다양한 금융상품을 취급함으로써 고객의 다양한 욕구를 충족시킬 수 있어 이용자의 편익을 증대한다.

넷째, 금융기관의 다양한 금융상품과 업무의 다각화를 통해 고객의 선택 폭을 넓혀 다양한 업무를 고객이 한 장소에서 이용할 수 있도록 한다.

(2) 겸업주의의 단점

첫째, 겸업주의로 인하여 은행의 장점이 사라질 가능성이 있고 리스크가 증대될 수 있다.

둘째, 겸업주의로 은행이 증권업무를 겸업함으로써 규모나 거래 관계 등에서 우월적 시장지위를 이용하여 타산업 지배의 우려가 발생할 수 있다.

셋째, 은행이 증권업무의 겸업화로 기업자금 지원보다 증권시장에서 투기 자금화할 가능성이 있다.

넷째, 겸업주의로 인하여 은행과 금융거래 주체상호간의 이해상충(conflict of interest)문제가 발생할 수 있는 제반 문제점이 제기 될 수 있다.

2. 단점은행제도와 지점은행제도

1) 개념

단점은행제도는 지방 및 지역의 환경에 맞는 금융서비스를 제공할 수 있는 장점이 있는 반면 그 설치가 지역적으로 엄격하게 제한되어 운영되는 제도이고, 지점은행제도는 하나의 은행이 둘 또는 그 이상의 영업소와 전국적으로 지점망을 가지고 있는 제도로서, 규모가 단점은행제도에 비해 크다.

2) 지점은행제도의 장점

첫째, 지점은행제도의 장점은 다수의 지점망을 가지고 있기 때문에 고객에게 양질의 서비스 제공과 함께 경쟁력을 높일 수 있다.

둘째, 다수의 지점망을 통해 거액의 자금을 조달할 수 있으며, 대출을 여러 지점에 분산함으로써 위험을 줄일 수 있다.

셋째, 각 지역이나 지방에서 필요한 자금을 신속하게 이전 시킬 수 있다.

넷째, 각 지역의 지점들은 전문화된 다양한 금융서비스를 제공 받을 수 있고 인적자원 관리에 있어서 효율성을 기할 수 있다.

다섯째, 양질의 금융서비스를 전 지역으로 확대 할 수 있다.

3) 지점은행제도의 단점

첫째, 경영의 권한이 본점에 집중되어 있으므로 모든 관심사가 지역사회 보다 본점에 집중되는 단점이다.

둘째, 대규모 은행이 금융시장을 독점 내지 과점하여 금융거래의 공정질서를 해할 우려가 있다.

3. 기타 은행제도

1) 코레스은행

코레스은행(correspondent bank)은 자기은행의 지점이 없는 지역에 소재하는 타 은행과 코레스계약을 체결하여 상호 금융서비스를 제공하는 은행제도이다. 대도시에 소재하는 은행이 지방에 소재하는 은행과 코레스계약을 체결하고 외환, 리스, 신탁 등의 서비스를 제공하는 경우를 말한다.

2) 은행지주회사

은행지주회사(banking holding company)는 미국에서 대표적인 지배구조로 발전되어 왔으며, 1개 이상의 은행을 지배하는 회사로 1개 은행만을 지배하는 경우는 단일은행지주회사(one-bank holding company), 2개 이상의 은행을 지배하는 경우에는 복수은행지주회사(multibank holding company)라 한다. 이는 법적으로 금지되어 있는 비은행금융업(mon-bank bank)에 자회사 진출을 추진하기 위해서다.

제6절 금융환경의 변화

21세기 들어서 국제금융시장에서 진행된 금융환경은 금융자유화, 금융국제화, 금융증권화, 금융디지털화 등과 같은 환경변화에 가장 많은 영향을 받아 왔다. 이러한 금융시장의 변화요인에 따라 우리나라의 금융환경은 지식혁명과 디지털 경제, 사이버거래, 이에 따른 금융시장의 세계적 동조화 현상으로 빠르게 변화하고 있다.

1. 금융의 자유화

금융의 자유화는 금융제도의 안정과 신용질서의 유지를 위하여 각종의 금융규제를 완화 또는 폐지하여 금융상품의 신규설정, 금융기관의 신규진입등을 통하여 금리자유화와 업무자유화로 금융기관이 새로운 경쟁체제에 따른 경영환경과 거시경제적으로 경제정책의 효과 등에 많은 영향을 미칠 것이다.

2. 금융의 국제화

금융의 국제화는 금융의 다국적화, 금융의 초국가화, 금융의 범세계화로 나눌 수 있는데, 다국적화는 다국적기업의 대거 출현으로 국제간 자금거래가 증대되고, 세계경제의 상호의존성이 심화되면서 외환거래시 상호협조의 필요성이 증대하게 된다. 또한 IT산업의 발달로 국제간의 금융거래가 가속화 되었다. 금융의 통합화 현상은 거래상품의 동조화와 현지화가 심화되는 형태로 나타나고 있다. 동조화 현상이란 각국경제의 상호의존성 증대로 각국의 시장에서 거래되는 유사한 상품의 가격이 비슷한 방식으로 움직이는 것을 말한다.

3. 금융의 증권화

금융의 증권화는 광의의 개념으로서 자산운용의 증권화, 대출채권의 유동화, 기업금융의 증권화를 포함하고 있다. 미국에서 전통적으로 자본시장이 기업의 주된 자금조달원으로 역할을 담당해왔으며, 직접금융의 비중이 어느나라 보다 큰 특징을 보이고 있다. 1980년대 후반 이후 차입을 통한 자금조달이 크게 감소한 반면 회사채, CP, Mortagage 등 직접금융의 비중은 증대되어 왔다. 이처럼 간접금융에서 직접금융의 확대 현상은 비유동적 자산의 유동화 현상 이라는 금융시장의 변화를 의미하며, 앞으로 금융의 증권화 현상이 더욱 활성화 될 것이다.

4. 금융의 디지털화

금융의 디지털화는 IT산업 및 금융공학의 발전과 더불어 금융환경변화에 큰 영향을 주고 있다. 인터넷의 활성화로 원거리에서 금융거래가 가능해짐에 따라 각종 정보를 손쉽게 접할 수 있고 인터넷금융, 사이버거래 등 새로운 금융서비스가 제공되고 있으며, 공급자 중심의 금융거래가 수요자 중심으로 전환되고 있다.

연 습 문 제

1. 금융자산의 개념을 설명하시오.
2. 금융자산과 실물자산을 설명하시오.
3. 금융시장을 설명하시오.
4. 금융시장의 구성요소를 설명하시오.
5. 우리나라의 금융기관을 설명하시오.
6. 직접금융시장과 간접금융시장을 설명하시오,
7. 금융제도를 설명하시오.
8. 금융제도의 구조를 설명하시오.
9. 금융상품의 정의는?
10. 금융상품의 유형을 설명하시오.
11. 금융제도의 유형을 설명하시오.
12. 금융환경 변화를 설명하시오.

제 2 부

금융자산관리와 자본시장

Belive that you have it,
and you will have it.

- Latin Proverb -

가지고 있다고 믿어라.
그러면 가지게 될 것이다.

- 라틴어 속담 -

제3장 증권시장에서의 금융자산관리

제1절 증권의 개념

증권(security)은 일반적으로 시장성이 있는 금융자산을 말한다. 즉 주식이나 채권과 같이 시장에서 자유롭게 거래될 수 있는 금융자산을 증권이라고 한다. 예를 들면 은행의 정기예금통장은 증권이라고 할 수 없지만 CD(양도성예금증서)는 시장에서 자유롭게 거래되기 때문에 증권에 포함된다.

넓은 의미에서 증권이란 상법상의 유가증권의 개념으로서 '어떤 재산적 권리를 나타내는 증서'를 말한다. 이러한 광의의 유가증권에는 화폐증권(어음, 수표), 상품증권(선하증권, 창고증권, 화물상환증) 그리고 자본증권(주식, 채권) 등이 있다. 그러나 우리가 말하는 일반적인 의미의 증권이란 유가증권 중에서도 자본증권을 의미하는 경우가 대부분이다. 자본증권은 '특정자산으로부터 기대되는 미래수익에 대한 법적 청구권'을 나타내는 증서이다.

증권은 그 권리의 특성에 따라 세 가지 종류가 있다.

첫째, 출자자의 권리 또는 지위를 나타내는 증권으로서 가장 대표적인 것이 주식이다.

둘째, 금전에 대한 채무관계를 나타내는 증권으로서 채권이 있다.

셋째, 신탁재산에 대한 수익권을 나타내는 증권으로서 수익증권이 여기에 해당된다.

이러한 증권은 발행자의 입장에서 볼 때는 장기자본의 조달수단이지만 투자자의 입장에서 볼 때는 재산증식을 위한 투자수단이 된다.

제2절 증권시장의 의의와 기능

1. 증권시장의 의의

증권시장은 자금을 유통시키는 시장이라는 점에서 금융시장의 하나라고 할 수 있다. 금융시장에서는 주로 단기자금을 조달하는데 반해서 증권시장은 기업의 장기자금을 조달하는 역할을 하므로 협의로는 증권시장을 자본시장이라고도 한다. 또한 증권시장은 광의의 개념으로는 증권이 발행주체로부터 투자자에게 이전되고 다시 다수의 투자자간에 매매가 이루어지는 포괄적이고 추상적인 시장인 반면 협의의 증권시장은 일정한 시간, 일정한 장소에서 다수의 매매쌍방이 집합하여 증권의 매매를 하는 구체적이고 조직적인 시장을 뜻하며, 일반적으로 거래소시장을 말한다.

2. 증권시장의 경제적 기능

1) 산업자본의 공급 기능

기업은 생존·성장하기 위하여 지속적으로 대규모의 자금이 필요로 한다. 경영활동을 통하여 축적한 내부 유보금으로는 막대한 자금수요를 감당하기 어렵다.

이와 같이 기업은 증권시장을 통해 일반대중의 영세 유휴자금을 흡수하여 거대한 산업자본을 조달 할 수 있고 자기자본의 조달로 기업이 재무구조를 개선시킬 수 있다. 증권시장을 통한 자금조달에는 주식이나 채권이 주로 이용된다.

2) 자산 운용수단의 장(場)제공

증권시장은 기업측면에서 보면 자금조달시장이지만 투자자 측면에서 보면 금융자산의 운용을 위한 투자시장으로서 중요한 역할을 한다. 국민소득이 높아지고 경제가 안정될수록 금융자산에 대한 투자수요가 늘어나며, 투자자의 욕구 또한 점차 다양화 되는 양상을 보인다. 금융시장 상품은 유동성과 안정성이 뛰어난 은행예금에서부터 수익성과 위험도가 높은 기업이 발행하는 유가증권에 이르기까지 다양한 형태가 존재한다.

증권시장은 주식, 채권, 파생금융상품 등을 제공하며 이들 직접투자를 원하는 투자가들의 욕구에 부응하고 있다.

3) 소득의 재분배

증권시장은 국민의 자산운용의 장이 될 뿐 아니라, 주식의 분산을 통한 대중자본주의의 실현으로 소득재분배에 기여하고 경제력 집중을 완화하는 중요한 정책수단이 된다.

원래 증권제도는 분산된 소자본을 한곳에 모아 대자본을 조성함으로써 대규모의 자금조달을 가능하게 하려는데 있었으나 경제규모의 확대 및 발전에 따라 주식회사 제도의 자본집중 기능은 더욱 가속화 되어 기업의 집중 또는 독과점이 나타났다. 그러나 증권시장의 발달은 주식의 분산을 통하여 대중자본주의를 정착시킴으로써 경제적 집중을 완화하고 기업성장의 과실을 국민에게 재분배하는 경제적, 사회적 기능을 수행한다.

4) 재정금융정책의 수단 제공

증권시장은 정부의 재정금융정책의 유효한 수단으로써 효율적인 운영에 기여한다. 정부는 증권시장을 통한 재정증권의 발행과 상환으로 적자 또는 흑자 재정을 운용함으로서 증권시장을 보완적인 재정정책 수단으로 활용한다.

3. 증권시장의 분류

증권시장은 발행된 증권이 최초의 투자자에게 이전되는 발행시장과 발행된 유가증권이 투자자들 사이에서 매매거래 되는 유통시장으로 나눠지며 유가증권의 종류에 따라 주식시장과 채권시장으로 구분되기도 한다.

1) 발행시장

발행시장은 증권을 신규로 발행하여 장기자금을 조달하는 시장으로서 이를 제1차적 시장이라고도 하며 증권의 발행자와 투자자 사이에서 수직적으로 이루어진다는 뜻에서 종적시장이라고도 한다. 이 시장은 매매시설을 갖춘 구체적 시장이 아니고 증권이 발행되면서 최초의 투자자 손에 들어갈 때까지의 과정을 지칭하는 추상적 시장이다. 자금의 수요자는 기업, 정부 및 공공단체, 금융채를 발행하는 은행 등이며 자금의 공급자는 일반개인 외에 증권회사, 투자신탁, 은행, 보험회사, 각종기금 등 기관투자자가 있다. 발행시장의 구성원은 증권의 발행자, 투자자 및 발행기관이다.

2) 유통시장

유통시장은 이미 발행된 증권이 투자자 상호간에 매매 거래되는 시장으로서 증권거래소가 개설하는 시장의 중심이 되는 구체적 시장이다. 또한 이미 발행된 증권이 유통된다는 뜻에서 제2차적 시장이라고도 하며 투자자들 사이에서 수평적으로 이전되므로 횡적시장이라고도 한다.

제3절 증권의 발행시장

1. 발행시장의 의의

발행시장이란 자금을 필요로 하는 기업·국가·공공단체 등이 발행주체로부터 자금의 공급자인 투자자에게 증권을 매각하여 자금을 조달하는 시장이라는 점에서 제1차적 시장(primary market)이라고도 하는데 발행주체로 하여금 장기 산업자금을 조달 할 수 있도록 한다는 점에서 자본조달 시장으로서의 기능을 수행한다.

2. 발행시장의 기능

1) 자금조달의 기능

발행시장은 우선 기업의 장기자금을 다수 대중들로부터 일시에 기업자금을 대규모화 하여 자금의 원활한 순환을 가져온다.

2) 자본의 효율성 증대

분산되어 있는 자금을 한곳에 집중함으로써 기업의 자금 효율성 증대를 가져온다.

3) 소유분산의 기능

주식발행을 통하여 증권의 최초분산이 가능하여 기업의 소유분산기능을 시켜준다.

4) 자산운용수단의 제공

증권투자로 인하여 얻을 수 있는 매매차익과 매각으로 인하여 투자자들에게 적절히 분배함으로써 자산운용의 장을 마련할 수 있다.

3. 증권발행의 형태

유가증권의 발행형태는 일반적으로 발행될 유가증권이 수요자를 구성하는 방법에 따라 공모발행과 비공모발행으로 나누어지고 발행에 따른 위험부담과 사무절차를 담당하는 방법에 따라 직접발행과 간접발행으로 구분된다. 공모발행의 경우에는 간접발행의 형태가 보통이고 비공모발행의 경우에는 직접발행의 형태를 취는 것이 보통이다.

1) 공모발행과 비공모발행

공모발행은 공모주체가 널리 일반대중을 상대로 하여 유가증권을 발행하는 형태를 말한다. 주식의 공모발행은 회사를 신설하거나 증자할 때 발행주식을 화사와는 관련이 없는 일반 투자자로부터 동일한 가격과 조건으로 모집하는 것을 말하는데 비해, 채권의 공모발행은 발행가격과 이자율, 상환기간 등 일정한 조건을 제시하고 널리 투자자를 모집하여 자금을 납입하게 하고 채권을 교부하는 것을 말한다.

반면, 비공모발행이란 발행주체가 특정수요자에 대해서만 증권을 제공하고 발기인 또는 기존의 구주주만을 대상으로 하여 주식을 발행한다든가 발행주식을 연고자에게 인수시키는 방법을 말하는데 그 대상이 일반대중이 아니라는 점에서 사모발행이라고도 한다.

채권의 경우에는 중앙은행으로 하여금 공채를 인수하도록 하고 있는데, 대체로 자금이 부족하여 금융시장이 핍박해지는 경우 공모발행이 어렵기 때문에 국가가 중앙은행을 통하여 인수시키는 방법을 말한다.

2) 직접발행과 간접발행

직접발행은 발행자가 자기의 이름으로 발행위험을 부담하고 발행 사무를 모두 담당하여 모집하는 것을 말하며 직접모집 또는 자기모집이라고도 한다. 이 경우 주식 및 채권의 응모가 목표에 미달 할 때에는 발행주체가 매도잔량을 인수해야 하며 인수능력이 없을 때에는 회사의 설립이나 채권발행 자체가 성립되지 아니한다. 그러므로 발행규모가 적어 상대적으로 발행위험이 적고 발행사무가 비교적 간단한 경우에만 이용이 가능한 방법이다.

이에 비해 간접발행은 발행주체가 중개인을 거쳐 간접발행 하는 방법으로 전문적인 지식과 조직을 가지고 있는 증권회사나 금융기관 등의 전문기관에 발행업무를 의뢰하여 발행하므로 모집발행이라고도 한다. 이 경우 발행주체는 원칙적으로 위험을 전문기관에 부담시키고 이에 따른 수수료를 부담한다.

3) 액면발행과 시가발행

액면발행은 시장가격에 관계없이 신주발행을 액면으로 발행하는 것으로서 신주인수에 대한 우선권을 기존주주에 부여하는 방식이다. 주식회사 형태의 법인기업에서 1주당 액면 금액은 상법상 100원 이상으로 되어 있다.

시가발행은 신주의 발행가격을 액면가와 무관하게 구주의 시장가격을 기준으로 책정하는 발행방식이다. 우리나라는 모든 상장법인에 대하여 시가로 발행증자를 의무화하고 있다. 실제로는 시가발행이라 하더라도 발행에 따르는 인수업자의 수수료와 투자자들에 대한 투자 유인의 제공 등을 위해 시가에서 일정한 할인율을 차감한 가격으로 신주발행이 이루어진다.

4. 간접발행과 발행위험의 부담

간접발행은 발행위험의 부담정도에 따라 다음과 같이 구분된다.

1) 모집주선

모집주선은 위탁모집 이라고도 하며, 발행회사 또는 발기인이 스스로 발행위험을 부담하지만 발행 사무는 발행기관(간사기관)에 위탁하는 방법을 말한다. 일반적으로 이 방법은 발행위험이 비교적 높기 때문에 제3자인 발행기관에 부담시키는 것이 쉽지 않아 발행 사무만을 위탁하는 경우에 이용된다. 이 경우 발행기관은 발행 사무만을 담당하고 소화되지 않는 증권을 발행자에게 되돌려 주게 된다.

2) 잔액인수

잔액인수는 발행기관이 발행 사무는 물론 경우에 따라서는 발행위험까지 부담하는 제도이다. 즉, 발행기관은 모집부족이 발생하는 경우에만 그 잔량을 인수하게 된다.

3) 총액인수

총액인수는 발행기관이 공모증권의 전액을 자기의 명의로 매입(인수)하고 이에 따르는 발행위험 및 발행 사무를 모두 담당하는 방법이다. 총액인수에 있어서 발행기관은 인수를 위하여 많은 자금이 필요하고, 일반에게 매도한 후의 매도잔량까지 책임을 져야 하므로 발행위험이 크다.

5. 발행시장의 구조

발행시장(primary market)의 가장 간단한 형태는 자금을 조달하는 발행주체와 자금을 공급하는 투자자로 [그림 3-1]과 같이 구성된다. 발행시장은 기존증권이 매매되는 유통시장(secondary market)과 달리 일정 요건을 갖춘 발행기관 만

[그림 3-1] 발행시장의 구조

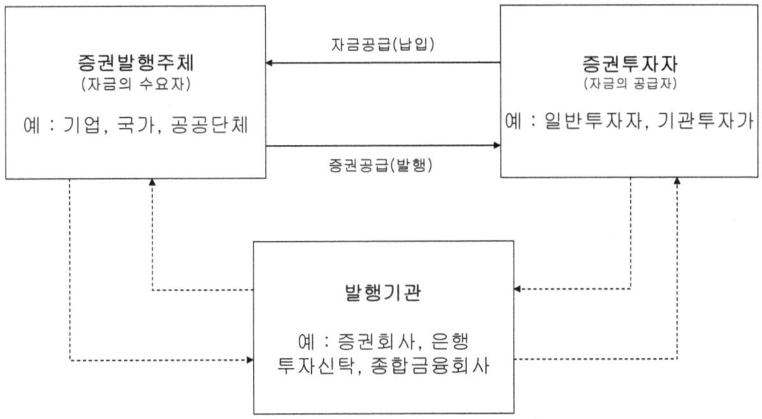

이 신규증권의 모집과 인수를 담당한다. 대부분의 기업이 이러한 능력을 갖추기는 어려운 일이므로 발행주체와 투자자 사이에서 증권발행의 사무절차와 발행위험을 담당하는 전문기관 즉, 발행기관이 존재하게 되는 것이다.

1) 발행자 (발행주체)

발행자란 발행시장에서 유가증권을 발행하는 자로서 증권의 공급자인 동시에 자금수요의 주체가 되는 자를 말한다. 여기에서는 주식과 회사채를 발행하는 주식회사, 국공채를 발행하는 국가 및 지방자치단체 특수한 목적으로 채권을 발행하는 공기업이나 특수은행 등이 있다.

2) 발행기관 (인수기관)

발행기관은 증권의 발행자와 투자자 사이에 개입하여 증권발행에 따른 사무처리와 발행에 따르는 위험을 발행자 대신에 부담하는 기관으로 간사단, 인수기관, 청약단 등이 있다.

(1) 간사단

간사단은 신규 유가증권을 투자자에게 매출할 목적으로 매입하는 중개기관으로서, 주간사회사와 공동간사회사로 구성된다. 간사단의 역할은 인수단을 구성하고 증권발행에 따른 사무처리에 대한 조언 등을 한다. 간사단의 자격은 증권회사와 종합금융회사다.

(2) 인수기관

발행기관의 하나로서 유가증권을 발행한자로부터 직접 매입하는 인수기능(under writing)을 하는 기관이다.

인수단의 자격을 가진 회사는 위 간사단의 자격을 가진 회사 및 증권투자회사와 은행이다.

(3) 청약단

인수기관으로부터 취득한 증권을 투자자에게 직접 판매하는 기관으로, 주로 증권회사가 담당한다. 청약단은 단순히 모집 또는 매출업무만 담당하기 때문에 발행위험을 부담하지 않는다.

3) 투자자

투자자는 응모자 또는 청약자라고도 하며, 발행시장에서 유가증권의 모집이나, 매출에 응하여 최종적으로 유가증권을 취득하는 자이다. 이러한 투자자에는 개인들로 구성된 일반투자자(individual investor)와 법인형태를 취하고 있는 기관투자자(instrument investor)는 은행, 증권, 보험, 투자신탁회사, 연금기관, 증권투자회사, 각종재단 등이 있으며, 증권투자에 대한 고도의 전문지식과 조직, 그리고 자본력을 갖추고 있어 증권회사에서 중요한 위치와 역할을 담당하고 있다.

6. 주식의 종류

주주의 권리는 주주평등의 원칙에 의해 소유주식수에 비례해서 정해지며 각각의 주식비용을 이루는 권리는 모두 평등한 것이 원칙이다.

그러나 회사는 정관의 규정에 따라 각기 권리의 내용을 달리하는 여러 종류의 주식을 발행할 수도 있다. 이 경우, 권리의 내용이 각기 상이한 주식의 내용과 수량은 정관에 기재할 뿐만 아니라 주식청약서, 등기부, 주주명부 및 주권 등에도 기재하도록 상법에 규정되어 있다.

1) 보통주와 우선주

보통주(common stock)는 가장기본적인 자기자본을 나타내는 주식으로서 주주평등의 원칙에 따라 이익이나 이자의 배당, 잔여재산 분배에 관하여 표준이 되는 주식을 의미한다.

우선주(preferred stocks)는 이익이나 이자의 배당, 잔여재산 분배 등에 관하여 보통주에 비하여 우선적 조건이 인정되는 주식을 의미한다. 보통주와 채권의 중간적 성격을 띠는 것인데 우선주는 잔여이익 참여여부와 배당의 누적 여부에 따라 다음과 같이 구분된다.

(1) 참가적 우선주

참가적 우선주(participating preferred stock)는 우선 배당률만큼의 우선배당을 받고 다시 잔여이익이 있으면 이에 참가 할 수 있는 우선주를 의미한다. 일반적으로 배당률에 제한이 없는 보통주가 우선주보다 고율의 배당을 받는 경우에 보통주와 우선주의 배당액에 참가하는 경우를 의미한다.

(2) 비참가적 우선주

비참가적 우선주(non participating preferred stock)는 한정 우선주라고도 하여 우선배당률이 동시에 배당의 최고한도가 되어 잔여이익이 아무리 많아도 이에 참가 할 수 없는 우선주를 말한다. 따라서 보통주의 배당액이 우선주 보다 높은 경우에도 보통주와 우선주의 배당액 차액에 대한 참여가 불가능하다.

(3) 누적적 우선주

누적적 우선주(cumulative preferred stock)는 특정 영업 년도의 배당이 소정의 우선배당률에 달하지 못하는 경우에 그 부족분을 다음 영업 년도에서 추가로 받을 수 있는 우선주를 말한다.

(4) 비누적적 우선주

비누적적 우선주(non cumulative preferred stock)는 누적적 우선주와는 달리 그 부족분에 대한 추징권이 없는 우선주를 의미한다.

2) 무의결권주

의결권 유무에 따라 의결권주(voting share)와 무의결권주(non voting share)로 구분하는데 우리나라는 우선주에 한하여 의결권이 부여되지 않고 있다. 이러한 주식을 무의결권 우선주라 하며 발행주식 총수의 1/4을 초과하지 않는 범위 내에서 발행 할 수 있다. 주주총회의 의결권이 없다는 점에서 사채와 구별된다. 우선배당이 전제 되므로 우선 배당이 없을 때에는 의결권이 부활한다.

3) 액면주와 무액면주

액면주(par value stock)란 주권에 그 주식의 액면가격이 기재되어 있는 주식을 말하고 무액면주(non par value stock)란 액면가격이 기재되어 있지 않는 것을 말한다. 액면가의 의미는 첫째, 회사 자본금의 구성단위이고, 둘째, 회사에 최초로 자본을 출자한 주주의 출자 자본액의 기초인 동시에 주주의 유한책임

한도를 표시한다는 것이다.

그러나 주식의 액면가는 최초의 주주가 출자한 자본일 뿐이며, 그 후에는 시장가치가 기준이 되어 액면가는 무의미해지기 때문에 시장가치에 따라 발행가격을 결정하는 경우에는 최초의 출자가치와 괴리가 생기게 된다.

현재 미국과 같은 선진국에서는 무액면 주식이 보편화 되고 있으나 우리나라의 상법에서는 인정하지 않고 있다. 무액면 주식은 최저가액이 정관에 표시되어 있는가에 따라 표시가 무액면주와 순수 무액면주로 나누어진다. 상법에서는 주식의 금액이 균일하여야 하며 1주의 금액은 100원 이상으로 하여야 한다고 규정하고 있다.

4) 기명주와 무기명주

주주의 성명이 주권과 주주명부에 표시되는가에 따라 기명주와 무기명주로 구분할 수 있다. 회사가 기명주식을 발행하는 경우에는 주주로서의 권리 행사자를 명확하게 알 수 있고 그 통지를 함에 있어서도 편리하다는 이점이 있는 반면 무기명 주식은 신속하게 유통될 수 있다는 장점이 있다.

상법은 기명주를 원칙으로 하고 무기명 주식은 정관에 정해져 있는 경우에만 발행할 수 있도록 하고 있으며 상호간의 전환권을 인정하고 있다. 또한 무기명 주식을 소유하는 주주가 그 권리 행사를 하려면 주권을 회사에 공탁해야 한다.

5) 후배주와 혼합주

열후주 또는 후취주라고도 하며 이익이나 이자의 배당 잔여재산의 분배 등에 있어 타종의 주식에 비해 불리한 조건이 인정되는 주식을 말한다. 현재 우리나라에서는 거의 사용되고 있지 않다.

혼합주는 이익이나 이자의 배당과 잔여재산 분배에 있어 각각 어떤 권리에 있어서는 우선적이나 다른 권리에 있어서는 불리한 주식을 말한다. 후배주와 마찬가지로 거의 사용되지 않고 있다.

6) 보증주식

보증주식은 회사가 발행한 보통주 및 우선주 등에 대하여 그 이익배당의 지급을 모회사나 정부, 금융기관 등이 보증하는 주식으로서 기업 이윤에 관계없이 배당의 지급이 보장된 주식을 말한다. 이 보증주식은 신용도가 낮은 회사의 자금조달수단으로 이용될 수 있다.

7) 상환주식과 전환주식

상환주식은 이익을 가지고 소각할 수 있는 주식으로 우선주에 한하여 인정하며, 특별한 종류의 주식으로 우선적 내용이 있는 종류의 주식에 대하여 인정하고 있다. 증권의 존속기간, 상한가액, 상환방법 등이 있다는 점에서 사채와 비슷하나, 이익으로서만 상환되며 반드시 소각된다는 점에서 사채 및 여타 주식과 구별된다.

전환주식이란 여러 종류의 주식을 발행하는 경우 한 종류의 주식을 다른 종류의 주식으로 전환 할 수 있는 권리가 부여된 주식을 말한다. 즉, 우선주를 보통주로 전환시키거나 또는 보통주를 우선주로 전환하는 것이 인정되는 주식이다.

전환주식을 발행하는 경우에는 전환을 청구할 수 있다는 뜻과 전환의 조건, 전환청구기간, 전환으로 인해 발행할 주식의 수와 내용을 정관에 기재하고 주식청약서 또는 신주인수권증서에 그 내용을 기재하여야 한다.

7. 기업공개

1) 기업공개의 의의

기업공개(initial public offerings, going public)란 증권거래법 등의 규정에 의하여 주식회사가 발행한 주식을 일반투자자에게 균일한 조건으로 공모하거나, 이미 발행되어 대주주가 소유하고 있는 주식의 일부를 매출하여 다수의 주주에게 주식이 분산되는 것을 뜻한다. 즉, 소수 대주주가 소유한 주식을 다수의 일반대중에게 분산시켜 당해 기업의 주식이 증권시장을 통하여 자유롭게 거래되도록 함으로써 자금조달의 원활을 기하고 자본과 경영을 분리하여 경영을 합리화시키는 것이다.

기업을 공개하는 방법에는 기존 주주들의 신주인수권을 포기하게 하고 신주를 공모하는 방법과 기존 주주가 소유하고 있는 주식을 일반대중에게 매출하는 방법 및 신주공모와 구주 매출을 병행하는 방법이 있다.

주식의 대중 분산은 주식의 유동성을 기초로 하기 때문에 기업공개가 이루어지고 나면 공모된 주식이 증권시장에 상장되고 주식이 상장됨으로서 기업공개의 절차도 완료된다.

2) 기업공개의 필요성

(1) 기업자금 조달측면

기업의 초기단계에 있어서는 기업주 개인의 재력이나 간접금융에 의존하여 사업을 영위할 수 있으나 기업의 규모가 대형화되고 글로벌 시대에 따른 경쟁이 격화 되면서 기업이 필요로 하는 막대한 자금을 그러한 수단에 의존하는 것은 한계가 있을 수밖에 없다. 그러므로 유상증자 및 회사채발행, 해외 증권발행 등 자금조달수단을 다양화하고 장기적으로 안정적인 자금조달을 통한 기업의 재무구조를 개선하여야 한다.

(2) 기업의 성장측면

기업의 소유와 경영을 분리하여 우수한 전문 인력을 확보하고 자본배분을 효율화하여 경영합리화를 기하고 발전을 도모할 수 있으며 기업 내용을 공시함으로써 공신력을 제고할 수 있다.

(3) 기업의 사회적 측면

현대사회의 기업은 단순히 이윤만을 추구하는 경영자 개인의 점유율이 아니라 전 국민이 참여하고 이익을 향유하여야 하는 사회적 공기업으로서의 성격을 가지고 있다.

주식분산을 통해 일반대중으로부터 조달한 자금을 효율적으로 운용하고 그 과실을 사회에 환원함으로써 기업의 사회적 책임을 구현하고 증권자본주의를 실현하여야 할 필요성이 있다.

3) 기업공개의 효과

(1) 자본조달능력의 증대

기업공개의 경우 기업공개 자체가 유상증자의 일정이므로 증권시장을 통하여 필요자금을 일시에 대량으로 조달 할 수 있으므로 공개 이후 유상증자, 회사채 발행 등에 의해 자금조달을 쉽게 할 수 있다.

(2) 경영합리화 도모와 홍보효과

기업공개를 통하여 소유와 경영이 분리 될 수 있으므로 경영합리화를 도모할 수 있는 동시에 기업의 매스컴을 통한 홍보 기회가 확대되어 기업의 공신력이 제고된다.

(3) 투자자에 대한 재산운용수단의 제공

기업공개로 주식이 증권거래소에 상장되어 자유로운 거래의 객체가 되기 때문에 투자자에게 유동성과 환금성, 수익성을 가지게 하고 그 담보력 또한 증대되어 담보대출, 보증금, 공탁금 등으로의 활용이 가능하여, 다양한 재산운용수단의 장을 제공한다.

(4) 기업의 신용도 향상 및 공신력제고

공개기업은 증권시장을 통하여 유상증자와 같이 손쉽게 낮은 비용으로 적시에 다양한 자금의 조달이 가능하여 안정성이 증대되고 재무구조의 건실화를 통한 신용도가 향상된다.

높은 주가를 통한 대외적인 신인도가 증가하여 공신력을 확보하게 되면 해외시장에서의 국제적인 신뢰도가 증대된다.

4) 기업공개의 방법

기업공개의 방법은 신주공모에 의한 방법, 구주매출에 의한 방법, 신주공모와 구주매출을 병행하는 방법, 모집설립에 의한 방법 등이 있다.

(1) 신주공모

기존의 기업이 증권시장을 통하여 다수의 투자자들을 대상으로 신주를 발행하여 자금을 조달함과 동시에 기업을 공개하는 방법이다. 기본적으로 신주를 인수할 수 있는 권리는 기존 주주에게 있으나 기업공개의 경우 지분의 분산을 위해 기존 주주의 신주인수권은 배제된다. 따라서 발행주식수가 10,000주인데 새롭게 10,000주를 발행한다면 기존주주의 지분율은 100%에서 50%로 감소하고 50%의 주식을 다른 다수의 주주들이 소유하게 된다. 총 발행주식수도 10,000주에서 20,000주로 증가하게 된다.

(2) 구주매출

대주주가 소유하고 있는 기존의 발행주식의 일부를 일반투자자에게 매각하여 기업을 공개하는 방법이다. 구주매출의 경우 주식매각대금은 주식을 소유하고 있던 대주주에게 귀속되기 때문에 회사의 자기자본에는 변화가 없다. 예를 들어 발행주식수가 10,000주이고 이 가운데 5,000주를 매각한다면 기존주주의 지분율은 100%에서 50%로 감소하고 50%의 주식을 다른 다수의 주주들이 소유하게 된다. 따라서 총 발행주식수는 10,000주로 변화가 없다.

(3) 신주공모 및 구주매출

신주공모와 구주매출을 병행하는 방법은 신주를 발행하여 신규자금을 조달하는 동시에 기존 주주의 소유주식도 매출함으로써 상장이나 등록에 필요한 분산요건을 맞추는 방법으로서 가장 많이 사용되고 있다. 따라서 발행주식수가 10,000주인데 신주를 2,000주 발행하고, 구주를 4,000주 매각하면 총 발행주식수는 10,000주에서 12,000주로 늘어나고 기존주주의 지분율은 100%에서 50%로 감소한다.

(4) 모집설립

회사설립 당시부터 상장이나 등록에 필요한 분산요건을 고려하여 발기인은 발행하는 주식의 일부만을 인수하고 총 발행주식 중 일정비율 이상의 주식을 일반투자자에게 매각하는 방법이다.

5) 발행가의 결정

공모주식의 인수가격은 원칙적으로 발행회사와 주간사 회사가 협의하여 결정한다. 주간사 회사는 발행회사의 수정 후 재무제표를 기준으로 산출된 자산가치, 수익가치, 상대가치를 기초로 공모가액을 결정한다. 공모가격은 위의 세 가지 가치를 기계적으로 고려하여 결정되는 것이 아니라 증시상황, 경제상황, 기업의 성장성 그리고 동업종의 향후 전망 등을 충분히 감안하여 종합적으로 결정되어야 한다.

자산가치는 발행회사의 1주당 순자산 가치를 말한다.

수익가치는 발행회사의 미래 수익력을 현재 가치화한 금액으로 1주당 순이익을 말한다. 즉, 수익가치는 평균주당 추정수익을 자본 환원율로 나눈 값이다. 본질가치는 자산가치와 수익가치의 산술평균이다.

상대가치는 유사회사의 주가평균과 유사회사의 주당 경상이익 및 주당 순자산을 비교하여 평가한 상대적 시가이다.

8. 유상증자

1) 유상증자의 의의

유상증자(seasoned equity offerings)란 기업설립 후 신주발행을 통해서 자본금을 증대시키는 행위이다. 회사설립시 정관에 기재된 발행주식 총수(수권자본금)의 범위 내에서 이사회 결의에 따라 발행 할 수 있으며, 기업이 자금의 수요를 충족시키기 위하여 주주에게 출자를 이행시키는 것을 말한다.

2) 유상증자의 종류

유상증자는 신주인수권을 주주에게 주는가, 주주이외의 제3자(연고자)에게 주는가, 널리 일반대중으로부터 공모하는가에 따라 각기 구주주할당, 일반공모, 연고자배정으로 구분된다.

(1) 구주주할당

구주주배정(rights offerings)은 기존주주에게 신주인수권을 부여하는 방법으로 신주를 발행하는 방법이다. 이는 유상증자를 위한 전통적인 주식발행형태인데 신주가 주주 이외의 자에게 할당됨에 따라 주주의 지위 특히 의결권의 비례적 지위에 변동을 가져오는 것을 막을 수 있고 신주의 발행가격이 시가와 차이가 있는 경우에 주주의 재산에 피해를 막을 수 있으며 일반 공모에 비해 발행 비용이 적게 들고 절차가 비교적 간단하다는 장점이 있는 반면에 발행금액이 대규모인 경우에는 주주 가운데 배정된 신주를 구입하지 않고 실권(失權)을 할 경우 실권한 주식금액만큼 증자대금이 줄어들게 되기 때문에 기업이 원하는 금액만큼 증자가 이루어지지 않아 적당한 방법이 되지 못한다는 단점이 있다. <표 3-1>은 주주우선 공모방식과 구주주배정방식의 비교표이다.

〈표 3-1〉 주주우선공모방식의 증자와 구주주배정방식의 증자비교

	주주우선공모방식	구주주배정방식
1. 실권위험	없다	높다
2. 실권주처리절차	불필요	이사회결의에 의한 실권주 처리 실권주를 추가로 배정 받은 자는 그 얻는 이익에 대하여 증여세부담
3. 증여세부담	없다	2.5개월(신고서－상장일)
4. 소요기간 및 일정	길다(2주정도 더 소요)	기본증자비용
5. 신주발행비용	인수수수료 추가 부담	발행회사가 전부부담 (직접모집)
6. 인수 및 모집사무 분담	주간사회사가 분담(간접모집)	필요함
7. 신주인수권증서발행	불필요	구주주의 권리를 인정하고 신주인수권을 부여함
8. 구주주의 신주인수권	구주주의 권리를 부인하고 단지 우선청약기회만 부여함	별도의 정관조항 불필요
9. 정관조항	신주인수건 배제조항 필요	7일
10. 유가증권신고서효력발생기간	10일	감독원 제출 불필요
11. 청약결과 배정명세서	감독원 제출 및 확인	주주청약일 20일 전에 청약을 실시하여 실권분 주주배정가능
12. 우리사주조합 우선배정분 청약	주주우선 청약분과 동시청약 → 양쪽 실권분 모두 공모	

(2) 일반공모

일반공모(public offerings)는 다수의 대중으로부터 신주의 청약을 받아 공정한 가격으로 신주를 발행하는 방법이다. 이는 구주주의 신주인수권을 인정하지 않는 형태로 미국에서 일반화 되어있으며 한국에서는 정관에 구주주의 신주인수권에 대한 제한 규정이 있어야 가능하며 그러한 규정이 없으면 주주총회의 특별결의에 의해 정관을 변경하여야 한다.

(3) 연고자 배정(제3자 배정)

연고자 배정은 사모증자(private placement)의 형태이며 회사의 특정연고자. 즉, 회사의 임원, 거래처, 거래은행, 대리점 등 주주 이외의 제3자에게 신주 인수권을 주어 신주를 인수하게 하는 방법으로 그리 흔한 형태의 증자는 아니며 이는 구주주와 이해상충관계에 중대한 영향을 주기 때문에 정관에 정해져 있어야 한다.

3) 유상증자의 가격결정

유상증자의 가격결정은 투자자(구주주)에 영향을 미칠 수 있는 것은 신주의 발행가격이다. 신주의 발행가격은 액면가격으로 발행하는 방법과 시가로 할인 발행하는 방법이 있으며, 우리나라는 1984년 이전에는 액면발행제도를 실시해 오다가 그 이후 시가에서 일정률을 할인하는 시가할인 발행을 실시하다가 1991년 6월 이후부터는 할인율에 대한 제한이 철폐 되었다.

일반공모시 유상증자 발행가격의 기준주가는 청약일 전 5거래일을 기산일로 하여 이전 1개월 평균종가, 1주일 평균주가 및 기산일 종가 중 높은 가격을 기준주가로 한다.

$$\text{신주발행가격} = \text{기준주가} \times (1 - \text{할인율})$$

$$\text{권리락주가} = \frac{\text{기준주가} + \text{주당납입금}(= \text{신주발행가격} \times \text{증자비율})}{1 + \text{유상증자비율}}$$

9. 무상증자

1) 무상증자의 의의

무상증자(unseasoned equity offerings)는 자금조달을 목적으로 하는 것이 아니기 때문에 실질적인 자본금의 증가가 이루어지지 않는 증자를 말한다. 즉, 무상증자는 이사회 또는 주주총회의 결의로 법정준비금을 자본에 전입하고 증가된 자본금에 해당하는 만큼의 신주를 발행하여 구주주에게 소유주식 비례에 따라 무상으로 배정, 교부하는 방법이다.

2) 무상증자의 절차

무상증자는 신주의 발행에 따른 주금의 납입이 없기 때문에 발행회사의 실질자산과 자본총액의 변동은 없다. 다만 잉여금이 줄어든 만큼 자본금이 증가하게 된다. 보통 이사회의 결의에 의해 자산재평가 적립금 또는 준비금의 일부 또는 전부를 자본에 전입할 수 있으며, 자본전입의 결의가 있는 때에는 주주의 보유주식 수에 따라 무상으로 신주를 발행하여야 한다. 이 경우, 신주에 대한 주주권은 이사회 결의에 의한 신주 배정 기준일에 발생한다. <표 3-2>는 무상증자의 절차이다.

3) 무상증자의 발행 형태

① 준비금의 자본전입

주식회사는 기업의 영업활동으로 창출된 이익 중에서 일정한 금액을 이익준비금으로 적립하도록 되어 있으며 이와 함께 자본거래에서 창출된 잉여금은 자본준비금으로 적립하도록 의무화되어 있다. 이와 같이 법률의 규정에 의하여 적립된 법정준비금이나 별도로 회사가 적립한 임의준비금은 이사회의 결의에 의

〈표 3-2〉 무상증자의 절차

진 행 절 차	주 관 처	대 상 처
1. 무상증자를 위한 이사회 결의	발행회사	
2. 이사회결의 내용공시 및 의사록 사본제출	발행회사	위원회, 한국거래소
3. 배정기준일 및 주주명부 폐쇄공고	발행회사	주 주
4. 배정기준일의 신고	발행회사	한국거래소
5. 배정기준일	발행회사	
6. 증자등기	발행회사	관할법원
7. 신주배정통지	발행회사	주 주
8. 주권가쇄계약 및 주권용지교부 신청	발행회사	예탁원
9. 주권발행 및 교부통지	발행회사	주 주
10. 신주의 상장신청	발행회사	한국거래소

주) 무상증자가 정관에 의한 주주총회 결의사항일 경우 상기일정 외에 주총소집을 위한 절차가 필요함.

하여 그 전부 또는 일부를 자본에 전입하여 각 주주에게 소유하고 있는 주식수에 비례하여 무상으로 신주를 발행할 수 있다.

② 재평가적립금의 자본전입

인플레이션 상황에서 통화 가치하락에 따른 자산가치의 향상 및 기타의 이유로 인하여 회사에 현존하는 재산의 실질가치가 장부 가치를 상회하는 경우가 있다. 이런 경우에 자산재평가를 실시하여 실질가치와 장부가치의 차액을 자본으로 전입함으로써 그 전입액 만큼 각 주주에게 보유 주식수에 비례하여 신주를 발행하는 것이 재평가적립금의 자본전입이다.

③ 기타의 증자

㉠ 전환사채의 전환에 의한 증자

전환사채의 소유자가 전환권을 행사하여 사채를 주식으로 전환시켜 신주를 발행하는 경우이다. 이 때 전환액에 상당하는 부채가 감소하고 자본이 증가하여 타인자본의 자기자본화가 이루어지게 된다. 따라서 부채는 감소하게 되고 자본은 증가하나 총자본의 변화없이 증자가 이루어진다.

㉡ 주식배당

주식배당(stock dividend)은 주식회사가 주주에 대하여 이익배당을 하는 경우 보통 행하는 현금배당(cash dividend) 대신 그에 상응하는 신주를 발행하여 배당하는 것이다. 주식배당은 회사의 입장에서는 미처분이익 잉여금이 사내 유보되어 자본금에 전입되는 것이므로 실질적 증자의 효과를 갖게 되며 주주에 대해서는 현금배당과 동일한 효과를 준다. 한편 액면주식의 경우 배당이 액면금액에 의해 이루어지므로 주식 시가가 액면을 상회하는 때에는 사실상 증여와 같은 효과가 있다. 이와 같은 주식배당의 목적은 배당에 따른 현금의 유출을 방지하여 자금사정을 개선시키는 것 외에 간단한 절차로 자본을 증가시키며 주식의 시장성을 증대 또는 경감시키는 데 있다.

㉢ 신주인수권부사채에 의한 증자

신주인수권부사채(bond with warrant)는 일정한 가격(행사가격)으로 일정수의 주식을 배당 받을 수 있는 권리가 부여된 조건부사채이므로 사채권자가 신주인수권을 행사하면 유상증자가 자동적으로 이루어진다.

제4절 증권의 유통시장

1. 유통시장의 의의

증권의 유통시장은 이미 발행된 유가증권이 공정한 가격으로 투자자들 상호간에 매매거래 되는 시장을 뜻하는데, 1차 시장(primary market)인 발행시장에 대비하여 유통시장은 유가증권의 현금화를 담당하는 2차 시장(secondary market)으로서, 즉, 유통시장은 투자자가 소유하고 있는 주식이나 채권을 매각하여 투자자금을 회수하거나 이미 발행된 유가증권을 취득하여 금융자산을 운용하는 시장이다.

이러한 유통시장은 다음과 같은 기능을 가지고 있다.

첫째, 발행된 주식이나 채권의 시장성과 유통성을 높여 일반 투자자의 투자를 촉진시킴으로써 발행시장에서의 장기자본의 조달을 원활하게 해준다.

둘째, 유통시장에 의한 유가증권의 시장성과 유통성은 유가증권의 담보력을 높여준다. 수시로 적정가격으로 유가증권을 처분, 현금화 할 수 있기 때문에 유가증권의 담보에 의한 차입이 용이하다.

셋째, 유통시장에서는 주식이나 채권의 공정한 가격을 형성한다. 즉, 유통시장은 다수의 투자자가 참여하는 자유경쟁시장이므로 여기에서 형성되는 가격은 공정한 가격이라 할 수 있다.

넷째, 유통시장에서 형성되는 가격은 앞으로 발행할 새로운 증권의 가격을 결정하는 역할을 한다.

유통시장은 이와 같은 기능을 수행하기 위해서는 ① 거래대상이 되는 증권의 발행물량이 많아야 하고 ② 발행된 증권이 다수의 투자자에게 분산 소유되어야 하고 ③ 증권의 매매·유통에 아무런 제재가 없어야 하는 등의 요건을 구비해야 한다.

2. 유통시장의 구조

증권유통시장의 기본적 구조는 한국거래소(korea exchange)시장과 코스닥

[그림 3-2] 유통시장의 구조

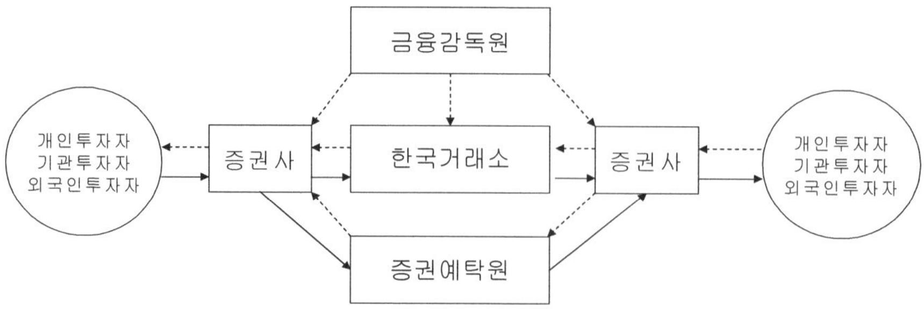

(KOSDAQ)시장과 코넥스(KONEX)시장, 프리보드시장으로 형성되어 있으며, 거래소시장은 지정된 장소와 건물에서 증권이 계속적이고 조직적으로 거래되는 시장을 의미하며, 한국거래소에는 일정한 매매거래제도에 따라 증권거래가 이루어진다.

이에 반하여 장외시장은 조직적인 한국거래소가 아닌 다른 곳에서 전산에 의하여 매매되는 비조직적인 시장을 포괄한다. 또한 증권유통시장은 거래되는 증권의 종류에 따라 주식유통시장과 채권유통시장으로 나누어진다. 증권의 유통은 투자자 상호간의 매매거래에 의해 이루어지지만 현실적으로는 증권회사의 중개에 의해 성립된다. 즉, 증권회사는 투자자로부터 매매주문을 받아 거래소를 통하여 매매를 체결한다. [그림 3-2]는 유통시장의 구조를 나타내고 있다.

3. 유가증권의 상장

(1) 상장의 의의

상장은 유가증권이 한국거래소에서 매매될 수 있도록 등록하는 것을 상장(listing)이라하고, 이때 매매대상물로 인정된 증권을 상장증권이라 하며, 상장증권을 발행한 회사를 상장회사 또는 상장법인이라 한다.

상장증권에는 상장주식, 상장채권, 상장뮤츄얼펀드, 상장수익증권 등이 있다. 모든 유가증권은 일단 증권시장에 상장됨으로써 자유로운 매매거래의 대상이 되는데, 한국거래소는 상장 증권에 투자하는 투자자의 보호를 위해 상장을 허용함에 있어, 당해 법인의 수익성, 재무 건전성, 유동성 등을 엄격하게 심사해야 한다. 또한 거래소는 상장 후에도 상장사의 기준을 계속유지 시키고 상장증권에 대한 변동사항을 공시하는 등 당해증권의 원활한 유통과 공정한 가격 형성을 위하여 철저히 관리해야 한다.

(2) 상장의 종류

유가증권의 상장은 발행인의 신청유무에 따라 발행인의 신청에 의한 상장과 발행인의 신청에 의하지 않는 상장으로 구분할 수 있다.

발행인의 신청에 의한 상장은 발행인이 한국거래소에 상장을 신청하고 이를 한국거래소가 일정한 절차에 따라 상장시키는 것을 말한다. 한편, 발행인의 신청에 의하지 않는 상장은 금융위원회 위원장이 공익과 투자자 보호를 위하여 필요한 경우 발행인의 상장 신청 없이 임의로 상장시키는 것을 말한다.

또한 유가증권 종류에 따라 주식, 부동산 투자회사, 증권회사주식, 외국주식 예탁증서, 신주인수권증서, 수익증권 상장 등이 있으며, 주식의 상장은 신규상장, 신주상장, 변경상장, 재상장 직상장, 명령상장 등으로 구분한다.

① 신규상장

기업을 공개하여 일반인에게 주식을 매각한 후 처음으로 한국거래소에 주권을 상장하는 것

② 신주상장

기존 상장회사가 유상 또는 무상증자, 합병, 전환사채권 등의 권리행사, 주식배당, 그리고 예탁증서 발행 등의 경우에 신주를 발행하여 한국거래소에 상장하는 것이다. 이때 전환사채권 등의 권리행사로 인한 발행예정 총주식에 대한 최초의 권리행사가 있는 경우에 신주일괄상장의 신청이 가능하다.

③ 변경상장

기존상장회사의 상호변경, 액면금액 변경, 자본감소, 주식병합 등으로 인한 주식수의 변경과 보통주와 우선주의 주식전환으로 인하여 주식을 새로 발행하는 것이다.

④ 재상장

이미 상장이 폐지된 회사가 상장이 폐지된 날로부터 5년 이내에 다시 상장하는 것을 말한다. 이때 재상장된 요건은 신규상장 요건보다 더욱 완화된다.

⑤ 직상장

직상장은 코스닥상장법인이 신규모집, 매출 등의 기업공개절차를 거치지 않

고 심사를 거쳐 곧바로 증권거래소에 상장하는 것을 말한다.

⑥ 명령상장

명령상장은 기업의 신청에 의해 심사를 거쳐 이루어지는 신청 상장이 아니라 공공의 이익을 위해 정부의 명령에 따라 상장이 이루어지는 것을 말한다.

* 채권의 상장에는 신규상장과 변경상장의 두 가지 방법이 있다. 국채, 지방채, 특수채는 상장심사를 받지 않으나 그 외의 채권은 상장심사를 받아야 한다.

(3) 상장 요건

유가증권을 한국거래소에 신규로 상장하고자 하는 회사는 금융위원회의 유가증권업무규정상의 기업공개를 위한 주식의 인수요건과 동일하다. 다만, 주식분산요건과 명의개서 대행기관의 명의개서 대행계약 체결, 통일규격주식의 사용 등이 상장심사요건에 추가되어 있다. 주식의 신규상장뿐만 아니라 외국주식예탁증서, 신주인수증서, 수익증권, 채권의 상장도 한국거래소가 정한 상장심사요건을 충족하여야만 가능하다. 상장요건은 기업의 특성에 따라 구분되나 <표 3-3>과 같이 기업의 규모, 재무건전성, 유통성, 재무내용 등의 요건을 갖추어야 한다.

(4) 상장절차

유가증권의 상장(listing)은 원칙적으로 당해 유가증권의 발행인으로부터 상장신청이 있어야 한다.

한국거래소는 신청된 유가증권이 공정한 가격과 원활한 유통, 그리고 공익과 투자자보호 등에 기여 할 수 있는가를 고려하여 한국거래소 시장에서 매매될 수 있는 요건구비 여부를 상장심사 규정에 따라 심사를 한 후 공모여부에 따라 공모상장과 직상장으로 구분된다.

공모상장은 한국거래소의 예비상장심사결과, 주식분산요건충족을 전제로 상장적격 통보를 받은 기업이 모집 또는 매출을 통해 자금을 조달한 후 상장을 하는 형태의 신규상장이다. 즉, 상장요건 중 분산요건을 충족하지 못하는 기업이 상장을 추진하는 과정에서 일반투자자를 대상으로 공모를 통해 자금을 조달한 후, 상장하는 형태이며 대부분의 상장이 여기에 해당한다.

〈표 3-3〉 신규상장요건

상장요건		일반회사	지주회사
규 모 요 건	기업규모	자기자본 300억원 이상	좌 동
	상장주식수	100만주 이상	좌 동
분 산 요 건	주 식 수	다음 중 하나만 충족하면 됨 • 일반주주소유비율 25% 이상 또는 500만주 이상(다만, 상장예정주식수 5천만주 이상 기업은 상장예정주식수의 10% 해당 수량) • 공모주식수 25% 이상 또는 500만주 이상(다만, 상장예정주식수 5천만주 이상 기업은 상장예정주식수의 10% 해당 수량) • 자기자본 500억 이상 법인은 10% 이상 공모하고 자기자본에 따라 일정규모이상 주식 발행 – 자기자본 500억~1,000억원 또는 기준시가총액 1,000억~2,000억: 100만주 이상 – 자기자본 1,000억~2,500억원 또는 기준시가총액 2,000억~5,000억: 200만주 이상 – 자기자본 2,500억원 이상 또는 준시가총액 5,000억 이상: 500만주 이상 • 국내외동시공모법인은 공모주식수 10% 이상 & 국내공모주식수 100만주이상	
	주 주 수	일반 주주 1,000명이상	좌 동
	의무공모	상장예비심사 신청 후 5% 이상 & 10억원 이상 공모	좌 동 (금융지주회사 제외)
	양도제한	발행주권에 대한 양도제한이 없을 것	좌 동
경 영 성 과 요 건 (택1)	매출액 및 이익등	최근 매출액 1,000억원 이상 및 3년 평균 700억원 이상 & 최근 사업연도에 영업이익, 법인세차감전계속 사업이익 및 당기순이익 각각 실현 & 다음중 하나를 충족하면 됨 • ROE:최근 5% & 3년합계 10% 이상 • 이익액:최근 30억원 & 3년 합계 60억원 이상 • 자기자본 1천억원 이상 법인: 최근 ROE 3% 또는 이익액 50억원 이상이고 영업현금흐름이 양(+)일 것	좌 동 (지주회사 매출액+자회사매출액×지분율) (연결재무제표 기준)

상장요건		일반회사	지주회사
경영성과요건(택1)	매출액 및 기준시가 총액	최근 매출액 2,000억원 이상 & 기준시가총액 4,000억원 이상 * 기준시가총액＝공모가격×상장예정수식수 (시장이전기업 또는 2차상장 외국기업의 경우 증권시장 시세)	좌 동 (지주회사 매출액＋자회사매출액×지분율)
안정성 및 건전성 요건	영업활동 기간	설립후 3년 이상 경과 & 계속적인 영업활동(합병 등이 있는 경우 실질적인 영업활동기간 고려)	좌 동 (주요자회사의 실질적인 영업활동기간 고려)
	감사의견	최근적정, 직전2년 적정 또는 한정(감사범위 제한에 따른 한정의견 제외)	좌 동 (개별 및 연결 재무제표)
	합병 등이 있는 경우	합병 등이 있는 경우 당해사업연도 결산재무제표 확정 – 합병 등의 기일부터 사업연도말까지 영업기간이 3월 미만인 경우 다음 사업연도의 반기재무제표 확정	좌 동 (지주회사 설립, 지주회사로의 전환 또는 지주회사의 주식교환에 의한 다른 회사의 완전자회사화를 위해 합병 등을 하는 경우 적용 배제)
	매각제한(보호예수)	– 최대주주 등 소유주식 & 상장예비심사신청전 1년 이내 최대주주 등으로 부터 양수한 주식 : 상장후 6월간 – 상장예비심사신청전 1년 이내 제3자배정 신주 : 발행일로부터 1년간. 단, 그날이 상장일로부터 6월 이내인 경우에는 상장 후 6월간	좌 동 (금융지주회사의 경우 최대주주 등 소유주식 매각제한 제외)

자료 : 금융투자협회

직상장은 이미 요건을 충족하는 기업이 한국거래소의 예비상장심사 후 공모를 통해 자금을 조달하지 않고 주식을 바로 상장하는 형태의 신규상장을 말하며, 유통상장이라 한다. 즉, 상장을 추진하는 과정에서 자금조달이 수반되지 아니하는 형태이며, 현재 협회등록 법인에 한하여 허용되고 있다.

(5) 상장증권의 관리

상장증권의 관리는 투자자에게 유용한 투자정보를 제공하고 증권시장에서 건전한 자본시장발전을 도모하며, 재무구조가 취약한 증권의 유통을 방지함으로써, 증권시장에서 선의의 피해자가 없도록 투자자 보호를 위해 여러 가지 규제를 받게 된다. 그 예로서 매매정지가 된다든지 아주 극단적으로 상장 자체가 폐지되는 경우도 있다.

① 상장주식 매매거래정지 제도

상장법인의 주권에 중대한 영향을 미칠 사유가 발생할 경우 동 사실을 투자자에게 충분히 주지시켜 선의의 투자자를 보호할 필요가 있을 때, 매매거래를 정지시킬 수 있다.

매매거래의 정지사유에 따른 매매정지기간은 <표 3-4>와 같다.

〈표 3-4〉 매매거래 정지사유 및 매매 정지기간

구 분	매매거래 정지사유	매매거래 정지기간
상장 규정	• 주권상장폐지 기준에 해당	• 매매일 기준 1일간, 단 필요시 매매거래정지를 해제하지 아니할 수 있음
	• 상장유가증권 중 위조 또는 변조 유가증권이 발생	• 당해 매매거래정지 사유 해소시까지
	• 주식의 병합 또는 분할 등을 우하여 주권의 제출을 요구	• 당해 매매거래정지 사유해소시까지
공시 규정	• 조회공시 불이해 • 공시번복, 중요한 내용의 공시변경	• 당해 사유 발생시점부터 익일 매매거래 종료시까지
	• 주가 또는 거래량에 중대한 영향을 주는 공시 사항 발생	• 공시시점이 전장 중인 경우에는 전장 종료시까지, 후장 중인 경우에는 후장 종료시까지

② 상장주식의 상장폐지

유가증권의 상장폐지란 상장증권이 유가증권시장에서 매매거래의 대상이 될 수 있는 자격을 상실시키는 조치를 말한다.

상장폐지를 유형별로 살펴보면, 당해법인 신청에 의하는 경우도 있으나, 증권거래소의 직권에 의하여 상장폐지 하는 경우가 일반적이다. 이 경우 상장법인의 폐지 신청에 대해서는 거래소는 거부할 수 있는 반면 거래소의 직권폐지에 의하는 경우 금감위의 승인을 받을 필요가 없다. 이외에도 공익 또는 투자자 보호를 위하여 필요한 경우 금융위원회 위원장의 명령에 의하여 상장을 폐지할 수 있다.

한국거래소는 상장증권이 상장폐지기준에 해당되면 관리종목으로 먼저 지정한 후 일정기간 유예기간을 거쳐 상장심사위원회 심의를 받게 한 후 그 결과에 의하여 상장폐지를 결정한다. 상장폐지 결정이 내려지면 해당증권은 정리매매를 종료한 후 최종적으로 증권시장에서 상장이 폐지된다. <표 3-5>는 유가증권의 관리종목의 지정기준과 상장폐지기준이다.

〈표 3-5〉 관리종목지정기준과 상장폐지기준

구 분	관리종목지정기준	상장폐지기준
정기보고서 미제출	해당시	해당시 10일내 미제출
감사의견 미달	해당시	해당시
영업활동정지	해당시	미해소
부도·은행거래정지	해당시	미해소
자본잠식	최근사업연도 자본금 50% 이상 잠식	1년 계속
주식분산 미달	해당시	1년 이내 미해소
매출액 미달	해당시	2년 연속 매출액 50억원 미만
거래량 미달	해당시	2반기 연속 반기 월평균거래량이 유동주식수의 1% 미만
파산신청	해당시	법원의 파산선고 결정
사외이사 미선임 등 지배구조 미달	해당시	1년 이내 미해소
공시의무 위반	해당시	관리종목 지정 후 고의, 중과실로 공시의무 위반
거래량 미달	반기 월평균거래량이 반기말 현재 유동주식수의 1% 미만	1회 추가

4. 매매거래제도

1) 매매거래의 종류

유가증권의 매매거래는 매매쌍방간의 매매거래조건에 따라 다양하게 이루어진다. 그러나 거래소 시장은 유가증권이 집단적으로 매매가 이루어지는 곳이기 때문에 매매계약의 결제방법과 결제기한에 따라 구분되며, 한국거래소에서는 이를 구분하여 분류하고 있다.

(1) 결제방법에 따른 분류

① 실물결제거래

결제기한에 실제로 증권의 수도를 이행하고 대금을 수수하는 방법이다.

② 차금결제거래

수도결제일 전에 반대매매를 하여 차액을 수수함으로써 결제하는 방법이다.

(2) 결제기한에 따른 분류

① 즉시거래

매매계약 체결 후 즉시(통상적으로 당일)계약을 이행하는 매매거래 형태로서 매수측과 매도측이 현금과 증권을 동시에 교환하는 일반적인 매매방법이다.

② 선물거래

매매계약을 체결한 때와 그 계약을 이행하는 데에는 시간적 차이가 있어 이 기간 동안 다시 매입하거나 매도 할 수 있는 거래로서 청산거래라고도 한다.

선물거래에는 결제일에 실물(증권)로 결제하는 방법과, 매입시와 매도시의 증권가격에 따라 그 차액만 지불하거나 지급받는 차금결제의 방법이다.

③ 보통거래

실물결제거래와 선물거래를 절충한 것으로서 절충형거래라고도 한다. 이는 증권매매 계약일로부터 3일째 되는 날에 반드시 현물결제로써 현금과 증권이 서로 교환되지만, 투자자는 결제기간 이전에 증권을 매도 할 수 있으며, 결제대금을 받기 이전에 결제대금을 차용하여 다른 증권을 매입 할 수도 있다. 미국과 일본의 보통거래는 결제기한이 각각 5일과 4일이다.

(3) 신용여부에 따른 분류

① 현금거래

증권시장에서 매매거래의 결제를 할 때 순수현금으로 결제하는 방법으로 신용거래가 아닌 일반적인 매매를 말한다.

② 신용거래

증권시장에서 매매거래를 함에 있어 고객이 증권회사로부터 매수에 대해서는 융자(margin buying), 매도에 대해서는 대주(short selling)를 받아 행하는 거래이다. 증권회사는 일정한 보증금(신용거래 보증금)을 받고 결제일에 매수대금이나 매도증권을 고객에게 대여하여 결제할 수 있도록 해주고, 일정한 기간 내에 반대매매나 현금 또는 현물 상환에 의해 이를 상환 받는 거래 형태이다.

신용거래는 잠재적인 수요와 공급을 시장에 유도하여 수급불균형을 해소하고 증권시장의 시장성을 제고하여 가격의 안정화를 촉진시키는 기능을 한다. 또한 정책 당국에게는 증권시장 활성화 또는 촉진정책으로 활용할 수 있는 시장관리 수단이 된다. 신용거래는 이상과 같은 순기능이 있는 반면 투기성도 내포하고 있다. 과도한 신용거래로 인하여 유통시장이 투기장으로 변하는 것을 방지하고 신용거래제도가 제기능을 다할 수 있게 하기 위해 신용거래한도는 종목별, 증권회사별, 투자자별로 신용공여규모를 제한하고 있다.

(4) 한국의 매매거래 형태

① 당일결제거래

매매계약을 체결한 당일에 수도 결제하는 것으로서 채권의 거래만 가능하다.

② 보통거래

매매계약을 체결한 날로부터 3일째 되는 날(공휴일제외)에 수도결제를 하는 것으로서, 일반적인 주식거래에 적용되고 있다.

③ 거래형태의 변천

한국거래소가 개설된 1956년부터 한국거래소는 실물거래인 당일 결제거래와 차금거래인 청산거래가 시행되어 왔는데, 그 중심은 청산거래였다. 그러나 청산거래는 제도상 내포하고 있는 투기적 요소 때문에 투자자 보호상 적합한 거래 상태가 아니어서 결국 1971년 6월의 매매거래제도 개혁에 따라 1971년 12월부터 폐지되고 보통거래만 시행되어 왔다.

1980년 12월 관리대상 종목의 융통성 제고를 위해 1982년 3월 채권거래의 비중이 커짐에 따라 채권매매거래의 원활 및 환금성 제고를 위해 당일 결제거래를 허용하여 보통거래와 당일결제 거래가 병행하여 실시되고 있다.

5. 매매거래의 수탁제도

한국거래소가 개설하는 매매시장에서 매매거래를 할 수 있는자는 금융감독위원회로부터 위탁 매매업의 허가를 받은 증권회사로서 거래소의 회원인자에 한한다. 따라서 일반투자자가 거래소 시장에서 유가증권을 매매하고자 할 경우에는 거래소의 회원인 증권회사에 위탁하며 위탁을 받은 증권회사는 고객과 위탁계약이 존재한다는 의미이며, 동계약에 따라 증권회사는 매매거래의 명의인으로, 위탁자는 당해 거래내용에 대한 계산주체로서 매매거래를 한다.

매매거래의 수탁제도는 위탁자(투자자)가 증권회사에 매매거래를 위탁하는 방법과 절차에 관한 사항으로 계약설정, 수탁방법, 위탁증거금, 위탁수수료 등을 규정하고 있다.

1) 계좌설정

증권회사는 위탁자로부터 매매거래의 위탁을 받아 이를 처리하고자 할 때에는 위탁자와 사전에 서면에 의한 매매거래계좌를 설정하여야 한다. 그리고 증권회사가 위탁자와 매매거래 계좌를 설정할 때에는 매매거래계좌설정 약정서에 의하여야 한다. 이는 증권회사와 위탁자간에 위탁조건에 관한 계약이 성립된다

[그림 3-3] 매매거래과정

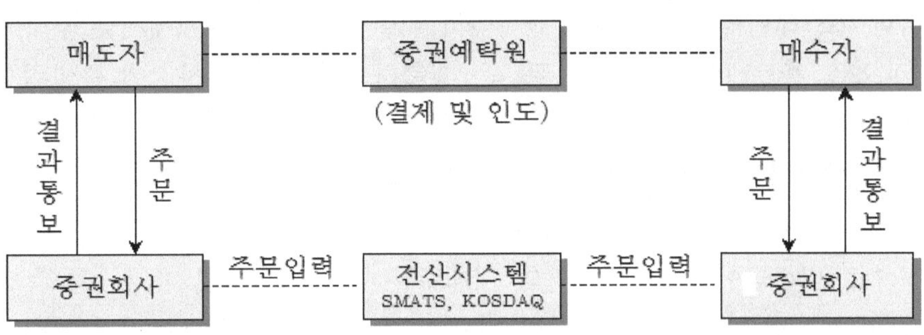

는 것을 의미하며, 개별적인 매매거래의 위탁은 동 계약의 조건에 따라 이루어진다.

2) 매매거래의 수탁

계좌가 설정되면 증권회사는 고객으로부터 매매거래의 주문을 받게 되는데 주문의 수탁방법에는 문서에 의한 수탁방법과 전화 등에 의한 수탁방법, 전자통신에 의한 수탁방법이 있다.

문서에 의한 수탁방법은 증권회사의 영업점에서 매매가 이루어지는 방법으로 증권회사가 매매거래의 위탁을 받을 때에는 원칙적으로 위탁자가 기명날인한 주문표에 의해 위탁을 받게 된다.

주문표의 주요내용으로는 매매거래의 종류, 종목명, 매도 또는 매수여부, 수량, 가격, 매매를 행할 시기, 위탁주문의 유효기간, 현금거래 또는 신용거래, 주문의 접수시간 등이 포함되어야 한다.

전화 등에 의한 방법은 위탁자가 전화, 전보, 팩스 등의 방법으로 증권회사에 매매거래를 위탁하는 것이다. 이 경우, 증권회사는 주문표를 작성하고 기명날인하여야 한다. 당해 매매거래가 성립된 경우에는 그 사실을 지체 없이 위탁자에게 통지를 하여야 하며, 통지방법은 주문사항을 입증할 수 있도록 녹음 등의 방법을 이용할 수 있다.

전자통신에 의한 방법은 홈트레이딩(home trading)이라고도 하며, 위탁자가 컴퓨터나 기타 이와 유사한 방법으로 주문을 입력하는 것이다.

홈트레이딩은 증권회사의 영업 인력을 거치지 않고, 위탁자가 입력한 주문내용이 직접 증권회사 시스템에 전달된다는 점에서 다른 수탁방법과 근본적인 차이가 있다.

이러한 홈트레이딩은 매매체결 전산화와 더불어 사이버 증권체제를 구축하기 위한 것으로, 홈트레이딩을 통해 주문을 제출하기 위해서는 사전에 증권회사와 홈트레이딩 이용계약을 체결해야 한다.

한편, 증권회사는 공익과 투자자 보호 또는 거래질서의 안정을 위하여 수탁을 거부 할 수 있다. 수탁을 거부한 때에는 주문표에 거부사유를 표시 하여야 한다. 일반적으로 미수금이 있는 위탁자의 매매주문 수탁, 현금 및 유가증권의 인출 등을 금지하고 있으며, 미수금을 상습적으로 발생 시키는 등의 불건전 거래자에 대한 매매주문의 수탁도 거절할 수 있다.

3) 위탁증거금

위탁증거금은 증권회사가 고객으로부터 유가증권 매매를 위탁받은 경우 위탁자의 결제이행을 위한 담보를 확보함으로서 거래의 안정을 도모하기 위하여, 증권회사가 위탁자로부터 매매거래의 위탁을 받을 때 위탁자로부터 위탁증거금을 징수하고 있다. 매수의 경우에는 현금, 매도의 경우에는 매도증권 또는 현금으로 위탁증거금을 징수 할 수 있다.

위탁증거금의 징수 이유는 다음과 같다.

첫째, 유가증권의 가격은 시장에서 수요와 공급을 중심으로 제반요인의 변동에 따라 수시로 등락하는 속성을 가지고 있기 때문에, 위탁자가 결제이행을 행하지 않을 경우를 대비하여 결제불이행에 따른 채권확보를 위하여 담보의 징수가 요청된다.

둘째, 위탁증거금의 징수율은 일정한 범위 내에서 탄력적으로 조정하여 시장의 수급을 조절함으로써, 공정한 시세 형성을 기하고자 하는 시장관리 차원의 수단으로 운용하기 위해서이다.

1998년 4월 이전에는 거래소에서 증권회사가 징수하여야 할 최저 위탁증거금율을 정하였으나, 1998년 4월 1일부터 위탁증거금을 증권회사가 자율적으로 정하도록 하였다. 이는 결제책임을 지고 있는 증권회사가 자율적으로 투자자의 신용을 관리함으로써, 증권시장의 환경변화와 규제완화 추세에 부응하고 매매거래제도의 국제적 표준을 제고하기 위해서이다.

4) 위탁수수료 징수

증권회사는 위탁자로부터 매도 또는 매수의 위탁을 받아 매매가 성립되면 결제시에 위탁자로부터 위탁수수료를 징수한다.

위탁수수료는 징수요율의 설정방법에 따라 고정제(정률제), 교섭제, 제한적 교섭제를 구분 할 수 있으며, 징수방법에 따라 매매체결시마다 징수하는 방법과 증권회사에 예탁된 현금 등 자산의 규모에 따라 일정기간 동안의 수수료를 징수하는 랩어카운트(wrap account)제도 등이 있다.

현재는 증권업의 영업 차별화와 규제완화 차원에서 1997년 10월1일부터 완전 자율화되어 증권회사가 자율적으로 결정하여 징수하고 있다.

일반적으로 주식의 경우, 0.4%~0.5%가 적용되며 인터넷 등 사이버거래를 이용하면 0.1% 내의 저렴한 수수료로 주식을 거래 할 수 있다.

6. 매매계약의 체결

1) 매매계약의 체결방법

거래소 시장에서 유가증권 수급의 경쟁관계를 결합하여 매매거래를 체결시키는 방법에는 다음의 세 가지 유형이 있는데 우리나라 증권시장의 경우 경쟁매매를 채택하고 있다.

(1) 경쟁매매

다수의 매도자와 매수자 사이의 매매거래를 말한다.

(2) 상대매매

단일의 매도자와 매수자 사이의 매매거래를 말한다.

(3) 경매매

단일의 매도자 또는 매수자와 복수의 매수자 또는 매도자 사이의 매매거래를 말한다.

2) 경쟁매매의 원칙

(1) 개별경쟁매매의 원칙

거래소 시장에서 매매체결시 적용되는 경쟁요소에는 가격, 시간, 수량이 있는데 각각의 요소에 따라 적용되는 원칙이 확립되어 있다.

(2) 가격우선의 원칙

저가의 매도호가는 고가의 매도호가에 우선하고 고가의 매수호가는 저가의 매수호가에 우선한다. 다만, 시장호가는 지정가 호가에 가격적으로 우선하되, 매도시장호가와 하한가의 매수지정가호가, 매수시장가호가와 상한가의 매수지정가호가는 각각 가격의 호가로 본다.

(3) 시간우선의 원칙

동일한 가격호가와 시장가 호가 간에 대해서는 시간의 선후에 따라 먼저 접수된 호가가 뒤에 접수된 호가에 우선한다.

(4) 수량우선의 원칙

가격과 시간이 동일한 호가인 경우에는 수량이 많은 호가가 적은 호가에 우선한다. 이 원칙은 동시호가의 경우에만 적용되는 원칙이다.

(5) 위탁매매 우선의 원칙

고객의 위탁매매 호가가 증권회사 자기매매 호가보다 우선한다. 즉, 동일가격의 동시호가 매매체결에 있어서 고객의 매매가 전량 처리된 후에야 증권회사의 자기매매분이 처리된다.

3) 경쟁매매의 유형

(1) 단일가격에 의한 개별경쟁매매

일정한 시간 내에 접수한 호가를 동일한 시간에 접수한 호가로 보고(일명 동시호가), 이를 단일가격으로 매매를 체결하는 경우이다.

이러한 매매의 적용대상은 시장을 일시 정지하였다가 재개된 후 최초의 가격, 거래소가 따로 정한 종목의 종가 등을 결정할 때에는 단일가격에 의한다. 이는 일정기간 접수한 호가를 하나의 가격으로 매매체결 시키는 방법이며, 이 단일가격은 다음의 방법으로 매도호가의 합계수량과 매수호가의 합계수량이 합치가격으로 하여, 개별경쟁매매의 원칙에 따라 매매거래를 성립시킨다.

(2) 복수가격에 의한 개별경쟁매매

단일가격에 의한 개별경쟁매매의 가격결정 이외의 모든 거래는 복수가격에 의한 개별경쟁매매방법에 의하며, 매도호가와 매수호가의 경합에 의하여 가장 낮은 매도호가와 가장 높은 매수호가가 합치되는 경우 선행호가의 가격으로 하며, 가격우선의 원칙과 시간우선의 원칙에 따라 합치되는 호가 간에 매매거래를 성립시킨다.

이 방식은 공개경쟁매매의 성질상 모든 호가의 공개를 전제로 하고 있다. 이

복수가격에 의한 개별경쟁매매는 매매시간 중에 계속적으로 복수의 가격이 형성되기 때문에 일명 접속매매라고 한다.

4) 매매거래단위

(1) 매매수량 단위

매매수량 단위는 유가증권의 수요와 공급을 신속하고 원활하게 처리하기 위하여 설정한 최소의 수량단위이다. 주식의 경우, 매매수량 단위는 10주단위이다. 만약 매매수량 단위가 적으면 투자자에게는 편리하지만, 시장에서는 신속한 매매체결이 이루어지지 않는다. 단, 시간외 시장의 매매수량 단위는 1주이다.

이러한 매매수량 단위는 투자자의 최저 투자규모를 결정하는 단위이며, 투자자가 매매할 때 호가할 수 있는 최저 호가수량이 된다.

〈표 3-6〉 매매수량단위

구 분	매매수량단위
주식, 외국주식예탁증서, 수익증권	10주, 10증서, 10좌
채권(소액채권 및 외화표시채권 제외)	액면 100,000원
소액채권	액면 1,000원
외화표시채권	1만포인트
국채	액면 10억원

(2) 호가단위

호가단위는 호가수량 단위와 호가가격 단위로 구분된다. 호가수량 단위는 호가를 위한 대상증권의 단위수량이다. 주식의 경우 1주, 수익증권의 경우 1좌이며, 외국주식예탁증서의 경우 1증서, 신주인수권 증권의 경우 1증권, 일반채권의 경우 액면 1만원, 외화표시채권의 경우 1만 포인트로 되어 있다.

호가가격 단위는 가격대별로 호가가 할 수 있는 최소 단위의 가격이고, 거래를 표준화 하고 가격협상을 용이하게 하기 위하여 설정되었다.

거래소는 1998년 3월 호가단위를 종전 4단계에서 6단계로 세분화하여 호가단위에 5원과 50원을 추가하였다.

〈표 3-7〉 호가단위

증 권	1주(좌)당 가격	호가단위
주식 및 수익증권	1,000원 이하	1원
	1,000원 이상 5,000원 미만	5원
	5,000원 이상 10,000원 미만	10원
	10,000원 이상 50,000원 미만	50원
	50,000원 이상 100,000원 미만	100원
	100,000원 이상 500,000원 미만	500원
	500,000원 이상	1,000원
채권		1원
ETF, ELW		5원
외화표시채권		1포인트

7. 매매거래의 관리

한국거래소는 공정거래 질서를 확립하고 투자자를 보호하며, 증권시장의 효율성을 제고하기 위하여 각종 제도적 장치를 마련하고 있다. 이중에서도 매매거래와 직접적으로 관련된 매매거래의 관리수단으로는 가격 폭 제한, 매매거래의 중단 및 재개, 예납조치, 관리 및 감리대상종목의 지정 그리고 배당락, 이자락 및 권리락 등이 있다.

1) 가격 폭 제한

한국거래소는 유가증권의 공정한 가격형성과 급격한 시세변동에 따른 투자자의 피해방지 등 거래질서 확립을 위해 일시적인 가격의 급변한 상승과 하락을 막기 위해 증권의 상승과 하락의 가격 폭을 코스피시장 30%, 코스닥시장 30%로 제한하고 있다. 가격제한폭의 적용기준은 원칙적으로 전일종가를 기준으로 하며, 신규상장 종목과 관리대상 종목 지정 및 해제 등의 경우에는 예외로 한다.

2) 예납조치

한국거래소는 불공정거래가 발생하거나 지나친 투기장세 성격일 경우, 시장관리상 필요하다고 인정하는 경우, 종목별, 증권회사별로 위탁매매와 자기매매를 구분 지정하여 일정금액 또는 증권을 미리 납부 시킬 수 있다. 이러한 조치를 예납조치라 하고, 매매호가 전 예납과 결제 전 예납으로 구분된다.

매매호가 된 예납은 매매호가 전에 증권회사로 하여금 매도의 경우에는 당해 증권의 전부 또는 일부를 납부케 하는 것으로서 이 경우 증권회사는 이를 납부한 후가 아니면 당해 종목의 호가를 할 수 없다.

또한, 결제 전 예납은 매매거래가 성립된 계약에 대해 결제 시한전의 일정시한까지 매수대금 또는 매도증권의 전부 또는 일부를 납부토록 하는 것이다. 신용거래 종목 중 예납조치를 취하한 종목은 신규 신용거래가 중지된다.

3) 매매거래의 중단

한국거래소는 투자자보호와 시장관리를 위하여 필요하다고 인정되는 경우에 매매거래를 일시적으로 중단시킬 수 있다. 이러한 매매거래의 중단제도는 시장전체의 매매거래 중단과 개별종목의 매매거래의 중단으로 구분할 수 있다.

(1) 시장전체 매매거래의 중단

주식시장에서 주가가 일정수준 이상 급락하는 경우에 시장에 미치는 충격을 완화하기 위하여 주식매매를 일시적으로 중단할 수 있는데, 이러한 주식시장의 매매거래중단제도를 서킷 브레이커(circuit breakers)라고 한다. 한국거래소에서는 코스피지수 또는 코스닥지수가 전일종가보다 10% 이상 하락하여 1분간 지속되는 경우에는 주식시장의 모든 종목의 매매거래를 중단할 수 있고, 매매거래가 중단된 경우 20분이 경과되면 매매거래를 재개한다. 한편 매매중단은 1일 1회에 한하여 발동하며, 증권시장 종료 40분 전부터는 당일의 종가를 결정하는 시간을 확보하기 위하여 발동하지 않는다.[5)]

(2) 개별종목 매매거래의 중단

한국거래소에서는 풍문 등과 관련하여 주가 및 거래량이 급변하거나, 또는 급변할 것으로 예상되는 종목과 매매거래가 폭주하여 매매시스템 전체의 장애발생이 우려되는 종목에 대하여 매매거래를 중단할 수 있다.

---

5) 서킷 브레이커는 1987년 10월 미국 뉴욕증권시장의 주가대폭락 이후 투자자들의 심리적 공황을 막기 위해 탄생한 제도이다. 우리나라 증권시장에서는 1998년 12월에 도입되었다.

3) 감리종목의 지정제도

감리종목은 가격과 거래량의 비정상적 변동으로 인하여 시장관리상 투자자의 주의를 환기시키기 위하여 한국거래소에서 의하여 취해진 요주의 종목이다. 감리종목제도는 종가가 단기간 동안 급등할 경우 그 급등세를 진정시켜 주가의 안정을 도모하고 해당종목 투자시 투자자에게 신중을 기하게 하려는데 그 목적이 있다.

(1) 감리종목의 지정

보통주의 경우 한국거래소에서 감리종목의 지정요건은 최근 5일간의 주가 상승률이 75% 이상인 경우가 연3일 계속되고, 제3일째 되는 날(분석당일이라고 함)의 종가가 최근 30일 중 최고가인 종목이다. 또한 분석당일을 기준으로 최근 7일간의 주가상승률이 같은 기간 동업종 산업별 수정주가 평균상승률 또는 동업종산업별 주가지수 상승률의 4배 이상인 종목도 감리종목으로 지정될 수 있다.

코스닥 종목의 경우, 최근 5일간 주가상승률이 60% 이상인 경우가 연속하여 3일간 계속되고, 제3일째 되는 날의 종가가 최근 20일 중 최고 주가인 종목을 감리종목으로 지정한다. 다만 등록 후 1개월 미만인 종목 및 증권투자회사와 관리종목은 제외된다. 감리종목기준은 상장 상태에 따라 수시로 변동된다.

감리종목으로 지정되면 신용거래 종목에서 제외되고, 위탁증거금은 100%를 납입한 후 매매주문을 낼 수 있다.

(2) 감리종목의 지정해제

감리종목으로 지정된 종목은 지정일로부터 기산하여 3일 이후의 날로서 종가가 감리종목 지정 전일 종가 미만인 경우에 그 지정이 해제된다.

코스닥 종목은 지정일 2일 이후 종가가 최근 5일 중 최고 종가대비 10% 이상 하락한 경우 그 지정이 해제된다.

4) 배당락

주식회사는 매 사업연도 종료 후에 결산을 확정하고 이익잉여금을 처분하기 위하여 정기주주총회를 개최하게 되는데, 이 때 주주총회에서의 주주권을 확정

[그림 3-6] 배당금지급절차

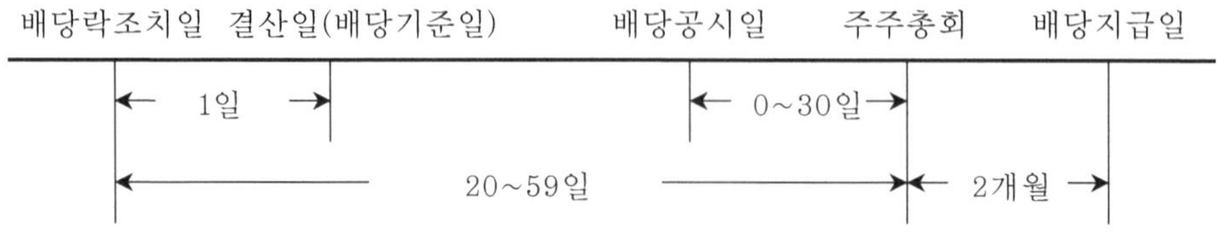

하기 위하여 권리 확정일을 매 사업연도 최종일로 하며, 그 다음날로부터 주주총회종료일 까지 주주명부를 폐쇄하고 주권의 명의 개서를 금지하게 된다. 따라서 사업연도가 끝난 날의 다음날 이후에 주권을 매수하는 자는 전 사업연도의 결산에 의한 이익배당을 받을 권리가 소멸되므로 거래소는 이날부터 당해 주권에 대하여 배당락을 취함으로써 주가가 합리적으로 형성되도록 관리한다.

현재 거래소에서의 매매거래는 보통거래로서 3일째 결제되므로 실제로는 사업연도 종료일 전일 매매 분부터 배당락 조치를 취하게 된다.

5) 권리락

권리락은 주식회사가 증자를 하는 경우에 신주인수권을 확정하기 위하여 신주배정기준일을 정하는데, 이 때 기준일의 익일 이후에 결제되는 주권에는 신주인수권이 없어진다. 따라서 거래소에서는 배당시와 마찬가지로 신주배정기준일 전일에 실제로 당해 종목에 권리락 조치를 취함으로써 주가가 합리적으로 형성되도록 관리한다. 즉, 신주배정기준일 이틀 전까지 권리부가 되어 인수권을 가진다.

6) 프로그램매매

주식을 대량으로 거래하는 기관투자자들이 일정한 전산 프로그램에 따라 수십 종목씩 주식을 묶어서(바스켓) 거래하는 것을 말한다. 매도나 매수에 대한 의사결정은 매매자가 하지만 나머지 모든 과정은 시스템이 알아서 하는 식이다. 프로그램 매매는 지수차익 거래와 비차익 거래로 구분할 수 있다.

지수차익 거래는 현물과 선물을 다른 방향으로 동시에 매매함으로써 현물과 선물 종목 간에 일시적인 가격차이가 발생할 경우 위험을 줄이고 안정적인 수익을 추구하는 거래이며, 비차익 거래는 선물과 연계하지 않고 현물 바스켓을 매매하는 거래다. 기관투자가들은 흔히 지수 영향력이 큰 20~30개의 주식집단을 대량으로 매매하므로 프로그램 매매는 주가지수에 큰 영향을 끼친다.

특히, 지수차익 거래에 있어서 선물을 매도하고 현물을 매수해 놓은 상황에서 일정시점 이후 이익 실현을 위해 선물을 매수하고 현물을 매도할 경우, 집중적인 현물 매도에 의해 종합주가지수가 급락(반대 경우는 급등)하는 경우가 종종 발생한다. 하지만 이는 선물거래의 만기 도래로 인해 일시적으로 나타나는 현상이다. 비차익 거래의 경우에도 종전에 매수(매도)해 두었던 프로그램 매수(매도) 물량이 일시에 증권시장으로 쏟아질 때 주가지수 하락(상승)을 초래할 수 있다.

따라서 과도한 프로그램매매에 의한 주가의 급등락을 완화하고 주식의 투자심리를 완화시키기 위해서는 프로그램매매에 의한 적절한 규제책이 필요하다. 현행 프로그램매매의 규제방안으로는 주가의 급등락시 프로그램 매매호가의 효과를 일시 정지시키는 사이드카를 들 수 있다. 사이드카제도의 발동기준은 선물시장에서 기준종목의 가격이 기준가 대비 5% 이상 변동하여 1분간 지속되는 경우이다. 가격이 상승할 경우 매수 프로그램매매 호가에 대하여, 가격이 하락할 경우에는 매도 프로그램매매 호가에 대하여 그 효력을 5분 동안 정지한다.

8. 매매거래의 결제제도

결제는 증권시장에서 성립된 매매거래의 종결이며 매매계약의 이행행위이다. 증권시장에서의 결제는 매매거래와 마찬가지로 다수의 매매쌍방에 의하여 이루어지고 그 종목수나 수량에 있어서도 다양하기 때문에 고도로 정형화 된 결제방법을 가지고 있지 않으면 안 된다.

따라서 증권시장에서의 매매거래에 대한 결제의 책임을 지고 있는 거래소에서는 결제방법, 결제시한 등 결제와 관련된 주요내용을 구체적으로 정하고 있다.

1) 결제방법

(1) 수도결제와 차금결제

수도결제는 결제증권과 결제대금을 결제일에 실질적으로 수수하여 결제하는 방법으로서 실물결제에 적용되는 결제방법이고, 차금결제는 실물거래 외에 적용되는 결제방법으로 반대매매에 의한 매매차금만을 수수하여 결제하는 방법이다.

(2) 전량결제와 차감결제

전량결제는 한 회원이 결제대금 또는 결제증권을 매도 매수별로 전량 결제하는 방법이고, 차감결제는 거래월별로 매도와 매수를 차감한 잔액 또는 잔량만을 가지고 결제하는 방법이다.

(3) 집중결제와 개별결제

집중결제는 매매거래의 결제업무를 거래소의 결제기구에서 집중적으로 취급하는 방법이고, 개별결제는 매매당사자간 또는 거래소가 지정하여 주는 상대방과 결제하는 방법이다.

이와 같은 형태로 구분하여 볼 때 현재 한국에서는 실물거래인 당일 결제거래와 보통거래만이 인정되고 있기 때문에 당연히 수도결제가 이루어지고 있고, 회원별 매매거래의 종류별로 매도증권과 매수대금을 각각 차감하여 결제하므로 차감결제를, 그리고 거래소의 결제기구를 통하여 결제하므로 집중결제를 채택하고 있다.

2) 결제의 관리

(1) 결제장소

매매거래의 결제는 거래소의 결제기구를 통하여야 하는데, 거래법에 의한 증권예탁원이 회원으로부터 유가증권을 집중예탁 받아 대체결제를 한 경우에는 거래소의 결제기구를 통한 것으로 본다.

(2) 결제의 위임금지

회원은 매매거래를 결제함에 있어 거래소가 지정한 거래법에 의한 증권금융회사를 제외하고는 이를 제3자에게 위임할 수 없다.

연 습 문 제

1. 증권시장의 개념을 설명하시오.
2. 증권시장의 경제적 기능을 설명하시오.
3. 증권시장의 분류를 설명하시오.
4. 발행시장을 설명하시오.
5. 발행시장의 기능을 설명하시오.
6. 증권발행의 형태를 설명하시오.
7. 증권발행의 구조를 설명하시오.
8. 주식의 종류를 설명하시오.
9. 기업공개의 의의를 설명하시오.
10. 기업공개의 필요성을 설명하시오.
11. 유상증자란?
12. 무상증자란?
13. 유통시장을 설명하시오.
14. 유통시장의 구조를 설명하시오.
15. 유가증권 상장요건을 설명하시오.
16. 신용거래를 설명하시오.
17. 경쟁매매의 유형을 설명하시오.
18. 프로그램 매매를 설명하시오.

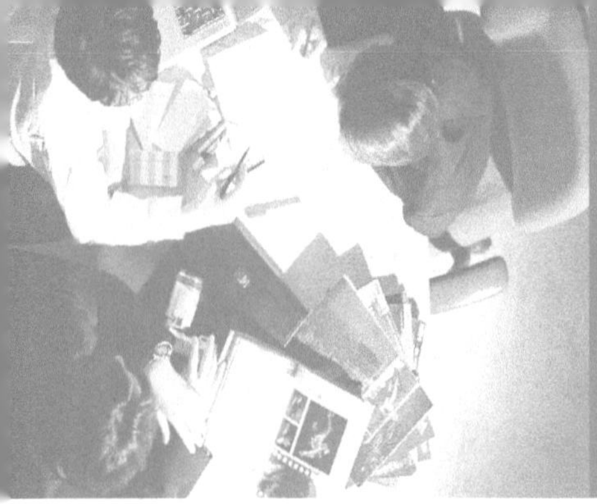

제4장 채권시장에서의 금융자산관리

제 1 절 채권의 기본개념

1. 채권의 의의

채권은 확정이자부 유가증권(fixed income securities)으로 정부, 지방자치단체, 특수법인과 상법상의 주식회사가 불특정 다수인으로부터 비교적 장기자금을 일시에 대량으로 조달하기 위하여 발행하는 일종의 차용증서로서 채무를 표시하는 유가증권이다. 이는 차용증서와는 달리 다음과 같은 법적인 제약과 보호를 받는다.

첫째, 채권을 발행할 수 있는 기관과 회사는 법률로써 정해진다. 일반적으로 정부, 공공기관, 특수법인과 상법상의 주식회사만이 채권을 발행할 수 있다.

둘째, 발행자격이 있더라도 정부는 국회의 동의를 받아야 하고, 회사가 공모할 경우에는 증권선물위원회에 등록을 한 후 금융감독원에 유가증권신고서를 미리 제출해야 하는 등의 절차를 거쳐야 채권을 발행할 수 있다.

셋째, 채권은 어음, 차용증서와는 달리 증권거래법이 정하는 바에 의하여 증권회사를 통해서 유가증권시장에서 자유롭게 거래할 수 있는 편리성을 지니고 있다.

2. 채권의 본질

1) 확정이자부증권

채권은 발행시에 채무자가 지급해야 하는 이자와 상환금액이 확정되어 있거나 또는 그 기준이 확정되어 있는 것이 본질이다. 따라서 투자원금에 대한 수익은 채권발행시 이미 결정되는 것이므로 발행자의 원리금 지급 능력이 가장 중요하다. 따라서 채권의 유동성은 원리금 지급능력의 안정도와 비례한다.

2) 이자지급증권

채권은 주식과는 달리 발행자는 당기순이익의 발생여부와 관계없이 이자를 지급해야 한다. 이는 발행자가 부담하는 금융비용 중에서 큰 비중을 차지하여 기업의 손익과 성장에 절대적인 영향을 주게 됨은 물론 국민경제 전반에도 큰 영향을 미치므로 각국마다 국민경제 안정을 위하여 이자율을 안정적이고 낮은 수준을 유지하기 위하여 많은 노력을 하고 있다.

3) 기한부증권

채권은 원리금 상환기간이 사전에 정해져 있는 기한부 증권이다. 채권은 확정이자부이면서 기한부 증권이라는 특성을 갖기 때문에 잔존기간이 투자결정요소로 중요성을 가지며, 이자율은 경제성장에 따라서 변동하는 것이 상례이므로 잔존기간의 중요성이 더욱 커진다. 이와 같은 잔존기간의 중요성 때문에 채권의 종목수가 늘어난다.

주식의 경우 신주를 발행하더라도 본질적으로 구주와 다른 것이 아니므로 종목수 증가와 상관이 없다. 그러나 채권의 경우에는 잔존기간이 다르면 투자가치가 완전히 달라지므로 발행자, 발행조건들이 같더라도 잔존기간 하나만 달라도 별도의 종목으로 뚜렷이 구분되는 것이다.

4) 자금의 운용수단

채권은 기한부 증권인 동시에 확정이자부 증권이라는 특성으로 인하여 주식보다는 금리 체계내의 객관성을 가질 뿐만 아니라, 채권 수익률이 실제 금리지표의 하나로 활용되기 때문에, 다른 확정이자부 증권과 같이 자금 운용수단으로서 이용된다.

5) 장기증권

채권은 다른 확정이자부 증권과는 달리 장기성을 본질로 한다. 따라서 원리금

상환문제 외에도 장기적으로 존속해야 하므로 유통시장이 존재하여 환금성과 유동성을 보장해 주는 것이 필수적이다.

3. 채권의 특성

1) 안정성

채권의 위험은 채무불이행위험과 시장위험의 두 가지가 있다. 채무불이행위험은 비체계적 위험으로써 원리금 상환이 이루어지지 못하는 위험을 말하나, 채권의 발행주체가 정부, 지방자치단체, 특수법인 및 상법상의 주식회사이기 때문에 그 안정성이 매우 높다. 또한 회사채의 경우도 금융기관이 원금을 지급 보증하는 보증사채가 대부분이므로 기업의 신용과 관계없이 안정성이 높다.

시장위험은 체계적위험으로써 채권의 시장가격이 매입가격보다 낮아질 위험을 말하는데 이때는 채권을 만기까지 보유하므로 위험을 회피할 수 있다.

2) 수익성

채권의 수익성은 투자자가 채권을 보유함으로써 얻을 수 있는 수익으로 이자소득과 자본소득이 있다.

이자소득은 채권에 약속된 이자를 지급받는 것을 말하며, 이는 어떤 경우에도 변동되지 않고 지급을 보장 받는다.

자본소득은 채권가격의 변동에 의해 발생하는 시세차익을 말한다. 즉, 유통시장에서 낮은 가격으로 채권을 매입 후 높은 가격에 매도하면 자본소득을 얻을 수 있고, 그 반대의 경우는 자본손실이 발생한다.

3) 유동성(환금성)

채권의 유동성은 화폐가치의 손실 없이 바로 현금으로 전환될 수 있는 정도를 말한다. 화폐는 완전 유동적인 반면, 채권을 비롯한 금융자산은 화폐로 교환하는데 시간을 요하거나 거래비용 등이 발생하므로 자산가치의 손실을 가져오는 경우가 많다. 실제적으로 유동성은 그것이 교환되는 유통시장이 발달할수록 커지며, 채권발행자의 신뢰도가 높아지면 짧은 단기채의 유동성이 더욱 커지게 된다.

4. 채권과 주식의 비교

채권과 주식의 차이점은 주식의 투자자는 주주로서 주주총회 등에서 의사결정에 참여할 수 있으나, 채권의 투자자는 회사경영의 의사결정에 참여할 수 없다. 주식의 발행은 자본금의 증가를 나타내지만, 채권의 발행은 부채의 증가를 나타낸다. 또한 회사의 청산시 채권의 소유자는 주식의 소유자에 우선하여 원리금을 지급 받을 권리가 있다. <표 4-1>에 구체적으로 나타나 있다.

〈표 4-1〉 주식과 채권의 비교

구 분	채 권	주 식
자본조달형태	대부증권	출자증권
조달자금의 성격	타인자본	자기자본
증권의 존속기간	한시적	영구적
보수의 형태 및 성격	이자·확정적	배당·가변적
조달원금	만기시원금상환	상환의무 없음
증권소유자의 지위	채권자	주주

5. 채권의 종류

채권의 종류는 그 내용이나 형식이 다양하여 이를 간단히 분류하기는 어렵지만 일반적으로 발행주체, 이자지급방법, 상환기간, 보증유무, 원금상환방법, 모집방법, 기타방법 등에 따라 분류 할 수 있다.

1) 발행주체에 의한 분류

(1) 국채

국채(government bond)는 국채법에 따라 국가가 헌법과 법률에 의거하여 기획재정부장관이 각 부처로부터 발행요청을 받아 발행계획안을 작성한 후 국회의 심의 및 의견을 거쳐 발행하는 채권으로 정부가 원리금을 지급한다. 정부의 공공사업과 사회복지 지출등 정부의 재정지출이 재정수입보다 많은 선진국에서는 국채의 발행잔고가 채권 중에서 제일 많고 유통시장에서 거래량도 대규모인 반면, 재정수지 흑자로 국채발행 요인이 크지 않는 경우에는 국채발행 규모가

적은 실정이다. 우리나라의 국채는 국민주택채권, 외국환평형기금채권, 국고채권, 재정증권 등이 있으나 현재는 국고채권과 외국환평형기금채권 발행이 주종을 이루고 있다.

① 국민주택채권(제1종, 제2종, 제3종)

국민주택 건설을 촉진하기 위한 재원조달을 목적으로 주택법에 의거 정부가 발행한다.

국민주택채권 1종의 경우 발행이율은 공시 이율이며, 원금은 5년 만기 일시상환이고 이자는 5년분을 만기에 지급하되 1년 단위 복리로 계산한다. 또한 84년부터 20년 만기 일시상환, 이자는 공시 이율에 따라 만기에 일시 지급하되 1년 단위 복리로 계산하는 제2종채권이 발행되고 있다. 이 채권은 아파트 분양시 입찰자에게 첨가 소화되므로 일명 아파트채권이라고도 한다. 또한 주택건설사의 개발이익 환수를 목적으로 만기 10년의 제로금리로 발행되는 제3종채권이 발행되고 있다.

② 외국환평형기금채권

외환관리법에 의거 국제수지흑자에 따른 해외부문 통화증발 완화를 위하여 재정경제부가 발행하며, 발행업무는 한국은행이 대행한다.

③ 국고채권

1993년 12월 개정된 국채법에 의거 국채의 발행 및 상환 등을 효율적으로 관리하기 위하여 국채관리기금의 부담으로 기획재정부장관이 발행하며, 한국은행이 국채에 관한 사무를 대행한다. 최근 채권시장에 선물이 도입됨에 따라 국고채가 지표종목으로 사용되어 활발히 거래되고 있다.

④ 재정증권

정부의 재정부족자금 일시 보전을 위하여 국고관리법에 의해 국고채전문딜러 이외의 금융기관, 정부출자기관 및 보험회사 등을 대상으로 발행하며 경쟁 입찰방식으로 낙찰할인율에 따라 발행하는 만기 1년 이내의 국채이다.

(2) 지방채

지방채(municipal bond)는 지방자치단체(지방정부)가 발행하는 채권으로써 지방자치단체의 재원확보를 목적으로 발행한다. 현재 지방자치단체에서 발행하는 상수도공채와 도로공채, 지역개발채권과 서울시에서 발행하는 도시철도공채,

서울시 상하수도공채 등이 있으며, 부산시의 부산지하철건설채권이 있다.

① 서울도시철도채권

서울시가 지하철건설자금 조달을 위하여 발행하며, 원금상환은 5년 거치 5년 균등 분할 상환이며, 1차 상환시는 5년분 복리지급, 2차 이후는 미상환분에 대하여 단리지급하며, 각종 인허가시에 첨가 소화시킨다. 한편 1999년 8월 이후에 발행된 서울도시철도공채는 7년 만기이고, 분할상환없이 이율은 초기 5년간은 복리, 후반 2년간은 단리로 지급되며, 만기에 일시 지급한다.

(3) 특수채

특수채(specific laws bond)는 한국전력(주), 토지개발공사등과 같이 특별한 법률에 의해 설립된 기관이 특별법에 의하여 발행하는 채권이다. 이는 공채와 사채의 성격을 모두 갖추고 있으며, 안정성과 수익성이 비교적 높다.

① 토지개발채권

한국토지개발공사법 제22조에 의거 기업의 업무용 및 개인의 토지를 한국토지개발공사가 매입하고 그 매입대금 대신 지급하는 채권으로써 교부발행의 방법으로 발행한다.

② 한국전력공사채권

한전법에 의거 한국전력이 전력공급 확대를 위한 시설자금 재원조달을 목적으로 발행하고 있으며 발행조건은 회사채 발행조건과 같다.

(4) 금융채

금융채(financial bond)는 금융기관이 장기대출자금의 조달을 위하여 발행하는 채권으로써 이중 통화안정증권을 제외하고는 채권의 종류, 이율 등의 발행조건은 비슷하다. 그러나 원금 및 이자지급 방법에 따라 할인채, 이표채, 복리채로 분류한다.

① 통화안정증권

한국은행법 및 한국은행 통화안정증권법에 의하여 통화량조절을 통한 통화관리 목적으로 발행하며, 발행방식은 할인식 실제금리로 발행하고 있다.

② 산업금융채권

한국산업은행법에 의거 주요 산업개발자금 조달을 목적으로 한국산업은행이 발행한다. 채권은 할인채, 복리채, 이표채로 발행하는데 할인채는 발행시 이자를 먼저 지급하고, 복리채는 상환일에 3개월 단위로 복리계산된 이자를 만기에 일시 지급하며, 이표채는 매 3개월 단위로 이자를 지급한다.

③ 장기신용채권(국민은행채권)

구 장기신용은행법에 의거 기업의 시설자금 및 운전자금을 지원할 목적으로 장기신용은행에서 발행하였다. 이는 할인채, 복리채, 이표채로 발행되며, 은행권의 구조조정으로 인해 국민은행과 장기은행의 합병으로 현재는 국민은행채권으로 종목명만 달리하고 있다.

④ 중소기업금융채권

중소기업은행법에 의거 중소기업금융지원을 위한 재원조달을 목적으로 중소기업은행이 발행하고 있다.

(5) 회사채

회사채(corporate bond)는 상법상 주식회사가 일반대중으로부터 자금을 집단적, 대중적으로 조달하고 회사가 채무자임을 표시해 발행하는 유가증권이다. 회사채는 그 특성에 따라 보증사채, 무보증사채, 담보부사채, 전환사채, 신주인수권부사채, 이익참가부사채, 교환사채, 옵션부사채 등으로 세분해 볼 수 있다.

① 보증사채

발행회사 이외의 제3자가 원금과 이자지급을 보증하는 회사채를 말한다. 위험성이 적다는 이점 때문에 이를 선호하고 있는데 보증은 주로 은행, 증권회사, 신용보증기금 등의 금융기관이 하며 발행회사는 보증기관에 필요한 담보를 제공하고 보증료를 지급한다. 안정성이 높기 때문에 이자율은 비교적 낮은 것이 보통이다.

② 무보증사채

일반사채라고도 하며 원리금의 상환과 이자지급에 대한 제3자의 보증이나 담보 없이 기업의 자기신용에 의하여 발행되는 사채로서 투자자 보호를 위하여 재무구조가 건전한 우량법인에게만 발행을 허용하고 있다. 투자저축으로 보아서는 보증사채보다 이율은 높으나 투자위험은 더 높은 편이다. <표 4-2>는 회사채 신용등급 현황이다.

〈표 4-2〉 회사채 신용등급 현황

등 급	정 의	해당 기업수
투 자 등 급		370
AAA	원리금 지급능력이 최상급임	63
AA	원리금 지급능력이 매우 우수하지만 AAA채권보다 다소 열위임	131
A	원리금 지급능력은 우수하지만 상위등급보다 경제여건 및 환경악화에 따른 영향을 받기 쉬운 면이 있음	129
BBB	원리금 지급능력이 양호하지만 상위등급에 비해서 경제여건 및 환경악화에 따라 장래 원리금의 지급능력이 저하될 가능성을 나타내고 있음	47
투 기 등 급		46
BB	원리금 지급능력이 당장은 문제가 되지 않으나 장래 안전에 대해서는 단언할 수 없는 투기적인 요소를 내포하고 있음	27
B	원리금 지급능력이 결핍되어 투기적이며 불황시에 이자지급이 확실하지 않음	12
CCC	원리금 지급에 관하여 현재에도 불안요소가 있으며 채무불이행의 위험이 커 매우 투기적임	6
CC	상위등급에 비하여 불안요소가 더욱 큼	0
C	채무불이행 위험성이 높고 원리금 상환능력이 없음	1
D	상환불능상태임	0
합 계		416

자료 : 한국신용평가주식회사(2012년 6월 30일현재)

③ 담보부사채

담보부사채는 담보가 있는 회사채를 말하는데 이는 기업이 소유하고 있는 부동산 등을 담보로 하는 부동산 담보부사채와 주식, 채권을 담보로 하는 유가증권 담보부사채가 있다.

④ 전환사채(CB)

전환사채(convertible bond)는 사채권자의 자유의사에 의하여 발행후 소정의 기간(전환청구기간)내에 소정의 조건(전환조건)으로 발행회사의 주식으로 전환할 수 있는 권리가 부여된 사채를 말한다. 또한 전환사채는 장래에 주식으로 전환될 가능성이 있기 때문에 잠재적 주식이라고도 불리며, 처음에는 사채(부채)

이지만 전환권이 행사되면 주식(자본)이 되어 발행회사의 재무내용을 개선할 수 있기 때문에 그 발행은 조건부 신주발행 또는 우회적 증자라고 불린다.

전환사채는 발행회사로서는 보통사채에 비하여 저율로 발행할 수 있는 장점이 있고 투자자에 대해서는 사채의 안전성과 주식의 성장성을 모두 갖춘 매력있는 투자대상이라고 말 할 수 있다.

상법은 전환사채를 인정하고 있는데 전환사채의 전부는 물론이고 일부도 주식으로 전환 할 수 있는 부분 전환사채로의 발행도 가능하다.

전환사채를 발행하는 경우에는 정관 또는 주주총회의 특별결의로서 전환을 청구할 수 있다는 뜻과 전환의 조건, 전환으로 인하여 발행된 주식의 내용 및 전환청구기관을 정하도록 하였다.

⑤ 신주인수권부사채(BW)

신주인수권부사채(bond with warrant)는 사채권자에게 사채를 발행한 회사의 신주인수권을 부여하는 사채로서 사채권자는 사채발행회사에 대하여 일정기간 내에 일정 수 또는 일정액의 신주를 일정한 발행가격으로 인도할 것을 청구할 수 있다.

신주인수권부사채의 취득자는 발행회사의 주가가 상승하여 신주인수권의 행사가액을 상회하는 경우에는 신주인수권을 행사함으로써 시가보다 낮은 가격으로 주식을 취득할 수 있고 발행회사는 신주인수권을 부여함으로써 사채에 대한 투자액을 높여 보통사채보다 싼 금리로 사채발행을 할 수 있다는 이점이 있다. 신주인수권부사채는 신주인수권 자체만 유통이 허용되는 분리형이 일반적인 형태이나 국내에서는 비분리형 만이 허용되고 있다.

⑥ 이익참가부사채(PB)

일정한 이율의 이자 이외에도 회사의 이익 분배에 참가할 수 있는 권리가 부여된 사채로서 이익참가부사채(participating bond) 또는 참가사채라고 한다. 즉, 최소한의 확정이자를 보장 하되 주주에 대한 배당이 일정률을 상회할 때에 그 이익에 참가를 인정하는 사채이다.

⑦ 교환사채(EB)

교환사채(exchangeable bond)는 사채권자에게 교환청구기간 내에 교환조건으로 사채 발행회사가 보유한 다른 상장회사 유가증권으로 교환을 청구할 수 있는 권리(교환권)가 부여된 사채이다. 교환청구시 추가 자금이 필요치 않다는 점에서 신주인수권부 사채와 다르며, 자본금 증가를 수반치 않는다는 점에서 전환사채와 다르다.

⑧ 옵션부사채

옵션(option)부사채는 채권을 발행할 때 미리 정한 조건이 만족될 때 만기전에 발행하거나 사채권자가 채권의 조기상환을 요청할 수 있는 권리가 부여된 사채이다. 옵션부사채는 콜(call)옵션부사채와 풋(put)옵션부사채가 있다. 콜옵션부사채는 발행회사가 중도에 조기상환을 요청할 수 있는 권리가 있으며, 풋옵션부사채는 사채권자가 조기상환을 요청할 수 있는 권리가 부여된다.

2) 이자지급방법에 따른 분류

(1) 이표채

이표채(coupon bond)는 채권의 권면에 이표가 붙어 있어 이자지급일에 이표를 떼어 이자를 지급 받을 수 있는 채권이다. 우리나라 회사채의 대부분이 이표채로 발행되고 있으며, 3개월 마다 이자를 지급하고 있다.

(2) 할인채

할인채(discount bond)는 액면금액에서 상환일까지의 이자(할인액)를 미리 공제한 금액으로 매출하는 채권을 말한다. 통화안정증권, 금융채 중 일부가 이에 속한다.

(3) 복리채

복리채(compound bond)는 이자지급기간 동안 이자가 복리로 재투자되어 만기상환시에 원금과 이자를 동시에 지급하는 채권을 말한다. 대표적인 채권으로는 국민주택채권 1종, 2종, 지역개발채권, 금융채 중 일부가 있다.

3) 상환기간에 따른 분류

(1) 단기채

단기채(short-term bond)는 우리나라의 경우 통상 상환기간이 1년 이하의 채권을 말한다. 통화안정증권, 재정증권, 금융채 등이 여기에 속한다.

(2) 중기채

중기채(mid-term bond)는 상환기간이 1년 초과 5년 이하의 채권을 말하는데 국민주택채권 1종, 회사채, 금융채 등이 있다.

(3) 장기채

장기채(long-term bond)는 상환기간이 5년을 초과하는 채권을 말하며, 국민주택채권2종, 서울도시철도채권, 금융채권 일부가 있다. 현재 우리나라도 국공채시장을 중심으로 발행이 장기화 되어가는 추세이다.

4) 보증유무에 따른 분류

(1) 보증채

보증채는 정부 보증채와 일반 보증채가 있다. 정부 보증채는 보증의 주체가 정부로서 국채가 이에 속한다. 일반 보증채는 시중은행이나 금융기관이 지급을 보증하는 채권으로 일반적으로 보증사채가 이에 속한다.

(2) 무보증사채

정부나 금융기관의 보증 없이 단지 발행주체의 자기신용에 의해 발행되므로 보증기관이 없는 채권이다.

5) 원금상환방법에 따른 분류

(1) 만기일시상환채

채권의 원금을 만기일에 일시 상환하는 채권으로 가장 일반적인 채권이다.

(2) 분할상환사채

채권의 원금을 일정기간에 걸쳐 분할하여 상환하는 채권을 말한다. 대표적인 채권으로 서울도시철도채가 있다.

6) 모집방법에 의한 분류

(1) 사모채

사모채(private placements)의 사모방법은 채권발행기관이 인수기관에 대하여 일정조건의 인수계약을 체결하고 그 발행총액을 인수기관이 전액 인수함으로써 발행되는 방법이다. 이는 중개인 또는 대리인을 통하지 않고 발행기관이 제반절차를 직접발행의 형태를 취한다.

(2) 공모채

공모채(public bond)는 발행주체가 불특정 다수인에게 채권을 발행, 매각하는 방법으로 직접발행과 간접발행의 두 종류가 있다.

① 직접발행

발행자가 투자자로부터 직접자금을 조달하는 방법으로서 직접모집과 매출발행이 있다. 직접모집은 채권발행액을 미리 정하고 발행자가 직접 투자자를 모집하여 채권발행에 따른 모든 사무 절차를 이행하는 방법이다. 한편 매출발행은 발행총액을 확정하지 않고 일정기간을 정하여 그 기간 내에 응모자의 신청에 따라 매출된 금액만 발행하는 것으로 발행자가 직접 담당한다.

② 간접발행

발행자가 채권발행업무를 전문기관에 대행시켜 간접적으로 자금을 조달하는 방법이다. 이 방법에는 위탁모집, 총액인수, 잔액인수 등 세 가지가 방법이 있다. 우리나라에서는 대부분 총액인수로 발행한다.

7) 기타방법에 의한 분류

(1) 상장유무

상장여부에 따라 상장채권과 비상장채권으로 분류한다.

(2) 이자지급 변동유무

이자지급시 약정된 변동여부에 따라 금리확정부채권과 금리연동부채권으로 분류한다.

(3) 표시통화

표시통화에 따라 원화표시채권과 외화표시채권으로 분류한다.

(4) 특수발행조건의 유무

전환사채, 신주인수권부사채, 교환사채, 이익참가부사채 등으로 분류한다.

(5) 발행가격

액면발행채권과 할인(할증)발행채권으로 분류한다.

제 2 절 채권의 수익률과 가격결정

1. 단리와 복리

1) 단리

단리(simple interest)는 투자기간에 상관없이 정해진 이자율에 의해 매년 동일한 이자금액을 지급하는 것으로 계산해서 만기가 되는 시점에 원금과 이자금액을 합산하여 일시에 지급하는 것이다. 따라서 중도에 이자를 지급받지 않을 뿐만 아니라 이자의 재투자가 일어나지 않으므로 연간 받을 이자에 연수를 곱하여 단순 이자만 지급받는 조건이다.

예를 들어, 원금 10,000원을 투자하면(단, 이자율 10%)

1년 후의 원리금 = 10,000(원금) + 10,000 × 0.1 × 1 = 11,000원이 된다.

위의 조건으로 2년 동안 투자하면,

2년 후의 원리금 = 10,000(원금) + 10,000 × 0.1 + 10,000 × 0.1

= 10,000(원금) + 10,000 × 0.1 × 2 = 12,000원이 될 것이다.

이를 일반식으로 정리하면 다음과 같다.

$$S_1 = P + P \times r \times 1$$
$$S_2 = P + P \times r \times 2$$
$$S_3 = P + P \times r \times 3$$
$$\vdots$$
$$S_n = P + P \times r \times n = P \times (1 + r \times n)$$

단, 여기서 S= 원리금, P= 원금, r= 이자율, n= 기간

2) 복리

단리의 경우에는 만기가 되기 전 이자가 발생하더라도 그 이자금액을 그대로 두었다가 만기에 지급하는 반면, 복리(compound interest)의 경우에는 만기 이전에 1회 이상의 이자가 발생하고 그 이자를 재투자하여 만기에는 원금과 원금으로부터 발생하는 이자와 이자로부터 발생하는 이자를 함께 수령하는 것을 전제로 한다. 이를 복리 재투자라고 한다.

만기에 받는 원리금 총액은 원금, 원금에 대한 이자, 이자에 대한 이자로 구성되어있다.

예를 들어, 금리 10%의 연복리로 원금 10,000원을 2년간 빌려주고 이자는 1년마다 재투자되어 원리금을 2년 후에 일시에 돌려받는다고 했을 때 원리금 총액은

1차년도말의 이자 : 10,000×0.1＝1,000(원)
2차년도말의 이자 : 10,000×0.1＝1,000(원)
이자에 대한 이자 : 1,000×0.1＝100(원)
2년 후 원리금 : 10,000원금＋1,000＋1,000＋100＝12,100원이다.

단리는 2년 후 12,000원을 받게 되는데 복리의 경우에는 12,100원을 받게 된다. 단리와 복리의 1년간의 차이인 이자에 대한 이자가 소액에 불과하지만, 만기가 길어질수록 이자가 낳는 이자의 총금액은 급속히 증가하여 단리와 복리의 차이가 커진다.

복리의 경우에는 만기 이전에 1회 이상 이자를 받는 경우 그 이자를 재투자하거나 또는 최소한 다른 소비의 선택권을 갖고 있다는 것을 전제로 하며 재투자에 의한 수익이 가산되어야 함을 의미한다. 따라서 일반식으로 나타내면 다음과 같다.

$$
\begin{aligned}
S_1 &= P + P \times r = P(1+r)^1 \\
S_2 &= P(1+r)^1 + P(1+r)^1 \times r = P(1+r)^2 \\
S_3 &= P(1+r)^2 + P(1+r)^2 \times r = P(1+r)^3 \\
&\vdots \\
S_n &= P(1+r)^{n-1} + P(1+r)^{n-1} \times r = P(1+r)^n
\end{aligned}
$$

단, 여기서 S＝원리금, P＝원금, r＝이자율, n＝기간

2. 화폐의 시간가치

사람들은 대부분 현재 지갑 속에 있는 만원은 1년 또는 10년 후에 확실하게 받을 수 있는 만원보다 더 가치가 있다고 생각한다. 비록 인플레이션이 없다고 하더라도 미래의 불확실성과 현재의 소비를 유보하고 이에 대한 보상으로 현재의 만원과 미래의 만원은 가치가 다르다고 판단한다. 이처럼 화폐는 시간이 경과함에 따라 그 가치가 상승해야 하고 상승하는 정도는 지금 당장 만원을 소비하지 않는 것에 대한 보상의 성격이며, 이 보상율이 화폐의 시간가치(time value of money)이며 이러한 화폐의 시간가치를 우리는 보통 이자라는 개념으로 이해하고 있으며 현재의 원금에 대한 연단위 복리 미래이자의 비율을 이자율 또는 수익률이라고 한다. 이러한 화폐의 시간가치가 만족스러울 때만 저축이나 투자를 할 것이다.

1) 미래가치

현재의 일정금액은 시간이 경과함에 따라 일정기간이후에는 현재와는 다른 가치를 가지게 될 것이다. 이 미래시점의 어떤 가치가 미래가치(future value)이며 현재의 일정금액이 일정기간 후에 얼마의 가치가 될 것인가를 알아보는 것이 미래가치 계산이다. 미래가치의 계산은 복리의 개념이 사용된다.

예를 들어 원금 10,000원을 연이자율 5%로 투자하였을 경우 5년 후의 미래가치를 구해보면 <표 4-3>과 같다.

〈표 4-3〉 년도별 미래가치계수

년 수	현재가치(PV)	$1+r$	미래가치(FVn)
1	10,000	1.05	10,500
2	10,500	1.05	11,025
3	11,025	1.05	11,576
4	11,576	1.05	12,155
5	12,155	1.05	12,762

단, PV : 원금, r : 이자율, FVn : n년후 미래가치

즉, 5년 후의 미래가치 $FV_5=12{,}762$원이다. 이것을 일반식으로 표현하면

$$
\begin{aligned}
&FV_1 = PV + PV \times r = PV(1+r)\\
&FV_2 = PV(1+r)^1 + PV(1+r)^1 \times i = PV(1+r)^2\\
&FV_2 = PV(1+r)^2 + PV(1+r)^2 \times i = PV(1+r)^3\\
&\quad\vdots \qquad\qquad \vdots \qquad\qquad \vdots\\
&FV_n = PV(1+r)^{n-1} + PV(1+r)^{n-1} \times r = VP(1+r)^n
\end{aligned}
$$

이자율이 r일 때, 현재의 10,000원은 n년 후에 미래가치 $10{,}000 \times (1+\mathrm{r})^n$ 이 된다. 또한 기간단위가 1년 단위 아닌 반년, 분기, 월, 일단위 등으로 재투자 한다고 할 때는 이자율이 1년 동안의 재투자 횟수로 나누고 년 기간수에 재투자 횟수를 곱하면 된다. 이것을 일반식으로 나타내면

$$FV_n = PV\left(\frac{r}{m}\right)^{m \times n}$$

와 같다.

예를 들어 10,000원에 대해 6%의 이자율로 5년 동안 복리로 재투자했을 경우 미래 가치와 6개월 단위로 복리 재투자할 경우 미래가치를 구해보면 다음과 같다.

$$
\begin{aligned}
&\text{년단위복리 : } 10{,}000 \times (1+0.06)^5 = 13{,}382.25578\\
&\text{6개월단위복리 : } 10{,}000 \times \left(1+\frac{0.06}{2}\right)^{10} = 13{,}439.16379
\end{aligned}
$$

2) 현재가치

현재가치(present value)는 화폐의 시간적 가치를 고려하는 점에서 미래가치

의 계산과 동일하나 어느 시점을 기준으로 하여 계산되었는가 하는 점이 다르다. 즉, 미래가치는 현재의 화폐가치를 미래의 특정시점을 기준으로 하여 그 시점에서의 화폐가치로 계산한 것이며, 현재가치는 반대로 미래에 발생하게 될 화폐가치를 현재시점의 화폐가치로 환산한 것이다. 현재가치를 계산하는 공식은 미래가치 계산식을 변형하여 얻을 수 있다.

> $FV_n = PV(1+r)^2$이므로 $PV = \dfrac{FV}{(1+r)^n}$

여기서 $\dfrac{FV}{(1+r)^n}$은 미래가치를 현재가치로 나타내주는 할인요소(현가이자요소)가 되며, r을 할인율이라 한다. 이와 같은 미래가치, 현재가치에 대한 개념은 앞으로 채권가격을 계산하는데 있어 기초적이고 중요한 개념이다.

3. 채권의 수익률 개념

채권수익률은 채권에 투자했을 때 일정기간에 발생된 투자수익을 투자원금으로 나누고 투자기간으로 환산한 것을 말하며 일반적으로 연이율(%)로 표시한다. 이 수익률은 보는 관점에 따라 발행수익률, 유통수익률, 인수수익률, 연평균수익률, 내부수익률, 실효수익률 등 여러 가지 개념이 있지만 사실상 단리와 복리의 규칙에 따라 적용된다.

> $P \times (1+r)^n = S_n$
>
> 단, P는 투자금액, S는 만기지급금액, r은 수익률 또는 이자율이다.
>
> r을 다시 정리하면 $(1+r)^n = \dfrac{S_n}{P}$
>
> $r = n\sqrt{\dfrac{S_n}{P}} - 1$이 된다.

여기서 채권의 만기금액(Sn)은 고정(확정)되어 있으므로 P를 발행시장에 직접 취득한 발행금액, 유통시장에서 매입하는 매매금액, 인수회사자격으로 인수하는 인수금액 등을 적용하면 r을 구해낼 수 있다. 이렇게 각각 다른 성격의 P로부터 얻게 되는 r에 따라 우리는 발행수익률, 유통수익률, 인수수익률 등으로 표현한다.

1) 발행수익률

발행시장에서 채권 발행시 매출가격 또는 발행가격으로 채권을 사는 경우 이때의 가격과 이로부터 얻어지는 모든 수익과 비율을 연단위로 환산한 수익률을 뜻하며, 응모한 사람이 얻을 수 있는 수익률이란 뜻에서 응모자이율 이라고도 한다. 예를 들어 만기가 5년 이고 표면이율이 5%인 연단위 복리채가 있다고 하자. 복리채의 최초 발행가는 10,000원이다. 이 채권의 만기금액은 12,762원이다. 발행수익률 계산 해보면

$r = n\sqrt{\frac{S_n}{P}} - 1$ (단, 이때 P는 발행가격)

에서 S_n은 12,762원, P는 10,000원, n은 5년 이므로 대입해서 정리하면

$r = n\sqrt{\frac{S_n}{P}} - 1 = 5\sqrt{\frac{12,762}{10,000}} - 1 = 0.04999999$로서 발행 수익률은 거의 5%이다.

2) 인수수익률

발행시장에서 채권 발행자가 채권을 투자자에게 채권을 양도하는 행위는 크게 매출, 모집, 인수 세 가지 방법이 있다. 이 중 인수기관을 통하여 채권을 발행할 경우 발행기관은 인수 수수료를 발행기관에 지급하게 된다.

예를 들어 발행가격이 10,000원, 표면금리 7%인 만기 3년 복리채권을 100억 인수 하는데 따른 수수료가 0.5%일 때

1만원당 인수 수수료 : 10,000×0.5% = 50원
총인수 수수료 = 50원×1,000,000 = 50,000,000(원)이 된다.

인수기관은 인수수수료 만큼 차감하고 발행기관에 지급하게 되므로 실제지급

금액(인수금액) = 발행금액 − 인수수수료 = 9,950,000원을 지급 한다. 1만원당 9,950원에 인수하는 것이다.

$$S_n = S_5 = 10,000 \times (1+0.07)^5 = 14,025$$

$$P = n\sqrt{\frac{S_n}{P}} - 1 = 5\sqrt{\frac{14,025}{9,950}} - 1 = 0.07107 \text{ (단, } P\text{는 인수단가)}$$

따라서 인수수익률은 7.10%가 된다.

3) 유통수익율

유통수익률은 채권의 만기금액 즉 화폐의 미래가치가 현재에는 얼마의 가치를 가지고 있는지 나타내는 수익률을 의미한다.

화폐의 시간가치에서 설명하였듯이 지갑 속에 있는 10,000원이 1년 후에도 동일한 가치를 가질 수는 없다. 그렇기 때문에 지금 10,000원을 소비하지 않고 채권을 매입한데 따른 보상이 있어야 한다. 따라서 현재소비를 희생한 대가에 대한 보상율이 바로 이자율, 혹은 수익률이며, 채권의 만기금액을 현재가치로 할인하는 할인율, 즉, 유통수익률인 것이다.

국민주택 1종 01−3의 예를 들어 살펴보면, 이 채권을 10,000원에 발행당일 강제 인수한 투자자가 당장 현금화하기 위해 유통시장에 8,930원에 매도하였다면 이 채권의 유통수익률은

$$r = n\sqrt{\frac{S_n}{P}} - 1 = 5\sqrt{\frac{12,762}{8,930}} - 1 = 0.07402$$

이때 7.40%가 유통수익률이 되며 5년 후의 미래가치가 12,762원인 이 채권의 발행단일 현재가치는 유통수익률 7.40%로 할인한 8,930원이 된다.

4) 내부수익률

내부수익률(internal rate of return)은 현금유출의 현재가치와 현금유입의 현재가치를 같게 하는 수익률이다. 즉, 순현재가치가 0이 수익률이다.

$$NPV = \sum_{t=1}^{n} \frac{CI_t}{(1+IRR)^t} - C_O = 0$$

(단, NPV = 순현재가치 (net present value)
CI_t = t년도의 현금유입(cash inflow)
C_O = 투자금액(현금유출의 현재가치)

5) 연평균수익률

만기가 1년 이상인 채권에 있어서 만기까지의 총수익을 원금으로 나눈 후 년수로 나눈 단리수익률을 연평균수익률이라 한다.

예를 들면 산업금융채권 복리 5년채를 발행조건 매출가격 10,000원 표면이율 연 11.7%로 하여 만기상환금액 17,800원일 경우

$$연평균수익률(r) = \frac{\frac{17,800 - 10,000}{10,000}}{5} \times 100 = 15.6\% 가\ 된다.$$

6) 실효수익률

실효수익률은 채권의 투자수익을 측정하는 지표의 하나로서 재투자율을 적용하여 채권의 원금, 표면이자, 재투자수익 등 세 가지 수익을 모두 계산한 투자수익의 증가율을 나타내주는 지표이다. 수식을 보면

$$r = n\sqrt{\frac{FV}{P}} - 1$$

7) 세전수익율과 세후수익율

세전수익률은 일정기간 동안 채권투자로 얻은 수익에서 보유기간 동안의 경과이자에 세금을 공제하기 전의 수익률을 말하며, 세후수익률은 이자에 대한 세금을 공제한 후의 수익률을 말한다.

4. 듀레이션

1) 듀레이션의 개념

앞에서 수익률의 변화가 채권가격에 미치는 영향의 정도는 개별채권 잔존기간의 장·단, 표면금리의 고·저, 변화전 수익률의 고·저에 따라 다르게 나타남을 살펴보았다. 이러한 가격변동성의 척도로 사용되는 지표가 듀레이션(duration) 개념이다.

듀레이션이란 채권투자시 각 현금유입 시점의 현금흐름을 현가로 환산하고, 각 시점의 현금흐름을 현가로 환산한 후 각 시점의 현금흐름의 총현금흐름에 대한 비율을 산출하여 가중치로 사용하고 이를 채권의 현금흐름시점까지의 기간으로 곱하여 산출한 현가로 환산된 가중평균기간을 의미한다. 따라서 이표채와는 달리 이자수익과 원금상환 등의 현금유입이 상환일에만 발생하는 할인채, 복리채는 듀레이션과 잔존만기의 크기가 같다. 따라서 듀레이션은 채권투자시 현가 1원이 상환되는데 걸리는 평균기간을 의미하며 다음의 식으로 표시한다.

$$D = \frac{\displaystyle\sum_{t=1}^{m} \frac{tC_t}{(1+r)^t} + \frac{m}{(1+r)^m}}{V}$$

D : 듀레이션 V : 현재가치(=시장가격)
C_t : 매기의 이자 F : 상환원금
t : 이자지급이나 원금지급까지의 기간
r : 채권수익률 m : 만기까지의 잔존기간

2) 듀레이션의 결정요인

듀레이션은 단순히 최종현금흐름의 발생시점인 만기와는 달리 매시점 현금유입액에 대한 비율을 시간적 가치를 고려하여 평가하는 개념으로서 만기, 채권수익률 및 이자율의 크기에 의해 종합적으로 결정되므로 다음의 식으로 표시될 수 있다.

$$D = f(C_p,\ m,\ r)$$

C_p : 표면이자율
m : 만기
r : 채권수익률

예를 들면, 3년만기 12%의 고정이자를 매년 지급하는 액면가 10,000원의 회사채가 있다. 시장수익률을 15%로, 가정할 때 현금유입과 그 현가는 아래 <표 4-4>와 같다.

〈표 4-4〉 현가유입과 현가(시장수익률 15%)

기간(연말)	현금유입(원)	현 가
1년	1,200	$1,200/(1+.15) = 1,043.48$
2년	1,200	$1,200/(1+.15)^2 = 907.37$
3년	1,200	$1,200/(1+.15)^3 = 789.02$
3년	10,000(원금)	$10,000/(1+.15)^3 = 6,575.16$
합 계		9,315.03

이 채권의 듀레이션을 구하면 다음과 같다.

$$D = \frac{1(1,403.48) + 2(907.37) + 3(789.02) + 3(6,575.16)}{9,315.03}$$

$$= \frac{24,950.77}{9,315.00} = 2.68(\text{년})$$

5. 채권의 가격결정

1) 채권가격의 실제

채권은 확정이자부증권이고 기한부증권이라는 특성에 따라 미래의 어떤 시점에 일정한 현금흐름이 발생하게 된다. 채권가격은 일정한 수익률을 적용하여 채권에 내재된 미래의 현금흐름을 그 잔존기간만큼 할인한 현재가치이다. 따라서 채권가격결정은 앞에서 설명한 현재가치를 구하는 과정과 전혀 다를 바가 없다.

채권의 가격계산을 위해 반드시 파악해야 될 사항은 다음과 같다.

① 해당 채권이 복리채, 할인채, 이표채 중 어떤 것인가를 파악한다.

② 현금흐름을 파악한다(만기일시 상환인지, 중도현금흐름여부 등).

③ 발행일, 만기일, 이자지급일 등을 파악한다.

④ 표면이율을 확인한다.

이상과 같은 요령으로 채권의 종류 및 특성에 따른 미래의 현금흐름을 파악한 후 유통수익률만 결정되면 가격계산은 쉽게 할 수 있다. 채권가격을 계산하는데 있어서 가장 일반적인 식은 다음과 같다.

$$P=\frac{S_n}{(1+r)^n}$$

P : 채권가격, r : 유통수익률, S : 만기지급금액, n : 잔존연수

만약 n년과 d일이 남아 있다면

이론적 복할인 방식 : $P-\dfrac{S}{(1+r)^{\left(n+\frac{d}{365}\right)}}$

관행적 복할인 방식 : $P-\dfrac{S}{(1+r)^n\times\left(1+r\times\dfrac{d}{365}\right)}$

우리나라는 관행적 복할인 방식을 사용하고 있다.

2) 발행조건별 가격계산

(1) 할인채 : 통화안정증권(1년 미만), 금융채 중 할인채

$$P=\frac{S}{(1+r)^n\times\left(1+r\times\dfrac{d}{365}\right)}$$

단, S : 10,000원, d : 1년 미만 잔존일수

n : 잔존연수, r : 시장수익률＝유통수익률＝만기수익률

(2) 복리채 : 국민주택채권 1,2종, 지역채, 금융채중 복리채

$$P=\frac{S}{(1+r)^n\times\left(1+r\times\frac{d}{365}\right)}$$

단, S : $10{,}000\times\left(1+\frac{CR}{m}\right)^{m\times 만기}$

CR : 표면이율, r : 유통수익률,
m ; 연간 재투자 횟수(예: 3개월 복리이면 $m=4$) n : 잔존년수

예를 들어 표면이율(coupon rate : CR)이 7%인 3개월 복리채의 만기가 5년이라면 S는 다음과 같이 구하게 된다.

$$S=10{,}000\times\left(1+\frac{CR}{m}\right)^{m\times 만기}$$
$$S=10{,}000\times\left(1+\frac{0.07}{4}\right)^{4\times 5}=14{,}147$$이 된다.

(3) 이표채 : 회사채, 국고채권, 외평채권, 통화안정증권(1년 이상), 금융이표채

$$P=\frac{C+\frac{C}{1+r/m)}+\frac{C}{1+r/m)^2}+\cdots+\frac{C}{(1+r/m)^{n-1}}+\frac{10{,}000}{(1+r/m)^{n-1}}}{\left(1+\frac{r}{m}\times\frac{d}{g}\right)}$$

단, C : 표면이율로 계산하여 1/4을 지급한 금액(10,000×CR/4)
r : 시장수익률=유통수익률=만기수익률
m : 잔존 이자지급 횟수
d : 매매일부터 차기이표일까지의 일수
g : 직전 이자 지급일부터 차기 이표일까지의 일수

이것은 간단히 다음과 같이 바꿀 수 있다.

$$P=\frac{\frac{C(1-K^n)}{1-K}+10{,}000K^{n-1}}{(1+\frac{r}{m}\times\frac{d}{g})}\qquad (단,\ K=\frac{1}{(1+r/m)}이다)$$

제 3 절
채권의 발행시장

1. 발행시장의 구조

발행시장은 제1차 시장(primary market)이라고도 하며, 발행자, 발행기관, 투자자로 구성되어 있으며 발행주체가 투자자로부터 직접 자금을 조달하는 직접발행 방법과 발행기관으로 하여금 발행업무와 발행채권을 인수케 하여 투자자에게 매출하는 간접발행 방법이 있다.

1) 발행자

채권발행에 의해 자금을 조달하는 주체로서 정부, 지방자치단체, 금융기관, 주식회사 등이 이에 속한다.

2) 발행기관

발행기관은 채권의 발행자와 투자자 사이에서 채권과 자금이 적절하게 배분될 수 있도록 채권발행에 따른 사무처리를 하고, 유가증권의 인수, 매출, 자기매매 등을 수행하는 여러 가지 위험을 부담하는 기관이다.

3) 투자자

투자자는 채권발행시장에서 모집 또는 매출되는 채권의 청약에 응하여 발행자가 발행한 채권을 취득 하는자로서 채권투자의 형태로 자금을 공급하는 주체를 말한다.

2. 채권의 발행형태

채권의 발행방법에는 사모(private placement)와 공모(public issues)가 있고, 발행위험의 부담 여부에 따른 분류, 발행가격에 따른 분류, 이자지급 방식에 따른 분류, 이자지급 변동 유무에 따른 분류 등으로 구분된다.

1) 사모발행과 공모발행

(1) 사모발행

사모는 발행기업이 직접소수의 매수자와 사적인 교섭을 통하여 증권을 매각하는 방법으로 보통 유동성이 매우 낮은 회사채의 발행시 활용된다. 따라서 공모채보다 이자율이 높고 만기가 짧은 것이 일반적이며, 발행자나 매수자의 특별한 요구를 만족시킬 수 있는 규정을 신축적으로 둘 수 있다. 우리나라에서는 1989년에서 1992년까지 사모전환사채를 중심으로 사모발행이 활성화된 바 있다.

(2) 공모발행

공모발행은 불특정 다수의 투자자를 대상으로 채권을 발행하는 방법으로 증권 발행에 따른 위험을 발행자 또는 발행기업이 부담하는 경우를 직접발행이라고 하며, 간접발행은 인수업자가 발행자로부터 발행증권의 전부 또는 일부를 인수하여 발행위험을 부담하고 발행사무도 직접 담당하는 것을 말한다.

2) 발행위험의 부담에 따른 분류

(1) 직접발행

① 매출발행

매출발행은 채권의 발행액을 미리 확정하지 않고 일정 기간 내에 개별적으로 투자자에게 매출하여 매도한 금액을 발행총액으로 하는 방식이다. 우리나라에서는 금융채에 대하여 창구매출이 허용되고 있지만 회사채에 대해서는 상법에 의하면 회사채를 사채금액의 납입이 완료된 후가 아니면 발행할 수 없기 때문에 매출발행으로 회사채를 발행할 수 없다.

② 공모입찰발행

공모입찰발행은 미리 발행조건을 정하지 않고 가격이나 수익률을 다수의 응모자에게 입찰시켜 그 결과를 기준으로 하여 발행조건을 정하는 방법이다.

2) 간접발행

간접발행은 직접발행에 따른 사무처리의 위험을 피하고 위험부담을 줄이기 위하여 발행회사가 발행업무에 숙달되고 시장정보에 밝은 중개인에게 발행절차를 위임하여 중개인이 자기위험부담으로 발행하는 방법으로써, 위탁모집, 잔액인수, 총액인수로 나눈다.

① 위탁모집

위탁모집은 채권발행에 따른 제반 절차를 인수인에게 위임하여 발행하는 방법으로, 인수인은 발행회사의 대리인 자격으로 또는 인수기관 자신의 명의로 채권을 발행한다. 채권의 모집 또는 매출이 총액에 미달할 때 발생하는 위험은 발행회사가 부담하여야 하기 때문에, 일반적인 사채발행에는 이용되지 않는다.

② 잔액인수

잔액인수는 채권발행 업무 일체를 인수기관에 위탁함과 동시에 발행회사 명의로 채권을 모집 또는 매출하는 방법이다. 채권의 모집 또는 매출이 총액에 미달할 때에는 계약조건에 따라 인수기관이 그 잔액을 책임지고 인수해야 한다.

③ 총액인수

총액인수는 채권발행 업무 일체를 인수기관이 처리함과 동시에 채권발행 총액을 일괄 인수하여 인수기관의 책임 하에 모집 또는 매출하는 방법이다. 발행회사는 모집 또는 매출 계약과 동시에 업무가 완료되며, 모집 또는 매출시 가격차에 의한 손익은 인수기관에 귀속된다. 현재 무보증사채의 발행은 대부분 총액인수방법을 이용하고 있다.

3) 발행가격에 따른 분류

(1) 액면발행

사채의 발행이율이 투자자가 기대하는 수익률과 일치하는 경우에 사채의 발행가격을 액면가격으로 발행함으로써 액면가격 전액을 납입하는 방법이다.

(2) 할인발행

사채의 발행이율이 투자자가 기대하는 수익률 보다 낮은 경우에는 사채의 발행가격을 액면가격 이하로 발행하는 것을 말한다.

(3) 할증발행

사채의 발행이율이 투자자가 기대하는 수익률 보다 높은 경우에는 사채의 발행가격을 액면가격 이상으로 발행하여 사채의 실질 수익률이 투자자가 기대하는 수익률에 일치시키는 방법이다.

4) 이자지급방식에 따른 분류

(1) 이표채

이표채는 사채이자를 일정기간마다 받을 수 있는 이표가 사채권에 첨부된 사채로서, 발행일부터 상환일까지 확정된 이자율에 의하여 이자가 지급되는 금리확정부 사채와 지급이자율이 대표성을 갖는 시장금리에 연동되어 매 이자 지급기간마다 재조정되는 변동금리부 사채가 있으나 현재 대부분 이표채는 금리확정부 이표채이다.

(2) 할인채

할인채는 원금 및 이자를 액면으로 하고 이자상당액을 일시에 할인하는 방법으로 발행하는 사채를 말한다.

(3) 복리채

복리채는 매 이자계산단위 미만분의 이자를 복리계산하여 만기일에 원리금을 일시에 지급하는 방법으로 발행하는 사채를 말한다. 종류로는 보증사채, 담보부사채, 무보증 복리사채가 있고 상환기간은 2년 이상이다.

(4) 거치채

사채의 상환방법을 발행 후 일정기간이 경과하면 그때부터 사채의 원금을 정해진 기간 동안 균등분할 상환할 수 있는 사채이다.

5) 이자지급 변동유무에 따른 분류

(1) 금리확정부사채

사채의 발행일로부터 원금상환일 까지 금리변동에 관계없이 발행당시의 표면이율로 원리금을 보장하는 채권이다.

(2) 금리변동부사채

사채의 발행일로부터 원금상환일 까지 지급이자율의 대표성을 갖는 시장금리에 연동되어 매 이자지급 기간마다 재조정되는 중장기 사채이다.

제4절 채권의 유통시장

1. 유통시장의 의의

채권의 유통시장은 이미 발행된 채권을 투자자 상호간에 매매하는 시장을 말한다. 발행시장을 제1차 시장(primary market)이라하며, 유통시장은 제2차 시장(secondary market)이라고 할 수 있다. 또한 투자자 상호간에 수평적 이전기능을 담당하는 시장이라고 하여 횡적시장이라고 한다. 투자자의 입장에서는 발행시장은 간접적인 시장인 반면 유통시장은 계속적이고, 구체적인 시장이다.

2. 유통시장의 기능

1) 유통시장은 발행시장에서 발행된 채권의 시장성과 유동성을 높인다.
2) 유통시장으로 인한 채권의 시장성과 유동성은 채권의 담보력을 보여준다.
3) 유통시장에서 채권의 공정한 가격을 형성한다.
4) 유통시장에서 형성되는 가격은 앞으로 발행할 새로운 채권의 가격을 결정하는 지표가 된다.

3. 유통시장의 구조

유통시장은 시장조직의 형태에 따라 조직적인 시장인 채권거래소시장(exchange market)과 비조직적인 시장인 장외시장(over the market)으로 나눌 수 있다. 거래소 시장은 상장채권에 대한 다수의 매도·매수주문이 한곳에 집중되어 경쟁매매가 이루어지는 조직적이고 계속적인 시장이다. 반면, 장외시장은 상장채권은 물론 비상장채권에 대하여 고객과 증권회사, 증권회사 상호간 또는 고객 상호간에 개별적으로 상대매매가 이루어지는 비조직적인 시장이다.

제5절 채권운용전략

1. 소극적 투자전략

소극적 투자전략(passive bond management strategy)은 미래에 대한 예측을 최소수준으로 억제함으로써 예측실패 위험을 회피하려는 투자전략이다.

투자자는 채권시장의 효율성 정도에 따라 투자전략을 소극적으로 할 것인지 적극적으로 할 것인지를 결정하게 되는데, 투자자가 소극적 투자전략을 선택하는 경우에는 투자자 스스로 부담하고자 하는 위험정도, 거래비용을 감안하였을 때 적극적 투자전략을 행하여도 상대적으로 충분한 이익을 획득하기 어려울 정도로 채권시장이 효율적으로 움직인다고 판단하였기 때문이다.

1) 만기보유전략

만기보유전략(buy and hold strategy)은 미래 수익률 수준이나 방향에 대한 예측을 최소화하고 채권을 만기 또는 상환일까지 보유함으로써 투자시점에서 미리 수익을 거의 확정짓는 전략이다. 이 경우에도 만기 이전에 획득하는 이자수입 등의 현금유입액을 재투자할 때 발생하는 재투자이자율 위험이나 수익률 상승에 따라 보다 싼 가격으로 채권을 매입할 기회 및 수익률 하락에 따른 매매차익 획득의 기회를 상실할 위험은 남아있다. 이러한 만기보유전략은 채권뮤추얼펀드, 보험회사 및 기금의 규모가 크고 현금유입이 많은 대형자금 관리기관들이 주로 채택하는데, 이들 기관들은 자금의 대규모성으로 인해 포트폴리오 구성의 빈번한 교체를 행하기 어렵고 장기투자성격을 갖는 한편, 이자율 위험을 최소화하고 인플레이션율을 다소 초과하는 수준의 수익 획득을 주목표로 하는 경향이 있다.

2) 인덱스펀드 전략

인덱스펀드(index fund strategy)전략은 채권시장의 전체 흐름에 순응하는 포트폴리오를 구축하는 전략이다. 사실 채권시장 전체의 가격변화를 정확하게 감지하고 추적할 수 있는 채권인덱스를 개발한다는 것은 쉬운 일이 아니다. 그래서 인덱스펀드 전략을 위한 지수포트폴리오를 구성하는데 있어서는 추적오차(tracking error)를 어느 정도 줄여 나갈 수 있느냐가 관건이다.

3) 사다리형 만기전략

사다리형 만기전략(laddered maturity)은 채권별 보유량을 각 잔존기간마다 동일하게 유지하여 이자율 변동의 위험을 평준화시키고, 적정수익수준을 확보하려는 전략이다. 즉, 최단기채부터 최장기채까지 균등하게 포트폴리오를 구성하여 일정수준만큼 상환되기 때문에 유동성 확보 및 포트폴리오 관리가 용이하며, 이자율 예측이 별도로 필요치 않다는 장점이 있다. 또한 단기채권이 계속적으로 상환될 때 다시 장기채권에 투자하여 전체 구성비율을 일정수준으로 유지할 수 있기 때문에 수익률곡선이 우상향하는 안정적인 시장에서는 금리변동에 관계없이 수익률의 평준화를 통해 적정수익률을 유지할 수 있다. 그리고 포트폴리오 구성채권의 잔존만기가 다양하기 때문에 유동성이 필요할 경우 매각할 채권의 선택폭에 제한받지 않으며 높은 수익률 수준에서는 단기채, 낮은 수익률 수준에서는 장기채를 매각함으로써 손실을 줄이고 매매익을 극대화할 수 있는 면도 있다. 그러나 이 전략은 이자율예측과 관계없이 상환금을 즉시 기계적으로 재투자하기 때문에 효율적 운용면에서는 적극적 전략 등에 비해 떨어진다고 할 수 있다.

4) 바벨형 만기구성 전략

바벨형 만기구성 전략(barbell maturity)은 단기채권과 장기채권으로만 포트폴리오를 구성하는 전략으로 중기채권은 편입시키지 않으며, 단기채의 유동성과 장기채의 높은 수익성이 조화를 이루어, 각각의 단점을 보완하면서 리스크를 서로 상쇄시켜주는 효과가 크기 때문이다. 따라서 수익률 하락이 예상될 때는 가격상승폭이 보다 큰 장기채의 편입을 증가시키고, 수익률 상승이 예상될 때는 장기채의 비중을 줄이고 단기채로 교체를 한다. 그러나 이러한 방법은 중기화하는 채권을 매각하여 장기채권으로 재매입하는 등의 포트폴리오조정 및 관리의 어려움이 있으며, 정확한 금리예측 없이는 투자효율을 높이기 어렵다.

2. 중립적 투자전략

중립적 투자전략은 적극적 투자전략과 소극적 투자전략의 요소를 포함하고 있는 복합적 성격의 투자전략이다. 대표적인 전략수행의 방법으로는 면역전략과 현금흐름일치전략을 들 수 있는데, 두 전략은 투자자 스스로 정한 일정한 목표투자기간 동안에 최선의 수익을 가져올 수 있는 포트폴리오를 구성·운용하고자 하는 전략이다.

생명보험회사, 연기금, 그리고 은행의 상품유가증권 관리에 이러한 전략이 유용한 것으로 알려지고 있는데, 특히 이들 금융기관들은 예수금 등 부채자금의 유출입 일정에 맞추어 효율적 자산관리를 할 필요가 있으므로 목표기간을 사전에 설정하여 자산을 관리할 수 있는 전략이라는 점에서 이들 전략의 유용성이 인정되고 있다.

1) 채권면역전략

채권면역전략(immunization strategy)은 목표투자기간 중 시장수익률의 변동에 관계없이 채권매입 당시에 설정하였던 목표수익률을 목표기간 말에 큰 차이 없이 거의 동일하게 실현하도록 하는 기법이다.

채권의 수익률변동은 채권투자에 상반되는 효과를 가져온다. 즉, 이자율이 상승할 때 표면 이자수익의 재투자수익 증가 효과와 채권가격의 하락으로 인한 자본손실을 가져오며, 반대로 이자율이 하락하게 되면 채권투자수익은 하락하지만 채권가격의 상승으로 자본이익이 발생하는 효과가 있다. 채권면역전략은 채권수익률 변동에 따른 채권변동가격위험과 표면이자율 또는 상환에 따른 현금유입의 재투자 위험을 상호 상쇄시켜 수익률 변동위험을 극소화해서 투자자산을 안정적으로 운용할 수 있게 하는 전략이다. 이것은 채권의 투자기간(포트폴리오의 평균만기)을 듀레이션과 일치시키는 방법으로 가능해진다.

예를 들어 어떤 투자자가 2.7년 후에 자금이 필요하다면, 그는 잔존만기 2.7년인 채권에 투자하는 것이 아니라 듀레이션이 2.7년(채권만기는 2.7년 이상이 됨)인 채권에 투자하여 2.7년 후에 시장수익률에 상관없이 매각해서 투자 자금을 회수하면 최초 매입당시의 약속수익률을 <표 4-5>와 같이 달성할 수 있게 된다는 것이다.

〈표 4-5〉 수익률에 따른 자산가치

변동후 수익률	채권이자소득의 재투자 수익(A)	2.7년 시점에서의 매각대금(B)	2.7년 후의 자산 가치(A+B)
8% 불변	1,200×(1+0.08)^1.7 +1,200×(1+0.08)^0.7 = 2,634	11,200÷(1+0.08)^(3−2.7) =10,944 (8%로 할인)	13,578
10% (2% 상승)	1,200×(1+0.10)^1.7 +1,200×(1+0.10)^0.7 =2,694	11,200÷(1+0.10)^(3−2.7) =10,884 (10%로 할인)	13,578
6% (2% 하락)	1,200×(1+0.06)^1.7 +1,200×(1+0.06)^0.7 =2,574	11,200÷(1+0.06)^(3−2.7) =11,005 (6%로 할인)	13,579

단, 채권수익률 8%, 표면이율 12%, 1년 후급 이표채 D=2.7년

채권면역전략은 실제 시장에서 다양한 듀레이션을 갖는 채권이 존재해야 하며 투자금액도 일정수준 이상이어야 효율적인 전략이 될 수 있다. 그러나 이 전략은 시간의 경과나 수익률의 변동에 따라 듀레이션과 실제 듀레이션이 일치하지 않는 문제점이 있다. 즉 시간이 경과함에 따라 잔존만기와 듀레이션이 서로 다른 비율로 감소하므로 재면역을 위한 정기적인 포트폴리오의 조정이 필요하다.

2) 현금흐름일치전략

현금흐름일치전략(cashflow matching strategy)은 효과적인 자산·부채관리를 위한 채권 포트폴리오 투자전략의 하나로써, 이는 기본적으로 채권 포트폴리오로부터 발생되는 현금유입액이 향후 예상되는 현금유출액을 상회하도록 적절한 채권 포트폴리오를 구성함으로써 부채상환을 보장하고 금리위험을 제거함과 동시에 이를 위한 자금조달비용을 최소화하는 방법이다.

이 기법의 적용대상은 개인투자자, 일반기업을 포함한 대규모 자산·부채를 운용하는 은행, 연금 같은 금융기관들을 들 수 있다. 예를 들어 특정 금융기관의 자산 포트폴리오 만기구조가 부채 포트폴리오 만기구조보다 훨씬 장기라면, 금리 상승시 자산 포트폴리오 수입은 장기적으로 고정되어 있는 반면, 부채 포트폴리오 이자비용은 금리상승과 함께 증가해 큰 금리위험의 부담을 안게 된

다. 바로 이러한 금리위험의 제거에 현금흐름일치기법은 유용한 투자기법이라 할 수 있다. 한편 앞에서 언급한 복수부채면역전략과의 차이를 살펴보면 다음과 같다.

첫째, 면역전략과는 달리 듀레이션의 이용이 불필요하다.

둘째, 현금흐름일치전략은 포트폴리오 구성 종목 중 신용도가 크게 나빠진 채권이 없다면 포트폴리오 리밸런싱이 필요 없다.

셋째, 현금흐름일치전략은 복수 부채 면역전략에 비해 비용이 다소 높게 나타난다. 그 이유는 최적 포트폴리오 추출과정에서 현금흐름일치전략의 경우 비교적 안정적이고 낮은 재투자수익률을 적용하기 때문이다. 그러나 현금흐름일치전략은 복수부채 면역전략보다 이해하기 쉽고 부채상환에 안정성이 높아 더욱 널리 쓰이고 있다.

현금흐름일치기법을 적용하는 과정은 크게 다음 네 가지 단계로 요약해 볼 수 있다.

1단계 : 현금유출의 연도별 예측이 필요하며,

2단계 : 채권포트폴리오 구성의 제한요소를 설정해야 하는데 포트폴리오에 편입되는 채권의 종류, 위험도, 최소단위 수량에 대한 제한이 결정되어야 한다.

3단계 : 원금 및 이자수입의 재투자수익률을 결정한다. 원금상환 및 이자수입의 시기가 현금유출의 시기보다 선행한다면 원금 및 이자수입은 일정한 수익률에 의해 재투자되는 것을 가정한다.

4단계 : 선행계획 모형을 통해 최적 포트폴리오를 구성한다. 이때 최적 포트폴리오를 구성하는 각 채권들로부터 발생되는 현금유입액은 예측된 현금유출의 시기 및 금액과 일치되어야 하며 동시에 최소의 비용으로 구성되어야 한다.

3. 적극적 투자전략

적극적 투자전략(active portfolio strategy)은 주어진 위험수준 하에서 수익을 극대화하고자 하는 전략으로 투자기간이 길거나 위험부담에 대한 내성이 높은 투자자에게 적합한 전략이다. 부채의 만기구조가 장기인 연금기금이나 환매의 염려가 없는 패쇄형 투자신탁 등의 기관들이 이러한 투자자의 범주에 속한다.

적극적 투자관리의 과정은 다음과 같다. 우선 시장에 존재하는 수많은 채권들 중 투자자가 관리가능한 수준의 채권 표본군으로 투자대상을 축소할 필요가 있는데, 이때 표본군의 선택은 시장수익률의 행태를 잘 반영하는 표본군이 되도록 하여야 한다. 다음으로는 금리변화 및 신용을 기대수익률로 변환하여 여러 대안들은 비교·평가 할 수 있게 함으로써 적정 포트폴리오를 구성하는 절차를 행한다. 적극적투자전략의 기법을 살펴보면 다음과 같다.

1) 수익률예측전략

수익률예측전략은 미래의 채권수익률 예측을 행하여 채권 포트폴리오 구성을 조정함으로써 수익을 높이고자하는 전략이다. 이 경우 수익률 변동이 채권가격 및 투자수익에 어떻게 영향을 주는지에 대한 명확한 개념정립이 되어 있어야 한다.

수익률예측은 크게 세 가지 측면에서 행해져야 한다. 첫째, 수익률 변동방향에 대한 예측이 필요한데 만약 수익률 하락이 예상된다면 포트폴리오 구성의 잔존만기를 늘리고 표면금리가 낮은 채권을 늘림으로써 포트폴리오의 가격변동성을 높여야 하며, 수익률 상승이 예상되면 그 반대로 포트폴리오를 조정해야 한다. 둘째, 수익률 변동 크기를 예측해야 하는데 이때 채권의 잔존만기에 따라 수익률 변동은 서로 다른 크기로 나타나는 경우가 많다. 이와 같은 수익률 변동의 행태는 수익률 곡선의 형태 변화를 분석함으로써 예측이 가능하다. 셋째, 수익률 변화 시점에 대한 예측이 중요한데, 이는 표면이자수입에 대한 재투자수익과 수익률 변동에 따른 매매차익이 금리수준에 따라 서로 반대 방향으로 투자수익에 영향을 미치므로 이를 비교분석함에 있어 적절한 재투자수익률을 파악하는 것이 반드시 필요하다.

2) 채권 비교평가전략

수익률 예측 외에도 개개의 채권과 일련의 소(小)표본들을 비교함으로써 일정위험 수준하의 수익제로를 기할 수도 있다. 이러한 방법은 크게 신용분석, 스프레드 분석, 채권가치평가의 세 가지로 나눌 수 있다.

(1) 신용분석

국공채 및 보증사채 위주로 구성되어 있는 국내 채권시장 구조상 채무변제불이행 위험에 대한 평가가 큰 의미를 갖지 못하고 있으나 외국의 경우 이에 대한 분석을 통해 적극적 투자수익 제고의 기회로 이용하고 있다.

채무변제불이행 위험은 다음과 같은 두 가지 이유로 인해 투자판단시 중요한 요소가 된다. 첫째 채권의 발행자가 영업 및 재무상태 악화로 인해 실제 채무변제불이행을 하고 있지 않더라도 경기위축, 영업부진 등으로 인한 발행회사의 채무변제불이행 확률이 높아진다던가, 신용평가기관에 의한 신용등급 하향조정 등의 이유로 채권가격이 하락할 수 있다는 점이다. 물론 그 반대상황의 전개도 생각해 볼 수 있다.

신용평가기관이 발표하는 신용등급은 신뢰성이 높아 좋은 투자판단의 척도가 되기는 하나 신용등급조정이 빈번하게 이루어지지 못하여 시의성에 문제가 있다. 따라서 채무변제불이행 위험의 평가는 투자자 스스로 판단하는 것보다 시의 적절하고 정확하다고 할 수 있다.

투자자가 채무변제불이행 위험을 평가하는 방법으로는 신용평가기관의 신용등급을 참고하거나 서로 다른 채무변제불이행 위험을 지닌 채권들 간의 수익률 차를 통해 파악하는 방법이 있다. 전자는 앞에서 말한 바와 같이 시의성의 문제가 있으므로 후자의 이용을 통해 투자자 스스로 신용분석을 행하는 방법이 많이 이용된다.

(2) 스프레드 분석

채권은 가격이나 수익률 변동 형태가 유사한 소집단 또는 채권군들로 나눌 수 있다. 즉 신용등급, 채무변제불이행 위험 등이 유사한 채권군이나 발행조건이 유사한 채권군 등으로 분류될 수 있는데, 그 중 만기가 비슷한 채권들도 하나의 채권군이 될 수 있다. 그러나 채권수익률과 만기의 관계는 매우 중요성을 가지므로 일반적으로 별도의 분석을 행한다. 이와 같이 채권들을 동질시 할 수 있는 분류를 섹터라고 부른다.

스프레드분석은 이러한 섹터들 간의 관계를 분석하여 일정한 관계를 도출한 다음 일정한 관계를 벗어난 이상현상이 나타난 경우, 재정거래를 통해 수익력을 강화할 수 있는 포트폴리오로 조정하고자 하는 목적으로 행해진다.

(3) 채권가치평가분석

채권가치평가분석은 비교적 최근에 소개된 적극적 투자 관리기법으로 채권의 실제수익률과 무위험수익률의 차, 즉 보상률에 대한 분석을 중요시한다. 다시 말해 적정하다고 판단되는 무위험수익률과 보상률 수준을 구한 다음 이들을 더하여 특정채권의 적정수익률 수준으로 판단하고 실제수익률과 비교하여 실제수익률이 시장에서 과대평가되고 있는지, 과소평가되고 있는지를 판단하여 재정이익의 기회를 얻고자 하는 전략이다.

채권의 가치평가를 두 단계로 나누어 행하고 있는데 소개하면 다음과 같다.

우선 무위험이자율에 대한 기간구조 분석을 하였는데, 미국 재무성증권의 기간구조를 계량적으로 추정하여 잔존만기별 수익률 자료를 생성시킨 후 이를 각 평가대상 회사채의 잔존만기별 무위험수익률로 이용하였다.

그 다음으로는 보상률의 구성요소별로 보상률에 대한 기여도를 분석하였는데, 그 구성요소들은 발행회사의 해당 업종, 신용등급, 발행금리, 제로쿠폰의 여부, 콜옵션, 즉 중도상환위험보상의 가치 등이 포함되었다.

4. 기타 투자전략

1) 수익률 곡선에 의한 분석

앞에서 다룬 바와 같이, 개별종목의 수익률은 잔존기간, 표면이자율 등에 따라 각기 다르게 나타난다. 수익률곡선의 형태가 결정되는 방식을 두 가지 가설로 요약해 보면 아래와 같다.

먼저 불편기대가설에 기초한 것을 살펴보자. 수익률 곡선은 채권시장에 참가하는 다수 투자자의 장래 금리 예측에 있어서 장래에 금리가 상승할 것으로 예측되는 경우 수익률 곡선은 단기채의 수익률보다 장기채의 수익률이 높은 상승형 곡선이 되며, 반대로 장래에 금리가 하락할 것으로 예측되는 경우의 수익률 곡선은 단기채의 수익률에 비해 장기채의 수익률이 낮은 하강형 곡선이 된다는 것이다. 또 하나의 개념은 유동성 프리미엄 가설인데, 이것은 잔존기간이 긴 경우에는 유동성이 낮으므로 대신 그만큼 수익률은 높아진다고 하는 것이다. 물론 위의 두 가지 개념은 상호배타적이거나 독립적인 것이 아니고 현실적인 수익률은 양자가 서로 결합되어 형성되는 것이라는 점은 이미 살펴본 바와 같다.

2) 금리예측에 따른 만기 및 표면이자율 구성

금리변동은 채권투자에 수반되는 위험 중 가장 비중이 높은 위험이다. 금리변동은 채권의 장·단기나 중도상환 등에 관계없이 모든 채권수익률에 영향을 미치므로 시장위험이라고 볼 수 있다.

금리변동은 원리금 시장가격, 이자 재투자수입, 이자수입 등과 같은 경로를 거쳐 채권수익률에 영향을 미치게 된다. 또한 금리의 변동이 가격변동위험과 재투자위험에 어떠한 영향을 주는지를 보여주고 있다. 이처럼 금리수준이 상승하거나 하락하는 경우, 가격변동위험과 재투자위험은 서로 반대방향으로 움직이는 속성을 가지고 있다는 것을 알 수 있다.

금리수준의 변화에 대응하여 포트폴리오를 어떻게 변화시켜야 할 것인가 하는 것은 만기 구성과 표면이자율 구성, 교체매매 등의 방법에 의존할 수 있는데 이중에서 표면이자율 구성은 만기구성을 결정한 후에 보다 효율성 있는 운용을 지향하고자 하는 2차적 성격의 것이다.

(1) 금리변동과 만기구성

일반적으로 금리변동 국면은 다음의 세 가지 경우를 생각할 수 있다.

- 금리상승(가격하락) 국면
- 금리하락(가격상승) 국면
- 금리불투명 국면

이와 같은 금리변동에 따라 채권의 만기구성을 달리해야 한다. 장기채와 단기채는 다음과 같은 특성상의 차이가 있기 때문이다.

앞에서 기술한 것처럼 장기채는 수익률이 높고 수익률이 하락할 때의 가격상승폭이 큰 반면, 수익률이 상승할 때의 가격하락률도 크다. 따라서 환금성도 단기채만큼 풍부하지 못하게 된다.

① 금리하락 국면

금리가 하락하는 시기에는 장기채일수록 가격상승폭이 커지므로 시세차익을 적극적으로 얻고자 한다면 포트폴리오 전체의 만기구성을 가능한 길게 하는 것이 필요하다.

② 금리상승 국면

금리가 상승하는 시기에는 단기채에 비해 장기채를 많이 보유할수록 가격하락폭이 커진다. 따라서 손실을 극소화하기 위한 전략으로서 가격하락폭이 작은 단기채 중심의 포트폴리오를 구성할 필요가 있다.

③ 금리불투명(보합) 국면

금리수준이 보합세를 형성하고 있어 상승 또는 하락에 대한 전망이 불투명할 경우에는 금리의 상승·하락 양쪽 모두에 대처할 수 있도록 하는 포트폴리오를 구성해 두는 것이 좋다. 즉 금리상승 국면에서는 단기채로, 하강국면에서는 장기채로 자유로이 포트폴리오 구성을 변경할 수 있는 유동적인 포트폴리오가 바람직하다.

이상에서 설명한 조건에 가장 적합한 포트폴리오의 만기구성상의 패턴을 요약하면 다음과 같다.

- 금리하락 국면 … 상승형(장기채 주력형) 포트폴리오
- 금리상승 국면 … 하락형(단기채 주력형) 포트폴리오
- 금리불투명 국면 … 사다리형, 바벨형 포트폴리오

금리의 상승·하락전망이 비교적 명확한 경우에는 포트폴리오의 만기 구성을 선택하는 것이 용이하지만 금리전망이 불투명한 경우에는 단기 또는 장기 어느 한쪽으로 치우치는 것은 매우 큰 위험을 안게 된다는 점에서 상승형·하강형의 패턴을 취하는 것은 바람직하지 못한데, 이 경우 취하는 포트폴리오의 형태가 사다리형·바벨형 포트폴리오 이다.

사다리형 포트폴리오란 기계적으로 각 잔존기간별 채권 보유량을 동일하게 유지함으로써 시세변동의 위험을 평준화시키고 수익성도 어느 정도 확보할 목적으로 구성된 포트폴리오를 말한다.

바벨형 포트폴리오는 사다리형과는 달리 장기채·단기채의 양쪽에 보유채권을 집중시킨 형태로서, 장래의 전망이 확실한 경우에는 장기채 또는 단기채 중심의 포트폴리오로 전환 할 수 있도록 한 형태이다.

(2) 금리변동과 표면이자율 구성

잔존기간이 같을 경우에는 표면이자율이 낮은 채권보다는 표면이자율이 높은 채권의 경우에 가격변동이 적다. 또한 금리상승 국면에서 표면이자율이 높은 채권은 단순수익률 수준에서 일정시세 이하로 하락하는 것을 방지하는 효과를 갖고 있기 때문에 표면이자율이 낮은 채권에 비해 가격하락폭이 억제되고 있다. 따라서 표면이자율의 구성에 있어서도 만기구성과 마찬가지로 포트폴리오의 패턴을 다음의 형태로 구성할 수 있다.

• 상승형(표면이자율이 높은 채권 중심) 포트폴리오
• 하강형(표면이자율이 낮은 채권 중심) 포트폴리오
• 사다리형(표면이자율 기준) 포트폴리오
• 바벨형(표면이자율 기준) 포트폴리오

이상과 같은 기본적 인식하에 투자운용을 한다면 다음과 같은 결과를 얻을 수 있을 것이다.

① 금리하락 국면
표면이자율이 낮은 채권의 포트폴리오가 가격상승 이익을 보다 많이 올릴 수 있다.

② 금리상승 국면
표면이자율이 높은 채권의 포트폴리오가 가격하락폭이 적어 손실을 최소화시킬 수 있다.

③ 금리전망이 불투명한 국면
• 소극적 수동적 전략 : 사다리형의 만기 및 표면이율 포트폴리오
• 적극적 공격적 전략 : 바벨형의 만기 및 표면이율 포트폴리오

(3) 교체매매

채권의 교체매매는 일시적 가격불균형 상태에 있는 채권을 찾아 빈번히 매수·매도함으로써 투자수익을 높이고자 하는 전략이다. 이러한 교체매매는 빈번한 매매를 전제로 하므로 채권거래비용이 높다는 결점을 안고 있다. 한편 채권 교체매매의 방법은 다음의 몇 가지 유형으로 나누어 볼 수 있다.

① 순수수익률 교체
순수수익률 교체는 단순히 표면 이자율이 더 높거나 유통수익률이 더 높은 채권으로 교체매매 함으로써 수익을 높이고자 하는 전략인데, 이 경우 채무변제 불이행 위험 등이 있으므로, 환금성 등 일정수준의 위험부담을 미리 정하여 두는 것이 필요하다.

② 동종채권과의 교체
동종채권과의 교체는 만기, 표면 이자율, 신용도 등의 조건이 동일한 채권 중 시장의 일시적 불완전 경쟁적 요소로 인해 만기수익률이 더 높아져 있는 채권

을 찾아 저수익 채권을 매도하고 고수익 채권을 매수하여 투자수익을 높이고자 하는 전략이다.

③ 이종채권과의 교체

이종채권과의 교체는 채권발행회사의 업종, 채권의 신용등급이 서로 다른 채권들 간에 일정한 수익률 관계가 존재한다고 가정하고, 두 종류 채권간의 수익률 격차가 정상수준에서 벗어난 경우, 미래 수익률의 격차가 정상수준으로 환원될 것으로 기대하고 교체매매를 행하여 투자수익을 높이는 전략이다. 즉 수익률 격차가 정상수준보다 지나치게 확대되어 있는 경우에는 고수익 채권으로 교체하고, 정상수준보다 좁혀져 있는 경우에는 저수익 채권으로 교체하여 투자수익을 높이고자 하는 전략이다.

이상에서 살펴본 적극적 투자 관리기법은 일정 위험부담 하에 투자수익을 제고하는데 유용한 방법인데, 기본적으로 투자효율을 높이기 위해서 투자 관리방침의 일관성 유지가 필요하다는 점과 투자시점 외에도 미래 현금흐름에 대한 분석이 중요하다는 점을 숙지하여야 한다. 특히 만기수익률의 개념은 이자수입을 동일한 이자율로 재투자한다는 가정을 함축하고 있으므로 실제 투자수익률은 미래 현금유입 일정과 재투자이자율에 대한 가정에 따라 크게 차이가 난다는 점을 유의하고 투자결정을 해야 한다.

연 습 문 제

1. 채권의 의의를 설명하시오.
2. 채권의 본질을 설명하시오.
3. 채권의 특성을 설명하시오.
4. 채권과 주식을 비교 설명하시오.
5. 채권의 종류를 설명하시오.
6. 전환사채란?
7. 단리와 복리를 설명하시오.
8. 화폐의 시간가치를 설명하시오.
9. 채권수익률을 설명하시오.
10. 듀레이션이란?
11. 채권발행시장의 구조를 설명하시오.
12. 채권발행의 형태를 설명하시오.
13. 채권유통시장의 의의를 설명하시오.
14. 채권유통시장의 기능을 설명하시오.
15. 소극적 투자전략을 설명하시오.
16. 현금흐름 일치전략 4단계를 설명하시오.
17. 적극적 투자전략을 설명하시오.

제 3 부

금융자산관리와 증권의 분석

Success seems to be connected with action.
Successful men keep moving.
They make mistakes, but they do not quit.

- Conrad Hilton -

성공은 행동과 연결돼 있는 것으로 보인다.
성공하는 사람은 끊임없이 움직인다.
실수를 저지르기도 하지만 결코 포기하지 않는다.

- 콘래드 힐튼 -

제5장 증권의 기본적 분석

제1절 기본적 분석

1. 기본적 분석의 의의

증권시장에서 주식의 분석은 투자자에게 유용한 투자정보를 제공하는데 있다. 주식의 분석은 기본적 분석(fundamental analysis)과 기술적 분석(technical analysis) 포트폴리오 분석(portfolio analysis)으로 구분한다. 기본적분석에서는 주가변동의 요인을 경제적 요인 및 산업내적 요인 등의 기업외적 요인과 기업내적 요인으로 구분하고 주식가격에 영향을 미치리라고 생각되는 여러 가지 정보를 이용하여 증권의 내재가치(intrinsic value)를 구한다음, 내재가치와 증권의 시장가치를 비교하여 과소평가되거나 과대평가 되어 있는 증권을 찾는 방법이다. 여기서 확인된 차이를 이용하여 수익의 극대화를 가져오는 투자전략을 선택하게 된다. 즉 시장가격이 내재가치보다 높다면 매도를, 낮다면 매수를 한다. 이러한 기본적 분석은 증권의 시장가격이 서서히 내재가치로 접근할 것 이라는 가정을 전제로 하고 있다.

2. 기본적 분석의 체계

기본적 분석의 체계는 [그림 5-1]처럼 세계경제분석 → 국내경제분석 → 산업분석 → 기업분석의 과정을 밟아가는 하향식(top-down)접근방식과 기업분석 → 산업분석 → 국내경제분석 → 세계경제분석의 과정을 밟아가는 상향식(bottom-up) 접근방식이 있으며, 일반적으로 기본분석에서는 하향식 접근방식을 이용하여 기업의 이익을 추정하고 평가함으로써 투자판단을 하게 된다.[1)]

1) 이정도, 한국증권시장, 법문사, 2006, p.251 참조.

경제 분석에서는 거시적 관점에서 경기·금리·통화 등의 경제요인을 분석함으로써 주가흐름의 대세를 판단하고 산업분석에서는 산업의 동향을 파악함으로써 투자유망업종을 선정한다. 그리고 기업분석에서는 경제 및 산업분석을 토대로 개별기업의 향후 수익성을 예측하고 기업의 내재적 가치를 추정함으로써 투자유망종목을 선택하게 된다.

3. 질적분석

질적분석(qualitative analysis)은 경기 및 산업동향, 정치상황, 노사문제, 경제정책, 개별기업의 성장성, 사업내용, 경영능력 등 계량화가 곤란한 사항을 분석하는 방법이다.

4. 양적분석

양적분석(quantitative analysis)은 각종 경제지표, 산업지표, 개별기업의 재무제표 등을 중심으로 비교적 계량화가 쉬운 사항을 분석하는 방법이다.

[그림 5-1] 증권 분석의 절차

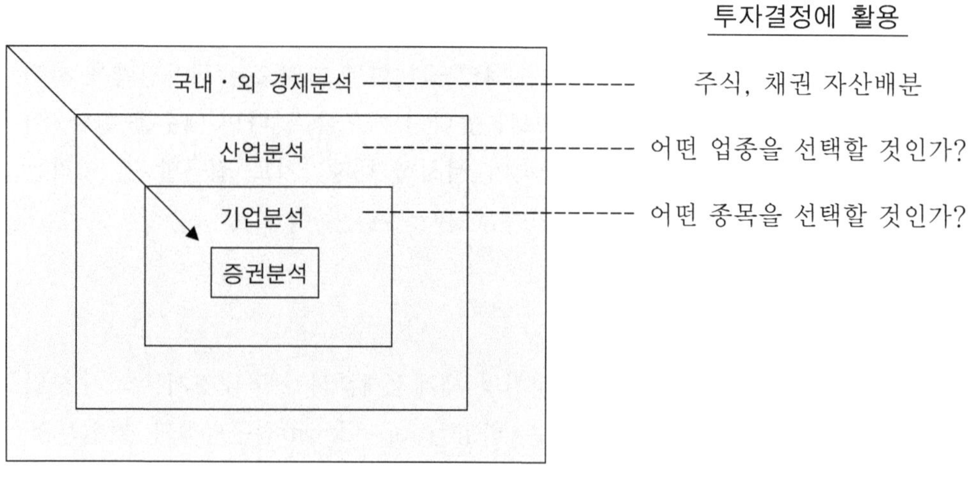

제 2 절 경제분석

1. 경제분석의 의의

경제 분석은 투자를 하기에 앞서 그 시기가 주식이나 채권에 투자하기가 적절한 시기인가를 판단하는 분석법으로 투자의 대세판단 기준이다.

주가는 시장의 전체적인 요인에 의해 움직이므로 경제 전반적인 요인으로 볼 수 있으며, 성공적인 경제 분석은 주식투자의 성공 여부에 큰 영향을 준다고 할 수 있다. 따라서 현재의 경제 분석에 있어서 세계 각국의 시장이 개방화됨에 따라 세계경제는 국가간의 경제적 의존성이 증대되고 있으며, 정치, 경제적 환경변화가 각 개별국가에 미치는 변화를 예측하여 증권가격에 어떠한 영향이 있는지를 분석하여 거시경제 변수가 주가에 미치는 영향을 분석한다. Brealey(1969)는 미국의 217개 기업을 조사한 결과 1948~1966년에 개별기업의 이익변화가 산업전체의 이익변화 및 경제전체의 이익변화에 의하여 얼마나 설명될 수 있는가를 조사한 결과 평균적으로 경제 전체의 이익변화가 21%, 산업전체의 이익변화가 추가로 21% 설명되고 있는 것으로 발표되고 있다.[2] 따라서 경제전체의 이익을 예측하기 위하여 정부의 거시경제 정책 및 개별기업의 변화요인도 특정기업의 이익에 미치는 효과를 파악하여야 한다.

2. 거시경제변수와 주가

산업과 기업의 전망에 있어서도 이를 경제분석과 연계하여 분석하여야 하는데 그 이유는 기업이익의 중요한 원천이 경제적 요인에 의해 결정되기 때문이다. 예를 들면, 노동집약적인 산업은 인건비나 근로조건과 관계가 많고 수출비중이 높은 기업은 교역상대국의 경기 및 환율과 밀접한 관계를 갖고 있으며 원자재의 해외의존도가 높은 기업은 국제원자재가격의 변동에 큰 영향을 받게 된다.

이와 같이 주가는 경제의 전체적인 움직임과 밀접한 관계가 있으므로 투자자는 주식의 매매 시기를 포착하고 주가변동의 대세를 파악하기 위해서

---

2) R.A.Brealey(1969), An Introduction the Risk and Return from Common Stocks, Cambridge Mass : The M.I.T. Press, p.105.

는 현재의 경제상황을 면밀히 분석하고 미래의 변화를 정확히 예측할 수 있어야 한다.

1) 경제성장률

경제성장률은 보통 국내총생산(gross domestic poroduct : GDP)의 증가율로 측정되는데 여기에는 시가로 계산한 명목 경제성장률과 물가상승분을 차감하기 위하여 GNP 디플레이터로 나누어 계산한 실질 경제성장률의 두 가지가 있으나 일반적으로 경제성장률을 말할 때에는 실질 경제성장률을 의미한다.

경제성장률의 변동은 경제활동수준을 측정하는데 매우 유용한 지표가 된다. 경제성장률이 높다는 것은 생산·고용·판매·소득이 증가하고 경제규모가 확대됨을 뜻하는데 기업의 매출과 이익이 크게 증대됨에 따라 주식시장은 이를 반영하여 활기를 띄게 되며 주가도 큰 폭으로 상승하게 된다. 반대로 경제성장률이 낮아진다는 것은 생산·고용·판매·소득도 줄어들어 경제활동이 위축됨을 뜻하는데 이 경우 주가도 상승세가 둔화되어 하락하게 된다.

2) 경기변동

경기는 국민경제의 전체적인 활동수준을 나타내는 것으로 시간의 경과와 함께 확장과 수축을 반복하면서 계속적으로 변동해 간다. 경제활동이 활발하여 경기가 상승하면 마침내 경기의 정점에 도달하게 되고, 그 후 다시 경제활동이 둔화되어 경기가 하강하고 마침내 저점에 이르게 되는데 이러한 일련의 과정을 경기순환(business cycle)이라고 한다. 일반적으로 경기는 경제활동이 활발한 시기를 확장국면 또는 호황국면이라 하고 그렇지 못한 시기를 수축국면 또는 불황국면이라고 하는데 확장국면을 회복국면과 활황국면으로 나누고 수축국면을 후퇴국면과 침체국면으로 나누는 [그림 5-2]와 같이 4분법이 많이 이용되고 있다.

경기와 주가는 대체로 밀접한 관계를 가지고 움직이며 주가가 경기변동에 선행하여 움직이는 경향이 있다. 즉 경기가 정점에 도달하기 수개월 전부터 주가는 상승국면에서 하락세로 전환하고 경기가 저점에 도달하는 시점을 전후하여 주가는 하락국면에서 벗어나 상승기로 접어드는 것이 일반적이다.

[그림 5-2] 경기변동과 주가

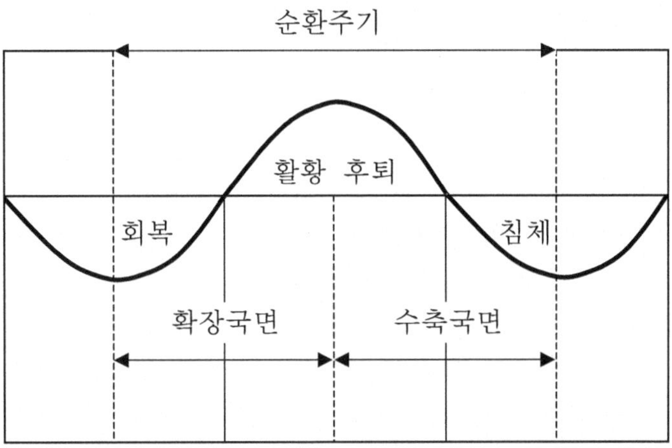

종합주가지수의 정점은 경기동행종합지수의 정점보다 2~7개월 선행하고 있으며 종합주가지수의 저점은 경기동행지수 보다 8개월 선행 내지는 4개월 후행하는 것으로 나타나고 있다.

그러나 주가가 경기에 선행 또는 동행하지 않는 경우도 있다. 주가는 경기 외에 통화나 국제수지 등 다른 요인에 의해서도 영향을 받으며, 경기 외적 요인이 강하게 작용하는 경우에는 경기변동과 주가변동이 상반된 방향으로 움직이는 경우도 있기 때문이다.

일본의 경우 1,2차에 걸친 오일쇼크를 성공적으로 극복하고 경상수지 흑자 폭이 확대되면서 일본경제에 대한 기대감이 커지고, 엔화강세로 나타난 경제저력의 강화와 금리하락, 금융완화 등 통화적인 요인도 가세하여 경기변동에 비해 주가의 상승기간이 길어지고 하락기간은 짧아지는 현상이 나타났기 때문인 것으로 보여 진다.

이상에서 경기와 주가는 비교적 밀접한 관계가 있음을 보았다. 그러면 경기동향 분석과 예측은 어떻게 하면 되는가를 살펴보자. 경기를 예측하는 방법은 지표법, 실사법, 계량경제모형법 등의 세 가지로 크게 나눌 수 있다.

지표법은 생산·재고·판매에 관한 경제지표를 이용하여 경기를 예측하는 방법이다. 지표법에 의해 경기 동향을 파악하기 위해서는 매월 통계청에서 발표하는 경기종합지수를 이용하는 것이 편리하다. 경기종합지수는 선행종합지수, 동행종합지수, 후행종합지수로 나누어지고 이들 지수를 이용하여 경기변동의 방향, 전환점 및 진폭까지도 동시에 파악할 수 있다.

선행종합지수는 수출액, 총유동성, 건축허가면적 등의 항목으로 구성되어 있는데 주로 경기의 단기예측에 도움을 준다. 선행종합지수의 전환점이 기준 전환점을 대체로 3~8개월 정도 선행하고 있다는 사실로부터 알 수 있다. 최근과 같이 선행종합지수가 동행종합지수를 선행하는 시차가 짧아지고 있는 경우에는 선행종합지수보다 전환점이 빨리 나타나는 선행종합지수의 전년동월비(前年同月比)를 보조지표로 사용하기도 한다.

동행종합지수는 산업생산지수, 생산자 출하지수 등의 항목으로 구성되어 있는데 이것은 현재의 경기상태를 파악하는데 도움을 준다. 동행종합지수는 추세치가 포함된 추세순환의 변동치 이므로 순환국면과 전환점을 명확하게 나타내지는 못한다. 따라서 경기 국면이나 전환점을 파악하기 위해서는 동행종합지수에서 추세치가 제거되고 순환 변동치만 남은 동행지수 순환 변동치를 이용하면 편리하다.

후행종합지수란 생산자제품 재고지수, 자본재 생산지수 등의 항목으로 구성되어 있으며 경기변동을 확인해 주는 기능을 한다. 이 지수는 보통 동행종합지수보다 2~10개월 정도 후행하고 있는 것으로 나타나고 있다.

지표법 이외의 경기예측방법으로는 기업실사법을 들 수 있다. 이는 경기에 대한 기업가의 판단과 전망 그리고 이에 대비한 계획 등을 설문서를 통해 조사하는 방법으로서 이를 수치화해 경기판단 지표를 만든 것이 기업실사지수이다.

현재 우리나라에서 쉽게 이용할 수 있는 대표적인 기업실사지수로는 한국산업은행과 전국경제인연합회 등에서 작성·발표하고 있는 기업실사지수가 있다. 이 지수는 0~200사이의 수치를 갖는데 지수가 100이상이면 경기의 확장국면을, 100미만이면 경기의 수축국면을 의미한다. 일반적으로 기업실사지수는 경기의 전환점을 예측하는 데에는 상당히 효과적이지만 경기의 진폭이나 강도를 예측하는 데에는 문제점이 있고 또한 조사내용이 전부 행동으로 옮겨진다는 보장도 없다는 한계가 있다.

경기예측의 또 하나의 방법은 계량경제모형법이다.[3] 이 방법은 경제변수에 수치를 주어 정량화하고 변수간의 제 관계를 명확히 설정한 후 경기예측모형을 만들어 경기를 예측하는 방법이다. 이 방법은 예측 자에게 경기에 대한 구체적

---

3) 한국은행(2012), 알기쉬운 경제지표 해설.

인 예측치를 제공해 준다는 이점이 있으나 경제이론에 대한 이해력과 응용력이 충분히 있어야 하며 예측 모형이 정확한 경우에만 그 결과 치를 신뢰할 수 있다는 문제점이 있다.

3) 통화량

통화[4]란 돈 또는 화폐라고 할 수 있는데 중앙은행이 발행하는 화폐와 이와 유사한 기능을 하는 각종 금융자산 중에서 어느 부분까지 통화량에 포함되는가는 각국의 금융관행이나 제도와 그 지표의 사용목적에 따라 차이가 있다.

통화량의 변동은 주식시장에 큰 영향을 미친다. 즉, 증가된 통화가 기업부문에 투입된다면 설비투자의 확대 등으로 투자자들로 하여금 기업수익성의 호전을 기대할 수 있게 함으로써 주가를 상승시키고, 통화량 증가의 일부가 증권시장에 투입될 때에는 주식에 대한 매입수요를 증대시켜 주가를 상승시키게 된다. 또 통화량의 증가는 이자율을 하락시킴으로써 상대적으로 기대수익률이 커진 주식의 수요가 늘어나게 되어 주가는 상승하게 된다.

통화량에 의한 주가예측은 단기적으로는 명목통화량에 의해서도 예측력을 높일 수 있으나 장기적인 주가예측을 위해서는 물가상승분을 차감한 실질 통화량을 사용하는 것이 효과적이다.

통화량과 주가와의 관계에 대해서는 여러 학자에 따라 다른 이론이 있지만 일반적으로 통화량 증가는 이자율을 하락시키고 주가의 상승을 초래한다. 통화량 증가에 따른 이자율 하락이 주가에 미치는 영향을 보면, 첫째, 통화량 증가에 따른 이자율 하락은 기업의 금융비용을 감소시킴으로써 기업의 주가 상승을 초래한다. 둘째, 통화량 증가에 따른 이자율 하락은 은행권의 저축으로부터 증권시장으로 자금을 이동시켜 주식수요에 의한 주가상승을 초래 한다. 한편, 과도한 통화량은 정도의 차이는 있지만 물가를 상승시켜 인플레이션을 유발할 수 있고 실물자산인 부동산과 금융자산인 주식간에 다른 영향을 미쳐 부동산 가격

---

4) 우리나라는 2002년 3월 새로운 통화지표인 협의의 통화(M1) 및 광의의 통화(M2)의 편제 체제를 확정. 통화지표 : M1은 현금통화+요구불예금+수시입출금식저축성예금통화지표 : M2는 M1+정기예적금+시장형성상품+실적배당형상품+금융채+기타(투신증권저축, 종금사 발행어음) 유동성지표 : Lf(종전M3)는 M2+M2포함 금융상품중 만기2년이상 정기예적금 및 금융채등+한국증권금융(주)의 예수금+생명보험회사(우체국 보험포함)의 보험계약준비금+농협 국민생명공제의 예수금 등. 유동성지표 : L은 Lf+정부 및 기업 등이 발행한 유동성시장 금융상품(증권회사 R.P, 여신전문기관의 채권, 예금보험공사채, 자산관리공사채, 자산유동화 전문회사의 자산유동화증권, 국채, 지방채, 기업어음, 회사채 등.

의 상승과 주가의 하락을 동시에 초래할 수 있다.

4) 물가

물가 또는 물가수준은 기업수지 및 투자심리를 변화시켜 주식시장에 상당한 영향을 준다. 완만하고 지속적인 물가상승은 실물경기의 상승을 가져오면서 기업수지의 개선과 기업의 자산 가치를 증대시켜 주가를 상승시키게 된다. 그러나 급격한 물가상승은 금융자산의 수요를 감소시키고 부동산, 귀금속 등의 실물자산을 선호케 하여 주가를 하락시키는 요인으로 작용한다.

경기가 침체되면서 물가가 상승하는 스태그플레이션(stagflation)이 계속되는 경제하에서는 비용인상형 인플레이션(cost−push inflation)이 발생하여 기업수지에 마이너스 영향을 미친다. 또한 물가상승으로 인한 소비자의 실질 소득 감소는 구매력의 약화를 초래하고 이는 다시 기업수지를 악화시킬 수 있으므로 주가를 하락시키게 된다.

물가상승률이 낮아지는 시기인 디스인플레이션(disinflation) 시기에는 저물가와 저금리 현상이 나타나기 때문에 실물자산보다 은행예금, 주식 등의 금융자산을 선호하게 된다. 이 시기에는 금융자산 전반에 대한 수요증대와 함께 주식에 대한 수요가 한정된 주식공급물량에 비해 급격히 증가함으로써 주가는 큰 폭으로 상승하게 된다. 물가가 상승하면 기업보유자산의 명목가치가 상승함으로써 자산재평가로 인한 무상증자가 가능해지기 때문에 인플레이션시에도 주식가치가 상승하여 물가상승을 보전할 수 있는데 이를 주식투자의 "인플레이션 헤지" 기능이라고 한다. 이 기능을 주식이 어느 정도 잘 수행하고 있는가를 측정하기 위해서는 주가지수를 GNP 디플레이터(deflator)로 나누거나 주가지수를 소비자 물가지수로 나누는 방법이 있다.

물가와 주가와의 관계를 보면 물가상승률이 높은 시기에는 주가가 인플레이션 헤지 기능을 완전히 수행하지 못한 경우가 있으나 물가가 안정된 시기에는 인플레이션 헤지(inflation hedge) 기능을 훌륭히 수행한다.

5) 금리

금리와 주가는 대게 부(−)의 상관관계에 있다고 할 수 있다. 주가는 1주당 이익과는 정(+)의 상관관계에 있고 금리의 변동은 주식투자자의 기대수익률을 변경시킴으로써 주가에 영향을 준다. 즉, 주식투자자가 일정시점에서 기대하는 평균수익률과 금리와의 차이는 대체로 일정하므로 금리가 인상되면 기대수익률이 올라가 주가는 떨어지게 되고 금리가 인하되면 기대수익률도 내려가 주가는 오르게 되는 것이 이론적으로 타당하다고 할 것이다.

금리변동의 효과는 기업측면에도 영향을 준다. 금리인상은 금융비용을 증가시켜 원가를 상승시키기 때문에 기업수지를 악화시키는 요인으로 작용하여 주가를 하락하게 하는 중요한 요인이 되고 따라서 기업은 인상된 금리 수준 또는 그 이상의 배당을 하지 않고서는 주가상승을 기대하기가 어려울 것이다. 금리인하의 경우에는 반대의 논리가 적용되어 주가는 상승하게 된다.

투자자 측면에서 볼 때 금리의 상승과 하락은 예금이나 채권 등의 기대수익률을 상승 또는 하락시킴으로써, 상대적으로 주식의 수요를 증대 또는 감소시킨다.

이와 같이 금리 변동은 주식의 내재가치와 수요 변화를 야기시켜, 주가를 변동시키는 주요한 요인으로 작용한다. 여기서, 금리는 명목금리에서 인플레이션을 차감한 실질금리이다.

6) 환율

환율은 자국통화와 타국통화와의 교환비율로서 기본적으로는 외환시장에서의 수요와 공급에 따라 결정되지만 실제로는 국제수지, 물가, 금리 등의 복합적인 요인에 의하여 결정된다.

한 나라의 경제가 안정되고 수출이 수입보다 많아지면서 국제수지의 흑자폭이 확대될 때 나타나는 것이 일반적이다. 이때 국제수지 흑자의 확대는 해외부문으로부터의 자금유입의 증가로 나타나 시중의 유동성이 풍부해져 주식의 매입수요를 증가시키므로 안정적 환율인하는 주가를 상승시키는 요인으로 작용한다.

그러나 환율이 급격히 인하되는 경우에는 수출비중이 높은 기업의 대외경쟁력을 약화시키고 채산성을 악화시킨다. 이에 따라 기업의 매출이 감소되고 수익성이 악화됨으로써 주가가 하락하게 된다.

이와는 반대로 환율인상, 즉 평가절하는 수출이 부진하여 무역수지가 악화되거나 물가가 크게 상승하는 등 경제가 취약할 때 나타난다.

그런데 환율 변동이 주식시장 전체에 미치는 영향은 환율변동의 속도 및 기타 경제상황에 따라 다르게 나타나기 때문에 환율변동만으로 주식시장 전체의 움직임을 예측하는 데는 다소 무리가 있을 수 있지만 환율변동이 산업별 또는 기업별 주가변동에 미치는 영향은 매우 크다. 환율인하는 수출비중이 높은 기업의 주가에는 매우 부정적인 영향을 미치는 반면, 원자재 수입비중이 높거나 완제품을 수입 판매하는 업체의 경영여건을 개선시켜 주가상승을 촉진시킨다.

7) 외국인투자

자본시장의 국제화에 따라 국내증권시장에 외국인들의 투자에 대한 관심이 높아져 2007년 8월 현재 외국인 투자비율이 40%정도에 이를 정도로 외국인 투자자가 국내증권시장에 미치는 영향은 상당한 수준에 이르러 관심의 대상이 되고 있다.

외국인투자자들의 주식투자에 있어서 판단기준은 국내투자자들의 기준과는 차이가 있다. 국내투자자는 주로 주가의 등락에만 관심이 있으나 외국인투자자들은 주가변동과 함께 환율의 변동에도 큰 관심을 기울인다.

외국인투자자의 자금이 국내 주식시장에서 주식을 매입하기 위해 유입되면 이는 주식의 매입수요를 증대시키기 때문에 주가의 상승요인으로 작용한다. 반대로 외국인 투자자가 국내 증권시장에서 주식을 매도하여 자금을 인출, 그것이 해외로 유출될 경우는 매도물량이 증가하므로 주가를 하락시키는 요인이 된다.

외국인 직접투자가 시행된 이후 주가가 큰 폭으로 상승하여 어느 정도 관계가 있음을 알 수 있다.

8) 원자재가격

원자재가격과 주가는 역의 관계에 있다. 부존자원이 풍부한 국가에서 원자재가격과 주가는 장기적으로 보아 같은 방향으로 움직이고 있으나 우리나라와 같이 부존자원이 빈약하여 대부분을 수입해야 하는 나라에 있어서는 상황이 다르다.

국제원자재가격이 상승할 때에는 원자재의 수입액이 증가되어 국제수지를 악화시킬 뿐만 아니라 물가를 상승시키는 요인으로도 작용하므로 경제여건이 악화된다. 그리고 수출상품의 가격경쟁력이 약화되어 기업의 채산성을 악화시키기 때문에 주가는 하락하게 되는 것이 일반적이다.

그러나 국제원자재가격의 상승이 전체 주식시장에는 악영향을 미치지만 가격이 급등하는 원자재를 해외에서 개발·생산하여 공급하거나 국내에서 생산하는 기업의 주가는 원자재가격 상승과 함께 주가도 상승하게 된다. 또한 전반적인 세계경기 상승의 경우에는 원자재가격 상승과 동시에 주가상승도 나타날 수 있다.

제3절 산업분석

1. 산업분석의 의의

산업분석(industry analysis)은 산업의 특성과 미래 비전에 대한 분석으로, 개별산업 또는 관련 산업에 중요한 영향을 미치는 요인들을 광범위하게 연구·분석하는 것으로써 경제·사회여건 변화에 따른 산업의 변화와 이것이 개별기업에 미치는 영향을 파악 한다. 산업이란 용어는 널리 사용되고 있어 한마디로 정의하기는 어렵지만 일반적으로 비슷한 제품을 만들어서 파는 기업들로 구성된 집단이라고 정의할 수 있다.

주식시장에서 높은 수익을 올릴 수 있는 종목을 선택하려면 향후에 평균적인 기업보다 높은 이익을 실현할 수 있는 기업을 선택하면 되겠지만 현실적으로 유가증권시장에 779개 업체, 코스닥시장에 1208개[5] 업체가 상장되어 있는 가운데 한 두 개 회사를 선정한다는 것은 결코 쉬운 일이 아니다. 따라서 효율적인 종목선택 방법은 향후 실적이 호전될 것으로 예상되는 산업을 선정하는 것으로부터 시작된다.

산업분석을 행하는 이유는 다음과 같은 점에서 의의를 갖는다.

첫째, 개별기업의 경영성과는 당해산업의 성과와 밀접한 관련성이 있다. 따라서 개별기업의 주가 변동은 킹(Benjamin F. King)의 연구에 의하면, 그 원인의 10%는 산업요인에 의하여 발생한다고 주장하고 있다.

둘째, 산업의 성과는 경기변동에 따라 다양하게 나타나기 때문에 반듯이 일치하지 않는다. 사치품이나 내구재 산업의 경영성과는 경기변동과 비교적 동일한 추세로 움직이지만 생필품산업의 경영성과는 오히려 경기변동과 반대로 움직이는 경향이 있다. 따라서 개별기업의 경영성과분석은 기업의 경영성과분석에 많은 도움을 준다.

5) 한국거래소, 2016년 12월 31일 기준.

셋째, 개별기업의 경영성과는 산업의 추세와 밀접하게 연관되어 있기 때문에 산업의 추세는 산업의 구조적 특성 및 수급 상황을 고려하여야 한다.

2. 경기순환과 산업

경기의 상승국면과 하강국면에서 각 산업이 받는 영향의 정도에 따른 산업분류로서 일반적으로 성장산업, 순환적산업, 방어적산업으로 분류한다.

성장산업이란 경제구조나 인간생활방식의 근본적인 변화나 기술혁신 등으로 향후 장기간에 걸쳐 매출과 이익의 높은 성장세가 지속될 것으로 기대되는 산업이다. 우리나라의 경우 산업의 발전상황에 따라 마이크로일렉트로닉스, 메카트로닉스, 항공산업, 신소재, 생명공학, 금융혁신관련 업종 등을 들 수 있다.

순환적산업이란 호경기에는 매출과 이익이 크게 신장되는 반면에 불경기에는 매출과 이익이 격감하거나 손실까지 볼 수 있는 산업이다. 자동차, 에어컨 등과 같은 고가의 내구소비재와 산업기계와 같은 내구생산재를 만드는 산업, 건설업 및 건설관련업 등을 순환적 산업이라 할 수 있다. 순환적산업에 속하는 업종에 대한 주식투자는 불황기에 매입하여 경기의 정점 근처에서 매각하는 것이 최선의 방법이라 할 수 있다.

방어적 산업이란 경기침체에도 큰 영향을 받지 않는 산업을 말한다. 음식료품과 같은 생활필수품에 관련된 소비재 산업 및 전력·가스 등 사회 기간산업이 여기에 포함된다. 방어적 산업에 대한 투자목적은 당해 산업의 성장세가 예측되는 경우를 제외하고는 유가증권이 배당금이나 이자의 소득과 같은 자산소득을 목적으로 하는 경우가 종종 있다.

3. 산업경쟁의 요인

산업분석에 있어서 무시할 수 없는 또 하나의 요소가 경쟁관계이다. 산업의 경쟁능력을 측정하기 위해서는 경쟁자의 참가를 이겨낼 수 있는 제품차별화의 이점, 절대비용의 이점, 규모의 경제에 의한 이점 등이 어느 정도인지 파악해야 한다.

제품차별화의 이점이란 소비자들이 특정산업 또는 기업의 제품을 선호하게 됨으로써 생긴다. 기존기업은 이러한 이점을 가지고 있기 때문에 신규참가자가 동일한 가격으로 판매한다고 할지라도 기존기업과 같은 수준의 매출을 실현할 수는 없다. 따라서 거액의 광고 선전비를 지출해야만 되기 때문에 신규참가가 어렵게 된다.

절대비용의 우위란 기존산업 또는 기업이 그들의 생산규모나 판매수준이 어떠하든지 간에 신규참가자보다는 낮은 생산비에서 제품을 생산, 판매할 수 있다는 것이다. 이러한 이점은 특허권, 주요 원자재의 소유, 생산설비, 자금, 노동숙련도 등에 의하여 생기는 것으로써 이 요소들이 서로 복합적으로 결합될 때에는 상당한 이점이 된다.

규모의 경제에 의한 이점이란 자동차 생산과 같이 경제적으로 최적의 생산설비 수준을 갖추는데 거액의 설비투자가 필요한 경우 신규참가자가 기존기업과 경쟁하려면 거액의 투자와 함께 시장점유율의 확보가 필요하므로 신규참가가 어렵게 됨을 말한다.

증권분석가는 투자대상으로 하고 있는 산업이 신규참가에 대한 충분한 방어능력을 가지고 있는가를 면밀히 검토하여 투자의사결정에 참고해야 한다.

1) 산업의 경쟁구조분석

산업의 경쟁상태는 그 산업의 성장성, 수익성 그리고 위험이 수익에 절대적인 영향을 미치는 것이다. 기업의 미래성과를 예측하기 위해서는 산업의 경쟁정도를 결정짓는 구조적 요인에 대한 분석이 필요하다. 포터(M. E. Porter)[6]는 특정산업의 경쟁 정도는 [그림 5-3]과 같이 5가지 요인에 의해 그 산업의 궁극적인 이윤잠재력을 결정 짓는다고 보고 있다. 이 처럼 산업의 경쟁 상태를 결정짓는 구조적인 요인이 서로 다르기 때문에 투자자는 산업구조의 경쟁 요인을 감안하여 투자유망업종이나 투자유망종목을 선택해야 한다.

(1) 대체가능성

특정산업에서 경영활동을 벌이는 기업들은 대체가능한 제품을 생산하는 대체산업들과 경쟁을 벌이고 있는 셈이다. 대체품의 존재는 기업의 제품가격을 결정하는데 일정한 영향을 미치게 되며, 그 기업이 속한 산업의 이익 잠재력을 제한하는 역할을 하게 된다. 이러한 대체품의 품질이 우수할수록 그 산업에 미치는 가격인상에 대한 압력이 강해지는 것이다.

---

6) Michael E. Porter, *Competitive Strategy: Techniques for Analyzing Industries and Competitors*, New York: Free Press, 1980.

[그림 5-3] 산업의 경쟁요인

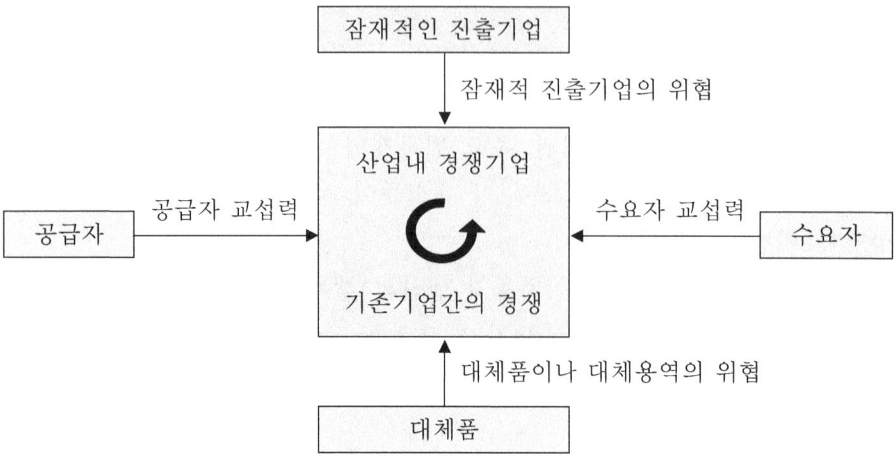

(2) 진입장벽

진입장벽(barriers to entry)이란 어떤 기업이 특정산업에 진출하고 싶어도 진입을 하는데 여러 가지 애로가 많다. 즉, 두터운 장벽이 있다는 뜻이다. 진입장벽이 구축되어 있는 산업에 이미 진출되어 있는 기업들은 수익성이 높고 영업위험이 낮으나, 진입장벽이 없는 산업내의 기업들은 경쟁에 노출되어 수익성이 낮고 경영위험이 높아진다. 진입장벽의 요인으로는 제품의 차별화, 규모의 경제, 기존의 유통구조, 신규 진입시 소요자본, 교체비용, 경쟁업체와의 원가구성, 정부의 규제 등을 들 수 있다.

(3) 경쟁강도

특정한 산업내의 기존기업들은 상호 경쟁업체간의 가격경쟁, 품질경쟁, 신제품경쟁, 대 고객 서비스 경쟁 등 여러 가지 방법을 통하여 시장에서 유리한 위치를 차지하기 위한 경쟁을 벌인다. 어떤 기업의 경쟁적 조치는 다른 기업에 미치는 영향 때문에 자연히 보복조치를 한다거나 대응조치를 야기하는 상호의존적 관계를 가지고 있다.

이러한 경쟁은 기업의 외부변화에 따른 어려운 상황을 극복하고자 할 때나, 기업에 유리한 상황을 적절히 활용하고자 할 때 야기되기도 한다.

이와 같은 기존 경쟁업체간의 경쟁강도를 결정짓는 구조적 요소를 보면 그 산업의 성장능력, 고정비부담, 경쟁회수, 가격경쟁의 가능성, 제품의 차별화 정도, 대규모의 시설확장, 경쟁업체의 다양성, 전략적 이해관계, 높은 철수장벽 등을 들 수 있다.

(4) 공급자의 교섭력

공급자는 제품가격의 인상이나 제품 및 서비스의 질을 하락시키는 위험 등으로 교섭력(bargaining power)을 강화할 수 있는데 그만큼 상대 산업의 이익 잠재력은 감소된다. 특히 구매업자가 비용 상승분을 제품가격인상으로 흡수할 수 없는 공급자의 교섭력이 크게 강화되기 마련이다.

(5) 구매자의 교섭력

구매자란 최종 소비자나 중간단계의 생산·판매업자 들이다. 이러한 구매자들은 구매가격의 인하, 품질향상 및 서비스 증대를 요구하게 되어 그 산업의 수익성을 감소시키는 결과를 초래한다. 구매자산업과 공급자산업과의 관계에서 어느 쪽이 가격결정, 품질조건, 결제조건 등에 있어서 교섭력이 강한지에 따라서 당해 산업의 수익성은 구조적으로 영향을 받을 수밖에 없다.

2) 원가구조분석

대부분의 기업들은 일반적으로 다양한 사업 분야를 영위하고 있다. 따라서 어떤 분야에서 경쟁적 비교우위가 있으며, 높은 부가가치를 얻고 있는가를 평가하여 장기적인 수익성과 위험도를 분석해야 한다. 이와 같은 분석에서 요구되는 정보는 산업의 원가구조를 분석함으로써 얻어진다.

기업의 생산과정은 원자재의 구입과정, 원자재의 처리과정, 조립생산과정 등으로 구분된다. 광업과 석유산업은 원자재의 구입과정, 원자재의 처리과정, 그리고 전기·전자·의류산업 등은 조립생산과정, 또한 시멘트산업과 화장품산업은 운송과정과 마케팅활동에서 높은 부가가치를 실현하고 있다. 따라서 탄광업체는 좋은 탄광자원의 보유, 철강업체는 능률적인 생산시설의 확충, 전기·전자·의류산업과 같은 조립생산업체는 효율적인 인적 자원관리를 통해 원가관리 측면에서 비교우위를 점 할 수 있다.

3) 유통경로분석

유통경로의 분석은 가장 효율적인 유통경로를 모색한다는 의미에서 마케팅전략의 효율화를 기할 수 있으며, 유통경로의 분석을 통하여 기업이 현재 사용하고 있는 유통경로 이외에 또 다른 유통경로가 있는지 유통경로상에 어떠한 변화가 일어나고 있는지, 그리고 유통경로에서 가장 큰 영향을 미치는 집단이 어느 집단인지를 파악하여야 한며, 기업이 최종소비자에게 직접 제품을 판매할수록 유통경로에 충분한 영향력을 행사할 수 있으나 영향력의 행사에 따른 마케팅상의 위험부담도 더욱 커진다. 따라서 유통경로상의 변화추이를 파악하여 새로운 유통경로를 개발하는 것은 기업의 성장전략이라는 차원에서 중요한 의미를 갖고 있다.

유통경로상에서 가장 큰 영향을 미치는 집단을 파악하는 일도 매우 중요하다. 일반적으로 제조업체에서 최종소비자에 이르는 유통 경로 상에 도매상, 소매상, 직영점, 대리점 등의 여러 집단이 존재하고 있다. 그러나 유통경로상의 영향력이 이들 집단 중에서 어느 한 특정집단에 너무 치우쳐 있는 경우에는 유통구조가 바람직하지 않는 방향으로 정립될 수 있다. 따라서 유통경로의 분석을 통하여 산업 내에서 영향력이 있는 유통구조를 파악하여 대처하는 동시에 유통경로상의 관련 집단 사이에 균형 있는 영향관계를 모색해야 할 것이다.

4) 산업의 라이프 사이클

산업분석의 대상이 되는 여러 가지 요소의 평가에 이론적 체계를 제공할 수 있는 것이 산업의 라이프 사이클 이론이다. 즉 산업의 수명은 시간과 매출액의 관계에 의해 도입단계, 성장단계, 성숙단계, 쇠퇴단계로 나눌 수 있는데 이를 그림으로 나타낸 것이 [그림 5-4]이고, 제품수명주기와 단계별 전략을 나타낸 것이 <표 5-1>이다.

(1) 도입단계

도입단계(introduction stage)에 있는 산업의 특징은 그 산업의 제품에 대한 수요가 급격히 증가한다는 것이다. 이 시기에는 많은 이윤창출의 기회로 인해 자본의 투하가 계속되고 많은 기업들이 새로이 참여하기 때문에 산업 내, 기업 간의 가격·비가격 경쟁이 치열하게 일어나고 그 결과 기업도산도 많이 생긴다. 따

[그림 5-4] 제품수명주기

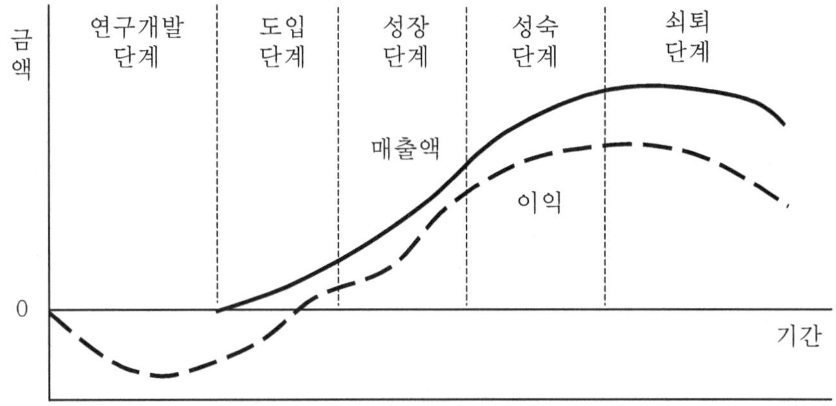

라서 산업내 각 기업의 위치가 자주 변동하기 때문에 이 단계에서는 계속 존속하면서 우수한 실적을 낼 수 있는 기업을 선정하기는 매우 어렵다. 도입단계에 있는 산업은 높은 성장이 기대되므로 좋은 투자대상이 될 수도 있으나 많은 위험성도 수반하게 된다.

(2) 성장단계

성장단계(rapid expansion)는 도입단계에서 경쟁을 이겨낸 기업들로 구성되어 있으므로 시장점유율 및 기업재무 면에서 더욱 견고해진다. 성장단계에서 기업간 경쟁은 어떤 기업이 더 저렴한 가격으로 우수한 제품을 공급하는가 하는 형태로 이루어진다. 이 시기의 성장률은 개척단계에 비해 떨어지지만 성장성과 안정성을 겸하게 되어 훌륭한 투자대상이 된다.

(3) 성숙단계

성숙단계(mature growth stage)에 들어서면 기업의 성장능력이 감퇴하기 때문에 매출액 증가율은 경쟁 산업 또는 경제 전체에 비하여 훨씬 낮은 비율로 증가한다. 성숙기의 징후는 보통 사회관습의 변화, 인건비의 상승, 기술의 혁신, 수요의 정체현상에 의해 나타나는데 이 시기를 잠재적 쇠퇴단계라고도 한다. 어떤 산업이 안정기에 접어든 것으로 일반인들에게 인식되어지면 주가가 하락하게 되므로 증권투자자는 성장단계 또는 성숙단계에 있는 산업이 어떤 것인가를 빨

〈표 5-1〉 제품수명주기와 단계별 전략

특성	도입단계	성장단계	성숙단계	쇠퇴단계
마케팅 목표	신제품에 대한 혁신 수용자와 여론 선도자 유인	유통 및 제품라인의 확장	차별적 우위의 유지	축 소 부 활 종 결
산업 매출액	증 가	급속증가	안 정	축 소
경 쟁	없 음	약간있음	많 음	거의없음
산업이익	적 자	이익증가	감 소	감 소
이익마진	낮 다	높 다	감 소	감 소
고 객	혁신수용자	부유한 대량 시장	대량시장	후발자
제품전략	단일기본모델	제품라인증가	완전제품라인	인기모델
유통전략	제품에 의해 결정	취급점 확대	취급점 확대	취급점 감소
가격전략	제품에 의해 결정	가격라인 확대	완전가격라인	선택가격
촉 진	정보제공	설 득	경쟁적	회상적

리 파악하여 성장단계에 있는 산업 쪽으로 투자대상을 바꿀 필요가 있다.

(4) 쇠퇴단계

쇠퇴단계(stabilization or decline stage)에는 수요가 감소하고 새로운 경쟁업체가 등장하여 기업의 이익이 최저가 되는 단계이다. 따라서 쇠퇴단계 산업의 기업들은 생산활동이 축소되거나 전환되어 유통경로가 계속 단축되기 때문에 기업의 마케팅 전략을 수정 하거나 신규사업으로 진출하는 경영전략을 선택하여야 하며 쇠퇴단계에 있는 산업은 사양산업으로 분류한다.

5) 경기순환을 통한 증권시장의 국면별 분석

증권시장에서 경기순환과 주가와의 관계를 알아보았듯이 주가는 기업의 실적과 이자율, 경기순환과정에서 회복기, 활황기, 후퇴기, 침체기로 나눌 수 있으며 주가는 경기에 선행하여 움직이고 있으며, 각 국면별 주식의 사이클을 [그림 5-5]와 같이 4가지 국면으로 나눌 수 있다.

[그림 5-5] 주식 사이클의 4가지국면

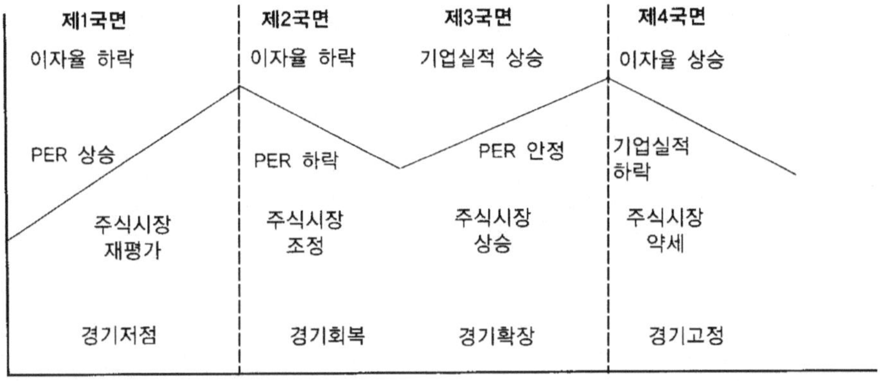

(1) 주식 사이클 4국면

① 제1국면(회복기)

경기 수축기의 후반기로서 장기 및 단기 금리가 하락하는 추세다. 이자율이 낮으면 경제활동과 기업실적 회복에 대한 기대감이 높아지게 되고, 이자율이 하락 하면서 채권가격은 상대적으로 상승해 있기 때문에 주식가격은 상대적으로 싸 보이게 된다. 따라서 낮은 이자율을 바탕으로 주가가 크게 상승하며, 증권시장에서 금리 하락의 수혜주가 나타난다.

② 제2국면(조정장세)

주가가 상승하면서 경기의 회복에 따른 인플레이션 우려로 장기이자율이 상승하게 되는데 이를 상쇄할 수 있는 배당이나 기업실적의 성장이 가시적으로 나타나기 전까지 증권시장은 조정을 보이게 된다. 이 무렵에 기업들은 부채를 상환하기 위하여 유상증자를 통하여 유통주식수를 늘려 수급측면에서 매력도 떨어지게 된다.

③ 제3국면(기업수익이 주도)

인플레이션 우려를 안정시키기 위해 정책당국이 긴축통화정책을 시행하면 장기 이자율은 안정화 되어가며, 반면, 단기 이자율은 상승하지만 경기의 회복은 계속된다. 증권시장에서 주가는 기업의 실적을 바탕으로 상승하게 된다.

④ 제4국면(현금 사이클)

증권시장에서 주가는 경기가 고점에 도달하는 것에 비해 평균적으로 9개월 선행해서 고점에 도달하게 되고, 경기는 아직 확장을 계속하지만 주가는 큰 폭으로 하락하는 약세장세가 시작되고 인플레이션이 가속화 되면서 이자율도 지속적으로 상승함에 따라 현금자산의 수익률이 가장 좋다.

(2) 경제국면별 장세

① 금융장세

금융장세는 경기침체기 말과 경기의 회복기 초기단계에 나타난다. 경기가 침체에 빠져 있으면 경제에 활력을 불어넣기 위해서 금리인하가 필요하고 이러한 금리인하 기대감 및 실제의 금리하락에 힘입어 주가는 유동성의 힘으로 올라가게 된다.

금리의 하락으로 은행예금이나 채권에도 투자의 매력이 없어 보이고, 금리하락으로 기업의 실적이 호전될 것이라는 기대감이 강세장을 지속하게 만든다. 결국 금리하락이 증권시장의 최대 호재로 받아들여지는 시기이다. 대세하락의 끝

〈표 5-2〉 경제국면별 장세

구분	금융장세	실적장세	역금융장세	역실적장세
주가	↑	↗	↓	↘
금리	↓	↗	↑	↘
실적	↘	↑	↗	↓
국면	회복기	활황기	후퇴기	침체기
	단기 큰 폭 상승	장기간 안정상승	큰 폭 동반하락	부분적 후퇴
주도주	금융하락 수혜주 재정투융자 관련주 업종대표주	소재산업 가공산업 3류주 업종순환상승	중·소형우량주 저 PER 주	내수관련주 자산주 후반부 초우량투자
경기	자금수요감소 금리인하 물가안정 민간소비지출증대	생산판매활동증가 생산시설증가 소비증가 물가상승 자금수요증가 통화긴축	실질이자율상승 내구소비재 수요감소 생산활동위축	재고누적 실업률가속 부도기업 정부의 금리인하 경기부양책

에 나타나는 상승으로 주가의 바닥 확인에 대한 공감대 형성과 아울러 대세 상승의 신호로 볼 수 있다. 은행, 증권 등의 금융주는 재할인율이 인하된 시점에서 자금조달의 코스트 감소, 대출금의 마진폭 증대, 채권시장 및 증권시장의 거래량 급증으로 수수료 수익이 크게 증대된다. <표 5-2>는 경제국면별 장세를 나타내고 있다.

② 실적장세

실적장세는 경기회복기를 지나 본격적인 활황기에 접어드는 과정에 나타나는 현상이다. 금리하락으로 기업의 활동이 활발해지면서 경기가 회복되고, 기업의 설비투자도 활발해지고 기업실적도 이전보다 증대된다.

경기회복에 따른 자금의 수요가 증가하면서 금리가 다시 오르기 시작하지만, 이보다는 경기가 현재 활황이라는 점이 증시의 최대 호재인 시기이다. 금융장세가 짧은 시간에 주가가 가파르게 상승하는 시기라면 경기장세는 장시간에 걸쳐 꾸준히 상승하는 것이 특징이다. 특히 이시기에 무역수지 흑자 폭이 증가하고 해외부문의 자금이 유입되면서 부분적인 금융장세가 나타나는 경우도 있다. 대세상승에 대한 의심은 자취를 감추고 주식은 언제 상승할 것인가를 착각하는 시기이다.

금융장세에서는 경제 환경의 악화로 재무구조 우량주에 매수세가 이어진다. 업종 대표주, 블루칩 들은 유동성 측면과 수급측면에서 우위에 있고 대부분 수입에 의존하는 에너지 등의 원재료 가격이 안정되고, 금리하락의 호재가 있다. 이러한 업종은 다른 업종보다 상승폭이 증대되어 주도주군을 형성하게 된다.

금융장세는 경기회복과 금리하락이 멈춤에 따라 주가가 하락하지만, 실적장세는 기업실적의 대폭증가에 힘입어 지속적인 상승을 보여 준다.

③ 역금융장세

실적장세가 계속되면 통상적으로 인플레이션이 표면화 되고 소비 지출이 늘어나게 된다. 경제정책의 중요목표인 물가안정에 위협을 받게 되면 정부는 금융긴축을 통해서 통화량을 줄이고 시중의 금리가 상승함에 따라 증권시장에서 주가가 하락 하게 되는데 이를 역금융장세라 한다.

강세시장에서 약세시장으로 전환하게 되는 계기는 일반적으로 긴축금융이지만 이외에도 외부로 부터의 충격, 예를 들어 오일쇼크와 같은 매우 다양한 형태로 나타난다.

④ 역실적장세

역실적장세는 경기순환으로 말하면 후퇴기이다. 경기후퇴에 따라 실물경기는 급격히 악화되고 자금수요가 크게 줄어든다. 기업실적은 대폭적인 감소가 예상되고 차입금이 많거나 시장점유율이 낮은 한계기업은 적자로 전락한다. 이때에는 대규모의 상장회사가 부도나는 사태도 자주 보게 되며 실업률이 증가 한다.

역실적장세에서는 주가의 변동성이 크고 매매손실도 크게 나타나는 시기이다. 이러한 역실적장세에는 경기에 덜 민감한 전기, 가스등의 주식투자가 효율적이다.

제4절 기업분석

1. 기업분석의 의의

증권투자의 보완적 분석인 경제분석과 산업분석의 다음은 투자의 본질적 분석인 개별 기업분석 이라 할 것이다. 왜냐하면 증권투자의 목적은 매매차익이라는 수익을 얻기 위한 것이다. 이것은 결국 투자대상으로부터 얻는 현금흐름에서 달성되기 때문이다. 그러나 기업에 대한 정보들은 너무나 과다하여 올바른 투자판단에 도움이 될 수 있는 정보를 선택하는 것이 중요하다. 투자의 성공 열쇠는 신뢰감 있는 정보를 신속하고 정확하게 제공되어 져야 하며, 투자의 의사결정시점에 확신을 가지고 판단 할 수 있어야 된다.

기본적 분석에 있어서 기업분석은 특정기업을 선택하기 위한 분석으로 비재무적 분석(질적분석)과 재무적분석(양적분석)으로 구분된다. 비재무적분석(질적분석)이란 한 기업의 성장성, 회사의 연혁, 사업내용, 경영진, 업계에서의 지위 등 수치로 표현할 수 없는 사항을 분석하는 것이고, 재무적분석(양적분석)은 구체적으로 수치화할 수 있는 재무제표분석에 의한 경영분석과 주가예측의 기초가 되는 이익추정 등을 분석하는 것이다.

2. 비재무적분석(질적분석)

1) 성장성

산업과 마찬가지로 개별기업도 라이프 사이클을 가지고 순환하는 경우가 많다. 개별기업이나 제품도 역시 도입단계, 성장단계, 성숙단계, 침체단계 과정을 거치게 되는데 분석대상기업이 그 중 어느 단계에 속해 있는가를 검토해보는 것은 중요하다.

도입단계에서는 연구개발비가 많이 소요되어 수익성은 낮지만 성장가능성은 매우 높고 성장단계에는 매출증가와 함께 설비투자가 확대되고 이익이 대폭 증대된다. 성숙단계에 들어서면 매출액 신장률이 둔화되면서 이익수준은 안정되다가 침체단계에 접어들면 매출과 이익이 점차 감소하게 된다.

주식투자에 있어서는 성장단계에 주가상승이 두드러지므로 주식매입에 관심을 기울여야 하고 성숙단계를 지나 침체단계에 접어든 주식은 매도에 신경을 써야 한다. 그러나 기업의 성장성을 분석할 때에는 성숙단계에서 신제품 개발이나 기술개발투자 등으로 쇠퇴단계에 들지 않고 다시 성장하는 경우도 있으므로 이 점을 유의해야 한다.

2) 기업의 연혁

기업이 언제 설립되었고 현재까지 어떻게 발전해 왔는가 하는 성장과정을 알아볼 필요가 있다. 일반적으로 역사가 긴 회사는 여러번의 경기변동을 겪어 왔으므로 비교적 경영이 안정되어 있고 불황에 대한 저항력이 강한 반면 역사가 짧고 유행성의 상품을 생산하는 회사는 경기변동에 따른 저항력이 약한 경우가 많다.

기업의 설립년도와 규모, 사업목적의 변천, 자본금과 경영진의 변동상황 등을 살펴봄으로써 회사의 발전과정을 알 수 있다. 우리나라의 경우에는 업종에 따라 다르지만 대체로 역사가 긴 회사일수록 주가의 급등과 급락이 적은 편이다.

3) 사업내용과 전망

해당 기업의 주된 사업내용이 국민경제에서 어떠한 위치를 차지하고 있으며 동 업종의 국내외 경기 동향이 어떠한가를 파악해야 한다. 현재는 수익성이 높다고 할지라도 기술진보나 환경변화 등으로 전망이 좋지 않다면 이를 고려해야 할 것이고, 반대로 현재는 비록 수익성이 낮다고 하더라도 안정성이 있거나 미래에 크게 성장할 가능성이 높으면 이런 점도 충분히 고려해서 선택해야 할 것이다. 또한 사업의 성격상 경기변동에 안정적인가 아니면 민감하게 영향을 받는가도 검토해 볼 필요가 있다.

4) 경영자 및 경영진의 자질

경영이란 사람에 의해서 그 성패가 좌우되는 것이므로 회사의 내용을 볼 때에는 경영자의 경력, 수완, 능력, 인격, 신용 등을 살펴볼 필요가 있다. 더욱이 규모가 대형화되어 가고 불확실성과 각종 위험이 증대되는 현대 경영에서는 경영자의 역할이 더욱 증대되어 있다고 할 수 있다. 또한 우리나라의 기업과 같이 역사가 짧을수록 자산이나 설비투자보다도 오히려 경영자가 더욱 중요시되는 경우가 많으므로 다음과 같은 사항을 중심으로 검토해야 할 것이다.

(1) 경영자의 기업관

기업관이란 경영자가 기업을 경영하는데 있어서 기업을 경영자의 개인적 이윤추구의 수단으로 보느냐 아니면 기업을 경영자의 사유물로 보지 않고 기업의 사회성을 중시하며 기업 자체의 성장과 발전을 추구하느냐 하는 것을 말한다. 이러한 차이는 당연히 경영방침이나 정책에 반영되므로 사규, 종업원에 대한 복리후생, 종업원의 사기, 품질관리 등을 통하여 이를 충분히 관찰할 수 있다.

(2) 경영자의 능력

경험, 판단력, 경영지식, 계획성, 리더십, 실천성 등의 측면에서 구체적으로 평가하되 그 판단의 기초는 경영자가 된 후의 업적과 그 업적의 분석에 의한 것이어야 할 것이다.

(3) 경영진의 구성

경영진의 구성은 기업의 규모에 따라 결정되는데 양적 측면보다 질적 구성을 중시하여야 한다. 사내 승진이사와 사외 채용이사의 구성비, 소유경영자와 전문경영자의 비율 등이 중요시된다.

(4) 후계자

현재의 최고경영자가 유능하다고 하더라도 사망 또는 퇴진함으로써 그 기업의 경영이 난관에 봉착하는 경우가 흔히 있다. 따라서 경영자의 건강상태, 후계자의 양성문제 및 그 능력을 평가해 볼 필요가 있다.

5) 금융관계

우리나라의 상장기업 중 부채비율이 높고 또 상대적으로 간접금융의 비중이 높은 기업 환경 하에서는 분석대상기업의 금융능력이 중요시된다. 따라서 금융기관과의 관계가 원활하고 자금코스트가 저렴한가를 분석할 필요가 있다.

6) 업계에서의 지위

기업의 생산량 또는 시장점유율의 측면에서 업계에서 차지하는 지위를 검토하는 것 이외에 입지조건, 거래처, 제품 품질 등의 측면도 검토해야 한다. 이를 위해서는 상표의 국내외 인지도, 기업의 규모나 이미지, 시장 확보 및 침투력, 주요 구매자의 품평 등을 살펴야 한다. 우리나라의 증권시장에서는 해당 업계의

[그림 5-6] 제품의 시장지위구성

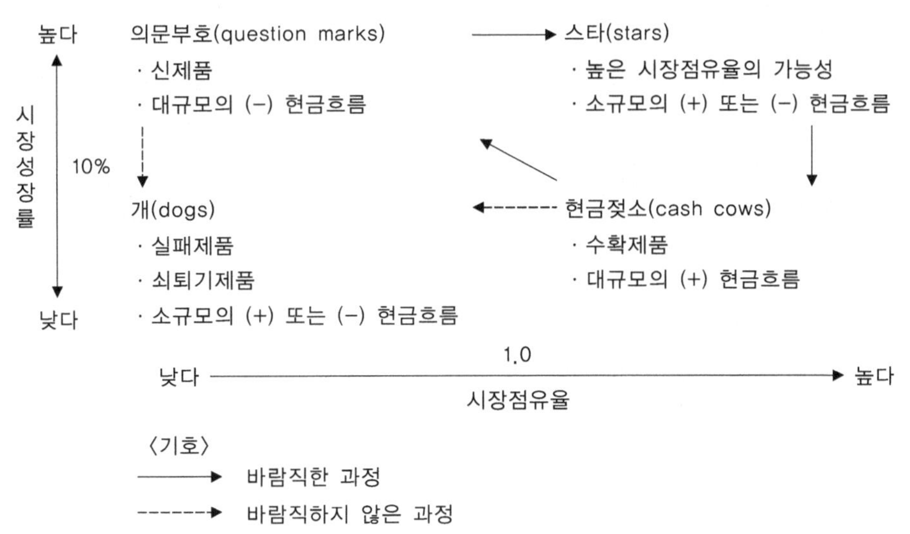

주요 기업의 주식이 주력주(主力株)의 역할을 하는 경우가 많다. [그림 5-6]은 제품의 시장지위구성을 나타내고 있다.

7) 기타

주주구성, 노사관계, 생산형태, 직원자질 등 비재무적 분석(질적분석)요소로 파악해야 할 것은 매우 많지만 정보의 수집이 용이하지 않고 또한 수집되었다 하더라도 계수화 할 수 없는 것이 많아 그것의 평가가 매우 어렵다는 문제가 있다.

3. 재무적분석(양적분석)

1) 재무제표

상장기업의 재무제표는 형식과 내용 등이 각종 규칙에 의하여 작성되고, 공인회계사의 감사를 받기 때문에 재무제표는 증권분석에 있어서 매우 중요한 역할을 한다. 그러나 재무제표를 맹목적으로 믿기보다는 정확성, 완전성 및 비교성이라는 면에서 그것이 가지고 있는 제약요건을 이해하고 또한 그것을 포괄적으로 관찰한 후에 각 회계연도의 각종 재무제표가 상호관련성을 가지고 있는지 여부를 검토하면서 기업의 경영상태를 면밀히 조사하고 다른 정보와 비교하여 종합적으로 해석해야 한다.

재무제표에는 재무상태표, 포괄손익계산서, 현금흐름표, 자본변동표, 주석 등이 있으며, 상법 등에서 이익잉여금 처분계산서 또는 결손금 처리계산서를 주석으로 공시 하도록 하고 있다.

(1) 재무상태표

재무상태표(statement of financial position)란 일정시점에서의 기업이 필요 자금을 어디에서 조달하여 이러한 자금을 어디에 투자하였는지를 보여주는 보고서이다. 기업이 영업활동을 위해 보유하고 있는 자산이 어느 정도인지, 그리고 자산의 유형별로 어떤 자산을 보유하고 있는지, 보유하고 있는 자산은 필요할 때 현금으로 쉽게 바꿀 수 있는지, 이러한 자산을 취득하기 위해 타인으로부터 돈을 얼마나 빌렸는지, 회사를 설립하기 위해 주주들이 투자를 얼마나 했는지, 그동안 이익은 얼마나 발생해서 어떻게 보유하고 있는지 등 기업의 재무상태,

즉 자산, 부채 및 자본의 내용을 나타내는 표로서 증권분석가에게는 기업 재무상태의 건전성을 판단하는 기본적인 자료원이 된다.

재무상태표의 양식에는 계정식과 보고식의 두 가지가 있다. 계정식은 재무상태표의 차변에 자산, 대변에 부채와 자본을 배열하는 것이고 보고식이란 재무상태표의 차변과 대변의 구별이 없이 위에서부터 아래로 자산, 부채, 자본을 배열·표시하는 것으로서, <표 5-3>은 P기업의 요약 재무상태표 보고식이다.

① 재무상태표 작성기준

재무상태표의 작성시 자산, 부채, 자본으로 구분하고, 자산은 유동자산 및 비유동자산으로, 부채는 유동부채 및 비유동부채로, 자본은 자본금, 자본잉여금, 이익잉여금 및 자본조정으로 각각 구분 한다.

자산, 부채 및 자본은 총액에 의하여 기재함을 원칙으로 하고, 자산의 항목과 부채 또는 자본의 항목을 상계함으로써 그 전부 또는 일부를 재무상태표에서 제외하여서는 아니 된다.

자산과 부채는 1년을 기준으로 하여 유동자산 또는 비유동자산, 유동부채 또는 비유동부채로 구분하는 것을 원칙으로 한다.

재무상태표에 기재하는 자산과 부채의 항목배열은 유동성배열법에 따름을 원칙으로 한다.

〈표 5-3〉 P기업 요약 재무상태표

(단위 : 억원)

항 목	20×× . 12	20××.12	20××.12	20××.12
유동자산	53,278.4	77,418.8	83,994.8	78,708.9
비유동자산	130,787.6	136,254.8	158,074.7	184,919.9
자산총계	184,066.0	213,670.6	242,069.5	263,628.7
유동부채	25,282.2	32214.0	37,766.3	17,469.0
비유동부채	29,203.9	20,358.2	9,198.6	28,243.1
부채총계	54,486.0	52,572.2	46,964.9	45,712.2
자본금	4,824.0	4,824.0	4,824.0	4,824.0
자본잉여금	37,075.9	37,712.8	38,793.0	39,345.9
이익잉여금	98,674.4	128,641.4	161,737.8	187,438.9
자본총계	129,580.0	161,098,.4	195,104.6	217,916.6

자본거래에서 발생한 자본잉여금과 손익거래에서 발생한 이익잉여금은 혼돈하여서는 안 된다.

가지급금 또는 가수금 등의 미결산항목은 그 내용을 나타내는 적절한 과목으로 표시하고, 대조계정 등의 비망계정은 재무상태표의 자산 또는 부채항목으로 표시하여서는 아니 된다.

② 포괄손익계산서

㉠ 포괄손익계산서의 의의

포괄손익계산서(income statement : I/S)는 일정기간동안 기업의 경영성과를 나타내는 표이다. 포괄손익계산서는 증권분석에 있어서 과거의 실적을 바탕으로 미래를 예측하는 데에 유용한 기능을 하므로 손익의 주요 항목을 면밀히 분석하여 향후 이익을 추정하는 것이 중요하다. 즉 일정기간 동안 회사가 생산한 제품이나 다른 업체로부터 매입한 상품을 얼마나 판매하였으며 생산을 위해 사용된 원가나 상품의 구입원가가 얼마이고 구체적으로 어디에 썼는지 등과 같은 기업의 경영성적을 나타내는 것으로서 <표 5-4>는 P기업의 요약 포괄손익계산서 보고식이다.[7)]

〈표 5-4〉 P기업 요약 포괄손익계산서

(단위 : 억원)

항 목	20××.12	20××.12	20××.12	20××.12
매출액	143,593.3	197,924.8	216,950.4	200,434.1
매출총이익	39,431.9	60,850.2	69,922.4	50,099.6
영업이익	30,585.3	50,537.3	59,118.9	38,923.1
영업외수익	3,458.6	8,708.2	7,469.2	8,108.9
영업외비용	7,405.3	6,940.3	13,046.1	5,847.6
경상이익	26,638.6	52,305.1	53,541.9	41,184.3
특별손실	0.0	33.9	0.0	0.0
당기순이익	19,805.7	38,260.2	39,945.7	32,066.1
감가상각비	14,607.0	14,470.2	14,824.5	15,577.1
보통주배당률	100.0	130.0	120.0	120.0

7) 김희오(2007), 투자자산 분석의 이해, 대명, p.90 참조.

㉡ 포괄손익계산서의 작성기준

포괄손익계산서는 다음과 같은 원칙에 따라 작성된다.

모든 수익과 비용은 그것이 발생한 기간에 정당하게 배분되도록 처리하여야 한다. 다만, 수익은 실현시기를 기준으로 계상하고 미 실현 수익은 당기의 손익계산서에 산입하지 아니함을 원칙으로 한다.

수익과 비용은 그 발생원천에 따라 명확하게 분류하고 각 수익항목과 이에 관련되는 비용항목을 대응 표시하여야 한다.

수익과 비용은 총액에 의하여 기재함을 원칙으로 하고 수익항목과 비용항목을 직접 상계함으로써 그 전부 또는 일부를 손익계산서에서 제외하여서는 아니 된다.

포괄손익계산서는 매출총손익, 영업손익, 경상손익, 법인세차감전손익과 당기순손익으로 구분 표시하여야 한다. 다만, 제조업, 판매업 및 건설업 이외의 기업에 있어서는 매출총손익의 구분표시를 생략할 수 있다.

③ 현금흐름표

현금흐름표는 일정기간 동안 기업의 자금이 어떻게 조달되고 운용되었는가를 자금의 원천과 운용으로 나누어 정리한 표이다. 현금흐름표의 기초 자료가 되는 것은 재무상태표, 포괄손익계산서, 이익잉여금 처분계산서 등의 여러 가지 재무제표인데 이들을 서로 연결시켜 주는 것이 현금흐름표이므로 이것은 증권분석의 유용한 자료로서 점차 높아지고 있다.

증권분석에 있어서 현금흐름표로부터 얻을 수 있는 정보로는 이익의 사용처, 배당금 지급이 많거나 적은 원인, 당해기간 중 순손실이 발생하였음에도 불구하고 배당금이 지급된 경위, 유동자산이 감소하고 순이익이 증가한 이유, 기업설비자금의 조달처, 채무상환방법, 순운전자본의 조달방법 등이 있으며, 또한 현금흐름표는 영업할당으로 인한 현금흐름, 투자활동으로 인한 현금흐름, 재무활동으로 인한 현금흐름으로 구분하여 표시하고 있다.

영업활동이란 손익활동을 의미하는 것으로 유입액은 수익의 발생거래에서 유입되는 현금을 뜻하며 유출액은 비용의 발생거래로 유출되는 현금을 뜻한다.

투자활동이란 자산의 증감활동을 의미하는 것으로 유입액은 현금 이외 자산의 감소거래에서 유입되는 현금을, 유출액은 현금 외 자산의 증가거래로 유출되는 현금을 각각 뜻한다.

재무활동이란 부채나 자본의 증감활동을 의미하는 것으로서 유입액은 부채나

〈표 5-5〉 P기업 요약 현금흐름표

(단위 : 억원)

항 목	20××.12	20××.12	20××.12
영업활동현금흐름	49,555	53,064	40,245
투자활동현금흐름	−33,361	−32,933	−30,971
재무활동현금흐름	−17,048	−19,703	−6,647
순현금흐름	−855	429	2,628

자본의 증가거래에서 유입되는 현금을 유출액은 부채나 자본의 감소거래로 유출되는 현금을 뜻하며, <표 5−5>는 P기업의 요약 현금흐름표이다.

2) 재무제표 분석방법

기업의 재무제표를 입수하고 이들을 살펴봄으로써 기업의 개괄적인 경영상태를 알 수 있으나 전반적인 경영상황과 문제점 등을 상호관련지어 파악하기 곤란하다. 재무제표분석은 이러한 문제점을 해결하고 기업을 세밀히 관찰하기 위하여 여러 가지 분석기법을 사용해서 기업의 재무상태와 경영성과를 분석하는 것이다. 일반적으로 재무제표분석이 중심이 되고 있는 경영분석은 그 분석 주체에 따라 첫째 경영 내부에서 경영의 관리·통제를 능률적으로 하기 위해서 실시하는 경영분석, 둘째 금융기관 등의 여신자의 입장에서 행하게 되는 신용분석, 셋째 투자자 또는 증권분석가에 의해 증권의 가치판단을 위해 실시되는 투자분석 등으로 나눌 수 있다. 증권분석상의 양적분석에 해당되는 재무제표분석은 셋째의 입장, 즉 투자분석이다.

재무제표의 분석방법은 실수법과 비율법으로 나눌 수 있고, 비율법은 관계비율법, 구성비율법, 표준비율법 및 지수법 등으로 구분할 수 있다.

실수법은 시간의 변화에 따른 경영상황의 변동을 파악하기 위한 방법으로 비교재무상태표와 비교포괄손익계산서 등을 작성하여 기업의 재무상태나 경영성과의 변동 상황을 파악하는 방법이다. 비교재무상태표와 비교포괄손익계산서는 비교하고자 하는 연도의 재무제표 수치에서 기준년도의 재무제표 수치를 차감해서 작성한다.

관계비율법은 재무제표의 각 항목간의 관계를 나타내는 비율을 사용하는 방법으로서 비교적 일반화된 경영분석방법이다. 관계비율에는 총자본이익률, 매출액이익률, 유동비율, 부채비율 등이 있다.

구성비율법이란 자산 또는 매출액을 100으로 놓고 각 구성항목이 차지하는 비율을 표시하는 방법이다. 이 방법은 기업의 재무상태표와 포괄손익계산서의 각 항목의 구성내용을 한눈으로 볼 수 있기 때문에 실수로 분석하는 것보다 편리하며 과거의 구성비율과 비교하여 보면 재무제표 각 구성항목의 변동추세를 쉽게 알 수 있을 뿐만 아니라 다른 기업과의 비교도 가능하다.

표준비율법은 재무제표로부터 산출한 경영분석비율을 표준비율과 비교해 봄으로써 경영상태를 판단하는 방법이다. 주로 이용되는 표준비율로는 동업타사의 평균비율, 과거 수년 동안의 당해 기업 평균비율 또는 달성하고자 하는 목표비율 등이 있고 이밖에도 유동비율은 200% 이상, 자기자본비율은 50% 이상 등과 같이 경험적으로 바람직하다고 알려진 표준비율도 있다.

지수법은 개별적인 관계비율로서는 회사의 경영상태를 종합적으로 판단할 수 없으므로 각 관계비율의 중요도에 따라 가중치를 적용해서 경영상태를 판단하는데 기준이 될 하나의 지수를 만들어 판단하는 방법이다. 이때 가중치는 판단하는 사람의 입장에 따라 다르게 적용될 수도 있다.

기업의 경영상태를 파악하기 위해서는 수익성, 안정성, 활동성, 성장성으로 나누어 경영상황을 분석·검토해 보는 것이 투자의사결정에 도움이 된다. 이때의 비율은 수익성비율, 안정성비율, 활동성비율 및 성장성비율 등으로 분류할 수 있다.

3) 수익성 분석

기업의 수익성 분석은 기업의 경영성과 및 이익창출 능력을 측정하는 것으로서 대부분의 수익성비율의 경우 분자에는 이익항목이 분모에는 투하된 자산 또는 매출액이 사용되는데 이는 생산, 판매 등의 활동을 통하여 자산을 얼마나 효율적으로 사용하였는가를 측정한다. 특히 수익성비율은 높을수록 양호하다.

높은 수익성은 고율의 배당, 재투자를 통한 기업규모 확대, 임금인상 등을 가능하게 한다. 따라서 수익성 지표는 경영자, 주주, 채권자, 종업원, 세무당국 등 이해관계자들의 의사결정시 중요한 정보로 활용된다.

수익성분석은 손익계산서의 회계적 이익에 기초하므로 기업의 실질적인 현금흐름에 관한 정보가 누락되어 있다. 즉, 손익계산서상의 당기순이익이 큰 경우에도 일시적인 유동성의 부족으로 흑자도산이 발생할 수 있으므로 단기지급능력을 나타내는 유동성 및 현금흐름분석을 병행할 필요가 있다.

(1) 총자본이익률

총자본이익률은 기업의 자본이 얼마나 효율적으로 운용되고 있는가를 측정하는 것으로서 당기순이익을 총자본으로 나눈 것이다.

$$총자본이익률 = \frac{당기순이익}{총자본} \times 100(\%)$$

위의 공식은 다음과 같이 바꿀 수 있다.

$$총자본이익률 = \frac{순이익}{총자본} = \frac{순이익}{매출액} \times \frac{매출액}{총자본} = 매출액순이익률 \times 총자본회전율$$

즉, 총자본이익률은 매출액 순이익율과 총자본회전율의 변화에 의하여 증감한다. 이 비율은 수익성의 변화요인분석에 이용되는데 총자본이익률이 상승하는 원인으로는 매출액이익률이 상승하는 경우, 총자본회전율이 상승하는 경우, 두 가지가 동시에 상승하는 경우를 생각할 수 있고 총자본이익률이 낮아지는 원인으로는 반대의 경우를 생각할 수 있다.

총자본이익률을 계산하는 식의 분모인 총자본 대신에 자기자본 또는 납입자본을 이용함으로써 자기자본과 납입자본의 효율성을 측정할 수 있다.

(2) 매출액 경상이익률

매출액 경상이익률은 경상이익을 매출액으로 나눈 것으로서 매출액 규모에 대한 경상이익의 상대적 크기를 나타낸다.

$$매출액경상이익률 = \frac{경상이익}{매출액} \times 100(\%)$$

이 비율은 경영활동의 성과를 총괄적으로 파악하는 지표로서 기업의 이익변화가 매출 마진의 변화에 의한 것인지 아니면 매출액의 변동에 따른 것인지를 파악하는데 유용하다.

매출액 경상이익률을 계산하는 식의 분자인 경상이익 대신에 매출총이익, 영업이익 또는 당기순이익을 사용함으로써 이익의 증감 원인이 영업에 의한 것인지 또는 영업외수지나 특별손익의 변화에 의한 것인지를 파악할 수 있다.

(3) 금융비용 대 매출액 비율

이 비율은 금융비용을 매출액으로 나눈 비율로서 금융비용이 매출액에서 차지하는 비중을 표시한다. 증권분석에 있어 금리변동에 따른 기업수지의 변화 및 불황저항력을 측정하는 지표로 이용된다.

$$\text{금융비용대매출액 비율} = \frac{\text{금융비용}}{\text{매출액}} \times 100(\%)$$

(4) 주당순이익

주당순이익은 증권분석 시 많이 이용되는 비율로서 당기순이익을 가중평균주식수로 나눈 수치이다. 규모가 다른 기업의 수익성을 비교할 때에는 이익의 절대적 규모만으로는 불가능하기 때문에 주당순이익으로 수익성을 평가한다.

$$\text{주당순이익} = \frac{\text{당기순이익}}{\text{가중평균주식수}}$$

주당순이익은 기업의 수익성을 분석하는 중요한 수치로서 이익예측에 이용될 뿐만 아니라 주가수익비율 계산의 기초가 된다.

기업이 여러 종류의 주식을 발행한 경우에는 주당순이익도 구분하여 계산할 수 있다. 즉 보통주 1주당 순이익은 당기순이익에서 우선주 배당금을 차감하여 계산하고 분모의 가중평균 주식수도 우선주식수를 뺀 가중평균 보통주식수로 계산한다. 또한 전환증권이나 주식 옵션, 기타 희석화증권이 자본에 포함되어 있다면 보통주의 주당순이익과 완전 희석화 주당순이익으로 구분하여 사용해야 한다.

[그림 5-7] 순이익증가와 주가(M기업)

[그림 5-7]은 M기업의 당기순이익이 20××년 148.4억원, 20××년 209.9억원, 20××년 264.7억원으로 당기순이익의 증가에 따른 주가추이를 보여 주고 있다.

(5) 배당비율

배당비율은 당기순이익에 대한 현금 배당액의 비율이다. 이 비율은 배당금 지급능력을 나타내는 지표로서 이 비율이 높을수록 배당금 지급여력이 많고 낮을수록 배당여력은 적다. 기업의 배당률은 장기에 걸쳐 큰 변화가 없는 경우가 많으므로 주당순이익이 추정된 후에 예상배당금을 산정하는데 유용하다.

$$배당비율 = \frac{현금배당}{당기순이익} \times 100(\%)$$

4) 안정성 분석

정상적인 영업활동을 통하여 적정성장과 순이익을 실현하면서 장기채무상환을 무리 없이 이행할 수 있는지 여부를 측정하는 지표이다. 기업이 타인자본에 크게 의존하여 성장을 추구하다 보면 재무구조가 부실해져 경영위험을 초래할 가능성이 높아지는 반면에 재무구조의 안전성과 단기유동성의 확보를 지나치게 강조하면 더 높은 수익창출을 위한 투자기회가 상실되기 때문에 경영자는 성장을 무리 없이 추진할 정도의 재무안정성을 유지하는 것이 중요하다.

장기 안정성의 적정성에 대한 판단은 기업의 소유자로부터 조달된 자기자본에 대하여 채권자로부터 조달된 타인자본 비중이 어느 정도인가를 나타내는 레버리지비율로 측정한다. 이러한 레버리지비율 중 가장 대표적인 비율로는 부채비율, 자기자본비율이 있으며 자금운용 측면에서 자본의 고정화 정도를 측정하기 위해서는 고정비율 및 고정장기적합률이 이용되고 있다.

(1) 유동비율

유동비율은 유동자산을 유동부채로 나눈 비율로서 기업의 단기 채무지급능력, 즉 유동성을 측정하는 대표적인 비율이다.

$$\text{유동비율} = \frac{\text{유동자산}}{\text{유동부채}} \times 100(\%)$$

이 비율이 높을수록 기업의 지급능력은 양호하다고 할 수 있는데 일반적으로 200% 이상이면 이상적인 수준이라고 본다. 유동비율의 표준비율은 산업과 기업의 형태에 따라 다르고 또 유동자산의 주요항목인 매출채권과 재고자산의 내용이 문제가 되므로 이에 주의해야 한다. 즉, 업종별로 백화점이나 전력, 가스 등은 성질상 재고자산이 적으므로 유동비율이 낮고 의약품, 기계, 조선 등은 유동비율이 높은 경우가 많다. 또한 외상매출금의 내용이 부실한 경우와 재고자산의 내용이 부실할 때에는 유동비율이 200% 이상이라 할지라도 기업의 단기채무 지급능력이 양호하다고 볼 수 없다. 따라서 기업의 단기채무 지급능력을 평가할 때 유동성 비율의 다른 비율인 당좌비율도 동시에 검토해 볼 필요가 있다. 왜냐하면 재고자산은 유동자산 중에서도 유동성이 가장 낮은 항목이므로 매각시에 손실이 발생할 우려가 있을 뿐만 아니라 그것의 평가에 있어서도 주관적 요소가 작용하기 때문이다. 당좌자산이란 현금, 유가증권 및 순 매출채권액을 말하는데 이들은 모두 쉽게 현금화될 수 있는 자산들이다.

(2) 부채비율

부채비율은 자본구성의 건전성 여부를 판단하는 대표적인 지표로서 타인자본을 자기자본으로 나눈 비율이다. 일반적으로 100% 이하를 표준비율로 보고 있으나 업종에 따라 차이가 있다. 채권자의 입장에서는 위험요인 때문에 부채비율이 가급적 낮게 되기를 바라지만 기업가의 입장에서는 자본이익률이 이자율을 상회하면 가능한 한 타인자본, 즉 부채를 더욱 많이 이용하려고 하기 때문에 채권자와 경영자의 이해가 상반될 수 있는 일종의 상대적 비율이다. 따라서 경영분석에 있어서는 부채비율 이외에 유동부채비율과 자기자본 구성비율 등을 아울러 관찰해야 한다.

$$\text{부채비율} = \frac{\text{타인자본(부채총계)}}{\text{자기자본(자본총계)}} \times 100(\%)$$

(3) 고정비율

고정비율은 자기자본이 고정자산에 어느 정도 투입되어 운용되고 있는가를 보는 비율로서 자본배분의 효율성을 판단하는 대표적인 비율이다. 고정비율의 산식은 고정자산을 자기자본으로 나누어 계산한다. 이 비율은 일반적으로 100% 이하를 양호한 상태로 보고 있으나 산업에 따라 커다란 차이가 있다. 즉 석유화학, 철강 등의 장치산업에서는 고정비율이 높은 반면, 도소매, 금융과 같은 서비스업에서는 낮은 현상을 보이고 있다.

$$\text{고정비율} = \frac{\text{고정자산}}{\text{자기자본}} \times 100(\%)$$

그러나 자본집약적 산업에서는 자기자본만으로 고정자산에 투자한다는 것은 사실상 불가능하다. 따라서 부족한 자금은 외부로부터 차입해야 하는데 이때에는 상환기간이 1년 이상인 장기부채가 안전하고 기업경영에 유리하므로 고정비율의 보조지표로서 고정장기적합률을 이용한다.

$$고정장기적합률 = \frac{고정자산}{자기자본 + 장기부채} \times 100(\%)$$

(4) 주당현금흐름

주당현금흐름이란 당기순이익에 감가상각비와 같은 현금지출이 없는 비용을 더하여 이를 발행주식수로 나눈 것으로 영업활동에 의하여 얻어진 1주당 자금의 양을 말한다. 기업의 부채상환, 설비확충 및 대체를 위한 자금조달능력을 측정하는 지표로 이용된다.

$$주당현금흐름 = \frac{당기순이익 + 현금지출이\ 없는\ 비용}{발행주식총수}$$

(5) 유보율

잉여금을 합한 금액을 납입자본금으로 나눈 비율로서 기업의 설비확장 또는 재무구조의 안정성을 위해서 어느 정도의 사내 유보가 되어 있는가를 나타내는 지표이다. 이 비율이 높을수록 불황에 대한 기업의 적응력이 높다고 볼 수 있고 또한 무상증자의 가능성을 측정하는 유용한 지표로 이용된다.

$$유보율 = \frac{잉여금(=자본잉여금 + 이익잉여금) - 사외유출금}{납입자본금} \times 100(\%)$$

5) 활동성 분석

활동성이란 자본 또는 자산의 활용도를 측정하기 위한 것으로서 회전율 또는 회전기간으로 표시된다. 기업은 수익증대를 목적으로 투입된 자본을 끊임없이 회전시키는데 이러한 기업 활동의 성과는 궁극적으로 매출액으로 표시된다. 따라서 회전율을 측정하는 기본항목은 매출액이며 매출액과 각 자산·자본항목에 대한 회전배수로서 기업의 활동성을 판단하게 된다. 활동성분석을 통해 영업활동이 단계별로 자금이 고정화되어 있는 정도와 자금의 회수기간 등에 대한 평가가 가능하다. 회전율의 역수를 취하여 365일을 곱하면 판매액의 회수기간 또는 특정자산이 현금화되는 속도를 측정할 수 있다.

기업의 활동성에 관한 정보는 다른 평가기준과 상충관계에 있을 수 있다. 예를 들어 기업이 시장점유의 확대를 위해 저가판매를 통한 판촉전략을 채택하는 경우 판매이익률은 하락하는 반면 회전율은 높아지게 된다.

또한 경기가 호전되고 있음에도 투자가 부진하면 활동성지표는 높게 나타나는 반면 미래의 이익확대 기회가 상실될 수도 있다. 그러므로 활동성분석 결과를 판단하는데 있어서는 수익성과 성장성에 대한 평가를 동시에 고려하는 것이 효과적이다.

(1) 총자본회전율

이 비율은 총자본이 1년 동안 몇 번 회전했는가를 나타내는 비율로서 기업이 얼마나 총자본을 능률적으로 활용했는가를 나타내는 지표로 활용된다. 앞에서 본 바와 같이 총자본이익률은 매출액이익률과 총자본회전율을 곱한 것으로 표현될 수 있으므로 이는 기업의 수익성 비율과도 밀접한 관련을 가지고 있다. 이 비율이 높으면 자기자본회전율과 고정자산회전율도 높은 것이 보통이며 이 비율이 낮으면 과다투자나 비효율적 투자를 하고 있다는 것을 의미한다.

$$총자본회전율 = \frac{매출액}{총자본}(회)$$

(2) 재고자산회전율

재고자산회전율은 재고자산이 얼마나 빨리 판매되는가를 나타낸다. 재고자산 수준의 과부족을 판단하는 비율로서 이 비율이 높을수록 자본이익률이 높아지고 매입채무가 감소하는 등 기업경영을 잘 하는 것으로 보면 된다. 반면 이 비율이 낮다는 것은 매출액에 비해 과도한 재고자산을 보유하고 있다는 것을 의미한다.

$$재고자산회전율 = \frac{매출액}{재고자산}(회)$$

6) 성장성 분석

기업의 외형이나 수익측면에서 상대적 지위가 얼마나 향상되고 있는지를 나타내는 비율이며 미래의 성장 잠재력에 관한 정보를 줄 수 있는 것으로 일반적으로 증가율로 측정하고 있다. 성장성을 측정하는 대표적인 지표로서 매출액 증가율 등이 있으며, 성장성을 분석 하고자 할 때는 다음과 같은 점에 유의하여야 한다. 첫째, 인플레이션이 심한 기간에는 명목성장률이 실질성장률보다 매우 높게 나타나므로 실질성장률에 의한 비교가 필요하다. 실질성장률은 재무제표 각 항목의 가치를 불변가치로 바꾸어 산출할 수 있다.

둘째, 일반적으로 높은 성장성은 미래의 수익창출능력을 향상시킬 것으로 기대되지만 무분별한 성장전략은 재무구조와 수익성을 약화시켜 일시적인 유동성 부족으로 기업을 지급불능위험에 처하게 할 수도 있으므로 현금흐름분석을 포함한 유동성분석과 수익성분석이 병행되는 것이 바람직하다. 셋째, 성장성 분석시 성장률 자체의 측정뿐만 아니라 제품 및 산업의 특성, 산업내의 경쟁구조 등 성장률에 영향을 주는 질적 요인에 대한 분석도 아울러 실시하는 것이 유용하다.

(1) 매출액증가율

매출액증가율은 전년도 매출실적에 대한 당해 연도 매출액의 증가율로서 표시된다. 기업의 매출액은 정상적인 영업활동에서 계속적으로 발생하는 영업수익이므로 이 지표는 기업의 신장세를 판단하는 주요지표로 이용되고 있다.

$$\text{매출액증가율} = \left(\frac{\text{당기매출액}}{\text{전기매출액}} - 1\right) \times 100(\%)$$

(2) 총자본증가율

기업에 투하되어 운용되고 있는 총자본이 당해 연도에 얼마나 증가했는가를 표시하는 비율로서 기업의 전체적인 성장규모를 측정하는 지표이다.

$$\text{총자본증가율} = \left(\frac{\text{금기말총자본}}{\text{전기말총자본}} - 1\right) \times 100(\%)$$

(3) 순이익증가율

경상이익에서 당기의 영업활동과 관계없이 비경상적으로 발생하는 특별손익을 가감하여 산출한 순이익의 증가를 나타내는 지표로서 성장성 분석에 있어서 가장 관심이 많은 비율이다.

$$순이익증가율=\left(\frac{금기말당기순이익}{전기말당기순이익}-1\right)\times 100\%$$

7) 비율분석의 유용성과 한계점

이상에서 살펴본 비율분석은 간단하고 이해하기 쉬우므로 비교적 쉽게 사용할 수 있고 또한 이미 작성된 재무제표를 사용함으로써 시간과 경비를 절약할 수 있는 이점이 된다.

그러나 비율분석은 다음과 같은 한계를 가지고 있다.

① 재무제표분석의 기본목적이 기업의 미래이익을 예측하기 위한 것인데 비해 비율분석은 과거의 회계정보에 의존하고 있다는 점이다.

② 재무제표가 일정시점이나 일정기간을 중심으로 작성되어 있어 회계기간 동안의 계절적 변화를 나타내지 못하고 결산기가 다른 기업과 상호 비교하기가 곤란하다는 점이다.

③ 합리적 경영을 하고 있는 같은 산업에 속하는 기업들 사이에도 경영방침이나 기업의 성격에 따라 재무비율에 큰 차이가 있다는 점이다.

④ 표준비율의 설정에 어려움이 있다는 점이다.

⑤ 비율 상호간에 연관성이 없으며 종합적인 결론을 내릴 수 없다 는 점 등의 제약요인이 있다.

따라서 이러한 한계를 보완하고 비율분석을 보다 효과적으로 이용하기 위해서는 구성비율법, 표준비율법, 추세분석 또는 지수법을 이용하여 기업경영에 대한 종합적인 평가를 할 필요가 있다. 즉 구성비율법을 사용하여 자산규모가 다른 기업과의 상호비교에서 생기는 문제점을 제거하고 표준비율을 이용하여 같은 업종의 평균비율과 비교하여 당해 기업의 경영상태를 타 기업과 상호 비교할 수 있다.

연 습 문 제

1. 기본적 분석의 의의를 설명하시오.
2. 기본적 분석의 체계를 설명하시오.
3. 질적분석과 양적분석을 설명하시오.
4. 경제분석의 의의를 설명하시오.
5. 경기변동과 주가와의 관계를 설명하시오.
6. 금리와 주가와의 관계를 설명하시오.
7. 산업분석의 의의를 설명하시오.
8. 경기순환과 산업과의 관계를 설명하시오.
9. 산업의 라이프싸이클을 설명하시오.
10. 주식 사이클 4국면을 설명하시오.
11. 기업분석의 의의를 설명하시오.
12. 수익성분석을 설명하시오.
13. 안정성 분석을 설명하시오.
14. 활동성 분석을 설명하시오.
15. 성장성 분석을 설명하시오.

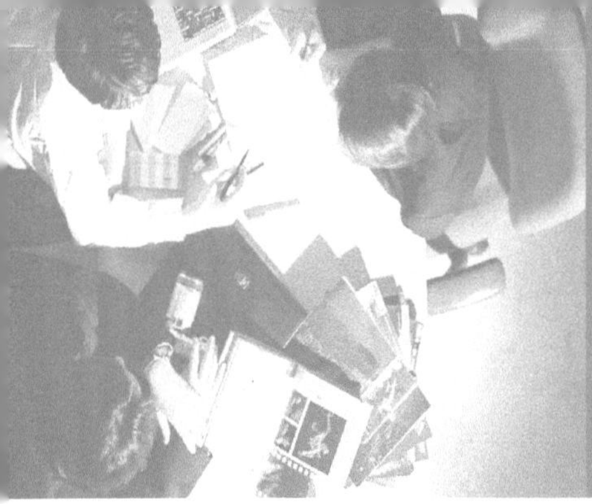

제6장 주식의 내재가치분석

제1절 기업가치분석의 의의

주가배수모형은 주가배수를 사용하여 주식의 내재가치를 추정하거나 특정주식의 주가를 비교대상의 기준이 되는 주가배수와 비교하여, 투자대상의 주식이 과대평가되어 있는지 아니면 과소평가되어 있는지 분석하여 투자의 유익한 정보를 제공하기 위한 주식평가모형, 이익평가모형, 배당평가모형이 있으며, 지표로서 주로 사용되는 주가배수로는 주가수익비율(price－earnings ratio : PER), 주가장부가치배율(price－book value ratio : PBR), 주가매출액비율(price sales ratio : PSR), 주가현금흐름(price cash flow ratio : PCR) 주가수익성장률(price earnings to growth ratio : PEGR), EVA등이 있다.

제2절 기본적 주식평가모형

주식의 투자수익은 배당과 매매차익의 두 가지로 구성되어 있다. 그런데 이들 수익은 현재의 시점에서 현금화된 수익이 아니라 미래에 실현되는 수익이므로 화폐의 시간적 가치개념을 도입하여 미래수익을 현재 가치화 할 필요가 있다.

미래의 불확실한 수익을 현재가치화 시키는 주식평가 방법에는 현재가치법과 자본 환원법(주가 수익율법)을 중시하고 있다.

1. 현재가치법

투자자가 주식을 매입하여 보유하고 있다가 매각할 때 그가 얻는 총수익은 보유기간 중에 받은 배당금과 매입·매도시의 가격변동에 따른 매매차익의 두 가지이다. 현재가치 법은 미래의 수익, 즉 배당금과 매매차익을 현재가치화 시키는 방법이다. 만약 1년 후에 주식을 매도하는 경우의 현재가치는 다음과 같다.

$$P_0 = \frac{D}{1+k} + \frac{P_1}{1+k}$$

여기서, P_0 : 현재가치, D : 배당금, P_1 : 매도가격, k : 할인율

여기에서 할인율(k)은 투자자가 받기를 바라는 요구투자수익률 또는 예상투자수익률과 같은 개념이라고 할 수 있다. 왜냐하면 주식의 투자 수익은 정기예금의 이자 수입이나 채권이자의 수입과 같은 확정 이자부수입이 아니라 불확정 수익이기 때문에 공금리보다 높은수익, 즉 공금리 $+\alpha$라고 할 수 있으며 이는 개인에 따라 다를 수 있다. 그러나 주식시장 전체의 α는 대체적으로 같게 형성된다고 보아야 하는데 이는 주가 형성기능으로 설명 되어질 수 있다.

현재가치법의 간단한 예를 들어보면, A주식을 1주당 33,000원에 매입하여 1년간 보유해서 배당금으로 650원을 받고 요구투자수익률은 연 20%라고 하면 이 주가가 얼마이면 주식을 팔 수 있는가의 계산을 다음과 같다.

$$33{,}000\text{원} = \frac{650}{(1+.020)} + \frac{P_1}{(1+0.20)}, \quad P_1 = 38{,}950\text{원}$$

현재가치 법에 의한 주식평가모형을 일반화시키면 다음과 같다

$$P_0 = \frac{D_1}{(1+k)} + \frac{D_2}{(1+k)^2} + \ldots + \frac{D_n}{(1+k)^n} + \frac{P_n}{(1+k)^n}$$

위의 식을 계속기업의 가정에 따라 $n \to \infty$로 하고 이익성장률을 g, 지급될 배당금을 D로 두고, 무한등비급수의 합을 나타내는 식을 일반화하면 아래와 같이

된다.

$P_0 = \frac{D}{k-g}$ 이고, 이 공식이 말하는 것은 주가란 할인율에서 이익증가율을 차감한 숫자로써 배당금을 나눈 금액과 동일해야 한다는 것이다. 이 식의 예를 들어 설명하면 다음과 같다.

예를 들면, B회사의 주당배당금이 500원이고 할인율(요구 투자수익률)이 20%, 이익증가율이 15%일 경우 B주식의 현재가치를 계산하면 다음과 같다.

공식 $P_0 = \frac{D}{k-g}$ 에 D, k, g에 해당하는 각각의 수치를 대입하면

$$P_0 = \frac{500}{0.2-0.15} = \frac{500}{0.05} = 10{,}000\text{원}$$

기업을 둘러싼 경영환경이 변할 경우 주식의 현재가치는 변하지 않을 수 없다. 위험이 고려된 할인율이라는 형태로 표현되는 요구수익률은 주식을 보유함으로써 생기는 최소의 수익률로 정의될 수 있는데 다른 조건이 일정하다면 요구수익률이 높을수록 주가는 낮아지며 요구수익률이 낮을수록 주가는 높게 된다.

위의 식으로부터 이익증가율도 주식가치에 중요한 영향을 주게 된다는 것을 알 수 있다. 즉, 이익증가율이 높을수록 주가는 높아지고 이익증가율이 낮을수록 주가는 낮아진다.

배당이 주가에 주는 영향에 대해서는 외국의 경우 세 가지의 의견이 있다. 첫째는 배당이 유보이익보다 주가에 큰 영향을 주기 때문에 배당성향이 높을수록 주가는 상승한다는 것이다. 둘째는 배당은 주가에 영향을 주지 않는다는 것이다. 셋째는 배당은 주가에 부(−)의 영향을 준다는 것이다.

2. 자본 환원법(승수법)

기본적 분석을 하는 분석가들이 주식을 평가할 때 현재가치법보다 자본 환원법(승수법)을 많이 이용하는 이유는 이익예측이 어렵고 경영여건의 변화에 따른 기업 손익의 변동이 매우 크다는 사실 때문이다.

승수란 현재의 주가를 1주당 예상이익으로 나눈 것으로서 주가 수익비율과

동일한데 이를 식으로 표현하면 다음과 같다.

$$\text{이익승수} = \text{주가수익비율} = \frac{\text{현재의시장주가}}{\text{1주당예상이익}}\ (\text{배})$$

따라서 주식의 내재가치를 구하려면 1주당 예상이익에 이익승수를 곱해주면 된다. 이익승수, 즉 주가수익비율은 기업의 위험도와 이익증가율에 영향을 받는데 이익증가율이 높으면 주가수익비율은 높아지는 경향이 있고 위험도가 높아지면 주가수익비율은 낮아지는 경향이 있다.

예를 들면 A회사 주식의 금기에 예상되는 주당이익이 1,500원이고 정상적인 주가수익비율이 12배라면 현재의 적정주가는 18,000원이라는 결론이 나온다. 만약 현재의 주가가 15,000원이라면 적정주가보다 싸게 거래된다는 것이고 현재의 주가가 20,000원이라면 정상적인 주가보다 비싸게 거래되고 있다는 것이다.

일정시점에서의 주가수익비율과 주가에 영향을 주는 특정 변수, 이를테면 이익증가율, 배당정책, 위험과의 관계 등을 나타내는 모델을 회귀분석을 이용하여 설정하고 이로부터 계산된 이론적 주가수익비율을 현실의 주가수익비율과 비교하여 이론적 주가수익비율이 현실의 주가수익비율을 상회하면 주식을 매입하고 이론적 주가수익비율이 현실의 주가수익비율을 하회하면 주식을 매도하는 방법이 잇다. 이 방법은 모델의 크기, 시기, 기업 등에 따라 크게 좌우될 수 있으므로 모델선정에 신중을 기해야 한다.

제 3 절 이익평가모형

이익평가모형(earnings valuation model)은 그 기업의 미래 주당순이익(EPS)의 기업의 현재가치의 합이 그 주식의 본질가치를 이룬다는 것이다. 따라서 주가를 결정하는 주된 요인 가운데 중시되고 있는 증권분석의 정보로서 기업의 이익과 성장률을 들 수 있다. 이 주장은 곧 주식의 가치가 기업의 수익력에 의하여 크게 좌우되기 때문에 주당순이익의 예측이 매우 중요한 의미를 갖고 있으며, 이익평가모형에서 그 기업의 본질적인 주식가치는 다음과 같은 이익평가의 기본 모형이 된다.

$$P_0 = \frac{EPS_1}{(1+k)^1} + \frac{EPS_1}{(1+k)^2} + \ldots + \frac{EPS_n}{(1+k)^n}$$
$$= \sum_{t=1}^{n} \frac{EPS_t}{(1+k)^t}$$

단, P_0 : 주식의 가치
EPS_t : t기간의 주당순이익
k : 할인율 또는 요구수익률

위식에서 매 기간의 주당 순이익이 일정 하다고 가정한다면, 배당평가모형의 무 성장모형과 같이 이익평가모형은 다음과 같이 표현 할 수 있다.

$$P_0 = \frac{EPS_1}{(1+k)^1} + \frac{EPS_1}{(1+k)^2} + \ldots + \frac{EPS_1}{(1+k)^n}$$
$$= \frac{EPS_1}{k}$$

제4절 배당평가모형

현재의 주식시장에서 거래되는 주식의 시장가격을 그 주식의 본질적인 가치 또는 내재가치와 비교할 필요가 있게 되는데 현대 투자이론에서 주식의 가치평가는 주식의 본질가치인 내재가치를 어떻게 구할 것인가에 그 분석의 초점이 맞추어져 있다. 보유기간 수익률을 결정하기 위해서는 주가의 예측과 함께 배당수익률도 예측하여야 한다. 배당예측을 위해서는 배당성향과 배당률의 과거추세를 살펴볼 필요가 있다. 배당성향은 주당배당금을 주당순이익으로 나눈 것으로서 장기에 걸쳐 일정한 수준을 유지하는 경우가 많은데, 이는 기업경영자가 향후 이익수준의 뚜렷한 신장이 예상되지 않는 한 배당성향을 올리는데 소극적이기 때문이다. 배당률은 주당배당금을 주당 액면가로 나눈 비율로서 이익이 많고 적음에 큰 관계가 없이 주주의 이익을 위하여 일정한 수준 이상의 배당률로 유지되는 경향이 있다. 이외에도 배당예측에 있어서 정기예금 금리, 동업종 내 타 기업의 배당률 등이 고려되어야 할 중요한 변수이다.

1. 주식배당의 효과와 영향

최근에 와서 상장회사들의 주식배당이 활발하게 이루어지고 있는데 주가상승에 따른 상대적 배당수익률의 저하로 배당투자의 이점이 크게 감소하고 있는 상황에서 주식배당은 배당투자의 메리트를 크게 증대시켜 주식시장에서 중요한 재료로 작용하여 주가에 큰 영향을 미치고 있다.

1) 주식배당의 효과

우리나라의 주식시장도 그동안 꾸준한 주가상승에 따라 저주가 시대를 마감하고 선진국 주식시장과 같이 고주가 시대로 접어들었다. 고주가 시대에 있어서 주식배당의 효과는 주주들에 대한 기업수익의 환원이라는 측면에서 현금이 아닌 주식으로 배당함에 따른 효과와 기업의 현금유출을 방지함에 따른 효과의 두 가지로 나누어 볼 수 있다.

우선 기업의 입장에서 보면 현금의 사외유출을 방지함으로써 기업의 재무구조가 개선되고 자본증가로 회사의 담보력과 신용을 제고시킬 수 있으며 유통주식수의 증가로 시장성을 제고시켜 주가의 적정수준을 유지할 수 있다.

한편 주주의 입장에서 보면 주식의 시가와 액면가의 차이로 배당금이 실질적으로 늘어나는 효과가 있으며 미래의 이익이 현재보다 증가할 것이라는 신호로 해석이 가능하여 주가를 상승시켜 주주의 자산을 증대시키는 효과가 있다.

2) 주식배당의 영향

주식배당은 기업이나 주주에게 대체로 긍정적인 효과를 가져다주지만 증시에 미치는 영향은 다양하게 나타난다.

주가에 미치는 영향을 살펴보면

첫째, 주식배당이 기대되는 종목은 고율의 배당수익률에 대한 기대감으로 배당락 이전에는 호재로 작용하지만 배당락 이후에는 주식배당의 기대가 소멸되어 악재로 작용할 수 있다.

둘째, 주식 배당률이 높을수록 이론적 배당락 수준보다 실제 배당락이 작은 폭으로 이루어지는 경향이 있는데 주주총회의 배당결의에서 주식배당이 아닌 현금배당이 결정되거나 주식 배당률이 기대했던 것과 차이가 크게 날 경우, 추가적인 주가하락이나 상승현상이 나타나게 된다.

셋째, 투자패턴의 변화가 나타나는데 고가주 기피현상이 해소되고, 유보율(이익잉여금)이 높은 기업에 대한 관심이 증대되어 기업내재가치에 대한 재평가가 활발히 이루어지게 된다.

2. 배당평가모형

배당평가모형(dividend discount model)은 미래배당의 크기와 적절한 할인율이 주어졌다고 가정하고 주식가치를 평가하는 모형으로 주식을 평가하는데 가장 자주 이용되는 평가모형이다. 배당평가모형은 주주가 주식을 보유하는 미래의 기간 동안에 받을 것으로 기대되는 각 기간별 배당금의 현재가치의 합이 그 주식의 본질가치를 이룬다는 개념에서 출발한다. 어떤 투자자가 주식을 팔았을 때 받게 되는 주식매각대금이다. 어떤 투자자가 주식을 1년만 보유하고 1년 후에는 매도한다고 할 때 주식가치 P_0는 다음과 같다.

$$P_0 = \frac{D_1}{(1+k)} + \frac{P_1}{(1+k)}$$

단, D_1 : 1년말의 예상배당금
P_1 : 1년말의 예상주식가격
k : 할인율

여기서 할인율 k는 주식의 자본비용이라 하며, 위험수준이 같은 다른 주식에 투자했을 때 얻을 수 있는 기대 수익률로 해석한다. 할인율 k는 주시의 미래수익이 확실한 경우라면 무위험 수익률과 같게 되고, 미래 수익이 불확실하다면 무 위험수익률은 보다 커야 할 것이다. 이때 할인율은 CAPM에서 얻어지는 개별 주식의 기대수익률을 사용할 수 있다.

같은 방법으로 1년 후의 예상주가(P_1)는 2년말의 배당금(D_2)과 2년말의 예상주가(P_2)에 의하여 결정된다. 따라서 1년 후 주식을 사서 1년만 보유하고 1년 후에 매도하면 주식의 가치 P_1은 2년 후의 예상현금흐름을 할인한 값이다.

$$P_1 = \frac{D_2}{(1+k)} + \frac{P_2}{(1+k)}$$

앞의 식을 위의 식에 대입하면 현재의 주식가치는 다음과 같다.

$$P_0 = \frac{D_1}{(1+k)} + \frac{D_2}{(1+k)^2} + \frac{P_2}{(1+k)^2}$$

같은 방법으로 P_2는 3년 말 현금흐름을 할인한 값이 된다. 이를 다른 식에 대입하면 다음과 같은 배당평가의 일반적인 모형인 현재의 주식가치 계산식을 얻을 수 있다.

$$P_0 = \frac{D_1}{(1+k)} + \frac{D_2}{(1+k)^2} + \frac{D_3}{(1+k)^3} + \ldots + \frac{D_\infty}{(1+k)^\infty}$$

3. 무성장모형

기업이 성장하지 않는다는 가정 하에 매 기간 배당이 일정하여 현재의 배당수준으로 유지 될 때 1년 후의 배당평가모형의 주식가치 P_0는 다음과 같이 구할 수 있다.

$$\begin{aligned} P_0 &= \frac{D_1}{(1+k)} + \frac{D_1}{(1+k)^2} + \frac{D_1}{(1+k)^3} + \ldots + \frac{D_1}{(1+k)^\infty} \\ &= \frac{D_1}{k} \end{aligned}$$

4. 항상성장모형

만약 주식에 대한 배당금이 매년 일정한 비율 g 로 성장한다고 가정 한다면 이 주식에 대한 각 년도말의 배당금은 다음과 같이 나타낼 수 있다.

$$P_0 = \frac{D_1}{(1+k)} + \frac{D_{1(1+g)}}{(1+k)^2} + D_1\frac{(1+g)^2}{(1+k)^3} + \ldots + \frac{D_1}{k-g}$$

제 5 절 상대가치 평가법에 의한 내재가치분석

1. 주가수익비율

주가수익비율(PER)은 주가를 1주당 순이익으로 나눔으로써 주가가 1주당 순이익의 몇 배인가를 나타내는 지표로서 투자판단의 주요 지표로 사용되고 있으며 P/E비율이라고 한다. 일반적으로 주가지표로서는 주가지수, 주가평균, 배당수익률, 주가수익비율 등이 주로 이용되는데 이중에서 주가지수와 주가평균이 주가 그 자체의 변동과 수준에 관한 지표인데 비해 배당수익률과 주가수익비율은 기업의 배당과 이익에 관련된 주가수준을 나타내는 지표이다.

주가수익비율에 연속성을 부여하기 위해 증자나 액면분할 등으로 주식 수에 변화가 있을 때에는 최초의 권리락 가격 형성일에 1주당 이익금을 수정하며 반기 주가수익비율은 반기보고서에 의하여 작성된 자료를 토대로 전기와 비교가 용이하도록 연율로 환산하여 발표하고 있다.

$$PER = 주가/주당순이익$$

1주당 세후순이익은 다음과 같이 산출한다.

1) 당기순이익은 CPA 수정 후 이익을 기준으로 한다.
2) 총 발행주식수는 보통주로 한다.
3) 우선주 배당금은 원칙적으로 당기순이익에서 차감한다.

주가수익비율은 미국에서 발달한 개념이지만 자본시장의 국제화가 진전됨에 따라 세계적으로 널리 이용되고 있다.

2. 주가순자산배율

주가순자산배율(PBR)은 주가를 1주당 순자산으로 나누어 계산한다.

$$\text{주가순자산배율} = \frac{\text{주가}}{\text{주당순자산}} = \frac{\text{주당이익}}{\text{주당순자산}} \times \frac{\text{주가}}{\text{주당이익}}$$

$$= \text{자기자본이익율}(ROE) \times \text{주가수익배율}(PER)(\text{배})$$

이 식에서 주가는 일정시점의 주가를 사용하고 1주당 순자산은 직전 결산기의 순자산액을 사용하는데 순자산이란 대차대조표의 자산에서 부채를 차감하여 계산한다. 1주당 순자산은 회사가 해산될 때 주주에게 분배되어지는 금액을 의미하지만 기업회계에서는 자산재평가의 경우를 제외하고는 취득원가에 의해 계상되므로 실질순자산은 인플레 등으로 인해 회계 상의 순자산을 상회하는 경우가 많다.

주가수익비율이 기업의 수익성 측면에서 주가를 판단하는 척도인데 비해 주가순자산배율은 재무상태 면에서 주가를 판단하는 척도라 할 수 있다. 일반적으로 기업의 순자산의 많다는 것은 재무내용이 양호하다는 것을 나타내기 때문에 주가순자산배율은 재무내용에 비해 주가가 어느 정도의 수준에 있는가를 표시한다. 따라서 이 비율이 높다는 것은 주가가 재무내용에 비해 높다는 것이고 주가순자산배율이 낮다는 것은 재무상태에 비해 주가가 상대적으로 낮게 형성되고 있다는 것을 말한다. 또한 주가순자산배율은 자기자본이익률과 주가수익비율을 곱하는 식으로 전개될 수 있다. 주가수익비율은 일정시점의 이익에 대한 주가의 비율을 구한 것이며 자기자본이익률은 기업의 수익성을 측정한 것으로 이 두 가지의 내용을 합한 것이 주가순자산배율이라고 할 수 있다. 그러므로 주가순자산배율은 회사의 성장성과 수익성을 합쳐서 주가를 평가하는 척도라고 볼 수 있다.

3. 주가현금흐름비율

주가현금흐름비율(PCR)은 주가를 1주당 현금흐름으로 나눈 값인데 현금흐름은 당기 순이익에 감가상각비, 외환 및 유가증권 평가차손 등 현금지출이 없었던 비용을 더하고 외환 및 유가증권 평가차익 등 현금 유입이 없었던 수익을 차감하여 계산한다.

여기에서, 현금흐름이란 영업활동의 결과로 기업에 실질적으로 유입된 자금의 규모를 나타내므로 당기순이익과 함께 기업의 영업성과를 판단하는 중요한 기준이 된다. 따라서 주가현금흐름비율은 주가수익비율의 보조지표로 이용할 수 있는데 주가수익비율이 높은 경우에도 주가현금흐름비율이 낮다면 해당주식에 대한 주가의 과대평가 우려는 그만큼 낮아진다고 할 수 있다.

PCR = 주가/주당현금흐름

4. 주가매출액비율

주가매출액비율(PSR)은 주가를 1주당 매출액으로 나누어 계산되며 주가수익비율의 보조지표로서 이용할 수 있다. 주가수익비율을 산정함에 있어서 1주당 당기순이익이 마이너스(−)일 경우 또는 이상적으로 크거나 작을 경우에는 주가수익비율이 계산되지 않거나 극단적인 수준으로 나타나 지표로서의 유용성이 낮아지며 당기순이익은 회계처리방법에 의해 조작될 가능성이 있다는 약점이 있다.

이에 비해 주가매출액 산출의 근거가 되는 1주당 매출액은 기업의 영업성과를 객관적으로 잘 나타내 주고 마이너스(−) 또는 극단적인 수치를 갖지 않기 때문에 주가수익비율의 약점을 상당부분 보완해 줄 수 있다. 또한 주가매출액비율은 다음과 같은 수학적 관계를 갖는다.

> 주가매출액비율 = 주가수익비율×매출액순이익률

이에는 해당기업의 주가수익비율에 매출액순이익률이 반영되어 있어 주가수익비율의 보조지표 역할을 하는데 주당매출액이 증가추세에 있거나 유사한 업체에 비하여 주당 매출액이 큰 경우에는 향후 주가의 탄력성이 상대적으로 클 것으로 기대된다.

5. 주가수익성장률

주가수익비율을 EPS의 연평균 증가률로 나눈 것이다. 일반적으로 성장성이 뛰어난 기업일수록 동지표의 수치가 1 미만으로 나타나게 되고 이수치가 낮을수록 성장성이 높다는 것이고, 주가는 성장성에 비해 저평가 되었다는 의미 이다.

제6절 EV / EBITDA 비율, EVA분석, 토빈의 Q 비율

1. EV / EBITDA 비율

EV / EBITDA(Enterprise Value/Earnings Before Interest, Tax, Depreciation and Amortization)비율은 기업의 시가총액과 순 부채를 지급이자, 세금, 감가상각비 지출 전 이익으로 나눈 값이다. 따라서 EV / EBITDA 비율은 EBITDA에 비해 기업가치가 상대적으로 어느 정도 수준을 차지하고 있는가를 비교하는 방식이다. EV / EBTDA 비율은 PER 비율과는 달리 기업이 자기자본과 타인자본을 이용하여 영업활동을 창출할 수 있는 이익의 개념으로 국가별 회사별 차이가 있는 회계상의 왜곡요인을 없애준다는 점에서 선진국에서 기업 가치를 평가할 때 주로 이용하는 적정주가 평가모델이다.

동 지표는 첫째, 차입금 등을 고려하여 기업의 실적을 계산함으로써 좀더 포괄적이라는 점이고, 둘째, 전자기업의 경우 PER을 산정하지 못함에 비해, 동 지표를 적용하면, 적자기업들도 비교가 가능하다는 점이고, 셋째, 감가상각비와 같이 실제로 유출되지 않는 현금을 포함하기 때문에 현금흐름을 분석하는 측면에서 유용하게 사용될 수 있다.

EV / EBITDA = (시가총액 + 순 부채) / EBITDA

2. EVA분석

경제적 부가가치(economic value added : EVA)는 가치창출의 체계적인 관리를 위해서 자기 자본비용까지 반영한 성과지표로서 새롭게 제시되고 있다. 이 성과지표는 기업이 자본비용보다 높은 수익률을 제공하는 사업에 투자할 때 새로운 가치가 창출될 수 있다는 개념에 근거하고 있다. 구체적으로 경제적 부가가치는 세후영업이익에서 자본비용(= 타인자본비용 + 자기자본비용)을 차감하여 추정하거나, 투하수익률과 자본비용의 차이에 투자자본을 곱하여 추정한다.

$$EVA = NOPAT - k \cdot IC$$
$$= (r - k) \cdot IC$$

단, EVA : 경제적 부가가치

$NOPAT$: 세후영업이익(net operating profit after tax)으로 영업이익에서 법인세를 차감하는 것

k : 자본비용

IC : 투하자본(invest capital)

r : 투하자본수익률

여기서 기업의 자본비용(k)은 부채비용과 자본비용을 추정한 다음 이를 자본구성비율에 따라 가중 평균하여 구한 것이다. 한편 투자자본(IC)은 본업활동과 연관된 순 운전자본, 고정자산, 기타자산을 합한 것이고, 세후영업이익은 법인세를 차감한 영업이익을 말한다. 투하자본수익률(r)은 양자를 비율로 측정한 세후투하자본 영업이익률을 말한다. 만약 기업의 투하자본수익률(r)이 자본비용(k)보다 높다면 기업가치는 창출되고 있는 것이며, 재무적 건전성도 종합적으로 볼 때 양호한 것으로 평가할 수 있다. 아울러 투하자본 수익률과 자본비용의 크기를 서로 비교하는 것은 재무적 건전도 분석에서 핵심적 부분이 된다.

3. 토빈의 큐(Q) 비율

토빈의 Q 비율은 기업자산의 현재시장가치를 그 자산의 대체비용으로 나눈 비율을 말하는데 계산방법은 다음과 같다.

$$\text{토빈의 } Q\text{비율} = \frac{\text{기업의 시장가치}}{\text{기업자산의 대체비용}}$$

여기서, 기업의 시장가치는 미래현금흐름의 현재가치, 즉 수익가치인데 구체적으로는 주식의 시가총액과 부채의 시가총액으로 추계할 수 있다. 자산의 대체비용은 수익가치를 얻기 위해 현재 필요한 투자금액, 즉 자산 가치이며 기존 중고자본의 가격 대신에 신규자본의 가격을 이용하여 추계할 수 있다.

토빈의 큐 비율은 기업의 실제 자산가치로 주가의 상대적인 고저를 판단하는 지표가 된다. 이 비율은 장기적으로는 1이 되는 것이 타당하지만 단기적으로는 괴리가 발생하게 된다. 이 비율이 1보다 클 때에는 수익가치가 자산가치보다 크므로 자본재의 가격의 상대적으로 낮아져서 투자가 촉진되고 1보다 작을 때에는 수익가치가 자산가치보다 작으므로 증권의 가격이 상대적으로 낮아 증권의 수요가 증가하게 되는데 이러한 조정과정을 거쳐서 장기 평균적으로는 1에 수렴하게 된다.

연 습 문 제

1. 기업가치분석의 의의를 설명하시오.
2. 현재가치법을 설명하시오.
3. 자본환원법이란?
4. 이익평가 모형을 설명하시오.
5. 배당평가 모형을 설명하시오.
6. 주가수익 비율을 설명하시오.
7. 주가현금흐름 비율을 설명하시오.
8. 토빈의 큐(Q) 비율을 설명하시오.
9. 주가순자산 배율을 설명하시오.
10. 주가매출액 비율을 설명하시오.
11. 주가수익 성장률을 설명하시오.
12. EVA/EBITDA 비율을 설명하시오.
13. EVA 분석을 설명하시오.

제7장 증권의 기술적 분석

제1절 기술적 분석의 개요

1. 기술적 분석의 의의

주가는 수많은 사람들의 투자활동의 결과로서 형성되는데 주가를 움직이는 요인으로는 국내외의 정치사정 및 경기동향, 통화량, 물가, 금리와 같은 거시경제변수와 기업의 수익성, 성장성, 안정성과 같은 개별기업에 관한 요인 및 투자자들의 심리상태와 같은 숫자로 표현하기 어려운 요인까지 주가 형성에 영향을 미친다.

기술적 분석가들은 이 수많은 요인을 반영한 것이 주가와 거래량이며 주가와 거래량을 분석하면 미래를 예측할 수 있다고 믿기 때문에 이들을 계량화, 도표화하여 그로부터 가능한 주가패턴이나 원리를 찾아내어 주가를 예측하려고 한다.

이와 같이 기술적 분석은 과거의 시장동향, 즉 과거 주가의 변화양상 및 거래량 등의 변화추이를 도표로써 분석하는 방법이다.

2. 기술적 분석의 전제조건

주가는 항상 등락을 거듭하며 변화하는 속성이 있기 때문에 재무상태가 나쁜 기업의 주식이라도 주식의 매매시점만 잘 포착하면 투자수익을 올릴 수 있다는 것을 전제로 한 기술적 분석의 목적은 시장 또는 개별주식과 관련하여 그것의 기술적 강점이나 약점을 발견함으로써 적당한 시기에 주식을 매매하여 투자수익을 올리려는 데 있다.

어떤 정보가 일반대중에게 알려져서 모든 사람이 다 알게 되었을 때는 주가

예측이 오히려 무의미하게 된다. 왜냐하면 주가란 정보가 시장에 공표되기 이전부터 미리 반영되어 변동하는 경향이 있기 때문이다. 그 예로서 유·무상증자가 공시되더라도 그것이 주가에 별다른 영향을 미치지 못하는 경우를 많이 볼 수 있다. 기술적 분석은 이러한 정보의 흐름을 주가나 거래량의 변화로부터 유추하여 미래의 주가를 예측하려고 하는 것인데 이러한 기술적 분석은 다음과 같은 몇 가지 가정하에서 이루어진다.

첫째, 주가는 그 주식의 수요와 공급에 의해서만 결정된다.

둘째, 수요와 공급은 합리적이든 비합리적이든 수없이 많은 요인들에 의해서 좌우된다.

셋째, 주가의 사소한 파동을 도외시한다면 주가는 상당기간 지속되는 흐름을 따라 특정한 추세를 장기간에 걸쳐 형성하면서 변화한다.

넷째, 추세의 변동은 수요와 공급의 변화 때문에 일어난다.

다섯째, 수요·공급을 변화시키는 이유는 정확히 알 수 없으나 수요·공급은 조만간 도표상에 나타난다.

여섯째, 도표상에 나타나는 모든 형태의 주가모형은 반복하려는 속성이 있다.

3. 기술적 분석의 장점

기술적 분석방법을 지지하는 사람들은 다음과 같은 기본적 분석방법의 한계를 기술적 분석방법이 보완할 수 있다고 하면서 방법의 우위성을 주장하고 있다.

첫째, 공개되는 재무제표는 주가를 평가하는데 불충분하다. 왜냐하면 재무제표에 나타난 수치는 주가의 평가에 중요한 경제적 여건과 기술상의 우월성, 경영자의 자질 및 그 밖의 수치로 표현하기 어려운 요인을 감안하지 않고 있기 때문이다.

둘째, 재무제표의 작성방법이 기업간 및 동일기업이라도 기간에 따라 달라질 수 있기 때문에 기업간 및 기간별 비교 평가가 곤란하다.

셋째, 기본적 분석에서 말하는 내재적 가치뿐만 아니라 계량화하기 어려운 심리적 요인까지도 주가에 영향을 미치기 때문에 기본적 분석방법으로 주가를 평가하는 데에는 한계가 있다.

4. 기술적 분석의 한계

기술적 분석방법에는 위에서 말한 장점도 있으나 다음과 같은 많은 한계점을 내포하고 있다.

첫째, 기술적 분석방법은 과거의 주가추세나 패턴이 반복되는 경향을 가지고 있다는 것을 전제조건으로 하고 있는데 과거의 주가에 영향을 미친 경제상황이나 고객의 심리변화 등이 미래에도 반복해서 나타난다는 것은 지극히 비현실적인 가정이다.

둘째, 과거의 동일한 주가양상을 놓고 어느 시점이 주가변화의 시발점인가 하는 해석이 각기 다를 수 있다.

셋째, 투자가치를 무시하고 너무 시장의 변동에만 집착하기 때문에 시장이 변화하는 원인을 분석할 수 없다.

이와 같이 기술적 분석방법도 장점과 단점을 함께 지니고 있어서 이를 가지고 주가를 정확히 예측할 수 없다. 그럼에도 불구하고 주가그래프를 잘 분석함으로써 투자수익을 더 많이 올릴 수 있는 가능성이 커진다는 것은 부정할 수 없는 사실이다.

제2절 도표분석

1. 도표의 의의

도표(chart)는 기술적분석의 기본 도구로써, 이동평균과 RSI, MACD, Bollinger Band, Stochastics 등과 같은 통계적인 방법을 이용하는 방법, 파동을 이용하는 방법 등이 있다. 도표는 특정 기간 동안 나타난 가격들을 연속적으로 표시한 통계적으로 가격의 시계열을 그림으로 나타낸 것으로 볼 수 있다. 일반적으로 도표에서 가격은 수직축에 시간은 수평축에 나타낸다. 기술적 분석방법에 속하는 대부분의 기법은 도표를 그려서 분석하는 것이 특징이기 때문에 이 분석방법을 도표 분석방법이라고도 하며 기술적 분석방법에 의하여 주가를 예측하는 사람들을 챠티스트라고 한다.

2. 도표의 종류와 구성요소

기술적 분석방법에서 이용되는 도표는 선도표, 봉도표, 점수도표 등이 있다.

1) 선도표(line chart)

시간에 따라 변화하는 주가를 선으로 이어 주가의 변동을 표시하는데 흔히 꺾은선 그림이라고도 하며 도표 중 가장 단순한 형태이다.

[그림 7-1] 선도표와 봉도표

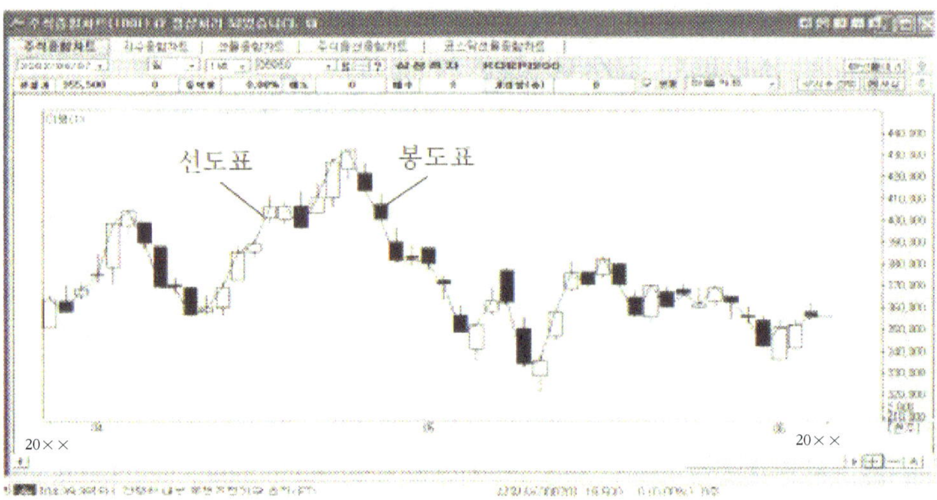

2) 봉도표(bar and candle chart)

봉도표는 일정기간동안의 주가변화를 막대모양으로 계속 그려나가는 방법으로서 작성기간에 따라 일간 단위의 일봉도와 주간 단위의 주봉도, 월간 단위의 월봉도가 있으며 작성방법에 따라 [그림 7-2]와 같이 미국식(bar chart)과 일본식(candle chart)으로 나누어진다.

[그림 7-2] 미국식과 일본식

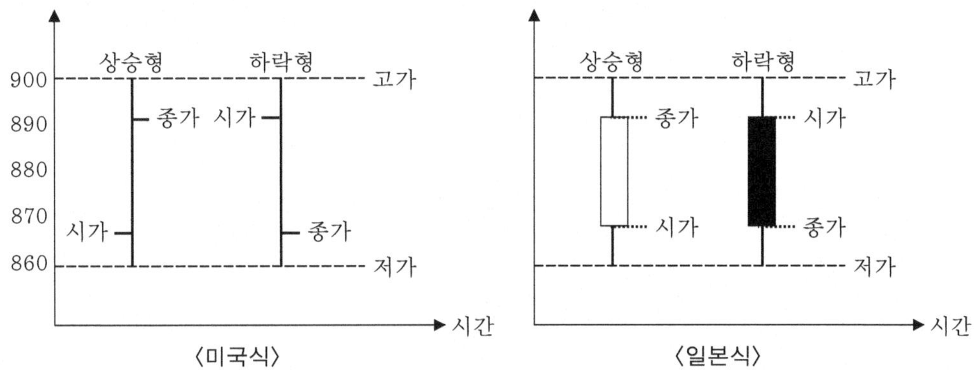

3) 점수도표(point and figure chart)

매일 매일의 주가변화를 나타내는 것이 아니고 주가변화에 점수를 부여하여 그 점수가 현저하게 클 때 이를 그림으로 표시한 도표인데 점수도표는 주가가 하락하면 ○표를 주가가 상승하면 ×표를 사용하여 가격변동의 방향과 크기를 표시한다. 그리고 주가가 계속 상승할 때는 ×표를, 계속 하락할 때는 ○표를 변동한 가격만큼 표시한다. 주가가 상승에서 하락으로 전환할 때는 ×표와 줄을 바꾸어 한 칸 아래부터 변동한 가격까지 ○표를 표시하고, 하락에서 상승으로 전환될 때는 ○표와 줄을 바꾸어 한 칸 위부터 변동한 가격까지 ×를 표시한다. 이 때 상승에서 하락으로 또는 하락에서 상승으로 전환하기 위해서는 사전에 정한 전환포인트 이상의 가격 변동이 있어야 한다. 단, 주가의 변화가 없거나 전환포인트 이하로 변할 때는 점수도표에 표시하지 않는다.

예를 들어, 가격폭이 500원이고 전환포인트가 3칸일 경우에 점수도표는 <표 7-1>과 같이 작성할 수 있다. <표 7-1>에서 주가가 12,200원이 될 때까지 계속 상승하므로 상승한 가격이 속하는 선까지 ×표시를 한다. 12,200원 이후 주가가 500원, 1,200원으로 2번 하락하지만, 전환포인트 3칸 값, 즉 1,500원(=500원×3칸)보다 작기 때문에 아무런 표시도 하지 않는다. 그리고 주가가 10,400원일 때 가격변동 1,800원(=12,200원−10,400원)이 전환포인트 이상의 값에 해당하므로, 도표상에는 12,200원의 ×표시 다음 줄 한 칸 아래에서부터 10,400원이 속하는 칸까지 ○표를 한다.

〈표 7-1〉 점수도표의 작성 예

월 일	주 가	점 수	월 일	주 가	점 수
1. 2	11,000	×	1. 11	10,900	
1. 3	11,500	×	1. 12	11,500	
1. 4	12,200	×	1. 15	11,400	
1. 5	11,700		1. 16	12,000	××× ×
1. 8	11,000		1. 17	13,100	××
1. 9	10,400	○○○○	1. 18	12,600	
1.10	11,100		1. 19	12,000	

점 수 도 표			
주가			
14,000			
13,000			×
			×
12,000	×		×
	×	○	×
11,000	×	○	×
		○	×
10,000		○	
9,000			

마찬가지로 10,400원부터 11,400원까지는 가격변동이 전환포인트 이상으로 발생하지 않기 때문에 아무런 표시를 하지 않고, 가격변동이 전환포인트 이상(1,600원=12,000원−10,400원)으로 발생하므로, 도표상에는 10,400원의 ○표시 다음 줄 한 칸 위에서부터 12,000원이 속하는 칸까지 ×를 표시한다. 그리고 주가가 12,000원에서 13,100원으로 상승하므로 13,100원의 가격이 속하는 칸까지 ×를 표시한다.

선도표나 봉도표는 일정한 시간간격으로 작성하여 주가변화의 전환점을 발견하는데 그 목적이 있다. 그러나 점수도표는 시간단위를 정하지 않고 변화가 있을 때마다 기록하며, 그 목적도 주가의 추세변화시점을 포착하는 것뿐만 아니라 추세나 패턴분석에 적용하여 목표치까지도 예측할 수 있다는 장점을 가지고 있다.[8)]

3. 작성방법

도표 중에서도 일반적으로 널리 사용되는 것이 봉도표인데 미국식은 저가, 고가, 종가만을 표시하기 때문에 그리기는 쉬우나 단기의 주가예측에는 일본식보다 부적합하다. 일본식은 음양법을 이용하여 종가가 시가보다 상승한 경우에는 흰색 또는 적색의 봉을 그리고 종가가 시가보다 하락한 경우에는 흑색 또는 청색의 봉을 그리기 때문에 작성방법이 복잡하여 시간이 많이 소요되는 단점이

8) 이정도(2006), 앞의 책, 법문사, pp.290~291 참조.

있으나 단기적인 주가예측에 적합한 장점을 지니고 있다.

봉도표의 작성 방법은 다음과 같다.

봉도표의 X축에는 시간, Y축에는 주가를 표시하며, 주가의 범위는 봉의 길이로 나타낸다. 미국식은 막대의 상하에 고가와 저가를, 그리고 막대의 좌우에 시가와 종가를 표시한다. 또한 막대에 색을 적용시켜 주가의 상승(붉은색)과 하락(파란색)을 나타낸다. 일본식은 양초의 상하에 고가와 저가를, 양초 몸의 양 끝에 시가와 종가를 표시한다. 그리고 음양법을 적용시켜 주가의 상승(흰색 또는 붉은색)과 하락(흑색 또는 파란색)을 나타낸다.

4. 도표 분석방법

주가의 움직임을 도표로서 예측하여 분석하는 방법으로 추세분석, 패턴분석, 장세분석 등이 있다. 과거의 주가움직임을 통해 추세를 분석하고, 분석한 추세를 정형화하여 패턴을 분석하여 예측함으로서 증권의 매매 타이밍을 결정할 수 있다.

1) 추세분석

추세분석(trend analysis)은 주가가 일정기간동안 일정한 방향으로 움직이는 성질을 이용하여 그 움직임으로 나타나는 추세선을 분석하여 매매시점을 파악하고자 하는 기법이다.

추세선은 주식의 추세를 나타내는 선으로, 시장가격의 저점들이나 고점들을 하나의 직선으로 연결했을 때 [그림 7-3]과 같이 나타나게 된다. 추세선을 그리기 위해서는 최소한 2개 이상의 저점이나 고점들이 필요하다. 상승추세가 진행 중일때는 저점과 저점을 연결하여 앞으로의 상승방향을 가늠할 수 있으며

[그림 7-3] 상승추세선과 하락추세선

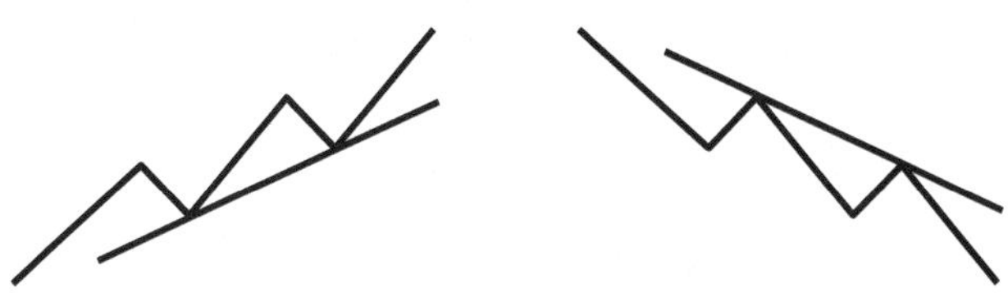

이때의 추세선은 지지선의 역할을 한다. 한편 하락추세가 진행 중일때는 고점과 고점을 연결함으로써 앞으로의 하락방향을 짐작할 수 있으며 이때의 추세선은 저항선으로 작용한다.

2) 패턴분석

패턴분석(pattern analysis)은 여러 가지 주가모형을 미리 정형화 시켜 놓고 실제로 나타나는 주가모양을 나타낼 때 그와 비슷한 과정을 거칠 것이라는 가정하에서 미래의 주가 흐름을 예측 하고자 하는 방법이다. 투자자는 일정기간 동안 도표를 작성하여 주가 움직임을 관찰하여 추세를 분석 한 뒤 정형화된 패턴과 비교함으로써 매매시점을 파악할 수 있다. 특히, 패턴분석은 시세의 천정권이나 바닥권에서 발생하는 주가의 패턴을 분석함으로써, 주가흐름의 전환시점을 파악하는데 주로 사용된다.

패턴은 [그림 7-4]와 같이 반전형패턴과 지속형패턴으로 나누는데 반전형패턴이란 기존의 추세와 반대되는 방향으로 주가흐름을 보일 것이라고 예측하는 모형이고 지속형패턴이란 기존의 추세와 같은 방향으로 다시 추세가 지속될 것이라고 예측하는 모형을 말한다.

[그림 7-4] 패턴의 유형

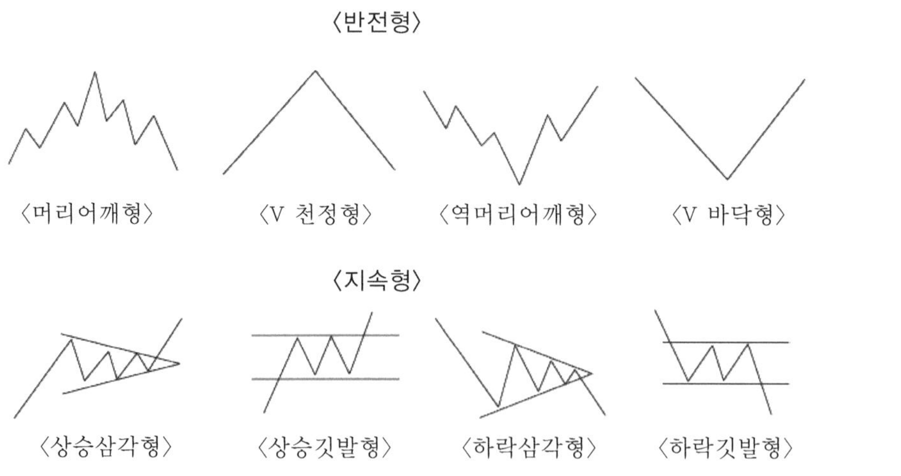

3) 장세분석

장세분석은 시장의 수급상태가 과열권인지 또는 침체권인지를 파악해 매매시점을 판단하기 위해서 분석하는 방법이다.

장세분석에는 현재 주가 수준이 과매도 상태인지 또는 과매수 상태인지를 판단해 매수, 매도시점을 파악할 수 있도록 보조지표들을 이용한다. 장세분석에 필요한 지표들로는 투자심리선, 주가와 거래량 상관곡선, 삼선전환도, P&F 차트 등이 있다.

제3절 시장지표분석

1. 다우이론

다우이론(the dow theory)은 기술적 분석방법 중에서 가장 오래된 기술적 분석방법 인데 미국의 월 스트리트 저널의 편집인 찰스 다우(Charles Dow)가 정립한 이론으로, 주식시장은 제멋대로 움직이는 것이 아니라 주식시장은 전체의 방향을 예시할 수 있는 세 종류의 주기적인 경향에 의해 영향을 받는다는 가설을 정립하여 1929년의 세계경제 대공황에 따른 미국 증권시장의 붕괴를 예언함으로써 유명해졌다. 다우는 이러한 경향을 [그림 7-5]와 같이 세 가지로 구분하였다.

① 단기추세(minor cycle or short-run movement)
② 중기추세(secondary cycle or intermediate trend)
③ 장기추세(primary cycle or major trend)

단기추세란 매일 매일의 주가의 움직임을 말하며 단기적으로는 진폭이 불규칙하여 거의 분석의 가치가 없다.

중기추세는 통상 수주간에서 수개월동안의 주가추세이며 다우이론에서는 이 주가추세를 분석함으로써 미래 주가의 장기변동을 예측하고 장기변동이 전환하는 시기를 포착하려는데 분석의 주된 목적이 있다.

[그림 7-5] 주가변화와 다우이론

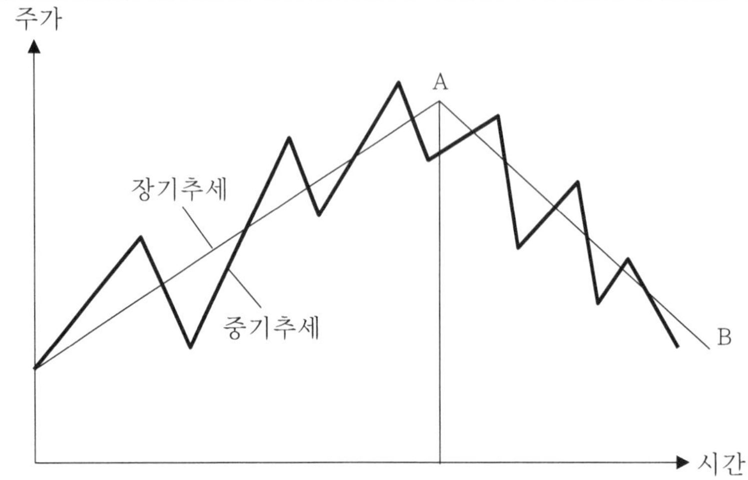

장기추세는 2~10년에 걸친 증권시장의 흐름을 말한다. 증권시장은 중기추세가 반복되는 가운데 상향 장기추세와 하향 장기추세가 형성되고 있다. 이러한 중·장기추세를 이용하여 다우이론은 다음과 같이 미래상황을 예측한다.

① 새로운 중기변동의 최고점이 장기추세의 최고점을 갱신하지 못하면 장기변동은 하락국면에 있고,
② 새로운 중기변동의 바닥점이 그 이전의 바닥점보다 높으면 장기변동은 상승국면으로 들어가고 있음을 말한다.

미래상황을 예측하는 방법은 이론적으로 앞에서 제시한 ①,②와 같다고 할 수 있으나 실제로는 장기추세의 전환점을 정확히 포착하기가 매우 어렵다. 따라서 다음날 같은 장기추세의 진행국면을 보아가면서 기타 사항, 예를 들면 전반적인 경제흐름 및 중·장기적인 시장의 주요 이슈를 고려하면 장기추세의 전환점을 포착하는데 도움이 된다.

2. 다우이론의 강세시장 3국면과 약세시장 3국면

1) 강세시장의 3국면

(1) 제1국면(매집국면)

강세시장의 초기단계에서는 전체 경제 및 시장여건은 물론 기업 환경이 회복

되지 못하여 장래에 대한 전망이 어둡다는 특징이 있으며 이에 실망을 느낀 대다수의 투자자들은 오랫동안 지속된 약세시장에 지쳐서 매입자만 있으면 매도해 버리고자 하는 반면, 시장 내외적 여건이 호전될 것을 미리 감지한 전문투자자 만이 일반투자자들의 매도물량을 매입하려는 활동이 일어나게 된다. 따라서 일반투자자들의 실망매물이 증가함에 따라 거래량이 점차 증가하게 되는데 이러한 시장 내부의 변화 과정을 매집국면이라고도 한다.

(2) 제2국면(마크 업 국면)

강세시장의 제2국면에서는 전반적인 경제여건 및 기업의 영업수익이 호전됨으로써 일반투자자들의 관심이 고조되어 주가가 상승하고 거래량도 증가하게 되는데 이러한 국면은 마크 업 국면이라고도 한다. 이 국면에서는 기술적 분석에 따라 주식투자를 하는 사람이 가장 많은 투자수익을 올릴 수 있다.

(3) 제3국면(과열국면)

강세시장의 제3국면에서는 전체 경제 및 기업수익에 관한 각종 통계숫자가 극히 호조를 보이고 신주발행도 급격히 증가하며 신문이나 매스컴에서 증권시장에 관한 내용이 톱뉴스로 부상할 만큼 증권시장이 과열기미를 보이게 된다. 따라서 이 국면을 과열국면이라고도 한다. 보통 일반투자자나 주식투자의 경험이 없는 사람들은 계속 망설이다가 강세 장세의 제 2, 3국면에서 확신을 가지고 적극 매입에 나서기 때문에 장세는 과열되지만 이때의 매수자는 흔희 손해를 보기 때문에 조심하여야 한다. <표 7-2>는 장기추세의 진행과정을 시장상황과 관련하여 여러 국면별로 나누어 이를 표로 나타낸 것이다.

〈표 7-2〉 다우이론의 강세3국면과 약세3국면

강세시장			약세시장		
제1국면	제2국면	제3국면	제1국면	제2국면	제3국면
매집국면	마크업국면	과열국면	분산국면	공황국면	침체국면

2) 약세시장의 3국면

(1) 제1국면(분산국면)

강세시장의 제3국면에서 시장이 지나치게 과열된 것을 감지한 전문투자자들이 투자수익을 취한 후 빠져나가는 단계로서 이 단계에서는 주가가 조금만 하락하여도 거래량이 증가하는 양상을 보이므로 이를 분산국면이라고도 한다.

(2) 제2국면(공황국면)

경제 및 기업수익에 관한 통계숫자가 실제로 나쁘게 기록됨에 따라 주식을 매도하려는 일반투자자들의 마음이 조급해지고 주식의 매입세력이 상대적으로 크게 위축되어 주가는 수직적으로 하락하며 거래량도 급격히 감소하는 양상을 보이는데 이러한 상태를 공황국면이라고도 한다. 이후에는 상당히 긴 회복국면이나 보합상태가 나타나게 되며 제3국면이 시작된다.

(3) 제3국면(침체국면)

공황국면에서 미처 처분하지 못한 일반투자자들의 실망매물이 출회됨으로써 투매양상이 나타나는 것이 특징이며 투매현상이 나타남에 따라 주가는 계속 하락하지만 시간이 경과할수록 주가의 낙 폭은 작아진다. 주가는 계속 하락하고 기업의 수익성이 악화되고 있다는 등 좋지 못한 정보가 주식시장에 퍼져 있기 때문에 이를 침체국면이라고도 한다.

3. 다우이론의 한계

다우이론은 논리적인 사고나 객관성을 바탕으로 해서 도출된 것이 아니라 주관적인 경험을 그 바탕으로 하고 있기 때문에 시장의 흐름을 이해하는 데에는 도움이 될지 모르겠지만 이를 실제의 투자에 응용하고자 할 때에는 다음과 같은 많은 한계점을 가지고 있다.

① 장기추세와 중기추세를 구분하기 어렵다

② 추세반전을 확인할 수 있다고 하더라도 너무 늦게 확인되기 때문에 실제 투자에 도움을 주지 못한다.

③ 동일한 그래프로 여러 가지 해석이 가능하기 때문에 분석자의 능력과 경험에 따라 크게 다를 수 있다.

그러나 비록 위와 같은 결점들을 가지고는 있지만 기술적 분석에 있어서 시장의 기본적 흐름을 파악하는 데에는 중요한 정보를 제공하므로 충분히 이해해 두는 것이 좋다.

4. 엘리어트 파동이론

엘리어트(Eliot)는 1930년에 장기간의 주가변동을 분석한 결과 주가변동은 상승 5파와 하락 3파로 끝없이 순환한다는 '주가파동의 순환법칙'을 발견하였다. 그는 19세기까지 거슬러 올라가 주가변화를 분석하여 상승 5파, 하락 3파의 파동설을 확인하고 「자연의 법칙-우주의 신비」라는 책을 통해 파동이론을 정비하였다. 그러나 엘리어트 파동이 세상에 알려지기 시작한 것은 1970년대만 프레히터의 「엘리어트 파동이론」이란 책을 통해서인데 그는 이 책을 통해 머지않아 주가가 폭락할 것을 예측하였고, 그의 예측이 적중하면서부터 이다. 즉 1987년 10월, 미국의 주식시장이 소위 '검은 월요일'이라고 불리어지는 최악의 폭락사태를 겪고 나서부터 엘리어트 이론은 주식가격을 예측하는 기법으로 각광을 받기 시작하였다.

1) 기본적 이론

(1) 기본적 파동

엘리어트가 발견한 가격변동의 법칙은 시장의 가격은 일정한 리듬이 반복된다는 것이다. 이러한 리듬은 상승국면에서는 5번의 상승 파동과 3번의 하락 파동으로 구성된다. 즉, 시장의 움직임과 같은 방향의 움직임은 5개의 파동으로 구성되며 시장의 방향과 반대되는 움직임은 3개의 파동으로 구성된다. 그리고 각각의 파동에 이름을 붙일 경우, 전체적인 시장의 움직임과 같은 방향으로 움직이는 5개의 파동은[그림 7-6]과 같이 1번에서 5번까지의 숫자로 표시하고 이를 충격파동이라 하며, 시장의 전체적인 움직임과는 반대방향으로 움직이는 3개의 파동은 a에서 c까지의 문자로 표시하며 조정파동이라고 한다. 또한 엘리어트는 이러한 추세안에 또 다른 추세가 존재한다는 사실을 지적하였다. 즉, 1번 파동을 한 단계 세분하여 생각하면 5개의 작은 상승 파동이므로 3개의 작은 하락파동으로 나눌 수 있다는 것이다.

[그림 7-6] 엘리어트 파동

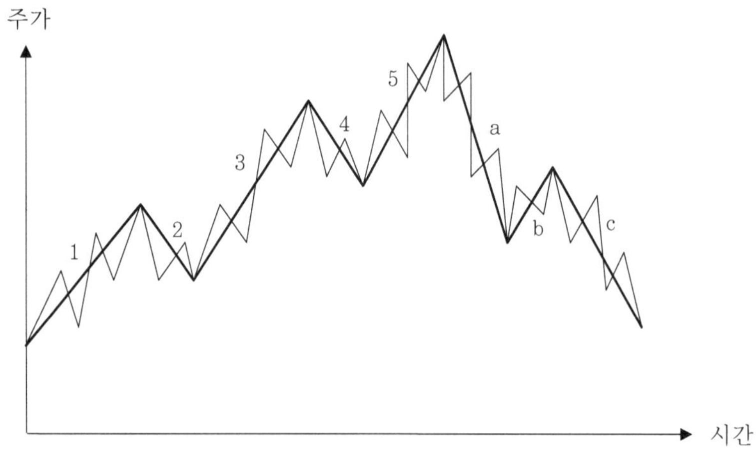

(2) 각 파동의 특징

㉠ 상승 5파

1번 파동은 추세가 전환되는 시점으로서 이제까지의 추세가 일단 끝나고 다시 새로운 추세가 시작되는 출발점이다. 일반적인 경우, 제1번 파동은 5개의 파동 중에서 가장 짧으며 보통의 경우는 바닥 수준에서의 단순한 반등 정도로 간주되는 경우가 많아서 알아내기 힘든다.

2번 파동은 1번 파동의 방향과 반대방향으로 형성된다. 보통의 경우 2번 파동은 1번 파동을 38.2% 또는 61.8% 비율만큼 되돌리는 수도 있다. 그러나 2번 파동은 절대로 1번 파동의 저점을 하향돌파해서는 안 된다. (절대불가침의 법칙)

3번 파동은 5개의 파동 중에서 가장 강력하고 가격변동도 활발하게 일어나는 파동으로 1번, 3번, 5번 파동 중에서 가장 짧은 파동일 수는 없다(절대불가침의 법칙) 이 파동에서 거래량은 증가하고 보통 연장된 형태의 가격 패턴을 보이기도 한다. 보통 3번 파동은 1번 파동의 1.618배의 길이가 되는 경우가 많다.

4번 파동은 3번 파동을 38.2% 되돌리는 경우가 많으며, 또는 3번 파동을 5개의 작은 파동으로 나누었을 때 그 중에서 네 번째 파동만큼 되돌아가는 경향이 높다. 엘리어트 이론에서 절대불가침인 세 번째의 법칙은 4번 파동이 결코 1번 파동과는 겹치지 않는다는 것이다.

5번 파동은 이제까지 진행되어온 추세가 막바지에 이르는 국면이다. 따라서

이 파동에서는 가격의 움직임도 3번 파동과 비교하여 그리 활발하지 못하며 거래량도 3번 파동에 비하여 적게 형성된다.

㉡ 하락 3파

1번 파동에서 시작된 가격 움직임의 추세가 5번 파동에 이르러 끝나고 a파동부터는 이제까지의 추세와는 반대방향의 새로운 추세가 시작되게 된다. a파동은 새로운 추세가 시작되는 충격 파동이므로 반드시 5개의 파동으로 구성되어야 한다.

b파동은 새로이 시작되는 하락추세에서 반발 매입세력이 시장에 나타나면서 형성되며, 보통의 경우 거래는 그리 활발하지 못하다.

c파동은 세 번째 파동이라는 점에서 어떤 의미로는 3번 파동의 성격과 유사한 점이 많다. 즉 거래가 활발하게 이루어지며 가격의 변동 폭도 크다. 가격하락추세가 더 이어질지도 모른다는 두려움에서 비롯된 투매의 영향으로 가격의 하락 폭이 빨라지게 된다.

위에서 살펴본 각 파동은 절대 불가침의 중요한 법칙을 가지고 있는데 그 법칙을 요약하면 다음과 같다.

첫째, 2번 파동은 1번 파동의 밑으로는 내려가지 못한다.

둘째, 3번 파동이 제일 짧을 수는 없다.

셋째, 4번 파동과 1번 파동은 서로 겹칠 수 없다.

(3) 피보나치 수열

엘리어트의 파동이론을 살펴보면 61.8%, 38.2%라든가 13, 21, 55 같은 다소 낯선 숫자들이 자주 등장한다. 이러한 모든 숫자는 엘리어트가 독자적으로 발견한 것이 아니라 피보나치의 저서인 "산술교본"에 나오는 피보나치수열이다. 피보나치수열의 탄생을 가져다 준 흥미 있는 문제는 다음과 같다. 만약 한 쌍의 토끼가 한 달이 지나면 새로운 토끼 한 쌍을 낳는다고 하자. 그리고 갓 태어난 어린 토끼는 태어난 지 한 달이 지나면 완전히 자라서 새끼를 낳을 수 있게 된다고 하자. 그러면 1년 후 한 쌍의 토끼 가족에게서 태어난 토끼는 모두 몇 쌍일까? 한 달이 지날 때마다 태어나는 토끼 한 쌍의 숫자를 계속 이어서 나타내면 다음과 같다. 1,1,2,3,5,8,13,21,34,55,89,144

위와 같은 숫자의 배열을 피보나치수열이라고 한다. 피보나치수열은 얼핏 보면 아무런 의미 없는 숫자들의 나열처럼 보이지만 다음과 같은 재미있는 특징들이 숨어 있다.

첫째, 피보나치수열은 앞의 두 숫자를 합하면 다음의 숫자가 된다. 즉, 3+5=8이며 13+21=34, 55+89=144가 된다.

둘째, 어느 숫자이건 하나 건너 숫자로 나누면 그 몫은 2가 되고 나머지는 5가 되는데 이 5라는 숫자는 8의 하나 앞 숫자이다. 또한 144를 55로 나누더라고 그 몫은 2이며, 나머지는 55의 하나 앞 숫자인 34가 된다.

셋째, 바로 앞의 숫자를 뒤의 숫자로 나누면 그 값은 점점 1.1618이라는 숫자에 접근한다. 즉 3/2=1.50, 21/13=1.614, 55/34=1.6176, 144/89=1.61797, 987/610=1.6180327로 되는 것이다.

넷째, 한 숫자를 하나 건너의 숫자로 나누면 그 값은 점점 2.168에 접근 한다 예를 들어 5/2=2.50, 21/8=2.625, 144/55=2.61818 등이 되는 것이다.

다섯째, 1.618의 역수는 0.618이며, 2.618의 역수는 0.382가 된다.

이 외에도 두 숫자의 비율을 나타내는 1.618, 0.618, 그리고 2.618, 0.382의 관계에서 다음과 같은 사실들을 살펴볼 수 있다.

$2.618-1.618=1$

$1.618-0.618=1$

$1-0.618=0.382$

$2.618\times0.382=1$

$2.618\times0.618=1.618$

$1.618\times0.618=1$

$0.618\times0.618=0.382$

$1.618\times1.618=2.618$

엘리어트의 이론에서는 피보나치수열 그 자체는 예측에 별로 도움이 되지 못한다. 중요한 것은 피보나치수열을 이용하여 구해낸 비율들, 즉 1.618, 0.618, 0.382, 2.618 등이 훨씬 중요한 의미를 가지고 있다. 엘리어트의 이론 중에서 나타나는 각 파동들의 관계를 피보나치 수열을 이용하여 설명하면 <표 7-3>과 같이 요약할 수 있다.

〈표 7-3〉 각 파동의 수

구 분	상승국면 파동수	하락국면 파동수	합 계
기본적 파동	1	1	2
1차 세분시	5	3	8
2차 세분시	21	13	34
3차 세분시	89	55	144

제 4 절 시장전체 주가지표

1. 등락지표

1) 의의

등락지표로는 보통 A－D선(advance－decline line : ADL)을 이용한다. A－D선은 시장의 내부세력을 측정하는데 가장 널리 이용되는 중요한 분석수단으로서 등락종목수선 또는 등락주선이라고도 한다.

A－D 선은 가장 광범위한 입장에서 볼 때 시장 전체가 계속 상승하고 있는지 하락하고 있는지를 알고자 할 때 이용되며 장세흐름의 주요 변화는 다른 어떤 지표보다 이 선에 제일 먼저 나타난다. 가령 종합주가지수가 상승세를 보이고 있다고 하더라도 상승종목수가 감소한다면 지수의 상승에도 불구하고 시장내부세력이 약화되고 있음을 알 수 있다. 반대로 종합주가지수가 하락하고 있어도 상승종목수가 오히려 증가하고 있다면 시장내부세력이 강화되고 있음을 알 수 있다.

2) 등락비율

등락비율(advance decline ratio : ADR)은 ADL이 시세상승국면에서는 투자대상을 집중화시키는 경향이 있고 또한 권리락, 배당락 등이 수정되지 않는 결점이 있기 때문에 이를 보완하기 위해 상승종목수와 하락종목수의 등락비율로써 시장을 분석하고자 하는 기법이다. 게다가 ADL은 약세시장 말기에서 판단착오를 보이는데, 이를 보완해주는 것이 ADR이다.

ADR은 매일의 상승종목수를 하락종목수로 나누어 백분비로 구한다. 우리나라의 경우 20일 이동 평균치를 사용한다.

$$\text{등락비율} = \frac{\text{분석대상기간 동안의 상승 종목수}}{\text{분석대상기간 동안의 하락 종목수}} \times 100(\%)$$

등락비율이 120～125%에 속할 때 과열양상, 경계지대, 매도신호로 간주하며, 70～75% 범위 내에서는 바닥권 이하, 안전지대, 매수신호로 파악되고 있다.

2. 투자심리선

1) 의의

"주식투자는 심리전"이라는 말이 있다. 주가는 국내외의 경제 및 정치, 제도, 기업의 실적동향 등 수없이 많은 요인에 의해 움직이지만 이러한 제반 요인들을 주식투자자가 실제로 어떻게 받아들여 주식투자에 임하느냐에 따라 주가가 변동되기 때문에 "주식투자는 심리전과 같다"라는 말이 나왔을 것이다. 주식에 투자하는 사람이면 누구나 이익을 얻으려고 할 것이다. 이익을 얻으려면 주식을 저가에 사서 고가에 팔아야 하는데 그 매매 시점을 포착하려면 주가를 움직이는 제반요인 또는 재료를 분석하여야 한다. 그러나 현실적으로 그 많은 재료를 분석하는 데도 어려움이 따르지만 분석한다고 하더라도 매매하기에 너무 늦은 경우가 많다. 따라서 이와 같은 모순을 제거하고 수많은 투자가의 행동이 집결되는 것을 한눈에 알 수 있도록 고안한 것이 투자심리선이다. 이것은 주식시장에 대한 인기의 변화, 즉 투자심리의 변화를 일정기간 동안 파악하여 과열상태인지, 침체상태인지를 알아보고자 하는 지표이다.

2) 작성방법

최근 10일간의 종합주가지수(또는 주가)가 전일보다 상승한 일수와 하락한 일수를 계산하여 10일중에서 상승일수가 차지하는 비율로 나타낸다. 예를 들어오늘이 7월 20일이라면 오늘부터 계산하여 10일 전인 7월 11일부터 7월 20일까지의 상승일수를 세어서 10로 나누고 그 다음날의 것은 7월 12일부터 21일까지의

[그림 7-7] P기업 주가와 투자심리선

상승일수를 계산하여 10로 나누어 계산하는 것이다. 따라서 최근 10일 동안 주가가 상승한 일수가 3일이면 25%, 9일이면 75%가 된다. 이와 같이 매일매일 계산한 것을 선으로 연결하면 투자심리선이 나온다.

3) 분석방법

[그림 7-7]에서 보는 바와 같이 50%를 중심으로 75% 이상이면 과열상태로 경계지대이며 25% 이하이면 침체상태로 안전지대에 속하고 25~75% 사이는 중립지대이다. 따라서 이 선에 따라 투자전략을 세운다면 75% 이상일 때 팔고 25% 이하일 때 주식을 매입하는 전략이 바람직하다.

그러나 투자심리선은 정확한 매매시점을 포착하기 위한 지표라기보다 시장의 과열 및 침체 정도를 측정하는 개략적 방법이다. 이 투자심리선도 증권회사에서 배포되고 있는 주보나 객장 내 벽에 붙여져 있는 주가도표를 참고하면 작성의 수고를 덜 수 있다.

3. 신고가·신저가선

1) 의의

A-D선은 주식시장에 자금이 유입되고 있는지 유출되고 있는지를 광범위하

게 파악하는 데에는 도움이 되지만 자금이 언제 유입 또는 유출되고 있는지 파악하는 데에는 한계가 있다. A－D선의 이러한 결점을 보완하여 자금이 언제 주식시장에 유·출입 되는지를 분석하는데 이용할 수 있는 시장분석수단의 하나가 바로 신고가·신저가선이다.

신고가란 주가가 당해 연도 최고가를 갱신하여 가장 높은 가격을 보이는 것을 말하며 신저가란 주가가 당해 연도의 최저가격을 갱신하여 가장 낮은 가격을 형성하는 것을 말한다.

상승종목수가 늘어나고 있는데도 신고가를 갱신하는 종목수가 증가하지 않거나 감소하면 자금이 주가상승을 뒷받침할 만큼 충분히 시장에 유입되고 있지 않다는 것을 알 수 있어 A－D선의 보조지표로 사용할 수 있다.

2) 작성방법

매일의 "증권시장"지에서 신고가와 신저가를 기록한 종목 수를 산출하여 모눈종이에 그려 나가는데 세로축에는 종목수를 적고 가로축에는 날짜를 표시하여 [그림 7－8]과 같이 선으로 연결시켜 나가면 된다. 이것을 종합주가지수 및 A－D선과 한 그래프에 그려 넣으면 한 눈에 그 추세를 알 수 있다.

3) 분석방법

이 지표를 분석할 때 유의해야 할 점은 신고가 종목수가 신저가 종목수보다 많다거나 또는 그 반대인 것을 조사하는 것이 중요한 것이 아니라 그 추세를 알아보려는 데 있다는 것이다. 즉 신고가·신저가 종목이 늘어나고 있는지 또는 줄어들고 있는지를 파악함으로써 다음과 같은 것을 알아내려는 것이다.

① 종합주가지수가 계속 상승하고 있을 때 신고가 종목 수가 늘어나다가 증가세를 멈추는 양상을 보이면 지수가 가까운 시일 내에 반전할 가능성이 높다.

② 신저가 종목수가 감소하는 데에도 불구하고 지수가 계속 하락세를 보일 때에는 조만간 지수가 반전된다는 신호이다.

③ 신고가 종목수가 급증하다가 감소한다고 해도 신저가 종목수가 급증하지 않는 한 주식시장의 기조는 여전히 상승추세에 있다.

[그림 7-8] 신고가 · 신저가

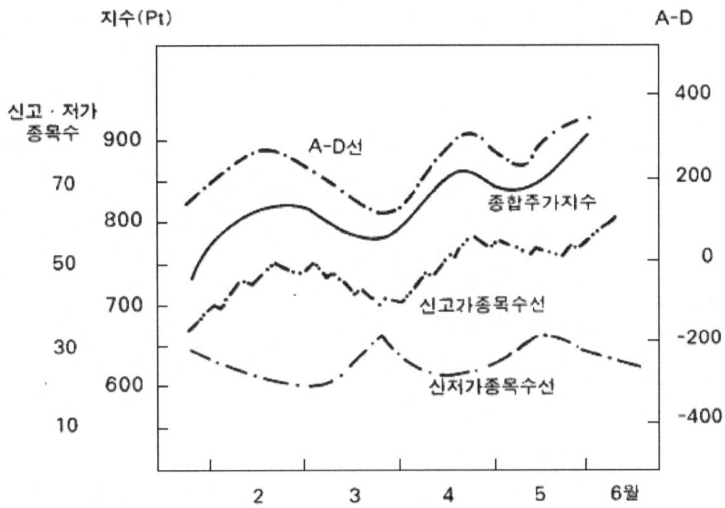

제 5 절 시장전체 거래량 지표

대부분의 기술적 분석가들은 주가가 변동하기 전에 반드시 거래량이 변동한다고 믿고 있다. 거래량은 주식의 수급관계를 나타내며 개별주식만이 아니라 시장 전체에 대해서도 그 전환점을 알려주는 신호가 된다.

다우이론에 의하면 강세시장에서의 거래량은 주가상승을 수반하면서 증가하고 주가하락을 수반하면서 감소한다. 약세시장에서는 주가하락과 함께 증가하고 주가가 회복됨과 아울러 감소하므로 거래량은 주가에 선행한다고 하였다. 따라서 주가의 변동추세와 동시에 거래량의 변동상황을 검토할 필요가 있다.

1. OBV선

1) 의의

OBV(on balance volume)는 그랜빌에 의해 고안된 것으로서 거래량은 항상 주가에 선행한다는 것을 전제로 거래량 분석을 통해 주가를 분석하는 기법이다. OBV란 지수가 전일에 비해 상승하였을 때의 거래량 누계에서 하락하였을 때의

[그림 7-9] P기업의 OBV 선

거래량 누계를 차감한 거래량을 말한다. OBV지표를 이용하는 목적은 전체 시장이 매집단계에 있는지 아니면 분산단계에 있는지를 광범위하게 알아보는데 있다.

OBV지표는 특히 전체 시장이 큰 변동 없이 정체상태에 있을 때 시장의 변화방향을 예측하는데 유용하게 이용될 수 있는데 이 때 거래량 변동을 분석함으로써 주가의 변화방향을 예측할 수 있기 때문이다. [그림 7－9]는 P기업의 OBV선을 나타내고 있다.

2) 분석방법

기본적으로 OBV선은 다음과 같이 해석된다.

① 지수(주가)가 하락하는데도 불구하고 OBV선이 이전의 저점수준이하로 떨어지지 않고 보합권에 머물러 있는 것은 시장내부에서 주가하락에 다른 매집활동이 일어나고 있음을 반영하는 것으로서 주가는 조만간 상승하게 된다.

② 지수(주가)가 상승하는데도 불구하고 OBV선이 이전의 고점아래에서 보합권에 머물고 있는 것은 주가상승에 따라 보유주식을 처분하려는 분산활동이 일어나고 있음을 반영하는 것으로서 주가는 조만간 하락하게 된다.

③ 지수(주가)가 보합권에서 파동운동을 반복하고 있을때 OBV선의 고점이

계속 상승하는 것은 향후의 강세를 예고하는 것이고 OBV선의 고점이 하락하면 향후의 약세를 예고하는 것이다. 이 OBV선은 종합주가지수와 개별주가에 모두 적용될 수 있다. OBV선 이외에 거래회전율과 거래성립율을 곱해서 구하는 번한지표와 거래량 이동평균선 등이 있는데 개별종목의 거래량 지표에서 설명하기로 한다.

2. VR(Volume Ratio) : 거래량 비율분석

1) 의의

OBV선은 일정 기준일을 중심으로 주가상승일의 거래량과 주가하락일의 거래량과의 차이를 구해서 누적한 것이기 때문에 시장의 추세를 나타낼 수는 있지만 OBV 수치 자체만으로 시세를 판단하거나 과거와 비교하기는 어렵다. 이러한 결점을 보완하기 위해서 누적수치가 아닌 비율로 분석한 것이 볼륨레이쇼 이다.

2) 작성방법

일정기간 동안 주가상승일의 거래량 합계를 주가하락일의 거래량 합계로 나눈 것인데 주가변동이 없는 날의 거래량 합계는 각각 반반씩 분자 및 분모에 더해 준다. 여기서 일정기간 동안이란 보통 1개월을 말한다.

$$VR=\frac{\text{주가상승일의 거래량 합계}+\text{변동이 없는 날의 거래량 합계}\times 0.5}{\text{주가하락일의 거래량 합계}+\text{변동이 없는 날의 거래량 합계}\times 0.5}\times 100(\%)$$

3) 분석방법

VR=100%일 때 : 주가상승일의 거래량 합계와 주가하락일의 거래량 합계가 같다는 것

VR=110%일 때 : 주가상승일의 거래량 합계가 주가하락일의 거래량 합계보다 10% 많다는 것

VR=90%일 때 : 주가하락일의 거래량 합계가 주가하락일의 거래량 합계보다 10% 많다는 것

[그림 7-10] P기업의 VR 선

보통 주가가 강세일 경우에는 주가상승일의 거래량 합계가 약세일 경우에는 주가하락일의 거래량 합계가 더욱 많다. 경험적으로 볼 때 VR이 150%가 되면 보통 수준이고 450%를 초과하면 대개 천정권에 속하여 단기적으로 주가의 경계 신호가 되며 70% 이하이면 바닥권으로 볼 수 있다. 이 지표는 주가가 천정권일 때보다는 바닥권일 때가 더 신뢰도가 높은 것으로 알려져 있다. [그림 7-10]은 P기업의 VR선을 나타내고 있다.

제6절 개별종목의 주가지표

1. 주가이동평균선

1) 주가이동평균선의 의의

투자자가 이용가능한 기술적 지표 중에서 가장 신뢰할 수 있고 알기 쉬운 지표중의 하나가 이동평균선이다. 이동평균선이란 어떤 일정기간 동안에 이루어진 주가의 연속적인 변화과정에서 일일변동과 같이 조작이 가능한 비정상적인 변동을 최대한 줄임으로써 전체적인 주가의 흐름을 정상적인 상태로 유도하여 주가의 흐름을 가장 객관적으로 관찰할 수 있도록 평균화하여 연결시킨 선을 말한다. 이동평균선에는 주가 이동평균선과 거래량 이동평균선이 있는데 주가 이동평균선은 일정기간의 주가평균치의 진행방향과 매일의 주가가 어떤 관계에 있는가를 분석함으로써 향후의 주가동향을 예측하고자 하는 지표이다.

투자기간의 장단에 따라 주가 이동평균선은 몇 가지로 분류될 수 있다. 장기투자를 위해 주추세를 분석하고자 하는 경우는 120일 이동평균선을, 중기투자를 위해 중기추세를 보기 위한 경우에는 60일 이동평균선을 이용하고 단기투자를 목적으로 할 때에는 5일이나 20일 이동평균선을 이용하는 것이 좋다. 일반적으로 우리나라에서 장기추세에는 120일, 중기추세에는 60일, 단기추세의 파악에는 20일 이동평균선을 사용한다.

2) 분석방법

① 주가와 이동평균선의 관계

이동평균선은 주가의 급격한 변화를 유연하게 한 것이므로 주가가 이동평균선 간에는 어떤 규칙이 있는 것이 보통이다. 따라서 이동평균선을 이용하여 주가를 분석하고자 할 때에는 다음과 같은 기본적 성질을 파악해 두는 것이 중요하다.

㉠ 강세시장에서는 통상적으로 주가가 이동평균선 위에서 파동운동을 거듭하면서 상승한다.

㉡ 약세시장에서는 통상적으로 주가가 이동평균선 아래에서 파동운동을 하면서 하락한다.

㉢ 보합국면에서 주가가 이동평균선과 밀착되어 있을 때에는 파동운동을 하면서 방향을 결정하여 이탈해 나간다.

㉣ 상승하고 있는 이동평균선에서 주가가 하향 돌파할 때에는 조만간 반전하여 하락할 가능성이 크다.

㉤ 하락하고 있는 이동평균선을 주가가 상향 돌파할 때에는 반전할 가능성이 크다.

㉥ 이동평균 하는 기간이 길면 길수록 이동평균선은 더욱 유연해진다. 즉 120일 이동평균선은 장기추세를, 60일 이동평균선은 중기추세를, 5일이나 20일 이동평균선은 단기추세를 나타낸다.

㉦ 주가가 이동평균선을 상향 돌파할 때에는 매입 신호이며 하향 돌파할 때에는 매도 신호이다.

⑥ 주가가 장기이동평균선을 돌파할 때에는 주추세가 반전될 가능성이 높다.

이상과 같은 기본적인 성질을 파악한 후에 주가와 이동평균선 간의 관계에서 매입·매도신호를 찾는 것이 중요한데 매매신호는 시장상황의 각 국면에 따라 다르므로 각 국면을 참조하여 매매신호를 찾는 것이 좋다. 왜냐하면 주가가 강세시장의 제1국면에서 하락하는 것과 마지막 국면인 제3국면에서 하락하는 것은 다르기 때문이다. 강세시장의 제1국면에서 하락하는 것은 일시적인 하락 후에 더욱 강세인 제2국면으로 진입할 가능성이 있으나 제3국면에서 하락이 계속되는 것은 장기적인 침체국면인 약세국면으로 이행될 가능성이 높다. [그림 7-11]은 P기업의 주가이동평균선이다.

3) 장기이동평균선과 단기이동평균선

장·단기이동평균선은 각각 장·단점을 가지고 있다. 중·장기의 이동평균선은 매일 매일의 주가변동에는 거의 좌우되지 않기 때문에 주가의 대세를 판단하는 데에는 유용하나 시세의 전환을 신속히 파악하기 어려운 문제점이 있다. 단기이동평균선은 시세의 전환을 가장 빨리 나타내주는 반면 주가의 미미한 변동에도 민감하게 움직이므로 이것만으로 매매시점을 포착하기가 어렵다는 단점이 있

[그림 7-11] P기업의 주가이동평균선

다. 따라서 단기선, 중기선 및 장기선에서 각각의 성질과 특징을 관찰해야 매매 시점을 잘 포착할 수 있다. 일반적으로 이동평균선을 활용하여 주가를 예측하는 방법은 다음과 같다.

[상승추세에서의 투자전략]

㉠ 매입신호 : 단기이동평균선이 아래로부터 위를 향하여 중·장기이동평균선을 급속히 뚫고 올라갈 때에는 매입신호이다.

㉡ 강세국면 : 위로부터 단기, 중기, 장기이동평균선의 순으로 세 선이 나란히 상승중일 때는 안심할 수 있는 강세국면이다.

㉢ 천정권 예고 : 중·장기이동평균선의 상승이 상당기간 진행된 후 단기 이동평균선이 더 이상 오르지 않고 약해지면 천정권이 예상되는 시점이다.

㉣ 매입보류 : 단기, 중기, 장기이동평균선이 혼란하게 얽혀 있을 때는 장세의 향방이 불투명하므로 매입을 보류하는 것이 좋다.

[하락추세에서의 투자전략]

㉠ 매도신호 : 단기이동평균선이 위로부터 아래로 향하여 중·장기이동평균선을 급속히 뚫고 내려올 때는 매도신호를 나타낸다.

㉡ 강력한 약세국면 : 단기·중기·장기이동평균선이 나란히 하락할 때는 강력한 약세시장일 가능성이 높다.

㉢ 바닥권 예고 : 중기 및 장기의 이동평균선 하락이 상당기간 진행된 후 단기이동평균선이 더 이상 하락하지 않고 상승하기 시작하면 바닥권이 예상되는 시점이다.

㉣ 강세전환 : 골든크로스란 단기이동평균선이 장기이동평균선을 아래에서 위로 급속히 뚫고 올라가는 상황으로 강력한 강세전환 신호이다.

㉤ 약세전환 : 데드크로스란 단기이동평균선이 장기이동평균선을 위에서 아래로 급속히 뚫고 내려가는 상황으로 강력한 약세전환 신호이다.

2. 그랜빌의 투자전략

이동평균선의 차트는 [그림 7-12]와 같이 8개의 분석방법이 있는데 이것을 이용하면 미래의 주가에 대해서 조금 더 정확히 예측할 수 있다. 여기서는 매입신호와 매도신호로 나누어 설명하고자 한다.

[그림 7-12] 그랜빌 법칙에서 매수와 매도신호

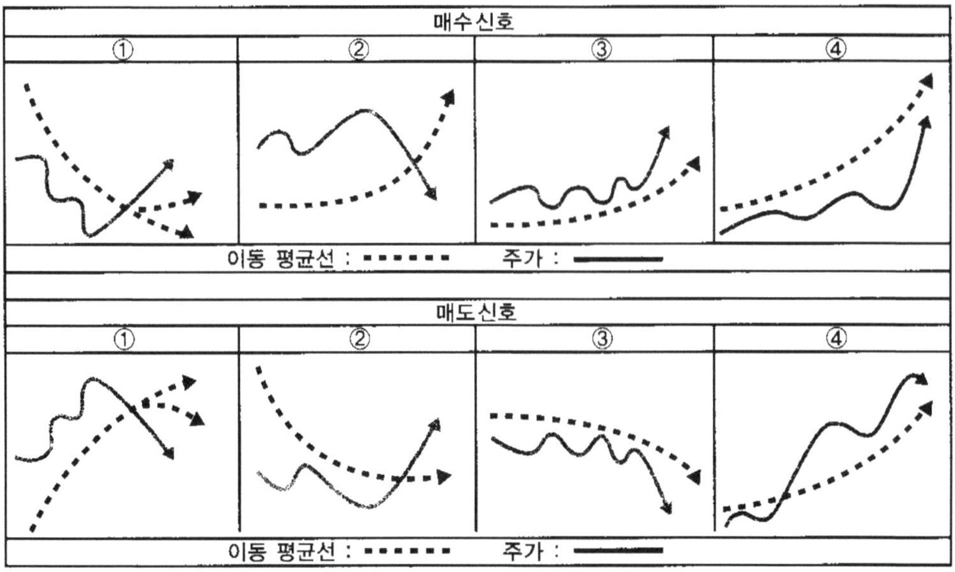

1) 그랜빌에 의한 매입신호

ⓐ 매입신호1

이동평균선이 하락한 뒤에 보합이나 상승국면으로 진입할 때 주가가 이 평행선을 아래에서 위로 뚫고 올라가는 경우 중요한 매입신호가 된다.

ⓑ 매입신호2

이동평균선이 상승하고 있을 때 주가가 이동평균선 아래로 하락하는 경우 매입기회로 생각해도 좋다. 이는 이동평균선이 상승하고 있을 때는 대세가 상승국면에 있다고 볼 수 있으며 이때의 주가하락은 일시적일 가능성이 높기 때문이다.

ⓒ 매입신호3

주가가 이동평균선의 위에 있을 때 이동평균선을 향해 하락하다가 하향돌파하지 않고 다시 상승하는 경우는 매입신호이다.

ⓓ 매입신호4

주가가 이동평균선 밑에서 급속히 하락하다가 이동평균선으로 접근하려고 할 때는 단기적인 매입신호가 된다.

2) 그랜빌에 의한 매도신호

ⓐ 매도신호1

이동평균선이 상승한 뒤 평행 또는 하락으로 전환되는 국면에서 주가가 평행선을 위에서 아래로 뚫고 내려올 때는 이동평균선과 주가가 모두 하향하는 경우이므로 중요한 매도신호가 된다.

ⓑ 매도신호2

이동평균선이 계속 하락하고 있을 때 주가가 이동평균선을 밑에서 위로 뚫고 올라갈 때는 매도의 기회가 된다.

ⓒ 매도신호3

주가가 이동평균선 밑에서 이 선을 향해 계속 상승하다가 평균선을 뚫지 못하고 다시 하락하는 경우는 매도신호이다.

ⓓ 매도신호4

주가가 상승하고 있는 이동평균선을 넘어서 급등하다가 반락할 기미가 보일 때는 단기적인 매도신호가 된다. 왜냐하면 이동평균선과 주가가 모두 상승할때의 일시적인 주가하락은 재반등의 가능성이 높기 때문에 일시적인 매도전략으로 활용하는 것이 좋다.

3. 이격도

1) 의의

이동평균선은 과거의 주가를 가지고 계산한 것이기 때문에 보다 단기적인 매매시점을 포착하기에는 다소 어려움이 있는데 이러한 이동평균선의 단점을 보완하여 보조지표로 이격도를 사용한다. 이격도란 당일의 주가를 당일의 이동평균주가로 나눈 백분율을 말한다.

$$\text{이격도(율)} = \frac{\text{당일의주가}}{\text{당일의이동평균주가}} \times 100(\%)$$

[그림 7-13] P기업의 이격도

이는 주가가 이동평균주가로부터 떨어져 있는 정도를 나타낸다. 주가와 이동평균선과의 관계에서 주가가 이동평균선으로부터 멀리 떨어지면 이격도가 높아진다고 말하며 주가는 어떠한 형태로든 파동운동을 반복하는 경향이 있기 때문에 이격도가 커지면 주가선은 이동평균선으로 되돌아오는 수정운동이 뒤따른다고 볼 수 있다.

이러한 수정운동은 대체로 다음과 같은 범위 내에서 일어날 가능성이 높다는 것을 경험적으로 추출해 냈으며 이 범위를 초과하면 단기적인 매입 또는 매도 시점이 된다.

㉠ 상승국면의 경우

20일 이동평균선과의 이격도 : 98~106%

60일 이동평균선과의 이격도 : 98~110%

㉡ 하락국면의 경우

20일 이동평균선과의 이격도 : 92~102%

60일 이동평균선과의 이격도 : 88~104%

[그림 7-14] 주가와 이동평균선의 이격정도

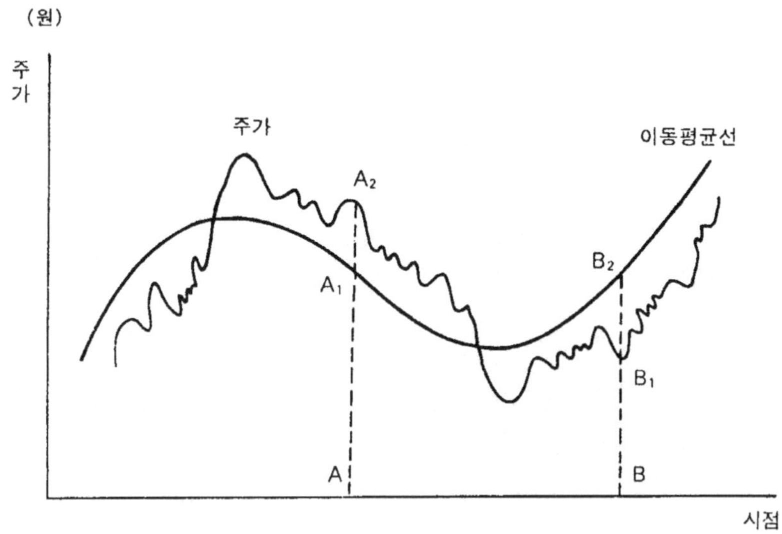

[그림 7-14]에서 A시점의 이격 도는 $\frac{AA_2}{AA_1}$ 며, B시점의 이격 도는 $\frac{BB_1}{BB_2}$ 이다. 이격도가 100% 이상이라는 것은 당일의 주가가 이동평균선보다 위에 있는 상태이고 100% 이하는 주가가 이동평균선 아래에 있는 상태이다.

이격도를 이용한 투자전략을 보면 상승국면의 경우는 20일선 및 60일선이 110%가 넘으면 매도시점이 된다. 하락국면의 경우는 20일선이 92%, 60일선이 88% 수준이면 매입시점이고 20일선이 102%, 60일선이 104%이면 매도시점이 된다.

지금까지는 편의상 개별종목의 주가분석에 이동평균선을 적용하였으나 시장상황을 판단하기 위해 종합주가지수에도 이를 똑같이 적용할 수 있다. 이동평균선은 증권회사에서 배포되고 있는 각종 자료에 실려 있으므로 직접 작성하지 않고도 손쉽게 이용할 수 있다.

2) 분석방법

최적 주가 이동평균선도 다른 이동평균선과 마찬가지로 단기선이 장기선을 아래에서 위로 상향 돌파할 때가 골든크로스로 매수시점이며 위에서 아래로 하향 돌파할 때가 데드크로스로 매도시점이 된다. [그림 7-15]에서는 ⬆화살표가 매수시점이며, ⬇화살표가 매도시점이 된다.

[그림 7-15] 최적주가이동평균선

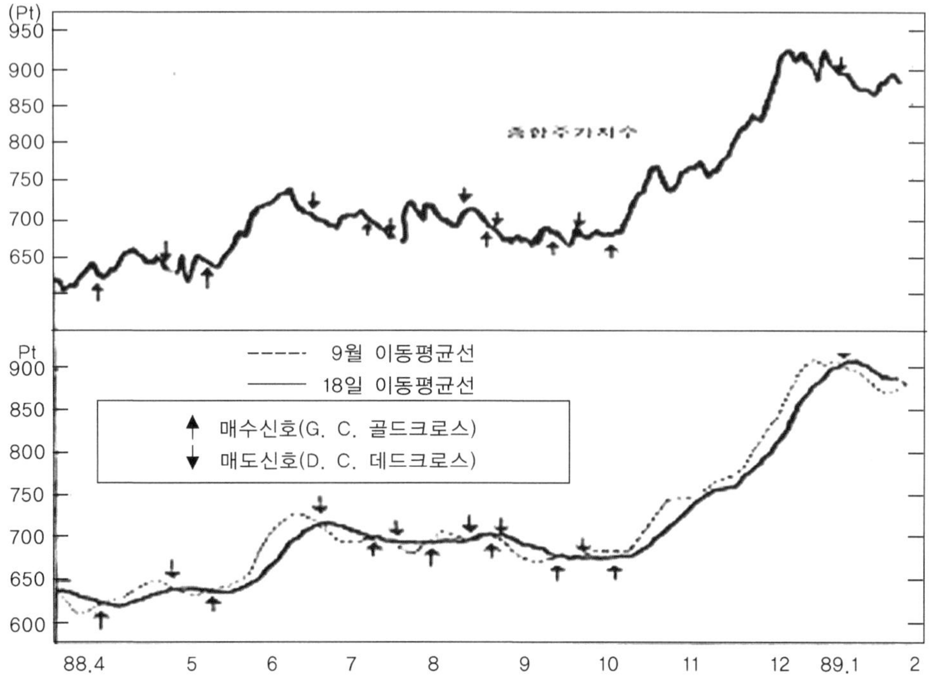

3) 한계점

이 최적 주가 이동평균선 조합은 우리나라 종합주가지수를 가지고 일정기간 동안의 시뮬레이션을 통하여 얻어진 것이기 때문에 향후에도 계속해서 최적 조합일 것이라는 보장은 없다. 왜냐하면 시간이 흐름에 따라 투자자들의 투자패턴이나 시장상황이 변하기 때문이다. 따라서 끊임없는 실험을 통해 바뀐 상황에 맞는 최적 조합을 찾아나가야 할 것이다.

4. 삼선전환도

1) 특징

주식투자에 있어서는 주가의 전환, 즉 상승에서 하락으로 또는 하락에서 상승으로 전환되는 시점을 보다 빨리 파악하여 주식투자에 임하는 것이 아주 중요하다.

전환시점을 포착하는 투자기법으로서 널리 활용되는 것으로는 삼선전환법이 있다. 이것은 일본에서 개발된 것으로서 처음엔 쌀 시세의 변동을 예측하는 기법으로 이용되다가 주식시장에서 원용하여 쓰게 되었다.

일반적으로 소폭의 주가변동만으로 주가의 대세가 전환된다고는 볼 수 없고 주가가 지속적으로 상당 폭만큼 한 방향으로 움직일 때 대세가 전환된다고 보아야 할 것이다. 삼선전환법은 주가하락이 그 이전의 상승선 3개를 전환 돌파하는 경우에 상승선을 그려서 이를 각각 하락과 상승신호로 본다. 이 방법은 투자자에게 매입 및 매도신호를 분명히 제시해 주기 때문에 자동적으로 매매신호를 포착할 수 있다.

2) 작성방법

삼선전환법은 주가가 새로운 고가나 저가를 형성할 때만 차트에 그린다. 즉 상승선이 계속될 때 상승선을 그려 나가다가 주가가 하락한다고 하여 바로 하락선을 그리는 것이 아니라 그 이전의 상승선 3개에 해당되는 주가하락이 있을 때 비로소 하락을 그리는데 이때를 하락전환 또는 음전환이라 하여 매도신호로 본다. 반대로 하락선이 계속될 때에는 이전의 하락선 3개에 해당되는 주가상승이 있을 때 상승선을 그리고 이때를 상승전환 또는 양전환이라 하여 매입신호로 본다.

k회사의 주가가 <표 7-4>와 같다고 할 때 삼선전환차트를 그려보기로 한다. 이표에서 보는 바와 같이 k주식의 11월 2일 종가가 7,500원이었다고 하면 차트에 7,500원을 그린다. 이어서 다음날인 3일의 종가가 7,800원이었다고 하면 상승선을 그리고, 7,500원에서 7,800원까지 양선으로 그리고 4일도 상승선을 그린다. 5일은 주가가 하락했으나 그 이전의 상승선 3개만큼 하락하지 않았으므로 차트상에 표시하지 않고 6일도 5일에 비해 100원 상승하였으나 그 이전의 상승선 3개에 해당하는 400원 이상 하락하였으므로 음선으로 그린다. 이때는 하락전환신호로서 매도시점을 가리키고 있다.

11월 11일의 7,000원을 바닥으로 해서 12~13일에 연이어 주가가 상승했으나 이전의 하락선 3개에 해당하는 700원보다 적게 올랐으므로 표시하지 않고 14일에는 700원 이상 상승하였으므로 비로소 상승선을 그려 넣는데 이때가 매입시점이 된다.

〈표 7-4〉 k회사의 주가추이

월/일	주가(원)	표시	월/일	주가(원)	표시
11월 2일	7,500	–	11월 16일	8,000	□
3	7,800	□	17	8,100	□
4	7,900	□	18	8,200	□
5	7,700	×	19	8,300	□
6	7,800	×	20	8,500	□
7	7,600	×	21	8,300	×
8	휴 일	×	22	휴 일	×
9	7,400	■	23	8,000	■
10	7,200	■	24	7,800	■
11	7,100	■	25	7,600	■
12	7,400	×	26	7,300	■
13	7,700	×	27	7,400	×
14	7,900	□	28	7,100	■
15	휴 일	×	29	휴 일	×

주 : □:상승선 ■:하락선 ×:무표시

3) 분석기법

위의 예에서도 알 수 있듯이 삼선전환차트는 지극히 간단한 투자기법이다. 즉 상승선이 계속되다가 하락선이 나타나면 매도신호로 보고, 하락선이 계속되다가 상승선이 나타나면 매입신호로 보기 때문에 분석방법도 특별한 테크닉을 필요로 하는 것이 아니다. [그림 7－16]의 예에서는 편의상 상승선과 하락선이 나타나는 횟수가 많았지만 실제에 있어서는 거의 매일 새로운 가격이 갱신되는 예는 드물며 상승선 또는 하락선이 지속되는 양상을 보이므로 매매신호를 명백히 알 수 있다.

4) 이용 상의 한계점

삼선전환법은 매매신호를 명백히 제시하여 줌으로써 다른 차트에 비해 간단할 뿐만 아니라 해석상의 문제점도 적다. 그러나 복잡한 주가 변화를 간단하게 표시한 만큼 다음과 같은 몇 가지 문제점도 있다.

① 증권시장의 주변 환경 불안 등으로 단기간에 주가등락이 반복되는 경우에 적합하지 않다.

[그림 7-16] P기업의 삼선전환도

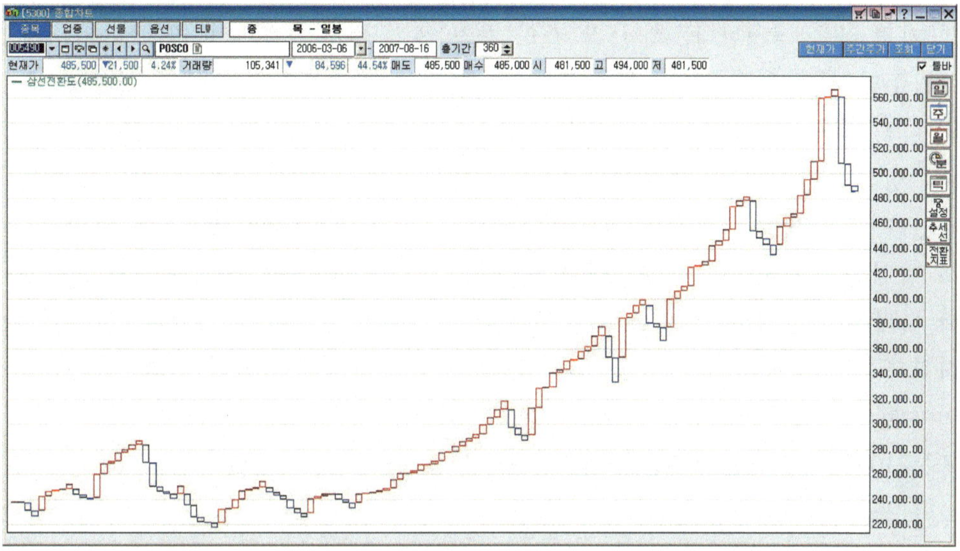

② 주가가 지속적으로 상한가 또는 하한가와 같이 큰 폭으로 변동하는 경우에도 부적합하다

③ 매도전환의 신호로서 나타난 하락선이 예상외로 크게 나타날 때는 다음의 상승전환신호가 잘 나타나지 않는다.

④ 주가상승의 최종단계에서 상승선이 크게 형성될 때는 3선 전환이 쉽게 형성되지 않으므로 하락전환신호가 잘 나타나지 않는다. 이러한 문제점들을 보완하기 위한 방법으로 "10% 플랜 병용법"을 사용하기도 한다.

5. 점수도표

점수도표(point & figure chart : P&F)는 시간의 개념은 배제하고 사소한 주가변동을 차트에서 제외시킴으로써 주가의 주추세를 파악하고 매매시점을 포착하고자 하는 분석기법이다. P&F 차트가 강조하는 것은 주가 움직임의 방향이다.

작성방법으로는, 첫째, 주가 상승시에는 ×표로, 하락시에는 ○표로 표시하고 주가가 계속 상승할 때는 ×표만을 계속, 하락할 때는 ○표만을 Y축에 표시한다. 둘째, 주가가 상승에서 하락으로 반전할 때는 줄을 바꾸어 ×표에서 ○으로 표시하되 한 칸 아래에 표시한다. 반대로 하락에서 상승으로 반전할 때는 ○에서 ×표로 표시 하는데 이때에도 줄을 바꾸되 한 칸 위로 표시한다. 셋째, 한 칸의 가격 폭을 결정한다. 축의 각 칸의 가격 폭은 주가 수준에 따라 달라지는데, 고가주일 경우에는 1칸의 가격 폭을 크게 하고 저가주일 경우에는 작게 한다. 대게 적당한 가격 폭은 주가나 주가 지수의 2%에서 3% 정도가 적당하다. 넷째, Y축 상의 1칸(1점도의 경우에는 1칸, 2점도는 2칸, 3점도는 3칸)의 범위를 이탈하였을 때만 새로운 ×표나 ○표가 계속될 경우 이전의 고점보다 상승하면 1칸의 범위를 초과하여야 ×가 표시되며, 주가가 계속 하락할 때는 이전의 저점보다 하락하면서 1칸의 범위를 초과 하여야만 ○표가 표시된다. 다섯째, 상승에서 하락으로, 하락에서 상승으로 전환 될 때는 사전에 정해진 가격 폭의 변화가 있어야 한다. 즉, 1칸을 100원으로 잡았을 경우에 이전의 고점 또는 저점보다 1점도는 100원, 2점도는 200원, 3점도는 300원의 가격 변화가 있어야 줄을 바꾸어 ○표 또는 ×표를 할 수 있다.

P&F차트의 목적은 적절한 매매시점을 포착하는데 있는데 매매시점을 포착하려면, P&F차트 상에 나타나는 패턴을 분석해야만 한다. P&F의 패턴은 강세패턴

[그림 7-17] P기업의 P&F 차트

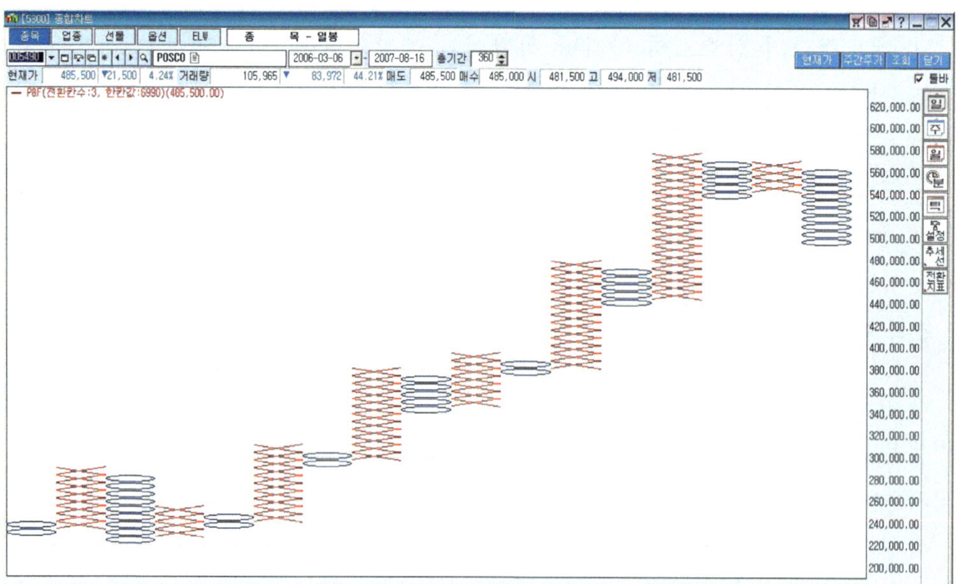

(매수신호)과 약세패턴(매도신호)으로 나누어진다. [그림 7－17]은 P기업의 P&F 차트이다.

1) 강세신호형(매수신호)

강세신호형의 저항선은 수평 방향으로, 지지선은 오른쪽 위로 상승하여 주가가 한 점을 향하여 모이는 패턴이다. 이것은 바닥패턴 가운데 가장 강력한 것으로 주가가 상한지지선을 뚫고 상승할 때, 즉, ×표가 이전 고점을 한 칸 상회하는 시점이 매수신호이다.

2) 삼중천정형(매수신호)

삼중천정형은 이전의 고점 2개를 세 번째 나탄 난 고가가 상향 돌파하는 패턴을 말하는데 매수 시점은 ×표가 이전의 고점을 상회하는 시점이다.

3) 상승삼각형(매수신호)

이 패턴은 주가의 변동폭이 점차 작아지면서 나타나는 패턴으로서 강세신호와 약세신호가 불완전하게 혼합되어 나타나는 형태인데 매수시점은 ×표가 직전 고점을 상향 돌파하는 시점이다.

4) 상승반전형(매수신호)

전환선 뿐만 아니라 지지선도 나란히 하락하고 있지만 매수세가 일시에 매수활동을 함으로써 강한 반등을 하는 형태로 단기간에 커다란 차익을 얻을 수 있으며 매수시점은 역시 ×표가 직전의 고점을 상향 돌파하는 시점이다.

5) 약세신호형(매도신호)

약세신호형은 강세신호형과 반대로 약세저항선이 오른쪽 밑으로 내려가는 형태로 매도시점은 이전의 저점을 하회하는 점이다.

6) 삼중바닥형(매도신호)

삼중바닥형은 추세가 상향에서 하향으로 반전되는 것으로 세 번째 나타나는 저점이 두 번째까지의 저점 밑으로 내려가는 형태로, 매도시점은 두 번째 저점의 바로 아래의 지점이 된다.

7) 하락삼각형(매도신호)

저가는 상승하고 고가는 하락하는 즉, 약세저항선은 오른쪽 밑으로 향하고 강세지지선은 오른쪽 위로 향하는 혼합형으로서 매도시점은 두 번째 나타난 저점을 향하는 점이다.

8) 하락반전형(매도신호)

강세저항선과 강세지지선이 나란히 오른쪽 위로 향하는 전형적인 강세패턴이 나타나다가 하락세로 반전되는 형태로서 매도신호는 강세패턴이 붕괴되면서 직전의 저점을 하회하는 것이다.

제7절 주가추세분석

1. 추세선의 의의

주가란 일정기간 동안에 같은 방향으로 움직이려는 경향이 있다. 이러한 주가의 성질을 이용하여 주가를 분석하고자 하는 기법이 추세분석이다. 다우이론에서도 제시 하였듯이 실제로 주가가 제멋대로 움직이는 것처럼 보이지만 어느 기간의 시장기록을 도표로 만들어 보면 주가는 상승, 하락, 수평추세 중에서 어느 하나의 추세선을 따라 움직이는 것을 볼 수 있다. 그러나 추세선이 한번 형성되면 상당기간 지속되는 것이 보통이나 그렇다고 한쪽 방향으로만 계속 움직이는 것은 아니며 어떤 시점에 가서는 다른 방향으로 전환하기 마련이다.

투자자의 입장에서는 추세선이 상승하기 시작하는 시점에서 매입하여 추세반전시점에서 주식을 처분함으로써 가장 효율적인 투자성과를 올릴 수 있으므로 추세선에 대한 정확한 예측은 투자전략상 매우 중요한 요소가 된다.

2. 추세선의 설정

1) 추세선의 설정방법

주가를 차트로 나타내 보면 파도처럼 매일 움직이는 것을 볼 수 있다. 이 때 파도의 흐름에는 고점과 저점이 있는데 이 고점과 저점들 중에서 의미 있는 두 고점 또는 지점을 연결한 직선이 추세선이다.

[그림 7－18]에서 보는 바와 같이 상승추세선은 주가의 흐름이 전체적으로 오른쪽 위로 향할 때 주가의 흐름에서 저점인 20××년 8월에서 20××년 8월을 연결한 것으로 나타나고 하락추세선은 주가의 흐름이 오른쪽 밑으로 향할 때 고점인 19××년 8월에서 20××년 1월을 연결한 것으로 나타난다. 또한 평행추세선은 주가의 저점이 평행을 이룰 때 저점인 20××년 8월에서 20××년 8월을 연결한 것으로 나타난다.

보통 상승추세선은 주가의 바닥점들을 연결시켜 만들고 하락 추세선은 고점을 이어서 사용한다.

[그림 7－18]은 상승, 평행, 하락 추세대를 나타낸 것으로서 아웃라인선은 추세선을 말하며 추세선과 '아웃라인' 사이를 추세대라고 하는데 이러한 추세대가 형성되는 주가의 움직임을 살펴보는 것이 추세선만 이용하는 것보다 훨씬 신뢰

[그림 7-18] P기업의 상승, 평행, 하락 추세대

할 수 있다.

추세선은 앞의 다우이론에서도 언급하였듯이 단기추세, 중기추세 및 장기추세로 나뉜다.

2) 기준점의 선정

추세선을 유도하는 데에는 두 개 이상의 반전점이 필요한데 반전점은 단기추세선에서는 단기파동의 결과로 나타나는 고점이나 저점을 중기 추세선에서는 중기파동의 결과로 나타나는 고점이나 저점을 말한다. 비교적 장기간에 걸쳐 형성된 반전점은 대체로 확실한 경우가 많기 때문에 기준점 선정에 별 어려움은 없으나 단기 추세선을 설정할 때는 고점이나 저점이 명확하지 않으므로 기준점을 선정하는데 어려움이 따른다. 이러한 어려움을 줄이기 위해 다음과 같은 기준을 고려하여 선정하는 것이 좋다.

2차 추세선의 기준점 선정에 3일 원리를 적용한다. 3일 원리란 주가가 일정한 가격수준에서 저점을 형성한 후 3일 동안 이루어지는 가격범위가 저점을 보였던 날의 가격수준 이상에서 형성되어야 저점이 기준점으로서 가치가 있다는 것이다.

예를 들면 [그림 7-18]의 포스코처럼 주식이 22,500원에서 저점을 형성한 후 25,000원까지 회복되었다고 하면 향후 3일 동안 주가가 25,000원 이상에서 계속 형성될 경우에는 22,500원을 저점의 기준점으로 설정해도 관계없으나 [그림 7-18]에서 보는 바와 같이 25,000원 이상에서 가격이 형성되다가 25,000원 이하로 떨어질 경우 이때의 저점은 기준점으로서 의미가 없고 그 다음의 저점이 기준점이 된다.

3) 추세선의 신뢰도

실제로 도표에 추세선을 설정해 보면 추세선의 방향, 길이, 각도 등이 다른 모양으로 나타나는데 이렇게 상이한 추세선들을 이용하여 합리적인 예측을 하려면 일정한 기준에 의해 추세선을 선별하여야 한다.

㉠ 추세선의 확인과정이 진행될수록 신뢰도는 높아진다.
㉡ 추세선의 길이가 길면 길수록 더욱 신뢰할 수 있다.
㉢ 추세선의 기울기는 각 주식의 속성에 따라 일률적으로 말할 수는 없으나 대체로 기울기가 완만할수록 신뢰도가 높다.

3. 추세선의 수정

도표를 작성하다 보면 이미 설정된 추세선과는 다른 방향으로 움직임으로써 또 다른 추세를 형성하게 되는 현상을 보게 된다. 추세선의 수정이란 이러한 경우 기존의 추세선을 일부 수정하여 새로운 추세선을 유도하는 것을 말한다.

도표상에서 최초의 추세선이 설정된 후 세 번째 반전점이 최초의 추세선상에 나타남으로써 설정된 추세선의 타당성이 입증되었다면 본래의 추세선을 그대로 유지하고 그 이후에 주가가 추세선을 다소 이탈하더라도 결정적인 한계를 넘지 않는 한 본래의 추세선을 그대로 유지하는 것이 좋다. 왜냐하면 추세선은 보통 하나의 저점과 또 다른 저점을 연결하여 만든 직선형태이므로 주가가 이 직선의 범위 내에서만 정확히 움직이는 일은 드물기 때문이다.

그러나 [그림 7-18]에서 보는 바와 같이 두 기준점 아래와 위를 연결한 최초의 추세선을 설정한 후 제3의 반전점에서 기존 추세선을 이탈하여 형성되었을 경우에는 제2의 추세선을 설정하면 된다. 이때 제4의 반전점도 제2의 추세선상에서 형성된 것으로 보이므로 제2의 추세선을 진정한 추세선으로 확정한다.

이상에서 보는 바와 같이 도표상에서 하나의 직선을 결정할 수 있는 두 개의 점만 확보되면 언제든지 추세선을 설정할 수 있고 설정한 임의의 추세선의 진행과정을 관찰하여 그것이 기술적으로 중요한 의미를 갖지 못할 때에는 새로운 임의의 추세선을 설정하고 반대로 그것의 기술적 유효성이 인정될 때는 진정한 추세선으로 확정하면 된다.

경우에 따라서는 추세선을 하나만 설정하는 것보다 두 개의 추세선을 설정하여 활용하는 것이 좋을 때도 있다. 이것을 이중추세선이라 하는데 이것은 내부선과 외부선으로 구성된다. 기술적 관점에서 보면 보통 내부선보다 외부선의 신뢰성이 높으며 특히 주가의 급격한 변화가 있을 때에는 외부선의 중요성이 더욱 커진다.

4. 추세선의 판단방법

추세선은 그것의 길이와 각도, 그리고 주가바닥의 간격 등에 따라 보통 다음과 같이 판단한다.

1) 추세선의 길이

추세선은 그 길이가 길수록 신뢰도가 높다. 그러나 지나치게 긴 추세선이 단시일에 형성되면 반락이 올 때 급등락을 하게 된다.

2) 주가바닥의 간격

추세선은 주가바닥의 간격이 넓을수록 신뢰도가 높고 좁을수록 변화하기 쉽다.

3) 추세선의 각도

추세선의 각도가 크면 클수록 그 의미가 적어진다. 추세선의 각도가 크면 높은 이익을 얻을 가능성은 높지만 쉽게 보합 세력을 만나게 되어 추세가 수정되고 완만한 속도로 보합권을 형성하게 된다. 추세선의 각이 직각에 가까우면 얼마 후에 천정을 치고 조정 내지는 폭락할 가능성이 높다. 천정주가는 수정된 추세선의 각이 직각이거나 직각에 근접할 경우에 많이 나타난다.

4) 추세선의 기간

특정 기업의 주가상승세는 전체시장과 밀접한 관계가 있는데 강세장세의 경우는 6~8주, 보합 선에서는 수개월간 움직인다.

5) 추세선의 이탈

추세선의 이탈은 주가등락의 급격한 변화를 가져온다. 특히 급격한 주가변동장세가 지속될 경우 일시적인 이탈이 있을 수 있으므로 유의하여야 한다.

6) 추세선의 전환

추세선은 영원히 한 방향으로만 진행할 수 없으므로 기존의 추세선을 이탈하여 새로운 추세선으로 전환하기 마련이다. 이때 전환하는 과정을 확인하는 데에는 다음과 같은 몇 가지 기준을 고려하여야 한다.

㉠ 추세선상에 기존의 주가수준에서 보통 3% 이상 이탈할 경우는 일단 추세선이 파괴된 것으로 본다.

㉡ 추세선이 전환될 때 거래량의 증가가 수반되는 것이 보통이다. 일반적으로 상승추세에 있어서는 주가가 추세선으로부터 멀리 떨어진 상태에서 큰 폭으로 상승하면 할수록 거래량이 증가하고 반대로 주가가 추세선을 향하여 하락하여 내려올 때는 거래량이 감소한다.

㉢ 추세선상에 나타나는 주가의 변동 상태를 검토한다. 2차 추세선을 따라 상승하던 주가가 거래량이 늘어나면서 3%에 못 미치는 수준으로 하락하다가 거래량이 줄어들면서 다시 상승세로 반전되는 경우는 조만간 추세선이 반전될 가능성이 높다. 왜냐하면 주가가 상승하고 있음에도 불구하고 거래량이 늘어나지 않는 것은 상대적으로 매입세력이 약하다는 것을 의미하는데 이는 곧 매도 세력에 의해 쉽게 파괴될 수 있음을 뜻하기 때문이다.

5. 추세대

1) 추세대의 의의

주가는 매우 불규칙하게 제멋대로 움직이는 것 같아도 주가를 도표로 그려보면 규칙적인 파동을 반복하고 있음을 알 수 있는데 이처럼 주가가 규칙성을 띤 파동을 할 때는 기본추세선과 평행을 이루는 선을 유도할 수 있다. 이 유도된 선을 회귀선이라고 하며 회귀선과 기본추세선 사이에 형성되는 영역을 추세대 또는 추세통로라 한다. 추세통로는 특히 발행주식수가 많고 거래가 활발하게 이루어지는 주식에서 자주 나타나나 발행 주식수가 적고 거래가 활발하지 않은 주식에서는 잘 나타나지 않는 특징이 있다.

2) 추세대의 형성

상승추세를 따라 주가가 파동운동을 할 때 추세대가 도표상에 어떻게 형성되는지를 살펴보기로 하자.

[그림 7-18]과 같이 저점인 아래와 위를 연결한 임의의 기본선을 유도하고 고점에서 기본선과 평행하는 선을 유도하였을 때, 주가가 저점으로부터 상승해서 고점에서 반전하게 되면 추세대가 형성되는 것으로 본다. 주가가 추세대를 따라 파동을 반복하다가 만일 회귀선에 미치지 못하고 그 이하의 가격수준에서 반락하게 되면 기본선을 하향 돌파하는 것이 일반적이다. 따라서 추세대가 전형적인 형태로 나타났을 때 주가가 회귀선에 미치지 못하고 그 이하에서 반전

하는 현상이 나타나면 기본선이 파괴되는 신호로 볼 수 있으며 주가가 회귀선에 도달하지 못하는 한계는 일반적으로 3% 원리를 적용하여 구한다. 이렇게 주가가 기본선을 이탈하여 새로운 저점을 형성하면 기본 추세선을 수정한 후 앞의 방법과 마찬가지로 새로운 회귀선을 유도함으로써 지금까지의 추세대를 수정하여야 한다.

3) 추세대의 종류

㉠ 매입준비형

ⓐ 주가가 상승추세선의 아웃라인을 돌파해서 상승하는 경우

ⓑ 주가가 평행추세선의 아웃라인을 돌파하는 경우

ⓒ 다른 지표가 매입신호를 보이고 있을 때 주가가 하향 추세선을 상향 돌파하는 경우

ⓓ 추세대가 상승하면서 점차 넓어질 때 주가가 상승하는 회귀선과 접하는 경우

ⓔ 상승추세선이 진행되면서 추세대가 점점 좁아지고 주가가 회귀선에 접하는 경우 그러나 이때 추세가 더욱 진행되어 쐐기형을 형성하게 되면 향후 약세가 예상되므로 매입은 유보하는 것이 좋다.

ⓕ 상승추세선이 평행의 추세대를 수반하면서 상승할 때 주가가 회귀선에 접하는 경우

ⓖ 추세대가 평행관계를 유지하여 상자형 모양을 형성하면서 주가가 5번째의 반전에서 회귀선에 접하는 경우

ⓗ 회귀선은 평행선, 기본선은 상승 형태를 보임으로써 삼각형 모양의 상승추세대를 보일 때 주가가 회귀선과 접하는 경우

ⓘ 회귀선은 하락하고 기본선은 상승하고 있을 때 주가가 거래량 증가를 수반하면서 상향 돌파하는 경우

㉡ 매도준비형

ⓐ 주가가 하향 추세선을 돌파하여 하락하는 경우

ⓑ 주가가 평행추세선의 저점을 뚫고 하락하는 경우

ⓒ 주가가 상승 추세선을 뚫고 하락하는 경우, 그러나 이때는 추세선은 상승하고 있기 때문에 일시적인 주가의 반락일 수도 있으므로 다른 지표가 결정적인 매도신호를 보이지 않는 한 좀 더 주가 추이를 보는 것이

좋다.

ⓓ 하락추세가 진행됨에 따라 하락폭이 주가의 바닥권을 예측할 수 없는 유형이므로 초보자는 이런 주식을 피하는 것이 좋다.

ⓔ 주가는 점진적으로 하락하고 있으나 하락폭이 점차 줄어들어 하락천정선과 하락바닥선이 교차하는 형태로 보일 때 주가가 하락바닥선과 접하는 경우는 매도신호로 볼 수 있다. 그러나 하락천정선과 바닥추세선의 교차지점에서 거래량이 증가될 가능성이 큰 유형으로 거래량 추이를 보면서 점차 매수를 늘려가는 것도 좋다.

ⓕ 추세선과 회귀선이 평행을 이루면서 주가를 균일하게 규칙적으로 하락하는 것이 특징이다. 대세의 하락국면에서는 주식투자의 전문가가 떨어지는 폭이 규칙적이고 그 흐름이 일정한 것을 이용하여 대주종목으로 높은 수익을 올리려고 하는 경우가 많으므로 이러한 형태는 다소 조작의 가능성도 배제할 수 없는 형태이다. 따라서 일반투자자에게는 각별한 주의가 요구되는 유형이다.

ⓖ 일정한 가격대를 중심으로 오랫동안 박스권을 이탈하지 못하는 형태이면서 주가가 바닥추세선을 뚫고 하락하는 경우는 이를 매도신호로 볼 수 있으나 천정추세선을 이탈하여 상승하는 경우는 매입하는 것이 좋다. 장차 주가가 박스권의 추세대를 이탈하여 상승 또는 하락을 예측할 수 있는 지표는 역시 거래량이다. 만약 박스권 내에서 왕복하던 주가가 박스권의 바닥에 접근할 때마다 거래량이 점차 늘어나는 추세에 있다면 상승국면을, 거래량이 점차 감소하는 추세에 있다면 하락국면을 시사한다고 볼 수 있다.

ⓗ 기본선은 평행인데 반해 회귀선은 오른쪽 아래로 향하는 형태로 상승세력이 점차 약해짐을 나타내며 이때 주가가 기본선에 접하는 경우는 매도신호로 볼 수 있다.

ⓘ 기본선은 상승하고 회귀선은 하락하고 있을 때 주가가 기본선 밑으로 하락하는 경우

주가그래프는 증권시장에 모인 모든 투자자들의 최종적인 의사판단의 결정체인 동시에 각종 투자 자료가 반영된 결과치라는 점을 고려할 때, 투자자에게는 이에 대한 연구가 필수적이다. 그러나 기술적 분석에만 집착한 나머지 주식의

내재가치를 평가하는 기본적 재무분석 등을 소홀히 함으로써 그 주식을 과대 또는 과소평가하는 우를 범해서는 안 된다.

주식에 투자하려는 사람은 자신이 사려는 종목에 대해 철저한 재무분석을 바탕으로 그 주식의 내재가치를 파악한 후 그래프분석, 정보분석을 해야 하는데 강세장에서는 정보, 그래프, 재무분석의 순서로 하고 약세 장세에서는 재무, 그래프, 정보분석의 순서로 의사결정 하는 것이 좋다.

제8절 주가패턴분석

주가 추세선은 대부분 직선 형태로 이루어지지만 경우에 따라서는 곡선의 형태로 나타나기도 하며 추세선이 일단 이탈되면 추세선의 정정운동이 일어난다.

추세선이 상향에서 하향으로, 또는 하향에서 상향으로 반전될 때에는 반드시 추세반전을 위한 준비운동이 일어나는데 이러한 준비과정을 도표로 그려보면 여러 가지 모양으로 나타나게 된다. 이러한 모형을 관찰하여 주가를 예측함으로써 적절한 매매시점을 포착하는 것이 주가의 패턴 분석이다.

1. 삼봉형(head & shoulder)

1) 삼봉천정형

이것은 세 개의 봉우리가 나타나기 때문에 붙여진 이름이다. 하락과 상승이 3번씩 나타나며 2번째 봉우리가 다른 좌우의 봉우리 보다 높은 것이 일반적인 형태이다.

주가가 상승을 지속하다가 왼쪽 봉우리(왼쪽어깨)에 이르면 매도세력이 증가하여 상승세가 꺽인다. 주가가 어느 정도 하락하면(왼쪽어깨에서 하락하면서 네크라인에 닿는 시점) 그 동안의 관망 세력이 매수를 증가하기 시작하고 이에 일반투자가까지 확신을 가지고 매수에 가세하여 주가 상승에 가속도가 붙는다. 이에 따라 주가는 최고점에 도달하게 된다. 주가는 최고치를 나타낸 후 하락세로 반전한다. 그러나 최고점에 다달은 후 점점 하락하여 다시 네크라인까지 이르면 일단 하락세가 멈춘다. 그 점을 지지선으로 하여 주가가 다시 상승하나 최고점까지 못가고 오른쪽 봉우리(오른 쪽 어깨)까지 상승하다가 그 점 이후에 완전한 하락세로 돌아서게 된다.

완전히 하락추세로 전환된 후 지지선 밑으로 하락한 후 잠시 네크라인까지 돌아오는 경우가 많은데 이를 되돌림 현상이라고 부른다. 네크라인까지 되돌림 현상이 나타날 것인지는 그 당시의 시장여건에 크게 좌우되나 네크라인이 갖는 기술적 의미는 중요하다.

헤드 앤 쇼울더형의 패턴 완성은 주가가 이 네크라인를 완전히 하향 돌파하여야 이루어진다. 이 네크라인을 하향돌파하지 않으면 헤드 앤 쇼울더형이라고 단정할 수 없다.

헤드 앤 쇼울더형이 완성된 경우 주가의 방향은 기존 추세의 전환을 예고한다고 한다. 상승패턴에서 하락패턴으로 전환된 경우 그 하락폭은 최고가격에서 네크라인까지의 폭만큼 된다. 하락목표치는 최소한의 하락예측에 불과하다. 시장상황에 따라 그 하락폭은 더욱 커질 수 있다.

각 상황별 특징을 요약하면 다음과 같다. 첫째, 왼쪽 어깨는 대량 거래량을 수반하고, 둘째, 머리는 주가가 최고점이 되나 거래량은 왼쪽 어깨에 비하여 상대적으로 적다. 셋째, 오른쪽 어깨는 결정적으로 적은 거래량을 수반한다. 넷째, 되돌림은 주가가 기준선 이하로 하락한 후 다시 기준선 수준까지 상승하는 현상이다. [그림 7-19]가 삼봉천정형이다.

[그림 7-19] 삼봉천정형

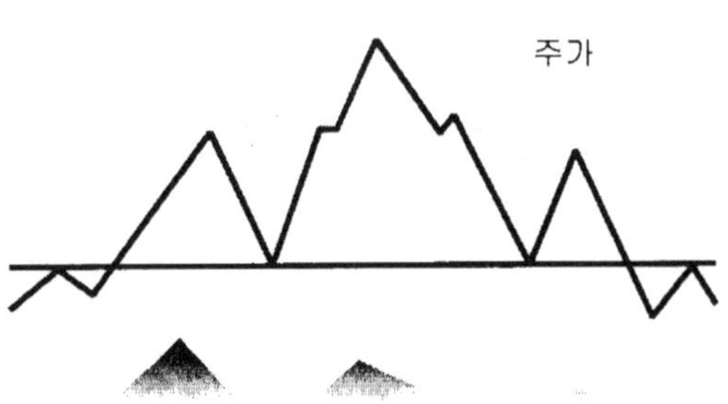

2) 삼봉바닥형

삼봉바닥형은 삼봉천정형을 뒤집어 놓은 것과 같다. 삼봉천정형이 상승추세에서 하락추세로 전환하는 경우에 나타나는 패턴인 반면 삼봉바닥형은 하락추세에서 상승추세로 전환하는 경우에 나타난다.

예컨대, 삼봉바닥형의 완성시점은 네크라인을 상향 돌파해야만 추세 전환이 이루어진다. 네크라인 돌파시 목표가격은 최소한 최저점에서 네크라인까지의 가격폭만큼 상승할 것으로 예측된다. [그림 7-20]이 삼봉박닥형이다.

[그림 7-20] 삼봉박닥형

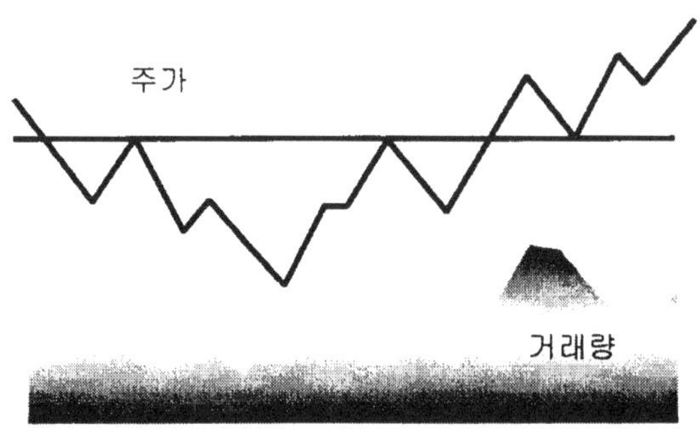

3) 다중삼봉형

다중삼봉형은 머리 하나에 어깨가 둘인 이중 삼봉형에 비해 머리 하나에 여러 개의 어깨가 나타나는 형태로서 모형의 의미나 해석방법은 삼봉형과 비슷하다. 그러나 전형적인 삼봉형에 비해 모형의 형성기간의 길고 기준선이 [그림 7-21]에서와 같이 활선으로 나타나는 경우가 많으며 모형의 대칭성이 더욱 강하게 적용된다.

[그림 7-21] 다중삼봉형

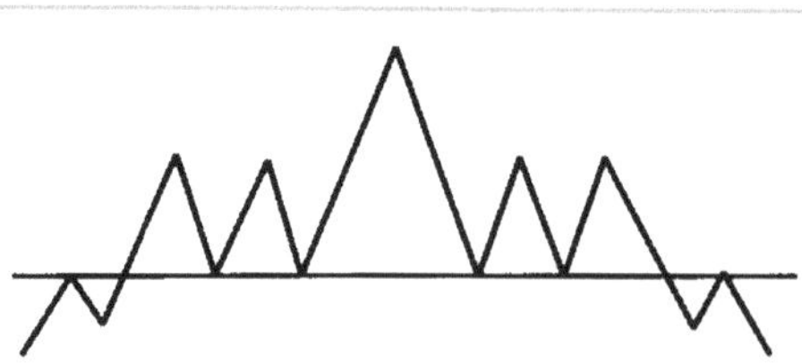

2. 원형

삼봉형의 형성기간이 길어지면서 변형된 것이 다중삼봉형 이며 형성기간이 길어지면 길어질수록 모형의 구성요소가 변형되어 기준선의 기울기가 길고 평평한 원형의 모형이 나타난다. 그러나 수요와 공급의 변화가 점진적으로 이루어짐으로써 기준선이 활모양의 형태를 취하기 때문에 다중 삼봉형에서 처럼 그 형태가 명료하게 나타나지 않는 특징이 있으며 원형천정형과 원형바닥형으로 나뉜다.

1) 원형천정형

원형천정형은 지지수준을 기준으로 하여 주가가 둥근 지붕모양을 나타낸 형태로서 거래량도 주가와 비슷한 형으로 나타난다.

이 형태는 처음에 매수세가 매도세보다 우세하여 [그림 7-22]에서와 같이 점차 주가는 상승세를 보이는데 주가가 상승할수록 매도세력은 강해지고 매수세는 약해짐에 따라 주가가 하락하는 양상을 보인다.

주가와 거래량이 동시에 하락하면서 원형천정형이 완성되면 주가는 지지수준 이하로 떨어지는 것이 보통이다.

[그림 7-22] 원형천정형

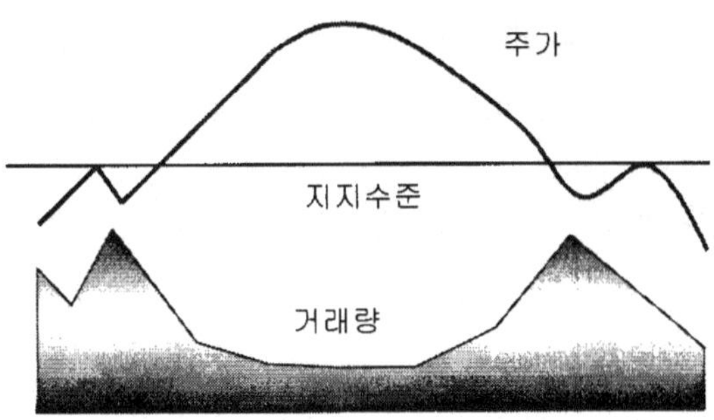

2) 원형바닥형

원형바닥형은 원형천정형과는 반대로 추세선이 하향에서 상향으로 반전되는 과정에서 나타나며 거래량도 초기에는 증가하다가 주가하락과 동시에 감소하고 이후에는 거래량과 주가가 동시에 증가함으로써 기준선을 중심으로 하여 [그림 7-23]에서와 같이 밑으로 둥근 반달형이 형성된다. 원형바닥형이 형성된 후에는 매입세력이 점점 강해져 주가가 상승하는 것이 보통이다.

원형바닥형은 모형이 형성되는데 원형천정형보다 상대적으로 시간이 더 걸리기 때문에 가격 수준이 낮은 우량주에서 많이 나타난다.

[그림 7-23] 원형바닥형

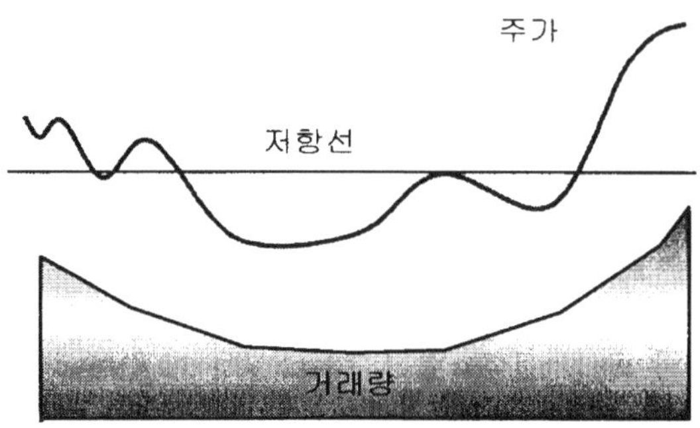

3. 삼각형

삼각형은 주가가 몇 번의 등락을 보이는 동안 등락폭이 점차 줄어들면서 나타나는 형태로서 주가의 기본선과 추세선이 어떤 한 점에 수렴됨으로써 이루어진다. 이 형은 주가변동이 코일에 감기는 형태와 비슷하다고 하여 일명 코일형이라고도 하는데 확인이 용이하고 자주 나타나는 형태이지만 가끔 속기 쉬운 것이어서 일반투자자들보다는 전문 투자자들에게 보다 유용하게 활용된다. 이 형태는 대체로 대칭삼각형, 상향삼각형, 하향삼각형 등으로 나누어 진다.

1) 대칭삼각형

대칭삼각형은 기본선이 오른쪽 위로 향하고 회귀선은 오른쪽 아래로 향하여 모두 비스듬한 사선을 이루면서 두 선의 상향 또는 하향 기울기의 절대크기가 비슷한 경우의 이등변 삼각형 형태를 나타낸다.

주가의 패턴은 [그림 7-24]와 같이 고점은 점차 낮아지고 저점은 점차 높아지면서 나선형으로 계속되다가 어느 한 점에 수렴하게 되며 거래량은 점차 감소하는 경향을 보인다.

[그림 7-24] 대칭삼각형

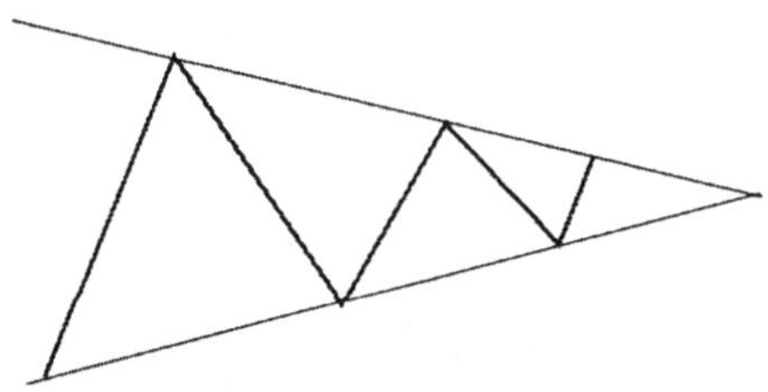

일반적으로 고점에서 거래량이 증가되면 주가는 상승하지만 거래량이 감소하면 주가도 하락하는 현상이 나타난다.

2) 상향직각삼각형

상향직각삼각형은 주가의 고점이 일정한 수준에서 형성되어 이를 이은 상한선은 수평이 되고 저점은 점차 높게 형성되어 기본선은 오른쪽 위로 향하는 형태를 보이기 때문에 상한선과 기본선을 이으면 직각삼각형이 된다.

이의 형성과정을 보면 주가가 오를 때 일정수준의 가격에서 대량의 매도물량이 나와 올라가던 주가가 그때마다 반락하고 다시 그 수준까지 오르는 것을 반복하면서 이루어진다. 이러한 과정이 반복되어 일단 상향직각삼각형 모형이 형성되면 매도물량이 점차 소진되어 주가는 이후 상승하는 것이 보통이다.

3) 하향직각삼각형

상향직각삼각형 모형과는 반대로 주가의 저점은 일정수준에서 수평을 이루는데 반해 고점은 점차 하락하여 오른쪽 아래로 향하며 상·하향 추세선을 연결하면 직각삼각형이 된다.

고점을 연결한 상한선이 오른쪽 아래로 향한다는 것은 점차 매수 세력이 약해지고 있음을 나타내기 때문에 이 하향직각삼각형이 일단 형성된 후에는 일반적으로 주가는 하락하는 양상을 보이며 거래량도 점차 감소한다.

4. 이중형

이중형은 거의 비슷한 가격수준에서 고점 또는 저점이 두 개의 봉우리를 형성하는 모형으로서 실제로 도표상에 자주 나타나지만 전형적인 모형은 매우 드물어서 속기 쉬운 형태이다. 이모형에는 이중천정형과 이중바닥형이 있는데 삼봉형과 비슷한 특징이 있다.

1) 이중천정형

이중천정형은 주가가 대량의 거래량을 수반하면서 상승하여 일단 고점을 형성한다. 거래량의 감소와 함께 단기 반락한 이후에는 왕성한 매수세력의 등장으로 다시 반등한다. 그 이후 첫 번째의 고점과 거의 비슷한 수준에서 정점을 이룬 후 첫 번째와 비슷한 두 개의 천정모양 M을 이룬다. 천정모양이 M자와 비슷하다고 하여 "M자형"이라고도 한다.

이후 거래량 감소와 함께 주가도 하락하는 양상을 보였다. 이후 두 번째도 첫 번째와 같은 형성과정을 거쳐 이중천정형을 형성하였는데 일단 이 모형이 형성되면 향후의 주가는 거래량이 급감하면서 하락할 수도 있고 거래량 증가를 수반하면서 상승할 수도 있는데 향후의 거래량 추이는 불확실하다.

이중천정형이 향후에 반전할 것인지 아닌지를 판별하는 지표는 거래량 이외에도 두 천정 사이의 간격과 주가의 등락폭 및 지지선 등이 있다. 반전형의 경우 두 천정 사이의 간격이 보통 2~3개월 이상이며, 주가의 등락폭은 20% 내외이고 두 번째의 저점이 첫 번째의 저점보다 높게 형성된다. 그러나 이것은 절대적인 기준은 아니며 주가는 얼마든지 변칙적으로 움직일 수도 있다는 것을 염두에 두어야 한다.

[그림 7-25] 이중천정형

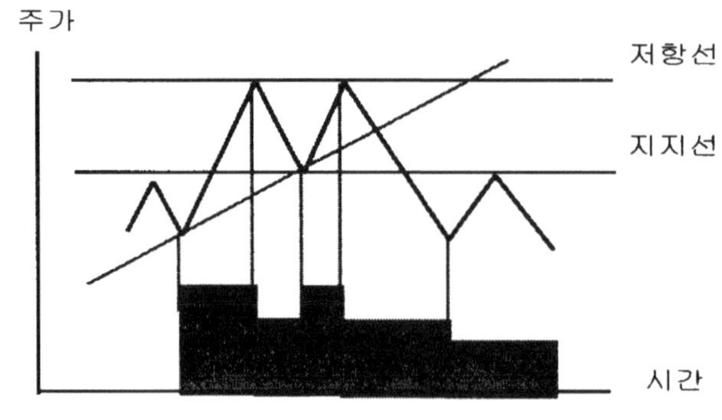

2) 이중바닥형

이중천정형과는 반대로 두 개의 저점을 중심으로 둥근 반달모양이 W식으로 형성되므로 "W자형"이라고 한다. 거래량은 보통 두 번째 저점을 형성할 때가 첫 번째 저점을 형성할 때보다 감소하는 경향이 있다. 이중바닥형은 주가상승을 예시하는 추세반전 모형이다.

[그림 7-26] 이중바닥형

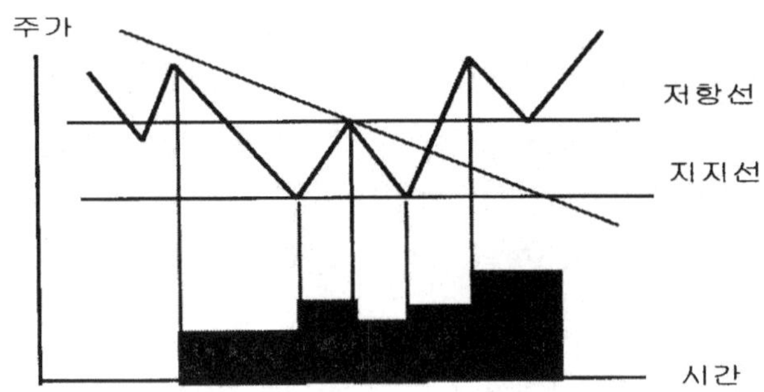

5. 확대형

1) 모형의 특징

확대형은 주가의 기복이 좁은 변동 폭으로부터 시작해서 그 폭이 점차 넓어지는 형태로 삼각형 모형과 비슷하다.

삼각형은 매도세와 매수세 중 어느 한 쪽이 강하게 나타나는 형태이고, 장방형은 매도세와 매수세가 밀고 당기는 것을 일정한 간격으로 반복함으로써 매도·매수의 불일치를 조정하는 모형인데 반해, 확대형은 어떤 뚜렷한 매수세나 매도세가 없이 증권시장 내에서 떠도는 풍문에 자극되어 매매가 이루어질 때 나타나는 모형이다.

차트의 연구결과에 의하면 이모형은 강세장세의 말기 국면에서 잘 나타나는 것으로 되어 있다. 따라서 이모형이 나타나면 주가는 곧 약세로 접어들 가능성이 높기 때문에 매도준비신호로 볼 수 있다.

삼각형은 규칙적이고 밀집된 주가파동에 의하여 형성되는데 비해 확대형은 주가와 거래량이 불규칙적이고 부정확한 특징을 가지고 있다.

2) 형성과정

확대형의 주가 추이를 보면 고점에서 저점까지 반락한 후 거래량 증가와 함께 이전의 고점보다 높은 고점까지 상승하였다가 추세지지선까지 하락한다. 이때 추세지시선상의 저점이 형성됨에 따라 강한 매수세가 일어나 주가는 직전 고점까지 대폭 상승하는 양상을 보인다. 그러나 그 후 저점까지 하락한 다음 재반등하나 추세저항선에는 미치지 못하는 점에서 다시 하락한다.

6. 장방형

장방형은 주가가 일정한 간격을 두고 상·하로 파동운동을 할 때 형성되는 것으로서 상한선과 하한선이 모두 수평을 이루어 주가변동추세를 그려보면 직사각형이 된다. 이모형은 비슷한 힘을 가진 매수 및 매도측이 일정한 가격에서 매매하고자 할 때 일어나며 박스형의 길이가 길면 길수록 박스권을 이탈할 때 등락폭이 큰 경우가 많다.

장방형을 이탈할 때에는 거래량이 대폭 증가되면서 주가가 상승하는 경우와 거래량이 감소되면서 주가가 하락하는 경우가 있다.

7. 쐐기형

1) 모형의 특징

쐐기형은 주가변동의 상한선과 하한선이 서로 교차해 쐐기형과 같은 모양을 이룰 때 나타난다. 이모형은 주추세 및 2차 추세선이 반전하는 과정에서 형성되며 특히 2차 추세선에서 자주 나타난다. 이모형이 반전모형으로 변환되기 위해서는 모형이 완성되는데 적어도 3주일 이상이 소요되어야 한다.

2) 삼각형과 다른 점

삼각형은 주가의 상한선이나 하한선 중 어느 하나가 수평을 이루고 다른 것은 상향 또는 하향의 기울기를 갖는데 반해 쐐기형은 상·하한선이 모두 상향의 기울기를 갖든지 또는 하향의 기울기를 갖는다는 점이 삼각형과 다르다.

3) 쐐기형의 종류

쐐기형에는 상향쐐기형과 하향쐐기형이 있다.

㉠ 상향쐐기형

이모형은 상·하한선이 모두 우상향의 기울기를 가지지만 상한선의 기울기가 하한선의 기울기보다 완만하게 나타나며 오른쪽의 어느 한 점으로 수렴하여 가는 특징이 있다. 이모형은 주가가 점차 상승하기는 하지만 그 상승폭이 둔화됨에 따라 시장에서의 투자심리가 점차 약화되면서 나타나는 형태로서 거래량이 줄어들면서 주가가 상향쐐기형을 이탈하여 하락한다. 따라서 상향쐐기형은 향후의 주가하락을 예고해주는 기술적 의미를 갖게 된다.

㉡ 하향쐐기형

이모형은 상향쐐기형과는 반대로 하한선의 기울기가 상한선의 기울기보다 완만하여 오른쪽의 어느 한 점으로 수렴해 간다. 또한 상향쐐기형은 주가가 상승에서 하락으로 반전할 때 나타나지만 하향쐐기형은 하락에서 상승으로 반전할 때 나타난다.

이모형은 초기에 대량의 거래량을 수반하면서 주가가 큰 폭으로 상승한 후 주가가 하락함에 따라 점차 매수세가 약해지는데 일단 하향쐐기모형이 형성된 후에는 축적되어 온 잠재적인 매입세력이 형성되어 거래량이 증가되면서 주가도 반등하게 된다.

8. 깃대형

1) 모형의 특징

깃대모형은 주가가 상향 또는 하향추세를 따라 변동하는 과정에서 깃대와 같은 형태를 취하는 것으로서 주가가 거의 수직에 가까운 가파른 기울기의 추세에 따라 매우 빠르고 급격한 상승을 보인 후에 형성되는 경향이 있다.

2) 깃대형의 종류

깃대형에는 쐐기형과 같이 상승깃대형과 하락깃대형이 있다.

㉠ 상승깃대형

상승깃대형은 주가의 상·하한선이 모두 우하향하는 평행관계의 형태를 취하는 것으로서 주가가 상승세에서 약보합세로 접어들면서 소폭의 등락을 거듭하여 생기는 것인데 거래량도 계속 감소하는 경향이 있다.

㉡ 하락깃대형

하락깃대형은 상승깃대형과는 반대로 주가의 상·하한선이 모두 나란히 우상향하는 기울기를 가지며 깃대를 거꾸로 세워 놓은 모양으로 형성된다.

이모형은 거래량이 증가되면서 주가도 상승하게 되는데 하락깃대형의 완성시기가 가까워지며 최후에 형성된 저점에서 재반등 하지 않고 거래량이 감소되면서 주가는 하락하게 된다.

제9절 개별종목의 거래량 지표

개별종목의 거래량 지표는 앞에서 설명한 시장지표 분석에서의 거래량 지표와 거의 병행하여 사용할 수 있으므로 여기서는 거래량 이동평균선과 번한 지표만을 설명하기로 한다.

1. 거래량 이동평균선

1) 의의

거래량 이동평균선은 주가 이동평균선과 같은 개념에서 출발한다. 그러나 거래량은 주가에 선행하여 움직인다는 것을 감안할 때 거래량 이동평균선 분석은 중요한 의미를 가지고 있다. 거래량 이동평균선은 주가가 상승추세에 있을 때에는 매입수요가 상대적으로 증가하므로 거래량이 증가하는 경향이 있고 반대로 하락추세에 있을 때에는 매입수요가 감소하기 때문에 거래량도 줄어든다는 기본원리에 입각하여 거래량 분석을 통해 주가를 예측하고자 하는 기법이다. 거래량 이동평균선도 주가 이동평균선과 마찬가지로 단기지표인 5일 이동평균선과 중·장기 지표인 20일 이동평균선 및 60일 이동평균선이 많이 활용되고 있다.

거래량 이동평균선과 병행하여 사용하는 것으로는 거래대금 이동평균선이 있다. 이것은 증권시장 내에 같은 규모의 자금이 유입되더라도 저가주에 매기가 집중되면 고가주에 집중되는 경우보다도 거래량이 늘어나는 반면 고가주에 매기가 집중되면 거래량이 감소하는 경향이 있으므로 비록 시장 내의 힘은 같더라도 거래량만을 볼 경우 다르게 나타날 수가 있기 때문에 거래량과 거래대금 이동평균선을 보통 함께 사용하는 경우가 많다.

2) 작성방법

거래량 이동평균선도 주가 이동평균선과 같은 방법으로 산출된다. 예를 들어 5일 이동평균선을 산출하려면 5일간의 거래량 합계를 5로 나누면 그 날의 이동평균치가 되며, 그 다음날의 이동평균치는 전일까지의 거래량 합계에다 당일의 거래량을 더하고 6일전의 거래량을 뺀 후 5로 나누면 된다. 즉 거래량을 V, 거래대금을 M 이라고 하면 거래량 및 거래대금 이동평균치는 다음과 같이 계산된다.

$$\text{거래량 5일 이동평균} = \frac{V_1 + V_2 + V_3 + V_4 + V_5}{5}$$

$$\text{거래대금 5일 이동평균} = \frac{M_1 + M_2 + M_3 + M_4 + M_5}{5}$$

이렇게 하여 나온 각각의 이동평균치를 도표상에 연결하여 그리면 이동평균선이 된다.

[그림 7-27] P기업의 거래량 이동평균선

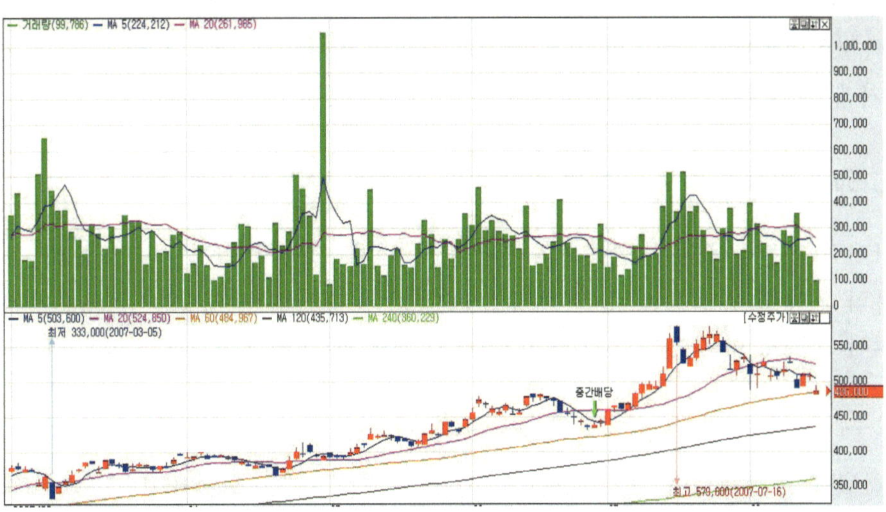

3) 분석방법

거래량 분석은 거래량이 증가하면 주가도 상승하고 거래량이 감소하면 주가도 하락한다는 것을 기본전제로 하여 다음과 같이 분석한다.

① 거래량이 점차 증가하면 주가의 상승이 예상되고 거래량이 점차 감소하면 주가도 하락할 것이 예상된다.

② 골든크로스 현상이 나타나면 주가의 상승이 예상되며, 데드크로스 현상이 나타나면 주가의 하락이 예상된다.

③ 거래량 이동평균선의 방향을 통해 장세기조를 판단할 수 있는 것은 단기적인 주가파동의 경우이다. 따라서 거래량의 방향에 대해 관찰할 경우 단기선인 5일이나 20일 거래량 이동평균선을 활용하는 것이 좋다.

④ 단지 주가가 장기간 계속 하락한 후 중·장기 이동평균 거래량이 증가 할 때에는 주가의 장기적인 대세 전환을 시사하는 경우가 많으므로 중·장기선인 60일이나 120일 거래량 이동평균선을 활용한다.

⑤ 단기선이 장기에 걸쳐 중·장기선을 하회하던 상태를 이탈하여 상향돌파한 경우도 주가의 장기상승으로 이어질 가능성이 높으므로 중·장기선을 이용하는 것이 편리하다.

2. 번한지표

번한지표는 현재의 주식시장이 활황장세인지 아니면 침체장세인지를 번한도로 측정하여 주가를 예측하려는 거래량 지표의 하나인데 이것은 거래량 회전율과 거래 성립률을 곱하여 산출한다.

1) 거래량 회전율

거래량 회전율에는 개별종목의 회전율과 전체 시장의 회전율이 있는데 개별종목의 거래량 회전율은 일간, 주간, 월간 또는 연간의 거래량을 상장주식수로 나누어 산출하며 당해 주식거래가 일정기간에 몇 회전했나를 나타내준다.

$$\text{개별종목 거래량 회전율} = \frac{\text{당해종목 거래량} \times \text{거래일수}}{\text{당해종목 상장주식수}} \times 100(\%)$$

회전율이 높은 종목일수록 증권시장에서 거래가 활발히 이루어지는 인기주라고 할 수 있으나 가끔 대량의 자전 거래에 의해 거래량 회전율이 급격히 상승하는 경우도 있으므로 유의해야 한다.

전체 시장의 거래량 회전율은 당일의 거래량에 매매거래일수를 곱하여 연간 거래량으로 환산하여 계산한다.

$$\text{거래량 회전율} = \frac{\text{당일거래량} \times \text{연간거래일수(보통 300일)}}{\text{전체상장주식주}} \times 100(\%)$$

이 회전율이 높을수록 시장은 강세를 나타내는데, 우리나라에서는 200% 이상이면 대체로 천정권으로 인식하여 시장이 과열된 것으로 보고 100% 이하이면 주가가 바닥수준을 나타내는 침체장으로 본다.

2) 거래 성립률

거래 성립률은 주가의 등락에 관계없이 거래가 성립된 종목이 상장종목수와 비교해서 어느 정도의 비율인가를 산출하여 시장의 변한도를 분석하는 기법이다. 거래 성립률도 개별종목 및 전체 시장의 거래 성립률로 나누어질 수 있는데, 개별종목의 거래 성립률은 개별종목이 총 거래일수 중에서 월간 또는 연간 얼마만큼 거래가 성립되었나를 나타내주는 지표이며, 전체 시장의 거래 성립률은 총 상장종목 중에서 몇 종목의 거래가 성립되었나를 나타내주는 지표이다.

$$\text{개별종목 거래성립률} = \frac{\text{거래성립일수}}{\text{거래일수}} \times 100(\%)$$

$$\text{전체시장의 거래성립률} = \frac{\text{거래형성종목수}}{\text{전체상장종목수}} \times 100(\%)$$

연 습 문 제

1. 기술적 분석의 의의를 설명하시오.
2. 기술적 분석의 의의와 한계점을 설명하시오.
3. 도표분석이란?
4. 선도표와 봉도표를 설명하시오.
5. 추세분석을 설명하시오.
6. 패턴분석을 설명하시오.
7. 장세분석을 설명하시오.
8. 다우이론을 설명하시오.
9. 다우이론의 강세 3국면과 약세 3국면을 설명하시오.
10. 엘리어트 파동이론을 설명하시오.
11. ADR을 설명하시오.
12. 투자심리선을 설명하시오.
13. OBV를 설명하시오.
14. VR를 설명하시오.
15. 그랜빌의 투자전략을 설명하시오.
16. P&F 차트를 설명하시오.
17. 추세대를 설명하시오.
18. 삼봉 천정형을 설명하시오.
19. 거래량 이동평균선을 설명하시오.

제8장 불확실성하의 금융자산 가격결정이론

제1절 개별자산의 기대수익률과 위험

수익률과 위험은 서로 상충되는 성격을 가지고 있다. 투자자는 의사결정을 하는데 있어서 안정성과 수익성을 동시에 고려하는데 위험도가 높은 자산에 투자할 경우에는 그 대가로 높은 수익성을 요구할 것이다. 본장에서는 증권의 수익률과 위험을 중심으로 논하기로 한다.

1. 기대수익률

기대수익률은 미래에 기대되는 수익을 말하며, 투자자가 자산에 투자한 후 일정기간이 지난 다음 다시 이를 현금화할 때, 그 자산의 규모는 시간의 흐름에 의해 변하는데, 이 증가된 부분의 자산을 최초의 투자자금 규모에 대한 비율로 나타낸 것을 투자수익률이라고 한다. 예를 들어 A주식을 5,000원에 매입하여 일정기간 후 5,500원에 매도하고 투자기간 동안에 현금배당을 500원 받았다면 투자수익률은 다음과 같다.

$$\text{투자수익률} = \frac{\text{기말투자자산가치} - \text{기초투자자산가치} + \text{현금흐름}}{\text{기초투자자산가치}}$$

$$= \frac{5,500 - 5,000 + 500}{5,000} = 0.20$$

2. 평균 - 분산기준

현실적으로 투자자는 미래에 관한 완전한 정보나 지식을 가질 수 없기 때문에 투자자가 불확실한 미래를 대상으로 투자결정을 할 경우 반드시 고려해야 할 요인은 기대수익률과 위험이다. 투자자산으로부터 기대하는 수익이 실제로 성취되지 못할 가능성이 높다. 개별 기업의 재무의사 결정에 있어서 기대수익률과 위험 이외에도 경영자의 경영이념, 자금의 조달능력, 기업의 브랜드 가치 등 많은 요인들에 의해 독특한 특성을 지니고 있다. 그러므로 기대수익률이 실현될지는 불확실할 수밖에 없고 이러한 기대수익률의 실현이 불확실한 정도를 위험이라고 한다. 따라서 재무의사 결정에서 기대수익률과 위험은 반드시 고려되어야 하는데 이들 두 요인에 의거 투자대상을 선택하는 기준을 평균-분산기준(mean-variance criterion)이라 한다. 자산의 기대수익률이나 미래 위험도를 정확하게 추정하는 것은 현실적으로 불가능하므로 일반적으로 과거의 자료에 의해 그 자산의 투자수익률과 확률분포를 추출하고 평균과 분산을 추정함으로써 기대수익률과 위험을 나타낸다.

3. 기대수익률과 위험의 측정

기대수익률과 위험을 측정하기 위해서는 우선 수익률의 확률분포를 추출해야 한다. 만약 투자자가 A주식에 투자하기에 앞서서 과거의 경험으로부터 <표 8-1>과 같이 3가지 경우에 대한 확률분포를 추출했다고 하자.

〈표 8-1〉 경기상황에 따른 발생확률과 수익률

상 황(i)	발 생 확 률(P_i)	수 익 률(R_i)
경 기 호 황	25%	20%
현 상 태 유 지	55%	10%
경 기 침 체	20%	−15%

이 경우 A주식의 기대수익률은 수학적 기대치로 산정된다.

$$E(R_i) = (0.20)(0.25) + (0.10)(0.55) + (-0.15)(0.20) = 0.075$$

이것을 일반식으로 표현하면 다음과 같다

$$E(R_i) = \sum_{i=1}^{n} R_i P_i$$

E : 기대치 P_i : 상황 i가 발행할 확률

R_i: 상황 i때의 수익률 n : 상황의 수

이와 같이 몇 가지 상황으로 나누어 보는 것은 투자자가 미래에 대한 확신을 하지 못하기 때문이며 기대값은 미래에 예상되는 기대수익률과 미래에 각 상황이 발생할 확률을 합성함으로써 측정된다.

한편 위험을 측정하는 일반적인 수단으로는 수익률의 분산이나 표준편차가 주로 사용된다.

$$\sigma_i^2 = (0.20)^2(0.25) + (0.10)^2(0.55) + (-0.15)^2(0.20) - (0.075)^2$$
$$= 0.0144$$

이것은 다음의 분산추정 식으로 도출되었다.

$$\sigma_i^2 = \sum_{i=1}^{n} [R_i - E(R_i)]^2 P_i = E[R_i - E(R_i)]^2$$
$$= E(R_i^2) - [E(R_i)]^2 = \sum_{i=1}^{n} R_i^2 P_i - [E(R_i)]^2$$

σ_i^2 : 분산(σ_i:표준편차) R_i : 상황 i때의 수익률

P_i : 상황 i가 발생할 확률 n : 상황의 수

제 2 절 증권투자위험의 분석

위험은 다양한 요인들로부터 발생한다. 투자자는 증권투자를 할 때 인플레이션이나 금리변동, 정치·경제·사회적요인 등 증권시장 전반에 영향을 주어 시장 전체의 증권가격을 변동시키는 요인이나 개별기업의 영업상태, 자금의 조달·운영 등 해당 증권가격에만 영향을 주는 요인 등을 고려하여 투자결정을 하게 된다. 그러나 투자자의 이러한 예측·판단에는 항상 오류의 위험이 내포되어 있다.

시장의 모든 증권에 무차별적으로 영향을 주는 요인들에 의해 발생되는 위험을 체계적 위험이라 하는데 이것은 포트폴리오 투자에 의해 제거 혹은 분산될 수 없는 위험이며 특정 산업이나 기업에만 차별적으로 영향을 주는 요인들에 의해 발생되는 위험을 비체계적 위험이라고 하는데 이는 분산투자에 의해 감소될 수 있는 위험이다.

1. 시장위험

① 이자율 위험

이자율 위험이란 이자율 변동에 따라 증권의 가격이나 수익률이 영향을 받아 변동하는 위험을 말한다. 모든 시장이자율은 장기적으로 볼 때 함께 상승하거나 하락하는 경향이 있는데 이러한 시장이자율의 변동은 모든 증권의 가격과 수익률에 대해 직접적으로 동일한 방향으로 영향을 미치는 성향을 가진다. 다른 조건이 일정한 경우 시장이자율이 하락하면 증권가격은 상승하게 되는데 이는 증권가격이 곧 그 증권의 미래수익의 현재가치를 의미한다는 점에서 알 수 있다. 즉 시장이자율의 하락은 증권의 미래수익을 현재가치로 할인하는 할인율이 하락하는 것이므로 그 증권의 현재가치가 높게 평가되는 것이다.[1)]

② 구매력 위험

구매력 위험은 투자자금의 미래 실질 구매력에 대한 불확실성을 의미한다. 즉, 인플레이션이 발생하는 경우에는 투자자산의 명목가치가 일정하다 하더라도 실질가치는 물가상승분만큼 하락하여 자산의 구매력이 줄어들게 된다. 투자

---

1) $P_0 = \frac{P_n}{(1+i)^n}$ P_0 : 현재의 자산가치, P_n : 미래(n 기후)의 자산가치, i : 이자율(할인율)

자가 일정기간 동안 자산에 투자하여 10%의 수익률을 획득했다 하더라도 이 기간 중 물가가 20% 상승하였다면 투자기간 말에 투자자금의 실제구매력은 투자기간 초에 비해 오히려 감소하게 된다.

③ 기타 시장위험

증권의 내재적 가치에 대한 판단보다는 정치·경제·사회적 제요인에 의해 투자자가 투자태도를 변화시킴에 따라 증권가격이 크게 변동할 수도 있다. 10·26 사태로 종합주가지수가 5일 만에 9.5% 하락한 것이나 7·3 금융 실명제발표로 3일 만에 6.5% 하락한 것이나 세계무역센타 폭파시의 대폭락 사태는 이러한 위험의 범주에 속한다.

2. 기업위험

① 영업위험

기업의 특성에 따라 매출액 증가율에 대한 영업이익 증가율은 서로 다르다. 이 비율을 영업 레버리지도(degree of operating leverage : DOL)라 하고 이러한 영업이익의 변동성을 그 기업의 영업위험(business risk)이라고 한다.

② 재무위험

기업은 자기자본 외에 타인자본도 조달하여 경영활동을 수행하는데, 부채를 사용함에 따라 지급이자의 부담이 생겨 고정비가 증가하게 된다. 이러한 고정재무비용이 클수록 일정 영업이익 변동에 대한 주당순이익의 변동을 확대시키게 되는데 이것을 재무레버리지 효과라 한다.

한편 지급이자 등의 고정비용이 커지면 기업의 영업실적이 악화될 때 원금, 이자, 배당 등의 지급능력이 약해져서 해당 기업이 증권에 대한 투자가치가 하락할 위험이 발생하는데 이러한 위험을 재무위험이라고 한다.

③ 기타 기업위험

기업의 제품이나 재무상태와 관계없이 경영자의 능력이나 산업별 특성에 따라 해당 기업이나 산업의 증권가격이 하락할 수 있다. 예를 들면 경영자의 의사결정 오류로 인한 회사의 손실발생, 미국의 가전제품 덤핑제소에 의한 전자산업의 수출장애 등으로도 증권가격은 영향을 받는다.

이상에서 설명한 여러 가지 위험의 종류를 요약하면 [그림 8-1]과 같다.

[그림 8-1] 위험의 종류

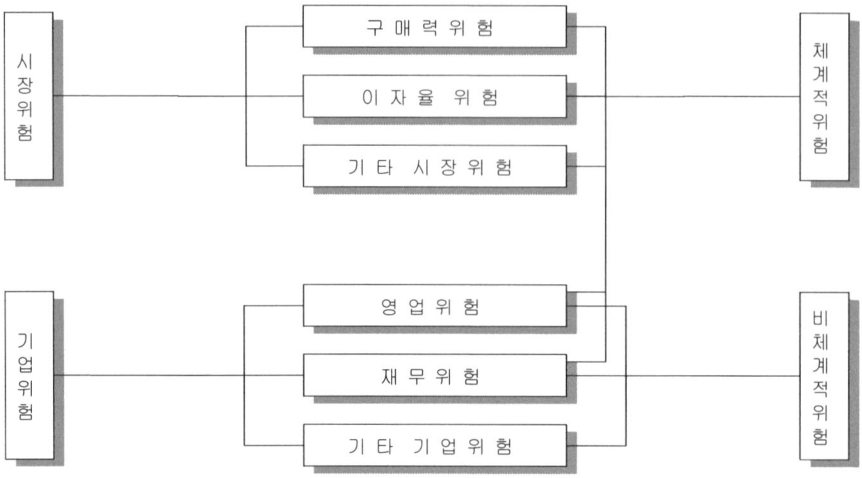

제3절 포트폴리오의 기대수익률

1. 포트폴리오의 개념

1952년 마코위츠(Markowitz)가 "포트폴리오의 선택"이란 논문을 발표한 이후 포트폴리오(portfolio) 분석이 본격화되었으며, 포트폴리오의 중요성은 증권시장에서 기관투자가들의 투자가 확대됨에 따라 점차 증대되었다. 포트폴리오는 일반적으로 "두 개 이상의 자산의 집합체"를 의미한다. 포트폴리오 이론은 특성이 서로 다른 여러 증권에 분산 투자함으로써 불확실한 미래에 대한 예측위험을 미리 분산시켜 두고자 함이 목적이다. 원래 포트폴리오란 실물자산, 금융자산 등 모든 자산투자에 응용될 수 있으나 여기에는 2개 이상의 증권에 투자할 때의 포트폴리오 관리에 대해 논하기로 한다.

2. 포트폴리오 이론의 가정

효율적 시장가설 외에도 포트폴리오 이론을 전개하는데 있어서 전제되는 몇 가지 가정들을 살펴보면 다음과 같다.

첫째, 투자자는 자신의 기대효용을 극대화하고자 한다. 다시 말하면 투자자는 단순히 확률분포 및 수익의 기대치로부터 추출된 화폐가치에 의하여 투자의사결정을 하는 것이 아니라 투자자의 효용함수까지를 고려해서 투자하게 된다는 것이다. 예를 들어 수익의 기대치는 높으나 손해를 볼 확률이 큰 투자안보다도 수익의 기대치는 낮은 반면 손해를 볼 확률이 적은 투자안을 선호한다면, 이것은 투자자가 단순한 화폐가치보다도 효용에 의한 의사결정을 하는 셈이라고 말할 수 있다.

둘째, 투자에서의 위험은 기대수익의 분산정도로 표현되는데, 위험은 분산크기와 비례한다.

셋째, 투자자의 효용함수는 기대수익과 그 분산정도에 의해서만 결정된다. 즉 투자자는 의사결정에 기대수익과 그 분산정도만을 고려한다.

넷째, 투자자는 증권을 선택할 때 위험이 동일하다면 보다 높은 수익을 제공하는 증권을 선호하며, 기대수익률이 동일하다면 보다 낮은 위험을 가진 증권을 선호한다.

이상의 가정들은 물론 현실과는 차이가 있지만 이것은 논리적·계량적 이론전개를 위해서는 불가피한 것들이라고 할 수 있다.

3. 포트폴리오 분석

1) 포트폴리오 분석의 의의

개별자산투자보다 두 개 이상의 자산을 결합하여 투자하는 포트폴리오 투자가 항상 유리한 결과를 낳는 것은 아니다. 또 한편으로 개별자산의 선택방법에 의해 좋은 자산으로 선택된 개별 자산들의 집단에 투자하는 것이 곧 유익한 포트폴리오 투자가 되는 것도 아니므로 포트폴리오 선택에 있어서는 개별자산의 선택방법과는 다른 접근방법이 필요하다. 따라서 무조건적 분산투자가 아닌 효율적 분산투자를 통해 일정한 기대수익률 하에서 위험의 최소화 또는 일정한 위험수준 하에서 기대수익률의 최대화를 구하려는데 포트폴리오 분석의 의의가 있는 것이다.

2) 개별주식의 선택

① 선택의 단계

첫째, 몇 가지의 대안들의 기대수익률과 위험을 나타내는 분산을 추정한다.

둘째, 지배원리에 따라 1차적으로 유리한 투자대상 주식을 선별한다.

셋째, 분리정리에 따라 1차 선택된 주식들 중 최선의 주식을 선택한다.

지배원리에 따라 주식을 선택한다는 의미는 같은 기대수익률을 가진 두 개의 주식 중에서는 투자위험이 낮은 주식이 투자위험이 높은 주식보다 우월하고 투자위험의 크기가 같을 것으로 기대되는 두 개의 주식 중에서는 기대수익률이 더 높은 주식이 보다 우월한 투자대안이라는 것이다. 한편 1차적으로 지배원리에 의해 열등한 투자안들이 제거되고 나면 지배원리에 의해, 다시 말해 기대수익률과 투자위험의 비교만으로는 단순히 우열이 가려질 수 없는 투자대안들이 남게 되는데, 이들 중에는 투자자가 스스로 효용이 높다고 생각하는 투자대안을 최종적으로 선정하게 되며 이렇듯 2단계에 걸쳐 투자대안을 선택하게 되므로 이를 분리 정리라고 한다.

② 기대수익률과 위험의 측정

여기에서는 선택의 방법론 위주로 예를 들어 설명하고자 한다. 어떤 투자자가 A, B ,C, D, E의 5가지 주식 중 하나를 선택하려 할 때, 이 5가지 대안들의 기대수익률과 분산을 모두 구하여야 하는데, A주식의 경우에 한해 기대수익률 및 분산의 추정과정을 예로 나타내면 <표 8-2>와 같다. 이와 같은 방법으로 B, C, D, E 주식의 기대수익률과 위험을 구한 결과는 <표 8-3>과 같다고 가정하기로 한다.

〈표 8-2〉 A주식의 기대수익률과 위험계산

상황(i)	기대수익(R_i)	발생확률(P_i)	$R_i \cdot P_i$	$D_i = R_i - E(R_i)$	D_i^2	$D_i^2 P_i$
1	50%	0.15	7.5%	34%	0.1156	0.0173
2	20	0.24	4.8	4	0.0016	0.0004
3	10	0.55	5.5	−6	0.0036	0.0020
4	−30	0.06	−1.8	−46	0.2116	0.0127
$E(R_i) = 16.0$ $\sigma_i = \sum [R_i - E(R_i)]^2 P_i = 0.0324$						

〈표 8-3〉 주식별 기대수익률과 위험(표준편차)

주식	기대수익률 $E(R_i)$	위험(σ_i)
A	16	18
B	16	20
C	12	18
D	20	25
E	10	13

기대수익률 : $E(R_i)\sum R_iP_i = 16\%$

위험 : $\sigma_i^2 = \sum[R_i - E(R_i)]^2 P_i = 3.24\%$ $\quad\sigma_i = \sqrt{\sum}[R_i - (R_i)]^2 P_i = 18\%$

③ 증권의 최적선택

기대수익률과 위험이 추정되면 지배원리에 의해 1차로 투자안을 선택하고 다음 단계로 투자자의 주관적 효용함수에 따라 최종 선택을 하게 되는데, 이와 같이 선택의 과정이 분리되어 있다는 뜻에서 분리정리의 선택이라고 말한다.

개별주식의 선택뿐만 아니라 후술한 포트폴리오 선택에 있어서도 그 선택을 두 단계로 나누어 행하게 되므로 분리정리는 마찬가지로 적용된다.

ⓐ 지배원리와 효율적 증권의 선택

지배원리란 위험수준이 동일하다면 기대수익률이 높은 주식을 선택하고 기대수익률이 동일하다면 위험수준이 낮은 주식을 선택한다는 원리이다.

[그림 8-2]에서 A주식과 나머지 네 가지 주식을 비교해 볼 때, B와 C 주식은 지배원리에 따라 A주식에 비해 투자안으로서 열등하다. 즉 B주식은 A주식과 기대수익률은 같으나 위험수준이 높고 C주식은 위험수준은 같으나 기대수익률은 더 낮다.

일단 B, C주식이 투자안에서 탈락한 후 나머지 A, D, E 세 가지 주식들 중에서 하나를 선택하는 문제는 지배원리에 의해서는 비교 결정될 수 없는데, 즉 D주식은 A나 E주식에 비해 기대수익률은 더 높으나 투자위험도 더 높고 E주식은 A나 D주식에 배해 투자위험은 더 낮으나 기대수익률 또한 더 낮아 지배원리에 의한 투자안의 선택은 불가능하다. 따라서 여기서부터의 선택의 문제는 2단계로 넘어가 투자자의 효용함수에 의해 결정된다.

[그림 8-2] 지배원리에 의한 선택

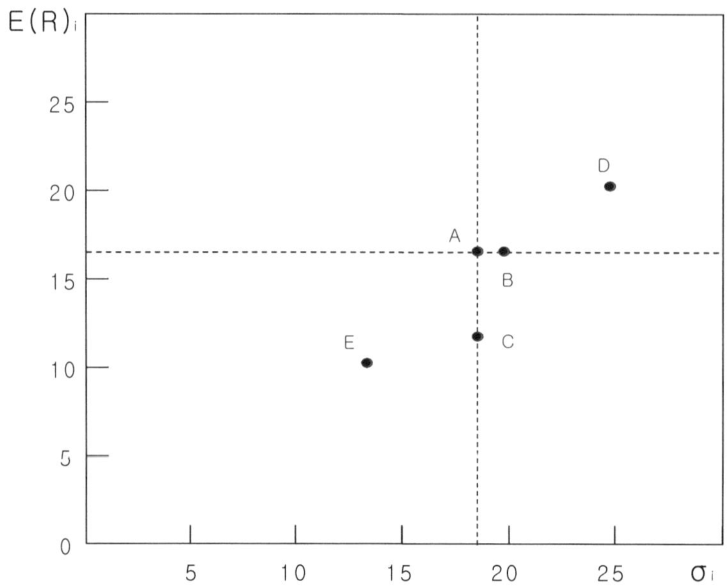

ⓑ 투자자의 위험에 따른 태도와 무차별 효용 곡선

투자자 각 개인의 성격에 따라 투자위험에 대한 선호도가 달라진다. [그림 8-3]에서 U_{S1}, U_{S2}는 공격적 투자자의 효용무차별곡선이며, U_{A1}, U_{A2}는 방어적 투자자의 효용무차별곡선을 나타낸다. 효용곡선은 효용이 증가함에 따라 상향 이동하므로 U_{S1}이 U_{S2}보다, U_{A1}이 U_{A2}와 같이 변하였다면 이 투자자는 주식 A를 투자대상으로 선택할 것이다.

3) 포트폴리오의 선택

포트폴리오에 투자하는 것은 기관투자가의 등장 등 투자의 대형화로 인한 다수 주식에의 투자 필요성 증대와 포트폴리오 투자의 위험감소 효과 때문이다.

① 선택의 단계

첫째, 각 개별주식들의 기대수익률과 위험을 추정하고 개별주식들 사이의 상관계수를 측정한다. 상관계수를 측정하는 것은 단순히 우수한 개별주식들의 집합으로만 구성된 포트폴리오가 효율적 포트폴리오인 것은 아니며, 개별 주식들 사이의 상관관계에 따라 효율성의 변화가 발생하므로 상관관계를 고려해서 포

[그림 8-3] 투자자 효용에 의한 선택

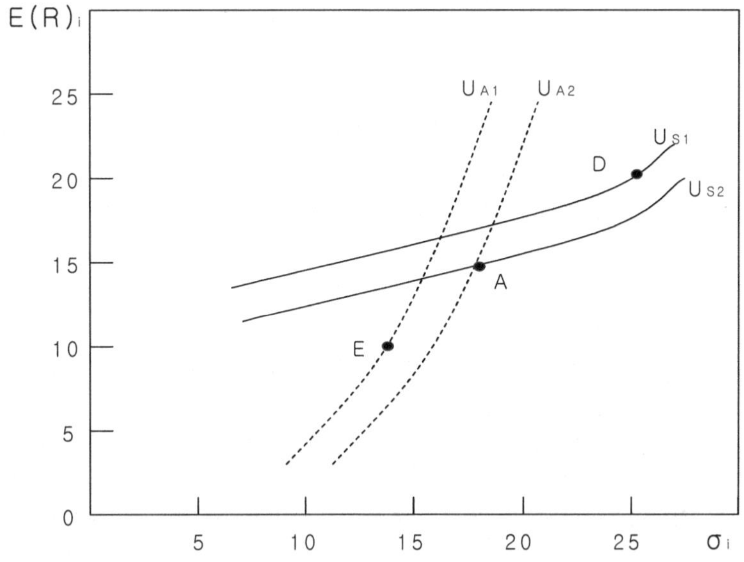

트폴리오를 구성하여야 하기 때문이다. 포트폴리오를 구성할 때 포함시켜야 할 종목의 수가 많을수록 포트폴리오의 위험은 감소하게 되는데 구성되는 종목의 수가 시장의 모든 주식을 포함하는 포트폴리오라면 개별주식의 위험은 모두 사라지고 체계적 위험만이 남게 된다.

둘째, 추정된 개별주식들의 기대수익률, 분산, 상관계수를 이용하여 포트폴리오의 기대수익률과 분산을 구하고 지배원리에 따라 보다 효율적인 포트폴리오를 찾아낸다. 이 과정에서 무위험자산이 포트폴리오에 포함되면 위험자산만의 포트폴리오보다 항상 우월한 새로운 포트폴리오를 얻게 되므로 무위험자산을 포함한 효율적 포트폴리오도 찾는다.

셋째, 찾아낸 효율적 포트폴리오들 중에서 투자자의 성격에 적합한 포트폴리오를 찾는다. 예를 들어 기관투자가의 경우에는 비교적 장기투자의 관점에서 수익률에 대한 관심이 높기 때문에 개인투자자와는 다른 투자전략을 세우게 될 것이다.

② 포트폴리오의 기대수익률과 위험측정

포트폴리오의 기대수익률은 그 포트폴리오를 구성하는 각 주식에 대한 투자비율과 그 주식의 기대수익률에 의해 결정된다.

$$E(R_p) = \sum_{i=1}^{n} W_i E(R_i)$$

여기서, $E(R_p)$: 포트폴리오의 기대수익률 W_i : i 주식에 대한 투자비율
$E(R_i)$: i 주식의 기대수익률

쉽게 이해할 수 있도록 여기서는 2개 주식의 포트폴리오의 예를 통해서 알아보도록 한다.

$$E(R_p) = W_A E(R_A) + W_B E(R_B)$$

여기서, $E(R_p)$: 포트폴리오의 기대수익률
W_A, W_B : A주식, B주식에 대한 투자비율
$E(R_A), E(R_B)$: A주식, B주식의 기대수익률

③ 포트폴리오의 기대수익률과 위험측정의 예

만약 A주식에 40%, B주식에 60%의 금액을 투자하였다면 주식 A와 주식 B의 기대수익률과 분산의 계산은 <표 8-4> 및 <표 8-5>와 같다.

만약 B주식과 기대수익률이나 표준편차는 동일하지만 A주식 수익률과의 상관계수만 다른 C, D, E 주식이 있다고 가정하자(<표 8-7> 참조).

〈표 8-4〉 포트폴리오의 기대수익률 계산

상황(i)	발생확률(P_i)	주식A의 예상수익률(R_{Ai})	주식B의 예상수익률(R_{Bi})	포트폴리오수익률 $R_{Pi} = (0.4R_{Ai} + 0.6R_{Bi})$	$R_{Pi}P_i$
1	0.20	−15.0%	0.0%	−6.0%	−1.2%
2	0.50	10.0	5.0	7.0	3.5
3	0.30	30.0	15.0	21.0	6.3
					$E(R_P) = 8.6$

* $E(R_A) = \sum_{i=1}^{3} R_{Ai} P_i = 11.0$

$E(R_B) = \sum_{i=1}^{3} R_{Bi} P_i = 7.0$

〈표 8-5〉 포트폴리오의 위험과 공분산(共分散)의 계산

상황(i)	발생확률(P_i)	$R_{Pi}-E(R_P)$	(1) $(R_{Pi}-E(R_P))^2P_i$	(2) $R_{Ai}-E(R_{Ai})$	(3) $R_{Bi}-E(R_{Bi})$	(2)×(3)×Pi i
1	0.20	−14.6	42.632	−26.0	−7.0	36.4
2	0.50	−1.6	1.280	−1.0	−2.0	1.0
3	0.30	12.4	46.128	19.0	8.0	45.6
			$\sigma_P^2=90.040$		$COV(R_{Ai}, R_{Bi})=83.0$	

* $\sigma_A^2=244.0$ $\sigma_A=15.62$
$\sigma_B^2=31.0$ $\sigma_B=5.57$

표의 (1)에서 나타난 포트폴리오 위험(σ_p^2)은 공분산을 이용하여 다음과 같이 계산될 수도 있다.

$$\begin{aligned}\sigma_p^2 &= W_A^2\sigma_A^2 + W_B^2\sigma_B^2 + 2W_AW_BCOV(R_{Ai}, R_{Bi})\\ &= (0.4)^2(15.62)^2 + (0.6)^2(5.57)^2 + 2(0.4)(0.6)(83.0)\\ &= 90.04\end{aligned}$$

한편 $A \cdot B$ 수익률의 상관관계는

$$\rho_{AB} = \frac{COV(R_{Ai}, R_{Bi})}{\sigma_A \cdot \sigma_B} = \frac{83.0}{(15.62)(5.57)} = 0.9540$$

〈표 8-6〉 각 개별주식의 기대수익률과 위험

	기대수익률	표준편차
A 주식	11.0%	15.6%
B 주식	7.0	5.6

〈표 8-7〉 각 포트폴리오별 기대수익률과 위험

	기대수익률($E(R_p)$)	표준편차(σ)	상관계수(ρ_p)
A와B	8.6%	9.5%	0.95
A와C	8.6	9.6	1.00
A와D	8.6	7.1	0.00
A와E	8.6	2.9	−1.00

주) 각 포트폴리오는 A에 40%, B. C. D. E에 각 60% 투자되었을 때를 기준으로 하여 기대수익를 과 위험을 추정한 것이다.

<표 8−7>을 보면 상관계수의 값이 줄어들수록 위험은 현저히 감소한다는 것을 알 수 있다. 특히 포트폴리오 투자의 경우 위험감소효과가 D주식이나 E주식과 같이 A주식과 상관관계가 없거나 상관관계가 마이너스인 경우 더욱 크게 나타님을 알 수 있다.

반면에 포트폴리오의 위험측정은 단순히 개별주식의 위험과 투자비중의 가중으로만 결정되지는 않는다. 다시 말해 개별주식들의 수익률 간에 인과관계나 상호의존관계가 존재한다면 개별 주식의 위험이 서로 결합하여 나타나는 효과를 측정해야 한다. 개별주식간의 상관관계를 나타내는 지표로서 상관계수(ρ)를 사용하여 다음과 같이 계산된다.

$$\rho_{AB} = \frac{COV(R_{Ai}, R_{Bi})}{\sigma_A \cdot \sigma_B}$$

여기서, ρ_{AB} : A주식과 B주식의 수익률 사이의 상관계수
R_{Ai}, R_{Bi} : A주식과 B주식의 i상황에서 예상 수익률
σ_A, σ_B : A주식, B주식 예상수익률의 표준편차
$COV(R_{Ai}, R_{Bi}) = E(R_{Ai} - E(R_{Ai}))(R_{Bi} - E(R_{Bi}))$
: A주식과 B주식 수익률의 공분산상관관계가 구해지면 포트폴리오의 위험을 측정한다.

$$\sigma_P^2 = W_A^2\sigma_A^2 + W_B^2\sigma_B^2 + 2W_A W_B \sigma_A \sigma_B \rho_{AB}$$

σ_P^2 : 포트폴리오 수익률의 위험도를 나타내는 σ_P는 $E(R_P)$, 즉, $(W_A R_A + W_B R_B)$의 표준편차이므로 $\sigma_P = \sigma(W_A R_A + W_B R_B) =$ $W_A^2\sigma_A^2 + W_B^2\sigma_B^2 + 2W_A W_B COV(R_A, R_B)$로부터 유도될 수 있다.

위의 식에서 알 수 있듯이 ρ_{AB}가 적을수록 포트폴리오의 위험은 감소됨을 알 수 있다.

<표 8-7>을 보면 상관계수의 값이 줄어들수록 위험은 현저히 감소한다는 것을 알 수 있다. 특히 포트폴리오 투자의 경우 위험감소효과가 D주식이나 E주식과 같이 A주식과 상관관계가 없거나($\rho=0$) 상관관계가 마이너스(−)인 경우($\rho<0$) 더욱 크게 나타남을 알 수 있다.

반면에 포트폴리오의 위험측정은 단순히 개별주식의 위험과 투자비중의 가중(加重)으로만 결정되지는 않는다. 다시 말해 개별주식들의 수익률 간에 인과관계(因果關係)나 상호의존관계가 존재한다면 개별 주식의 위험이 서로 결합하여 나타나는 효과를 측정해야 한다. 개별주식간의 상관관계를 나타내는 지표로서 상관계수(ρ)를 사용하며, 다음과 같이 계산된다.

$$\rho_{AB}=\frac{COV(R_{Ai},R_{Bi})}{\sigma_A\cdot\sigma_B}$$

ρ_{AB} : A주식과 B주식의 수익률 사이의 상관계수($-1\leq\rho\leq1$)
R_{Ai},R_{Bi} : A주식, B주식의 i상황에서의 예상수익률
σ_A,σ_B : A주식, B주식 예상수익률의 표준편차
$COV(R_{Ai},R_{Bi})=E\{(R_{Ai}-E(R_{Ai}))(R_{Bi}-E(R_{Bi}))\}$
: A주식과 B주식의 수익률의 공분산(covariance)

상관관계가 구해지면 포트폴리오의 위험을 측정 한다.

$$\sigma_p^2=W_A^2\sigma_A^2+W_B^2\sigma_B^2+2W_AW_B\sigma_A\sigma_B\rho_{AB}$$

σ_p^2 : 포트폴리오 수익률의 위험도를 나타내는 σ_p는 $E(R_p)$, 즉 $(W_AR_A+W_BR_B)$의 표준편차이므로 $\sigma_p=\sigma(W_AR_A+W_BR_B)$
$W_A^2\sigma_A^2+W_B^2\sigma_B^2+2W_AW_BCOV(R_A,R_B)$로부터 유도 될 수 있다.

위의 식에서 알 수 있듯이 ρ_{AB}가 적을수록 포트폴리오의 위험은 감소됨을 알 수 있다.

④ 상관계수와 위험감소 효과

ⓐ 두 주식의 수익률의 상관계수가 +1인 경우

앞의 예에서 A와 C주식으로 구성된 포트폴리오가 이 경우에 해당한다. 이 경우 포트폴리오의 위험은 다음과 같다.

$$\sigma_p^2 = W_A^2\sigma_A^2 + W_c^2\sigma_c^2 + 2W_A W_c\sigma_A\sigma_B\rho_{AC}(\rho_{AC} = 1, W_A + W_C = 1.0)$$
$$= (W_A\sigma_A + W_c\sigma_c)^2$$
$$\sigma_P = W_A\sigma_A + W_c\sigma_c$$

W_A, W_C 의 비율이 변화할 때 위험과 기대수익률의 변화는 [그림 8−4]와 같이 나타낼 수 있다. 이 그림으로부터 개별주식투사의 경우에 포트폴리오 투자의 경우에도 위험감소효과가 전혀 발생하지 않음을 알 수 있다.

[그림 8-4] 위험과 기대수익률 (A+C)포트폴리오

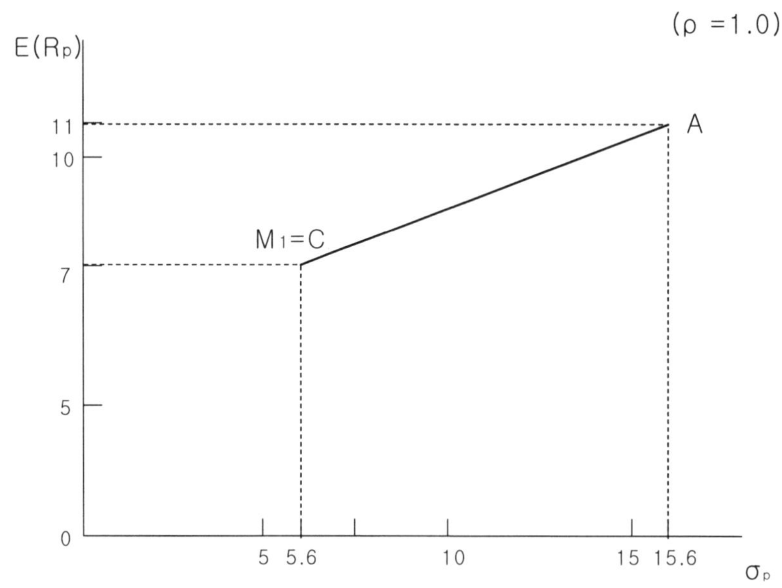

ⓑ 두 주식의 수익률의 상관계수가 0인 경우

앞의 예에서 A와 D 주식의 포트폴리오가 이 경우에 해당하는데, 이 경우에는 위험감소효과가 발생한다. 이것은 보험의 원리인 위험이 공동부담과 같은 효과를 가져다준다.

$$\sigma_p^2 = W_A^2\sigma_A^2 + W_D^2\sigma_D^2 + 2W_AW_D\sigma_A\sigma_D\rho_{AD}(\rho_{AD} = 0,\ W_A + W_D = 1.0)$$
$$= W_A^2\sigma_A^2 + W_D^2\sigma_D^2$$
$$\sigma_P = \sqrt{W_A^2\sigma_A^2 + W_D^2\sigma_D^2}$$

W_A, W_D의 구성비율이 변화할 때 기대수익률과 위험의 관계는 [그림 8-5]과 같다. 그림에서 구간 a에서는 지배원리에 의해 효율적 포트폴리오가 판별되지만 구간 b에서는 지배원리에 의해서가 아니라 투자자 효용함수에 의해 포트폴리오가 선택될 것이다.

[그림 8-5] 위험과 기대수익률 (A+D)포트폴리오

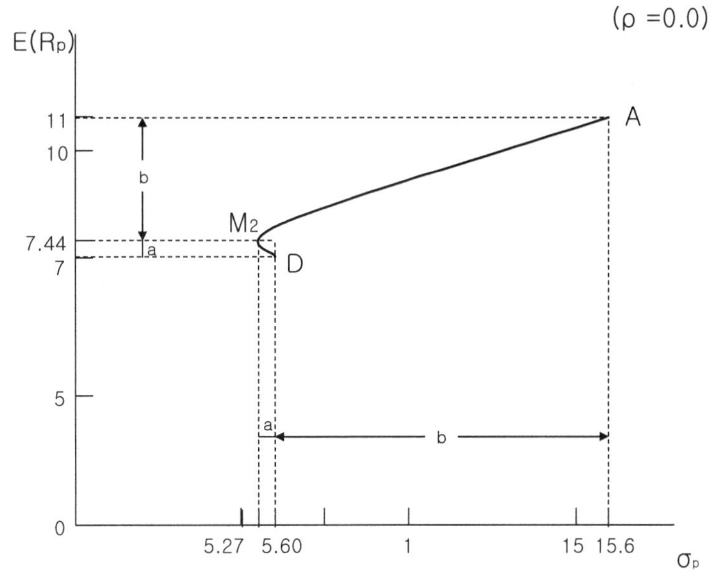

ⓒ 두 주식의 수익률 상관계수가 -1인 경우

앞의 예에서 A와 E 주식의 포트폴리오가 이 경우에 해당한다. 이 경우는 W_A, W_B의 구성 비율을 효율적으로 부여함으로써 포트폴리오 위험을 0까지 감소시킬 수 있다.

$$\sigma_P^2 = W_A^2\sigma_A^2 + W_E^2\sigma_E^2 + 2W_A W_E \sigma_A \sigma_E \rho_{AE} (\rho_{AE} = -1,\ W_A + W_E = 1.0)$$
$$= (W_A\sigma_A + W_E\sigma_E)^2$$
$$\sigma_P = |W_A\sigma_A + W_E\sigma_E|$$

W_A, W_B가 변화할 때의 기대수익률과 위험의 관계는 [그림 8-6]과 같다.

[그림 8-6] 위험과 기대수익률 (A+E)포트폴리오

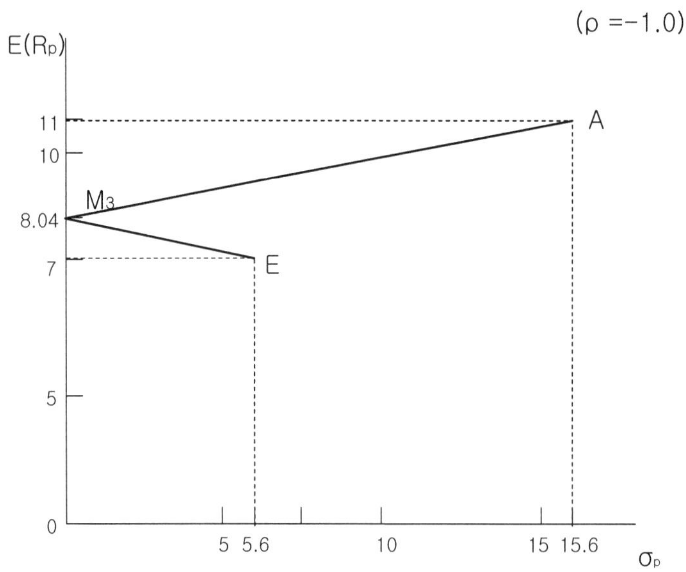

ⓓ 최소위험을 제공하는 포트폴리오

[그림 8-4], [그림 8-5], [그림 8-6]에서 보듯이 최소위험을 나타내는 점 M_1, M_2, M_3를 찾기 위해서는 σ_P를 최소화하는 W_A와 W_C, W_D, W_E의 값을 구하여야 한다.

(A+C), (A+D), (A+E) 포트폴리오는 각각 특이한 포트폴리오의 예이므로 일반적인 최적 투자비율 W_A^* 를 구하기 위해 $(A+B)$라는 포트폴리오의 예를 통해 σ_P를 최소화하는 W_A^* 를 찾으면 다음과 같다.

$$
\begin{aligned}
\sigma_p^2 &= W_A^2\sigma_A^2 + W_E^2\sigma_E^2 + 2W_A W_B \sigma_A \sigma_B \rho_{AB} \\
&= W_A^2\sigma_A^2 + (1-W_A)^2\sigma_B^2 + 2W_A(1-W_A)\sigma_A\sigma_B\rho_{AB} \quad (\because W_B = 1 = W_A) \\
\therefore \sigma_p^2 &= (\sigma_A^2 + \sigma_B^2 - 2\sigma_A\sigma_B\rho_{AB})W_A^2 - 2(\sigma_A\sigma_B\rho_{AB})W_A + \sigma_B^2
\end{aligned}
$$

이 곡선의 변곡점(變曲點)이 곧 최소위험을 나타내므로 미지수 W_A에 대해 미분하고 이것을 0으로 두면, 이것의 해(解)가 포트폴리오 위험이 최소화되는 A의 투자비율이 된다.

$$
\frac{\partial \sigma_p^2}{\partial W_A} = (\sigma_A^2 + \sigma_B^2 - 2\sigma_A\sigma_B\rho_{AB})(2\cdot W_A) - 2(\sigma_B^2 - \sigma_A\sigma_B\rho_{AB}) = 0
$$

$$
\therefore W_A^* = \frac{\sigma_B^2 - \sigma_A\sigma_B\rho_{AB}}{\sigma_A^2 + \sigma_B^2 - 2\sigma_A\sigma_B\rho_{AB}}
$$

이 곡선의 변곡점이 곧 최소위험을 나타내므로 미지수 W_A에 대해 미분하고 이것을 0으로 두면 이것의 해가 포트폴리오 위험이 최소화 되는 A의 투자비율이 된다.

<표 8−7>로부터 각 포트폴리오 W_A값과 그때의 기대수익률, 표준편차를 구하면 <표 8−9>와 같다.

〈표 8-8〉 투자비율 조정에 따른 포트폴리오 기대수익률 및 위험 변화

W_A	W_B	A와 B		A와 C		A와 D		A와 E	
(또는 W_C, W_D, W_E)		$E(R_p)$	σ_P	$E(R_p)$	σ_P	$E(R_p)$	σ_P	$E(R_p)$	σ_P
1.00	0.00	11.0	15.6	11.0	15.6	11.0	15.6	11.0	15.6
0.90	0.10	10.6	14.6	10.6	14.6	10.6	14.1	10.6	135.5
0.80	0.20	10.2	13.6	10.2	13.6	10.2	12.5	10.2	11.4
0.70	0.30	9.8	12.5	9.8	12.6	9.8	11.0	9.8	9.2
0.60	0.40	9.4	11.5	9.4	11.6	9.4	9.6	9.4	7.1
0.50	0.50	9.0	10.5	9.0	10.6	9.0	8.3	9.0	5.0
0.40	0.60	8.6	9.5	8.6	9.6	8.6	7.1	8.6	2.9
0.30	0.70	8.2	8.5	8.2	8.6	8.2	6.1	8.2	0.8
0.26	0.74	8.0	8.1	8.0	8.2	8.0	5.8	8.0	0.0
0.11	0.89	7.5	6.6	7.4	6.7	7.4	5.2	7.4	3.3
0.10	0.90	7.4	6.5	7.4	6.6	7.4	5.3	7.4	3.5
0.00	1.00	7.0	5.6	7.0	5.6	7.0	5.6	7.0	5.6

〈표 8-9〉 최소위험을 제공하는 포트폴리오

포트폴리오	W_A^*	기대수익률	표준편차
A와 B ($\rho_{AB}=0.95$)	0.00	7.00	5.60
A와 C ($\rho_{AC}=1.00$)	0.00	7.00	5.60
A와 D ($\rho_{AD}=0.00$)	0.11	7.44	5.27
A와 E ($\rho_{AE}=-1.00$)	0.26	8.04	0.00

⑤ 효율적 포트폴리오 탐색 - 지배원리

[그림 8-3], [그림 8-4], [그림 8-5]를 통해서 각 포트폴리오 중에서 지배원리에 의해 탈락 되면 투자안이 발생하는 것을 알 수 있었다. 다시 말해 각 주식에 대한 투지비율이 달라짐에 따라 $(A+D)$ 포트폴리오의 경우, $M_2 \sim D$ 구간의 점들은 M_2점보다 기대수익률이나 위험의 측면에서 열등한 투자안들이며, $(A+E)$ 포트폴리오의 경우에는 $M_3 \sim E$ 구간의 모든 점들은 M_3점에 비해 기대수익률과 위험의 측면에서 열등한 투자안들이다. 그러나 투자자마다 효용함수가 다르므로 기대수익률의 상승을 위해 부담할 용의가 있는 위험의 크기는 서로 다르기 때문에 지배원리에 의해 제외된 점들 이외의 부분은 투자자의 효용함수에 의해

서 결정될 수밖에 없다.

한편 현실에서는 두 주식수익률 사이의 상관계수가 −1이나 1과 같이 극단적인 경우는 거의 존재하지 않으며 −1과 1 사이의 상관계수를 갖게 될 것이다. 그리고 실제로 포트폴리오 투자를 하는 경우, 두 개의 주식뿐 아니라 더 많은 주식들을 결합하여 포트폴리오를 구성할 수도 있을 것이다.

[그림 8−7]로부터 유추해 보면 지배원리에 의해 제외되는 부분을 제거하고 나면 효율적 포트폴리오가 남게 되는데 −1과 1사이의 임의의 상관계수 하의 일반적인 효율적 포트폴리오는 [그림 8−8]과 같이 나타낼 수 있다. 효율적 포트폴리오는 효율적 투자선이라고 부르기도 한다.

[그림 8−8]의 EE' 선은 이것을 표시하고 있는데 이 선은 지배원리를 충족시키는 선이다. EE' 선 아래의 점들은 모든 가능한 포트폴리오의 기대수익률과 위험의 조합을 나타낸 것으로 이것을 투자기회집단이라고 부른다.

[그림 8-7] 상관관계, 포트폴리오 수익률 및 위험의 관계

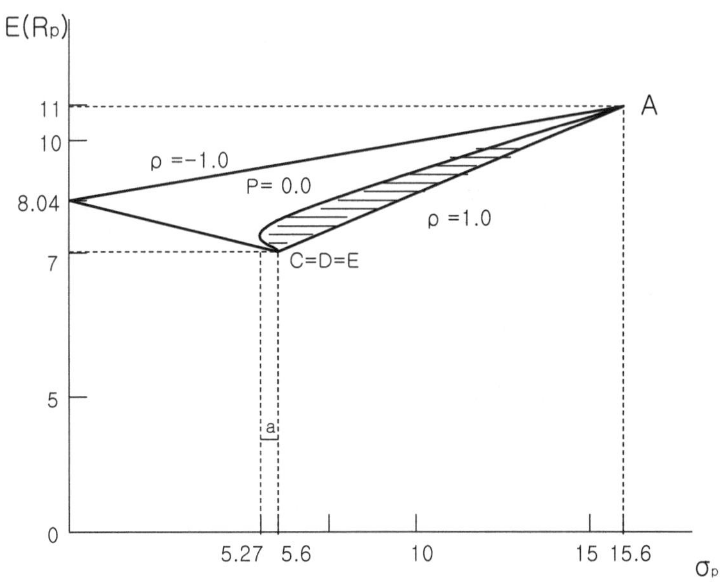

[그림 8-8] 투자기회집단과 효율적 투자선

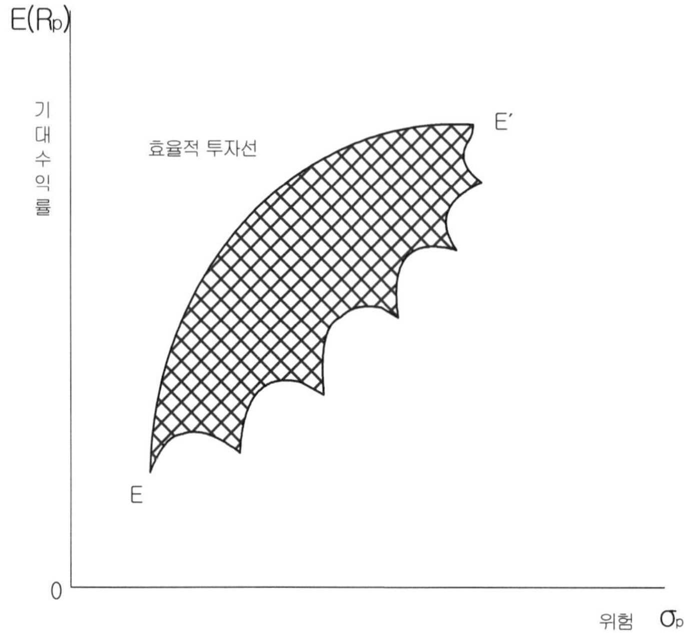

4. 최적 포트폴리오 선택 – 분리정리

앞에서 이미 언급한 바처럼 최적 포트폴리오를 선택하기 위해서는 두 단계의 선택과정이 필요하다. 이렇게 선택과정이 두 개의 단계로 나뉘어져 있음을 일컬어 분리 정리라고 한다. 다시 말해 지배원리에 의해 열등한 투자안들을 제거하고 난 다음에도 수개의 투자대안들이 남게 되므로 여기서 하나의 투자대안인 최적 포트폴리오를 구하기 위해서는 투자자가 자신의 위험선호도 등과 같은 스스로의 평가기준으로 최종 대안을 선택하여야 하는 것이다.

[그림 8-9] 최적포트폴리오 투자자효용

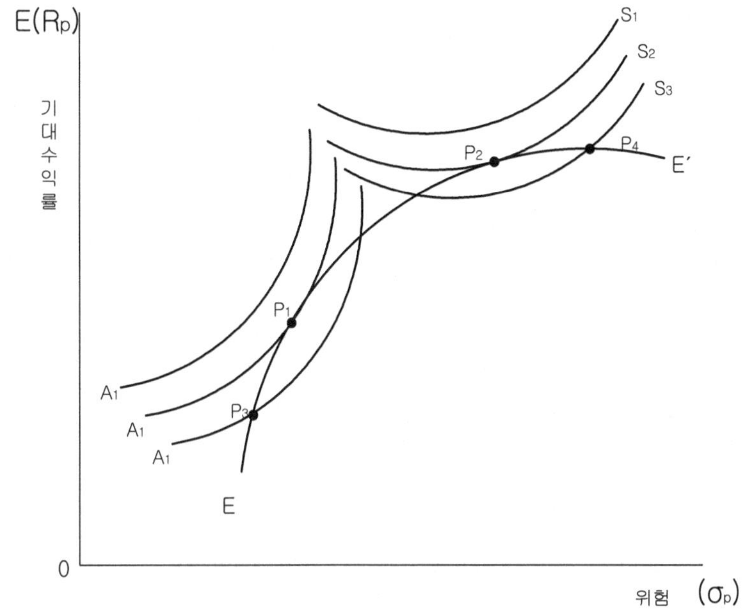

투자기회집단 중에서 지배원리를 충족시키는 포트폴리오의 집단은 효율적 투자선 상에 존재한다. 그러나 효율적 투자선 상에도 투자비율을 조정할 수 있는 여지가 있기 때문에 수많은 효율적 포트폴리오가 존재하는데, 그중에서 단 하나의 최적 포트폴리오를 선택하기 위해서는 분리정리에 따라 투자자의 효용무차별곡선을 도입하여야 한다. 투자자의 위험선호도에 따라 [그림 8−9]와 같이 위험회피자인 경우에는 P_1에서 공격적인 투자자의 경우에는 P_2에서 최적 포트폴리오가 결정된다. P_3과 P_4가 최적 포트폴리오가 되지 못하는 이유는 투자자 A의 경우에는 무차별곡선 A_3보다 A_2의 효용이 더욱 크기 때문이며, 마찬가지로 투자자 S 역시 무차별곡선 S_3보다는 S_2의 투자가 효용이 더 크기 때문이다. 따라서 투자자의 효용무차별곡선과 효율적 투자선이 접하는 점에서 최적 포트폴리오가 결정된다.

이상에서 설명한 개별주식과 포트폴리오가 선택되는 일련의 과정은 마코위츠(Markowitz Theory)이론에 바탕을 두고 있으므로 이를 마코위츠모형(Markowitz Model)이라고 한다.

5. 무위험증권을 포함한 포트폴리오 선택 – 자본시장선(Capital Market Line : CML)

마코위츠모형(Markowitz Model)의 약점은 포트폴리오를 구성할 때 위험자산만의 포트폴리오를 고려하고 현실적으로 존재하는 국채, 정기예금 등의 무위험자산을 포트폴리오에 포함시키는 경우를 무시하였다는 점에 있다. 무위험증권을 포트폴리오 구성에 포함시키면 위험자산만으로 구성된 포트폴리오에 비해 우월한 새로운 효율적 투자선이 탄생하는데, 그것은 포트폴리오의 위험이 매우 다른 양상으로 변화하기 때문이다.

① 기대수익률과 위험의 추정

여기서는 마코위츠모형(Markowitz Model)과의 연결을 도모하기 위해서 마코위츠모형에시 선택된 최적 포드폴리오 P_1 [그림 8－9]와 새로운 무위험자산인 국채를 포트폴리오에 포함시킨 경우를 생각해 보자.

무위험증권이 포함된 포트폴리오의 기대수익률과 위험의 추정에 관한 일반식은 다음과 같다.

$$E(R_p) = W_F \cdot E(R_F) + W_{p1} E(R_{p1})$$
$$\sigma_p^2 = W_F^2 \sigma_p^2 + W_{p1}^2 \sigma_{p1}^2 + 2 W_F W_{p1} \sigma_F \sigma_{p1} \sigma_{Fp1}$$
$$= W_{p1}^2 \sigma_{p1}^2 \quad (\because \sigma_F = 0)$$

$E(R_p)$, σ_p^2 : 무위험증권이 포함된 새로운 포트폴리오의 기대수익률과 분산
W_F : 무위험증권에 투자하는 비율
W_{p1} : 위험자산만으로 구성된 포트폴리오 P_1에 대한 투자비율
$E(R_F)$, σ_F^2 : 무위험증권의 기대수익률과 분산 $(\sigma_F = 0)$
$E(R_{p1})$, σ_{p1}^2 : 포트폴리오 P_1의 기대수익률과 분산

예를 들어 포트폴리오 P_1의 기대수익률 0.9%, 수익률의 표준편차는 10.5%라 하고 국채 F의 수익률 4%, 표준편차는 0이라 하자.

이 경우 W_F와 W_{P1}의 비율이 변화함에 따라 기대수익률과 위험은 <표 8－10>, [그림 8－10]과 같이 변화한다. 이때 최소위험의 포트폴리오는 당연히 국채 F에만 투자할 때이며 이때의 위험은 0이다.

〈표 8-10〉 투자비율 변화에 따른 포트폴리오 기대치와 위험 변화

W_F	W_{P1}	$(F+P_1)$포트폴리오	
		$E(R_p)$	σ_p
1.00	0.00	4.0%	0.0%
0.90	0.10	4.5	1.1
0.80	0.20	5.0	2.1
⋮	⋮	⋮	⋮
0.10	0.90	8.5	9.5
0.00	1.00	9.0	10.5

[그림 8-10] 위험증권과 무위험증권으로 구성된 포트폴리오의 기대수익률과 위험

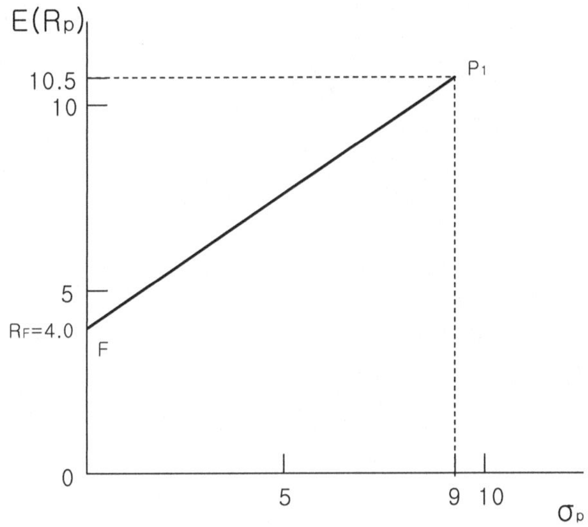

② 효율적 투자선의 탐색 - 자본시장선

<표 8-10>에서 선택된 P_1과 무위험증권 F를 결합하여 투자하면 [그림 8-11]과 같은 기대수익률-위험의 관계가 성립된다. 그러나 이 경우는 위험증권이 포트폴리오인 P_1이 마코위츠 모형에 의해 선택되기는 했으나 무위험증권과 결합되었을 때의 효율적 포트폴리오를 제공하지는 못한다. 다시 말해 FP_1보다 더욱 우월한 포트폴리오가 존재한다는 것이다.

[그림 8-11]에서처럼 기대수익률과 위험의 측면에서 볼 때 FMC선은 FP_1

ME' 선보다 모든 점에서 우월하다. 즉 지배원리에 의해 동일위험 하에서는 보다 높은 기대수익률을 제공하며 동일한 기대수익률 하에서는 보다 낮은 위험을 제공하는 선인 것이다. 따라서 FMC 선이 새로운 효율적 포트폴리오가 되며, 이 새로운 효율적 투자선을 자본시장선이라 한다.

여기서 추가적으로 알아두어야 할 것은 [그림 8−11]의 M점과 MC선의 의미인데, 특히 이 M점을 시장 포트폴리오라고 부른다.

[그림 8-11] 무위험증권이 포함된 포트폴리오의 효율적 포트폴리오

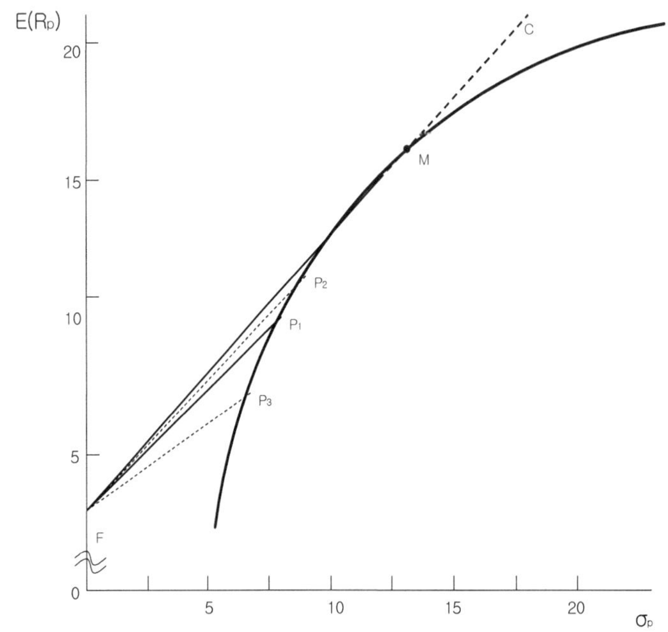

ⓐ 시장 포트폴리오

[그림 8−11]의 M점의 의미를 파악하기 위해서 이것을 P_1점과 다시 비교해 보자. P_1점은 어떤 투자자가 위험증권만으로 구성된 포트폴리오를 선택할 때에 최적 포트폴리오로서 선택되었던 점이다. 만약 이 투자자가 새로이 무위험증권 F를 추가로 포트폴리오에 포함시켰다고 하자. 무위험증권 F와 주식 포트폴리오 P_1의 투자비율을 조정해 나간 결과 FP_1선이 얻어졌다. 이때 위험증권만으로 구성된 효율적 투자선에는 P_1, P_2, P_3, M점들이 모두 지배원리에 의해 선택이 불가능한 동일한 효율성을 지닌 포트폴리오였으나 무위험증권 F가 포트폴

리오에 포함되자 (F+주식 포트폴리오 P_3)의 새로운 포트폴리오는 (F+주식 포트폴리오 P_1)에 비해 동일 위험수준에서는 기대수익률이 더욱 낮고 동일 기대수익률에서는 위험이 더욱 높기 때문에 지배원리에 의해 FP_1선이 FP_3보다 우월하고 같은 원리에 따라 FP_2선이 FP_1선보다, FM선이 FP_2선보다 우월하다는 것이 나타난다. 즉 무위험증권이 현실적으로 존재하는 한, 투자자들은 무위험증권에 투자할 것을 고려할 것이며 반대로 투자자가 자신의 투자액 중 어느 일부분도 무위험자산에 투자하지 안하려고 한다면 EE'선상의 P_1, P_2, P_3보다는 M 포트폴리오를 선호할 것이다. 다시 말해 정기예금, 국채 등의 무위험증권이나 기타의 자산들이 존재하는 현실에서 주식시장 내의 모든 투자자들이 미래의 예측, 평가, 그리고 투자행동을 동일하게 효율적으로 한다면 그 모든 투자자들은 동시에 포트폴리오 M을 선호할 것이고 따라서 포트폴리오 M에만 분산투자하게 될 것이다. 그런데 실제로 주식시장 내에서 거의 모든 주식들이 투자자들 사이에 거래되고 있으므로 이 사실은 곧 그 모든 주식들이 포트폴리오 M에 포함된다는 것을 말해준다. 이러한 의미에서 포트폴리오 M을 시장 포트폴리오라고 부른다.

실제로 시장 포트폴리오는 주식뿐 아니라 투자가능한 모든 자산을 포함하지만 여기서는 주식시장내로 국한하였다. 현실의 주식시장에서는 완전분산투자 된 시장 포트폴리오의 대용물로서 종합주가지수를 사용하고 있으며 시장 포트폴리오는 「각 증권을 (개별증권시가총액÷전체 주식 시가총액)의 비율로 투자한 포트폴리오」라는 의미로 사용하고 있다.

ⓑ 대출 포트폴리오와 차입 포트폴리오

[그림 8-11]에서 자본시장선 FMC 중 FM의 부분과 $MCDML$ 부분에 대한 해석이 필요할 것이다.

첫째, FM의 부분은 무위험증권 F와 위험증권 포트폴리오 M에 대한 투자비율을 각각 0에서 1까지 조정해 나감으로써 얻어지는 부분인데, 무위험증권에 투자자금의 일부를 투자한다는 것은 정기예금이나 국채 등 금융기관, 국가기관의 자본 자산에 투자하는 것을 의미하며, 이것을 다른 각도에서 본다면 투자자가 금융기관이나 정부에 투자금액 중의 일부를 빌려주고 나머지를 수익률이 높은 위험증권에 투자하는 것과 같다고 할 수 있다. 따라서 이 FM 부분을 대출 포트폴리오라고 한다.

한편 MC선상의 한 점이 투자자의 포트폴리오 대상이 된다면 그것은 무위험증권에 대한 투지비율을 음으로 한다는 것이다.

투자자가 가진 투자금액 총액을 1이라할 때 투자자는 무위험증권 F와 위험증권 포트폴리오 M에 적절히 투자금액을 배분하여 투자할 수 있다. 그런데 W_F가 음이라 함은 곧 W_M이 +1보다 큰 값을 가짐을 뜻한다. 즉 위험증권 포트폴리오 M에 자신이 가진 금액 이상으로 투자하는 것이다. 이것을 정리해 보면 곧 무위험증권 이자율로 돈을 빌려서 위험증권 포트폴리오 M에 추가 투자하는 것임을 알 수 있다. 이것은 무위험 이자율로 돈을 차입하는 것이 가능한 경우에 한해 성립된다. 예를 들어 1,000원의 투자금액을 가진 투자자가 추가적 위험을 부담할 용의가 있어 정기예금금리로 100원을 차입해 총 1,100원을 포트폴리오 M에 추가 투자한 것과 같은 경우이다. 이것을 차입 포트폴리오라 하는데 [그림 8-11]에서 보듯이 자기자본으로만 투자하는 FME'의 경우보다 FMC의 경우가 지배원리에 의해 우월한 포트폴리오를 제공하기 때문에 차입 포트폴리오가 발생한다.

③ 최적 포트폴리오의 선택

[그림 8-9]의 자본시장선 FMC선상의 수많은 포트폴리오들 중 최적 포트폴리오를 선택하기 위해서는 다시 분리정리에 입각해서 두 번째 단계의 선택과정으로 투자자의 효용무차별곡선을 도입·이용할 필요가 있다.

[그림 8-12] 무위험증권을 포함시킬 때의 포트폴리오의 선택

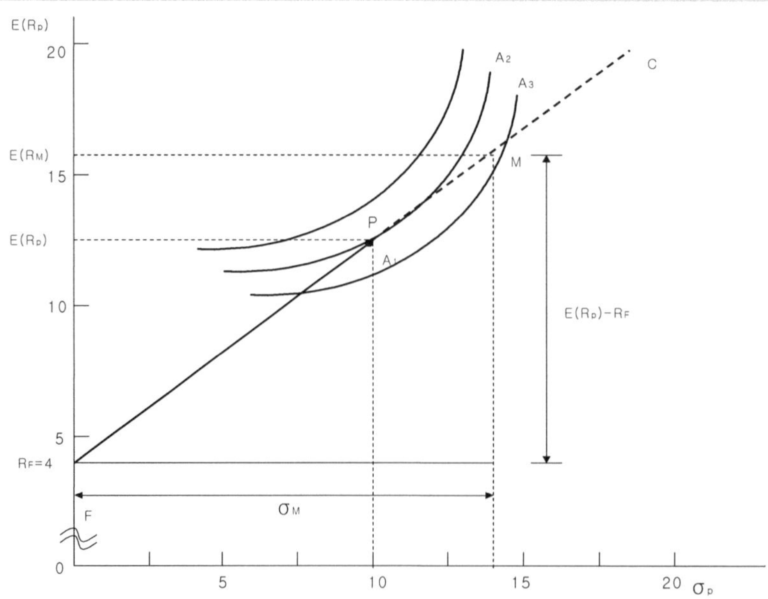

만약 투자자 A의 효용무차별곡선이 [그림 8－12]의 A_1, A_2, A_3와 같다면 투자자는 자본시장선에 효용무차별곡선 A_2가 접하는 점 P의 포트폴리오를 선택하게 될 것이다. 이 점 P가 곧 무위험증권을 포함시킬 경우의 최적 포트폴리오가 된다.

이러한 최적 포트폴리오 선택에 기초가 되는 효율적 포트폴리오선, 즉 자본시장 선의 일반식을 도출하면 다음과 같다.

제4절 자본 · 자산 가격결정모형(Capital Asset Pricing Model : CAPM)

1. 자본·자산 가격결정모형의 출현배경

자본·자산 가격결정모형은 종래의 포트폴리오 이론을 실제 적용이 용이하도록 단순화시키고 개별주식이나 비효율적 포트폴리오를 모형에 도입함으로써 현실세계를 설명하는데 주력하였다.

종래의 마코위츠모형(Markowitz Model)이나 자본시장선(capital market line : *CML*)은 효율적 투자방법을 제시하기는 하였으나 가능한 수많은 포트폴리오들의 위험을 측정하기 위해서는 각 개별증권의 수익률 분산을 추정해야 하고 또한 각 증권 간의 수익률 분포의 상관계수 등을 일일이 추정해야만 하는 등의 과다한 작업량이 필요하였다.

이에 1960년대 중반에 샤프(Sharpe)는 *CAPM*을 개발하여 문제를 단순화, 현실화함으로써 증권이론의 발전에 많은 도움을 주었다.

2. CAPM의 가정

효율적 시장에서 위험과 수익률 사이의 간단명료한 관계를 추적하기 위해서 *CAPM*은 다음의 몇 가지 가정을 전제로 한다.

① 모든 투자자는 자본자산의 기대수익률과 분산 또는 표준편차를 기준으로 하여 투자결정을 하며, 위험자산에 투자할 때에는 지배원리에 따라 효율적 투자선상의 포트폴리오를 선택한다.

② 투자자는 무위험이자율로 자금을 대출하거나 차입할 수 있다.

③ 모든 투자자는 각 증권의 미래수익률, 분산, 상관계수 등을 예측할 때 똑같이 합리적으로 예측을 행한다. 즉 동질적으로 예측한다.
④ 투자기간은 모든 투자자에게 동일한 하나의 기간으로 한정한다.
⑤ 모든 투자대상은 무한히 분할될 수 있다.
⑥ 자본시장은 완전시장이어서 모든 투자자에게 동일한 투자기회, 정보의 무료제공 및 동시전달이 가능하며 증권의 거래비용과세금은 존재하지 않는다.

3. 증권시장선(Security Market Line : SML)

증권시장선(SML)은 $CAPM$을 나타내는 선으로서 균형 상태에서 모든 개별주식 또는 포트폴리오의 기대수익률과 위험의 관계를 나타낸다. $CAPM$은 이러한 개별주식이나 포트폴리오의 기대수익률과 위험이 균형 상태에서 벗어나 있을 때 균형 상태를 찾아가는 가격 메카니즘을 보여주는 모형이다.

자본시장선(CML)과 증권시장선(SML)을 비교해 보면 자본시장선이 투자자가 효율적 포트폴리오를 찾아가는 개인균형 접근방식을 보여주는 것이라면, 증권시장선(SML)은 비균형 기대수익률과 위험을 가진 개별주식이나 포트폴리오가 균형 상태를 찾아가는 시장균형 접근방식을 보여주는 것이라 하겠다.

자본시장선(CML)으로부터 증권시장선(SML)을 도출하는 과정은 다음과 같다. 자본시장선(CML)은 무위험자산을 포함한 자본자산의 포트폴리오이며, 효율적 투자선은 위험자산 만으로 구성된 효율적 포트폴리오인데, [그림 8−13]의 NN' 선은 EE' 선보다 위쪽에 위치하는 포트폴리오들의 집합에 비해서 비효율적인 포트폴리오들의 집합이다. 따라서 NN' 선은 자본시장선이나 효율적 투자선의 아래에 위치하게 된다. 비효율적 포트폴리오 N에 투자금액의 일부도 투자하지 않고 다만 시장 포트폴리오 M에만 전액 투자하는 경우, NN' 선과 EE' 선, 그리고 자본시장선은 M점에서 접하게 된다. 이 특성에 따르면 NN' 선의 기울기가 M점에서 자본시장선의 기울기와 같아짐을 알 수 있다. NN' 선상의 포트폴리오들의 기대수익률과 위험은 다음과 같다.

[그림 8-13] 비효율적 투자선

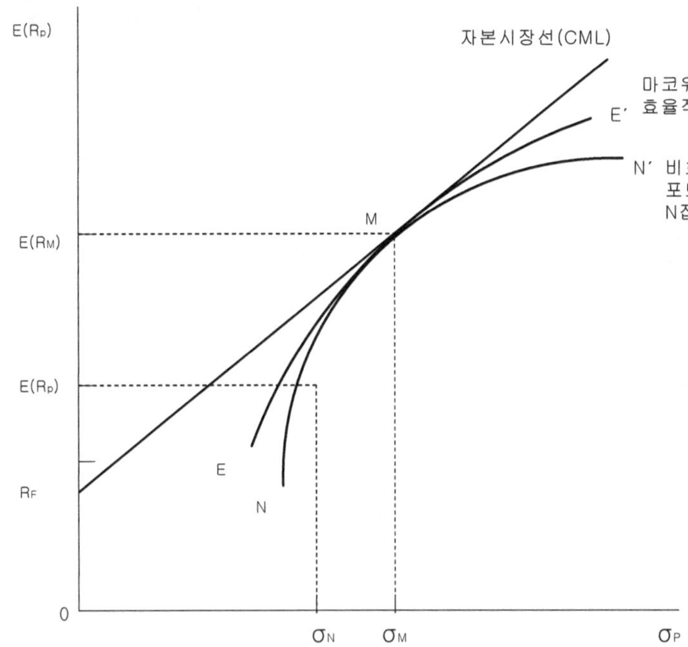

4. 증권시장선과 투자결정

일단 증권시장선(*SML*)이 도출되고 나면 이를 바탕으로 선택된 개별증권 또는 포트폴리오의 현재가격이나 수익률이 적정상태인지 여부를 판단해야 한다. 증권시장선(*SML*)은 일정한 체계적 위험 β_N수준에서 투자자가 위험을 부담하는 대가로 요구하는 기대수익률의 분포를 표시하고 있으므로, 이것은 특정 개별주식이 현재 과대평가되고 있는지, 과소평가되고 있는지를 파악하는 기준이 되고 있다. [그림 8−14]에서와 같이 *U*주식은 β계수가 0.8이고 기대수익률은 16%이며, *O*주식은 β계수가 1.3, 기대수익률은 13%, 무위험자산의 이자율은 10%라 하자. 이 그림은 시장이 일시적으로 불균형상태에 있다는 것을 나타낸다. 즉 시장에 균형 기대수익률보다 높은 기대수익률을 가진 주식 *U*가 존재한다면 투자자들이 이 주식을 선호함으로써 초과수요가 발생하게 되고, 따라서 주가가 상승하면 기대수익률은 자연히 하락하게 되어 시장균형에 접근하게 된다.

이와 같이 SML 위쪽에 위치하는 주식은 현재의 주가가 낮게 평가되었다는 의미에서 과소평가된 자산이라고 할 수 있다. 반대의 논리로 주식 *O*의 경우에는 초과공급, 주가하락, 기대수익률 상승의 과정에 의해서 역시 시장균형에 접근하는데, 이와 같이 *SML* 아래쪽에 위치하는 주식은 과대평가된 자산이라고 할 수 있다. 따라서 투자자는 주식 *U*를 매입하거나 주식 *O*를 매각함으로써 초과수익률을 얻게 되는 것이다.

일단 모든 주식들이 시장균형상태에 도달하게 되면 더 이상의 초과수익을 누릴 기회는 사라지게 되는데, 증권시장과 같은 기존의 시장체제가 완전 효율적이라고 볼 수는 없으므로 초과수익의 기회는 항상 존재한다고 하겠다.

증권시장선은 무위험이자율과 시장 포트폴리오의 기대수익률만 파악하면 도출되므로 개별주식의 기대수익률과 체계적 위험을 찾아서 그 주식이 증권시장선의 아래에 위치하는지, 위쪽에 위치하는지를 파악함으로써 매입 또는 매도의 기회를 찾을 수 있다.

[그림 8-14] 증권시장선과 균형 기대수익률

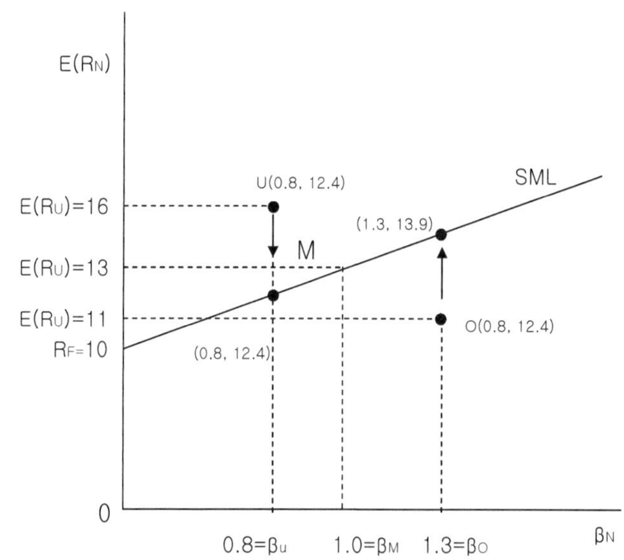

5. SML을 적용한 투자결정의 예

어떤 개별주식 *N*과 시장 포트폴리오 *M*의 과거의 수익률분포로부터 주식 *N*의 체계적 위험과 기대수익률간의 관계를 찾은 다음, 이 주식의 가격이 현재 과대평가되고 있는지, 과소평가되고 있는지를 알아보아야 하는데 이는 다음과 같은 방법으로 추론할 수 있다.

먼저 <표 8-11>에서부터 *SML*을 도출하고 *SML*로부터 주식 *N*의 요구수익률을 찾아내어 이를 주식 *N*의 기대수익률과 비교함으로써 주식 *N*의 수익률의 기대치와 시장균형을 비교할 수 있다.

① 시장 포트폴리오 *M*의 기대수익률과 분산추정
② 개별주식 *N*의 기대수익률과 분산추정
③ *SML* 식의 도출
④ 주식 N의 체계적 위험과 요구수익률 추정

주식 *N*의 수익률은 시장 포트폴리오의 수익률이 1% 상승하거나 하락할 때, 같은 방향으로 1.76%씩 변동하는 주식이기 때문에 비교적 위험도가 높은 투자대상이라고 할 수 있다.

〈표 8-11〉 시장 포트폴리오 *M*과 개별주식 *N*의 수익률 분포

연월말	종합주가지수	*N*주식의 주가	R_M[1]	R_N[2]
20××년 1월	160.42	7,470	–	–
2	175.91	9,000	9.66	20.48
3	199.76	10,900	13.56	21.11
4	202.91	10,600	1.58	−2.75
5	231.06	13.000	13.87	22.64
6	243.36	13.190	5.32	1.46
7	273.75	14,700	12.49	11.45
8	264.64	14,050	−3.33	−4.42
9	253.45	13,200	−4.23	−6.05
10	240.79	10,900	−5.00	−17.42
11	268.98	12,920	11.71	18.53
12	272.61	12,200	1.35	−5.57

주) 1) 종합주가지수의 전월비 상승률
2) 주식 *N*의 주가의 전월비 상승률

주식 N의 요구 수익률은 SML상에 존재하므로 다음과 같이 계산된다.

$$E(R_N) = 0.02 + 0.0318\beta_N \quad (\leftarrow \beta_N = 1.76)$$
$$= 0.02 + 0.0318(1.76) = 0.0760 = 7.60(\%)$$

⑤ 주식 N에 대한 평가

주식 N의 기대수익률은 ②에서 5.41%로 나타났고 요구수익률은 ④에서 7.60%로 추정되었다. 따라서 주식 N과 같이 β값이 1.76인 주식은 투자위험부담수준에 비추어 7.60%의 수익률을 제공해야 현재의 주가가 적정수준이라 볼 수 있는데 주식 N에 대한 기대수익률은 적정수준에 못 미치는 5.41% 수준이므로 현재의 주가는 과대평가되어 있다고 볼 수 있다. 그러므로 주식 N을 매도함으로써 주가하락으로 인한 손실을 예방할 수 있을 것으로 예상된다.

제 5 절 효율적 시장가설

1. 효율적 증권시장의 의의

1) 효율적 시장의 개념

효율적 증권시장이란 시장에서 새로운 정보가 나타날 때, 증권의 가격이 어떤 정보를 신속하게 반영하는 정도에 따라 효율성의 정도를 평가할 수 있으며, 증권의 현재 가격이 정확하고 신속하게 반영하는 경우에 시장이 효율적이라고 말한다. 따라서 효율적 시장은 현재의 가격이 유익한 정보를 충분히 반영하는 시장으로 정의할 수 있다. 따라서 증권투자분석에서 증권시장의 효율성은 배분, 운영, 정보 등 세 가지 측면에서 효율성을 뜻하며, 이들 효율성이 증권시장에 미치는 영향을 살펴보면 다음과 같다.

(1) 분배의 효율성

분배의 효율성(efficiency of allocation)은 희소 자원으로서의 투자자금이 모든 사람들에게 이익이 될 수 있는 방식으로 생산적 투자에 더 많이 배분될 수 있는 상태를 말한다. 미래의 경영성과가 좋을 것으로 예상되는 기업에는 보다 많은 자금이 분배되는 반면에 경영성과가 나쁠 것으로 기대되는 기업에는 적은 자금을 분배되게 될 때, 증권시장의 분배 효율성이 달성된다.

(2) 운영의 효율성

운영의 효율성(efficiency of operation)이란 최저비용으로 거래가 이루어지는 상태를 말한다. 투자자들은 증권시장으로부터 거래에 따른 서비스를 제공받는 대가로서 거래수수료, 증권거래세 등의 거래비용을 지불하게 된다. 이러한 거래비용이 가장 저렴할 때 증권시장의 운영 효율성이 달성되었다고 하게 되며, 운영의 효율성은 곧 증권시장의 내적 효율성(internal efficiency)이라고도 한다.

(3) 정보의 효율성

정보의 효율성(efficiency of information)은 증권시장에서 결정된 가격이 이용가능한 모든 정보를 충분히 반영하고 있는 상태를 말한다. 정보의 효율성은 증권에 대한 정보가 신속, 공평, 저렴하게 모든 투자자들에게 배분되고 그 정보가 증권가격에 정확하게 반영될 때 달성된다. 증권시장에서 정보의 효율성이 달성되면, 어떤 투자자가 특정한 정보를 이용하여 비정상적 투자성과를 얻어낼 수 없게 된다. 모든 투자자들이 공평하고 즉각적으로 정보를 이용할 수 있으므로 모든 정보의 가치가 증권가격에 이미 반영되어 있는 까닭에 일부의 투자자만 특정한 정보를 유리하게 이용한다는 것이 무의미해지기 때문이다.

2. 효율적 증권시장의 유형

효율적은 증권시장의 유형은 구체적인 정보의 반영범위에 따라 시장의 효율성 수준을 약형 효율적시장, 준강형 효율적시장, 강형 효율적시장 등으로 분석가능한 세 가지 유형으로 구분될 수 있다.

1) 약형 효율적시장(weak-form efficient market)

현재의 주가는 과거의 주가, 거래량, 기업재무정보 등 모든 증권시장정보를 반영하고 있으므로 미래의 주가는 더 이상 과거의 시장정보에 의해 영향을 받지 않는다는 가장 낮은 증권시장을 뜻한다.

2) 준강형 효율적시장(semi-strong form efficient market)

증권시장정보나 기업재무자료뿐만 아니라 정치·경제적사건, 합병·증자 등 새로운 기업관련 정보와 같은 비시장 정보까지 포함된 모든 정보가 공시되자마자 주가에 반영되므로 투자자가 이미 공표된 증권시장 및 비시장 정보를 이용하여 추가적 수익을 얻을 수 없는 시장이다.

3) 강형 효율적시장(strong-form efficient market)

주가는 일반 투자자가 알 수 없는 특수정보까지 모두 반영한다는 가설이다. 즉 어떠한 투자자도 독점적인 정보획득이 불가능하고 모든 정보가 모든 사람에게 동시에 즉각 전달되는 완전 효율적시장이 존재한다는 가정으로부터 생겨난 가장 효율적인 시장이다.

3. 효율적 시장가설

1) 효율적 시장가설의 유형

효율적 시장가설(efficient market hypothesis : *EMH*)은 증권시장의 가격이 정보를 신속, 정확하고 충분하게 반영하고 있다는 가설을 말한다. 효율적 시장이론을 처음으로 주장한 파마(Fama)는 1970년 세 가지의 시장의 효율적 시장가설을 분류하고 있다.[2)]

(1) 약형 효율적 시장가설

약형 효율적 시장가설(weak form *EMH*)이란 현재의 주가가 과거의 주가와 거래량 등에 관련된 모든 과거의 정보를 반영하고 있다는 가설이다. 약형 효율적시장이란 과거 그 주식의 가격, 가격변화의 양상, 거래량 등에 관한 정보가 이미 현재의 가격에 반영된 시장을 의미한다. 약형 효율적 시장가설에 의하면 투자자가 과거의 주가 및 거래량 등에 관한 정보를 이용하여 미래의 주가를 예측하는 것은 불가능하다는 것이다. 따라서 추세분석 등의 기술적 분석(technical

---

2) E. F.Fama., "Efficient Capital Market: A Review of Theory and Empirical Work," *Journal of Finance*, 25, May 1970.

analysis)으로 비정상적인 초과 수익율을 올릴 수 없으며, 투자자가 얻을 수 있는 수익률은 정상수익률에 불과하다는 것이다.

(2) 준강형 효율적 시장가설

준강형 효율적 시장가설(semi－strong form *EMH*)이란 현재주식 가격은 일반에게 공개된 모든 정보를 신속하고 정확하게 반영하고 있다는 가설이다. 준강형 효율시장에서는 현재의 주가가 과거의 주가와 거래량에 관한 정보뿐만 아니라 이미 일반에게 공개된 모든 정보 즉 기업의 재무제표, 경영진 교체, 특허권 보유수, 전문가의 이익예측, 정부의 경제정책 등의 정보를 신속하고 정확하게 반영하게 된다. 이 가설에 따르면 이미 일반에게 공개된 국내외 경제상황, 산업특성 및 개별기업의 특성 요인 등을 분석하여 투자를 하는 것은 무의미 하다는 것이다. 왜냐하면 현재의 주가가 공개적으로 이용 가능한 모든 정보를 신속하고 정확하게 반영 하고 있기 때문이다. 따라서 준강형 효율적 시장가설이 지지된다면 기업 내용에 관한 기본적 분석은 초과 수익률이 아닌 정상수익률만 제공해 줄 것이다. 준강형 효율적 시장가설은 약형 효율적 시장가설을 포함하는 개념이다. 준강형 효율적시장에서는 과거의 주가 및 거래량에 관한 정보뿐만 아니라 일반에게 공개된 모든 정보를 현재의 주가가 반영하고 있으므로 현재의 주가가 과거의 주가 및 거래량 정보만을 반영하는 약형 효율적 시장가설보다 더 넓은 개념이다.

(3) 강형 효율적 시장가설

강형 효율적 시장가설(strong form *EMH*)이란 일반 투자자들에게 공개된 정보뿐만 아니라 공개되지 않는 기업의 내부정보까지도 주가에 반영되어 있으므로 투자자는 어떤 정보에 의해서도 초과수익을 얻을 수 없다는 가설이다. 강형 효율적시장가설은 약형 효율시장가설과 준강형 효율시장가설을 모두 포함하는 가설이다. 강형 효율적시장가설이 성립한다면 증권시장에서 주식가격이 모든 이용 가능한 정보를 충분히 반영하고 있기 때문에 기업의 최고경영자나 대주주, 정부의 정책입안자, 신문기자 등이 보유하고 있는 미발표 내부정보를 이용하더라도 초과수익을 얻을 수 없다는 것이다.

따라서 강형 효율적시장은 주가에 영향을 미칠 수 있는 새로운 정보가 발생할 때마다 그 정보의 보유자가 그것을 일반에게 공개하였느냐의 여부에 관계없이 정보가 발생하는 즉시 주가가 이것을 완전하게 반영하는 가장 효율적시장을 의미 한다.

4. 효율적 시장가설과 증권분석

증권투자에서 투자성과를 더 많이 얻기 위하여 사용하는 투자분석 방법은 매우 다양하다. 투자격언이나 속담을 믿고 투자하는 것부터 컴퓨터와 고도의 계량적 분석을 이용한 효율적 분산투자에 이르기 까지 다양한 형태의 투자분석 방법이 존재한다. 효율적 시장가설은 투자자의 투자분석 기법을 사용하는 정보의 성격에 따라 그 의미가 달라진다.

먼저, 기술적 분석은 주가의 움직임에는 반복적이고 예측 가능한 패턴이 존재한다는 전제하에, 주식의 내재가치와는 무관한 과거의 주가를 예측하는데 이용할 수 있는 어떤 패턴이나 신호를 찾는 데 주된 관심을 두고 있다. 기술적 분석을 행하는 사람들은 과거의 주가 또는 거래량을 도표나 지표로 표현하고 이를 관찰하여 매도 또는 매수의 신호를 찾아내고자 노력한다. 그러나 자본시장에서 효율적 시장가설이 성립한다면 시장가격은 이미 역사적 정보를 충분히 반영한 가격이므로 그러한 역사적 정보를 이용하여 비정상성과를 얻어낼 수 없다. 따라서 약형 효율적시장가설이 성립하는 시장에서 기술적 분석은 그리 유용한 투자분석방법이라고 할 수 없다.

둘째, 기본적 분석은 주가를 결정하는 기본요인이 존재 한다고 믿고 이 기본요인으로부터 주식의 내재가치를 평가 하고자 하는 분석방법이다. 일반적으로 주가를 결정하는 기본요인으로서 기업의 이익 및 배당에 관한 전망, 이자율에 대한 전망 및 기업의 위험도 등이 중요한 것으로 알려져 있으며, 이들 기본요인들에 대한 정보는 대부분 공개된 정보원천으로부터 입수될 수 있다. 기본요인들에 관한 예측치가 얻어지면, 주식의 내재가치는 투자자들이 얻게 될 미래 현금흐름의 현재가치로 평가된다. 투자자들은 내재가치와 시장가치를 비교하여, 내재가치가 시장가치보다 높으면 내재가치가 시장가격에 접근하는 과정에서 주가가 올라갈 것이므로 그 주식을 매수하고, 내재가치가 시장가치보다 낮으면 내재가치가 시장가격에 접근하는 과정에서 주가가 떨어질 것이므로 그 주식은 매도한다.

만일 자본시장이 역사적 정보만을 충분히 반영하고 공개된 정보는 충분히 반영하지 못한다면, 투자자들은 이러한 기본적 분석을 이용하여 비정상성과를 얻어낼 수 있다. 그러나 자본시장이 공개된 정보를 충분히 반영하여 준강형 효율적시장가설이 성립하는 시장이라면 투자자들이 기본적 분석을 이용하여 비정상 성과를 얻어낼 수 없다. 왜냐하면 기본적 분석에서 고려하는 대부분의 기본요인들은 모든 투자자들이 이용할 수 있도록 공개된 정보로서 시장가격에 이미 반영되어 있을 것이기 때문이다.

연 습 문 제

1. 기대수익률을 설명하시오
2. 평균-분산이란?
3. 영업위험과 재무위험을 설명하시오.
4. 위험의 종류를 설명하시오.
5. 포트폴리오 개념을 설명하시오.
6. 효율적 포트폴리오와 지배원리를 설명하시오.
7. 포트폴리오와 위험측정을 설명하시오.
8. 시장포트폴리오를 설명하시오.
9. *CAPM*을 설명하시오.
10. *SML*를 설명하시오.
11. 효율적 시장가설을 설명하시오.
12. 효율적 증권시장의 유형을 설명하시오.

제4부

금융상품

You can't hit target you cannot dee
and you cannot see a target you do not have.

\- Zig Ziglar -

볼 수 없는 표적을 맞힐 수는 없으며
가지지도 않는 표적을 볼 수는 없다.

\- 지그 지글러 -

제9장 증권관련 금융상품

제1절 증권회사의 금융상품

1. 환매조건부채권

환매조건부채권(repurchasing agreement : RP)은 일정한 기간이 지난 후 재매수 하는 조건으로 판매하는 채권으로 발행목적이 매우 다양하다. 즉, 채권발행시 일정기간 경과 후 사전에 약정한 가격으로 다시 매수하거나 매도할 것을 약정한 채권이다. RP는 거래주체를 기준으로 한국은행이 금융통화 조절용으로 시중은행에 판매하는 RP, 은행·증권회사 등 금융기관이 일정기간 후 재매수하는 조건으로 고객에게 판매하는 대고객 RP, 금융기관간에 이루어지는 기관간 RP 등이 있다. 거래기간에 따라서는 만기가 1일인 overnight RP, 만기가 2일 이상으로 미리 정해진 term RP, 만기일을 미리 정해두지 않고 어느 한쪽의 통지가 있을 때까지는 매일 자동적으로 만기가 연장되는 open RP 등으로 나눌 수 있다.

담보대상과 증권보관 방법에 따라 RP 매도자가 매수자에게 증권을 넘겨주는 인도형 RP(delivery RP), 제3의 환매서비스기관을 통해 증권을 보관·관리하는 3자간dp(tri-party RP), 매도자가 대상증권을 보관하는 점유개정형 RP(hold-in-custody)로 구분할 수 있다.[1]

2. 양도성예금증서

양도성 예금증서(certificate of deposit : CD)는 정기예금에 양도성을 부여하여 무기명으로 할인[2] 발행한 상품으로 발행금융기관의 승낙 없이도 자유롭게 양

1) 한국은행(2012), 한국의 금융시장, pp.59~60 참조.

2) 할인매출액, 할인액, 발행금액 산출방법.

도, 양수할 수 있는 완전한 유가증권이다. CD는 이율이 높고 안정성이 보장되는 상품으로, 가입대상은 제한이 없다. 최단 만기는 30일로 제한하고 있으며 실제 거래에 있어 금융기관간 1년 이내로, 대고객거래의 경우 50% 이상 1년 이내로 발행되고 있다. 거래한도는 제한이 없으며 이율은 실세금리를 매일 고시하여 가입당시의 이율을 만기까지 적용하는 할인방식으로 발행되므로 고객은 CD를 살 때 예치기간 동안의 이자를 뺀 금액만을 지급하고 만기에 액면금액을 받게 된다.

3. 기업어음

신용도가 높은 우량기업이 자금조달을 목적으로 발행하는 단기의 무담보(無擔保)로 발행하는 단기어음이다. 우리나라에서는 기업어음(commercial paper : CP)이라 하여 금리자율화정책(金利自律化政策)에 따라 국내 우량기업이 금융시장 실세금리 수준으로 어음을 발행하고 있으며, 금융회사가 이를 인수하여 일반고객에게 매출하고 있다. CP 발행시 중요한 것은 금융기관의 신용도가 아니고 발행기업의 신용도가 중요하다. 중도환매가 불가능하지만 배서양도의 방식으로 제3자에게 중개회사를 통해 양도할 수 있다.

4. 주가지수 연계증권

주가지수 연계증권(equity-linked securities : ELS)은 투자자로부터 조달한 자금의 대부분을 우량채권에 투자하고 일부를 주가지수, 옵션주식, 워런트 증권, 주가지수 선물 등의 변동과 연계하여 수익이 결정되는 신종 유가증권으로 증권사가 원금의 일정부분을 보장한다. 일부증권회사를 제외하고 대부분 외국계 증권사로부터 워런트(warrant)를 매입하여 ELS를 발행하고 있으며, 보증형 ELS와 결합형 ELS로 구분된다.

---

(1) 할인매출액(원금) = 발행(액면)금액 − 할인액

(2) 할인액 = 액면금액 × 연이율 × $\frac{\text{약정일수}}{365}$

※ 할인매출액(원금) = 발행(액면)금액 × (1 − 연이율 × $\frac{\text{약정일수}}{365}$)

(3) 발행(액면)금액 = 365 × $\frac{\text{할인매출액(입금요청액)}}{1-\text{연이율}\times\text{(발행기간)}}$

5. 주가지수 연동증권펀드(ELS펀드)

투자자들로부터 조달한 자금을 채권매입 등으로 운용하고 그 운용 예상수익으로 증권사가 발행한 주식워런트 증권을 매입하여 펀드에 편입함으로서 주가지수에 연동해 수익을 낼 수 있도록 구성된 수익증권으로 투신운용사가 취급하고 있으며 원금을 보존할 수 있도록 설계된 펀드이다.

6. 주가지수 연동펀드(ELF)

주가지수 연동펀드(equity linked fund)는 증권회사로부터 주식워런트 증권을 매입해 펀드를 구성하는 것이 아니라 자체적으로 금융공학 기법을 이용해 포트폴리오의 주식편입비율을 조정하고 현물과 선물매매로 리스크를 헤지함으로서 원금보존과 고수익을 추구하는 상품이다. 투신운용사가 취급하고 있으며 주가지수 연동상품을 비교해 보면 <표 9-1>과 같다.

〈표 9-1〉 주가지수 연동상품의 비교

구 분	주가지수 연동예금 (ELD)	주가지수 연동증권 (ELS)	주가지수연동 증권펀드 (ELS펀드)	주기지수 연동펀드 (ELF)
상품형태	정기예금	유가증권	수익증권 (펀드가입)	수익증권 (펀드가입)
자금운용 구조	대출금 및 유가증권+주가 지수옵션	채권+주식워런 트증권, 주가지수 옵션·선물	펀드(채권, 주식 워런트 증권편입)	펀드(금융공학 기법으로 포트폴리오조정)
원금보장 여부	만기시원금 100% 지급보장	만기시 원금의 일정부비율(100% ,95%, 90% 등)지급보장	원금보존추구형 실적배당상품	원금보존추구형 실적배당상품

7. 랩어카운트

랩어카운트(wrap account)는 증권회사가 투자자의 투자성향을 분석하여 자산배분 전략, 투자종목 추천, 자산배분 및 투자조정, 총체적인 자산관리컨설팅 등 종합적이고 체계적인 자산관리 서비스를 제공하고, 이에 부수되는 주문집행, 결제 등의 업무를 일괄 처리해 주는 자산종합관리계좌를 말한다. 우리나라는 2001년 도입 이후 가입자가 미미했으나 고개의 성향에 따라 투자자의 자산 포트폴리오를 증권회사가 도맡아 구성하고 운용하는 일임형 랩어카운트가 활성화되면서 규모가 급격히 증가하고 있으며, 증권회사가 투자에 대한 조언과 자문만 하고 실제 주문은 투자자가 직접하는 자문형 랩어카운트가 있고, 고객의 성향 등을 파악하여 고객에게 가장 적합한 최우수 펀드로 포트폴리오를 구성하는 투자전략을 제안하는 펀드형 랩어카운트가 있다. <표 9−2>는 랩어카운트와 펀드의 차이점을 나타내고 있다.

〈표 9-2〉 랩어카운트와 펀드의 차이점

구 분	랩어카운트	펀 드
판매수수료	없 음	있 음(펀드에 따라 다름)
환매수수료	없 음	있 음(약관에 따라 다름)
운용방식	개별 계좌로 운용	펀드매니저가 통합 운용
맞춤형투자	투자자 성향에 따라 조절 가능	투자자 의견 반영 어려움
투자내용 확인	실시간, 온라인으로 가능	별도 요구 필요

8. 수익증권

수익증권은 다수의 투자자로부터 모은 돈으로 공동기금(fund)을 만들고 투자전문가(펀드매니저)가 주식, 채권 등 유가증권에 투자하고 여기서 발생한 수익을 투자자에게 분배하는 계약형 투자신탁상품으로 수익증권의 당사자들은 펀드를 만들어 운용하는 위탁회사, 신탁재산을 보관 및 관리하는 수탁회사, 투자자의 창구 역할을 담당하는 판매회사, 투자자금의 납입과 수익권에 대한 권리를 가지는 수익자로 구분된다. 수익증권의 특징으로 공동투자, 전문성, 분산투자, 수익획득을 목적으로 운용하며, 기능으로는 위험분산기능과 정보제공기능, 투자유효 프론티어 확장기능 등이 있다.

9. CMA

CMA(cash management account)는 단기투자 상품으로서 현금자산 관리계좌를 의미 한다. 정기예금과 정기적금처럼 만기에 이자를 주는 것이 아니라 하루만 맡겨도 이자를 지급하는 금융상품으로 입•출금이 자유롭고 상대적으로 고수익을 제시하는 상품이다.

10. 상장지수투자신탁

상장지수투자신탁(exchange trade fund : ETF)은 KOSPI 200 지수를 추적하는 인덱스펀드가 개별 주식처럼 장내에서 거래된다고 보면 된다. 펀드자체가 주식의 형태로 증권거래소에 상장된 주식과 동일하게 실시간으로 매매가 가능한 상품이며, 홈트레이딩 시스템으로도 매매가 가능하다.

제2절 투자신탁회사의 금융상품

1. 주식형 수익증권

주식형 수익증권은 일반투자자가 맡긴 자금을 투자신탁회사가 우량주식에 분산투자하여 운용하는 수익증권을 말하는데, 신탁약관상 주식 및 주식관련 파생상품에 신탁재산의 60% 이상을 편입하여 투자하는 상품이다. 주식형 수익증권은 증권투자와 비슷한 성격을 띠고 있어 주가의 등락에 수익률이 좌우되기는 하나 우량주식에 분산투자하여 운용하기 때문에 위험을 극소화할 수 있고 일반투자자의 증권투자를 용이하게 할 수 있다는 장점이 있다.

2. 채권형 수익증권

채권형 수익증권은 신탁약관상 채권 및 채권관련 파생상품에 신탁재산의 60% 이상을 투자하는 상품으로 주식 및 주식관련 파생상품에 투자할 수 없다.

3. 혼합형 수익증권

혼합형 수익증권은 신탁약관상 주식투자 수익증권 및 채권투자 수익증권에는 해당되지 않으면서 주식, 채권 등에 대한 투자 비율을 적절하게 조정하여 투자하는 자산배분형 상품이다.

4. MMF

MMF(money market fund)는 1971년 미국의 메릴린치 증권회사에서 개발하여 금리자유화가 본격화되었던 1980년대에 크게 인기를 끌었던 실적 배당부 단기 자유금리상품을 말한다. 주로 단기금융상품에 자금을 운용하는 개방형 투자신탁의 일종으로 잔존기간 1년 이내의 재무성 증권, CD, BA, CP 등이 주요 투자대상이다.

5. 뮤추얼펀드

뮤추얼펀드(mutual fund)는 주식을 발행하여 투자자로부터 자금을 모집하여 회사를 설립한 후 그 자산을 유가증권 등에 투자·운용하고 그 수익을 투자자에게 이익배당 형태로 분배하는 것을 목적으로 설립된 독립회사형 투자신탁을 말한다. <표 9-3>은 수익증권과 뮤추얼 펀드의 차이점을 나타낸 것이다.

〈표 9-3〉 수익증권과 뮤추얼 펀드의 차이점

구 분	수익증권(계약형 투자신탁)	뮤추얼펀드(회사형 투자신탁)
환 금 성	중도환매 가능	환금성에 제약이 있지만 코스닥에 등록되어 매매되는 경우에 가능
설 립 형 태	신탁계약	펀드자체가 주식회사
발 행 증 권	수익증권	주 식
투 자 자	수 익 자	주 주
관 련 법	증권투자신탁업법	증권투자회사법
통 제 제 도	감독기관의 감독	주주에 의한 자율규제, 이사회 운영

6. 하이일드펀드

하이일드(high yield)펀드는 수익증권의 일종으로 신용등급이 낮은 채권에 집중 투자하는 고위험, 고수익의 간접투자상품이며, 신탁재산의 50% 이상을 신용등급BB+ 이하 회사채와 B+이하 기업어음(CP) 등 투기등급채권에 투자하기 때문에 투기등급펀드, 정크본드펀드, 고수익 고위험펀드라고도 한다. 투기등급의 채권에 투자하기 때문에 투자위험이 큰 반면, 원금손실, 일부보전, 공모주 우선 배정 등의 혜택이 있다.

7. 후순위담보채권

후순위담보채권(collateralized bond obligation : CBO)은 채권담보부채권의 후순위채권에 25% 이상을 집중투자 하는 상품이다. 신용등급이 높은 선순위채권이 아니고 신용등급이 낮은 후순위채권에 투자하는 만큼 위험부담이 크다. 그러나 채권발행 회사의 부도라는 최악의 사태만 비켜 가면 고수익이 보장된다. 투신사는 이 상품의 경쟁력을 높이기 위해 투신사의 자체 자금을 이 펀드에 투입하기도 하고 정상채권을 대거 편입 하기도 한다. 수익률 향상을 위해 공모주 우선배정권도 준다. 즉 거래소 상장공모주의 10%, 코스닥 등록공모주의 20%가 후순위담보채권펀드에 우선 배정된다. 아울러 이자소득세도 50% 감면해 준다.

8. 엄브렐러펀드

엄브렐러(umbrella)펀드는 수익증권의 일종으로 투자자가 시장상황에 따라 펀드로 자유롭게 전환할 수 있는 펀드로서 하나의 약관(엄브렐러 수익증권 저축약관)아래 여러 개의 하위(sub)펀드가 있는 모양이 마치 우산과 같다고 해서 엄브렐러라고 한다. 하위(sub)펀드의 편입종목은 머니마켓펀드(MMF), 공사채형 수익증권, 안정형 수익증권, 성장형 수익증권, 정보통신펀드, 코스닥전용펀드, 공모주전용펀드 등이다.

제 3 절 부동산투자신탁과 자산유동화증권

1. 부동산투자신탁

1) 의의

부동산투자신탁(real estate investment trusts : REITs)은 대표적인 부동산간접투자상품으로 다수의 투자자로부터 자금을 모아 부동산 소유지분(real estate equity ownership)이나 저당담보증권에 투자하거나 부동산 관련 대출(mortgage loan)등으로 운용하여 얻은 수익을 투자자에게 되돌려 주는 폐쇄형 뮤추얼펀드의 일종이다.

2) 도입배경

① 기업 금융기관의 구조조정을 지원하기 위하여 도입되었으며
② 새로운 건설수요를 창출하여 침체된 부동산경기를 활성화 시키기 위하여
③ 부동산 투자자에게 대규모의 부동산에 대한 투자기회를 제공하기 위하여
④ 낙후된 부동산시장을 선진화 시키고 투명화 하기 위하여 도입되었다.

3) REITs의 분류

(1) 투자대상에 따른 분류

① 지분형(equity)

총투자 자산의 75% 이상을 부동산소유지분으로 구성되며 임대료가 주 수입원이다.

② 모기지형(mortgage)

총투자 자산의 75% 이상을 부동산 관련대출이나 저당담보증권으로 구성되어 있다.

③ 혼합형(hybrid)

총투자 자산을 부동산소유지분, 부동산 관련대출, 저당담보증권 등으로 분산투자를 하는 것이다.

(2) 환매 여부에 따른 분류

① **개방형** : 환매가 가능하다.
② **폐쇄형** : 환매가 불가능 하며 증권시장에서 매매 해야 한다.

(3) 기한한정 여부에 따른 분류

① 무기한

존속기간이 정해져 있지 않는 리츠를 말한다.

② 기한부

일정기간 후에 보유자산을 매각하여 매각대금을 투자자에게 배분하고 해산하는 리츠를 말한다.

4) 부동산투자회사와 부동산투자신탁 비교

〈표 9-4〉 부동산투자회사와 부동산투자신탁 비교

구 분	부동산투자신탁	리츠(REITs)	CRV 기업구조조정 부동산 펀드
발행증권	수익권(통장)	주식(자본금 500억)	주식(자본금 500억원)
투자자지위	금전신탁의 위탁자	주 주	주 주
투자자구성	별도규정 없음	300인 이상 분산소유 (1인당 10% 제한)	제한 없음
투자대상	부동산, 유가증권, 기타	부동산, 유가증권, 기타	기업구조조정용부동산
환금성	제약(중도해지불가)	양 호(상장)	양 호(상장)
자산보관	별도위탁하지 않음	신탁회사 등 자산보관 위탁	자산관리전문회사위탁
전문인력	제한규정 없음	일정인원 이상확보, 실체있음	페이퍼컴퍼니
부동산 개발사업	제한규정 없음	자기자본 50% 이내 동일산업은 10% 이내	–

2. 자산유동화증권

1) 의의

자산유동화증권(assets backed securities : ABS)은 부동산, 매출채권, 유가증권, 주택저당채권(mortgage) 등과 같이 유동성이 낮은 자산을 기초로 하여 발행하는 증권이다. ABS는 기업이나 금융기관이 특수목적기구(special purpose vehicle : SPV)를 설립하여 보유한 자산을 표준화하고, 특정조건별로 집합(pooling)하여 SPV에 기초자산의 법률적인 소유권을 양도하는 절차를 거쳐 발행되며 이 증권의 원리금은 일차적으로 기초자산으로부터 발행하는 현금흐름을 이용하여 상환하는 방식이다.[3] 자산유동화증권의 가장 중요한 장점은 기초자산 보유자의 재무상태를 개선할 수 있다는 점이다. 우선 금융기관의 경우 보유하고 있는 위험자산을 매각하여 현금화함으로써 BIS 자기자본비율을 제고할 수 있다. 기업이 ABS를 발행할 경우에는 부채비율을 높이지 않고 자금을 조달할 수 있다. 특히 기업이 ABS로 조달한 자금으로 부채를 상환한다면 부채비율은 하락하게 된다. 투자자의 입장에서 보면 ABS는 양호항 투자대상이다. ABS는 신용평가기관의

3) 한국은행(2012), 한국의 금융시장, p.230 참조.

[그림 9-1] 자산유동화제도

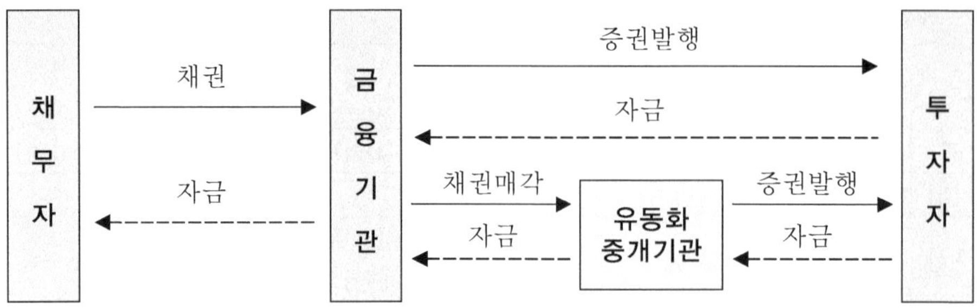

엄밀한 평가와 신용보강(credit enhancement)을 거쳐 발행되므로 안전하면서도 회사채 보다 수익률이 높은 투자대상이다. [그림 9−1]은 자산유동화 제도를 나타내고 있다.

2) 자산유동화증권의 분류

자산유동화법에 의해 발행되는 유동화증권은 성격에 따라 지분(equity)형으로서 주식 및 출자증권, 부채(기초자산의 위험이 어떻게 투자자에게 전가)되는가에 따라 패스−스루(pass through)증권, 페이−스루(pay through)증권, CMO, ABB) 등으로 나누어 볼 수 있다.

(1) 패스-스루 증권(pass-through securities)

유동화자산을 유동화중개기관에 매각하면, 유동화중개기관은 이를 집합(pooling)화하여 신탁을 설정한 후 이 신탁에 대해서 지분권을 나타내는 일종의 주식형태로 발행되는 증권이다. 기초자산이 SPV를 통하여 투자자에게 이전된다는 의미에서 자동이체식이라고도 한다.

(2) 페이-스루 증권(pay-through securities)

유동화자산 집합에서 발생되는 현금흐름을 이용하여 증권화하되, 그 현금흐름을 균등하게 배분하는 단일증권이 아니라 상환우선순위가 다른 채권을 발행하는 방식이다. 원리금이 특수목적기구(special purpose vehicle : SPV)를 통하여 지급되는 형태를 띠기 때문에 원리금 이체식증권 이라고도 한다.

(3) CMO(collateralized mortgage obligation)

패스-스루증권과 페이-스루증권의 조기상환 위험 등의 결점을 보완하기 위해 발행된 것으로서 페이-스루증권의 일종으로, 이는 종전의 유동화증권이 기초자산의 포트폴리오와 동일한 만기를 가지는 데서 발생하는 조기상환 위험의 부담을 만기가 다른 채권을 여러 단계로 결합하여 해결해 나가고 있다.

(4) ABB(asset backed bond : 자산담보부채권)

자산을 담보로 자산보유자가 발생하는 채권이다. 이는 패스-스루형이나 페이-스루형과는 달리 기초자산에 대한 권리가 아니라 자산보유자에게 대한 채권을 표시하는 증권이다.

3) 자산유동화증권의 구조

(1) 자산유동화증권의 기본구조

① 자산보유자

자산보유자는 증권화 대상자산을 소유하고 있는자(금융기관 및 일반기업)로서 유사한 조건의 자산을 집합시켜 증권화의 주체가 되어 자금을 조달한다. 실질적인 자산유동화의 수혜자라 할 수 있다.

[그림 9-2] 자산유동화증권의 구조

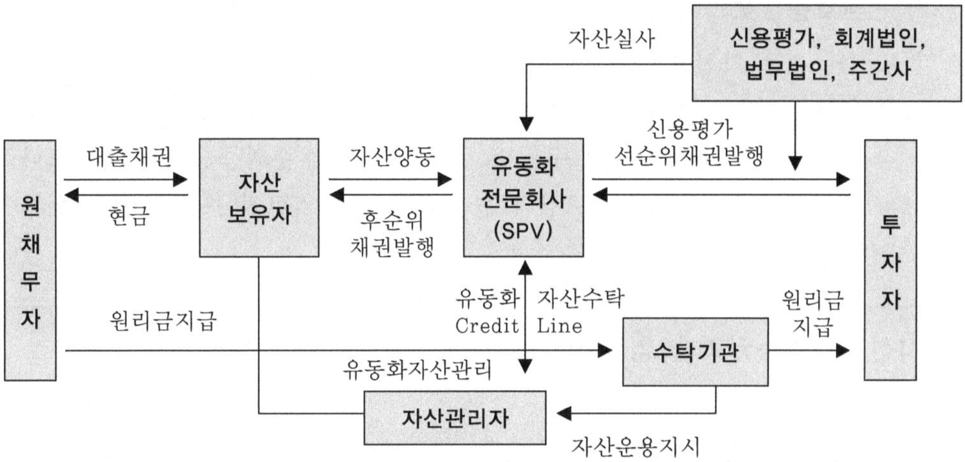

② 유동화전문회사

유동화전문회사는 유동화증권 발행을 원활히 하고 자산보유자로부터 자산을 분리하기 위해 설립한 특수목적의 유한회사이다. 자산유동화증권의 발행역할 및 자산 양수의 수혜자이다.

③ 자산관리자

증권화된 자산을 관리(수금 및 채권보전 행동)하는 역할을 하는 기관이다. 자산보유자 또는 제3자 금융기관이 수행한다. 자산관리자의 신용도가 낮은 경우 우량금융기관으로 대체자산관리자를 선정한다.

④ 신용평가기관

자산유동화증권 발행을 위해 신용평가기관의 신용등급 획득이 필요하다.

⑤ 신용보강기관

양도자산의 담보가치만으로 자산보유자가 목표로 하는 신용평가등급을 얻을 수 없을 경우 ABS에 대해 지급보증을 하는 전문금융기관이다. 전반적인 신용위험을 경감시키는 업무를 담당한다.

⑥ 발행주간사

자산유동화증권 전문가인 증권회사가 증권화의 전과정을 주선하고 채권의 판매 및 유통을 주선한다. 초기 검토단계에서 많은 비용과 노력이 투입되므로 주간사의 역할이 중요하다. 자산유동화증권의 구조는 [그림 9-2]와 같이 구분할 수 있다.

(2) 현금흐름분석과 신용보강

현금흐름분석은 자산포트폴리오 풀의 특성, 자산의 성과에 영향을 주는 요소 등을 분석하는 것이며, 신용보강 수준은 자산의 특성 및 발행증권의 목표등급에 따라 다른 수준의 신용보강이 요구된다. 보강방법은 후순위증권을 발행하거나 예치금으로 보강하는 내부 신용보강과 신용도가 높은 기관의 보증을 받는 외부 신용보강이 있다.

4) 자산유동화증권의 발행절차

(1) 타당성 조사
(2) 당사자 선정
(3) 데이터 분석

(4) 자산실사(due diligence)
(5) 거래구조 설정 및 금융모델링
(6) 각종계약서 작성
(7) 신용평가
(8) 모집
(9) 유동화증권의 발행 및 납입
(10) 유동화자산의 모니터링 보고

3. 주택저당채권(mortgage backed security : MBS)

1) 의의

주택저당채권(mortgage backed security : MBS)은 금융기관이 주택을 담보로 만기 20년 또는 30년짜리 장기대출을 해준 주택저당채권을 대상자산으로 하여 발행한 자산담보증권이다.

2) 기본구조

주택저당채권의 매각 또는 증권화에 따라 주택저당과 관련한 새로운 시장이 형성되므로 이를 구분하기 위해 기존의 저당대출시장을 1차 저당시장(primary mortgage market)으로, 그리고 새롭게 형성되는 시장을 2차 저당시장(secondary mortgage market)이라 한다. [그림 9-3]은 기본구조를 보여주고 있다.

[그림 9-3] 주택저당채권의 기본구조

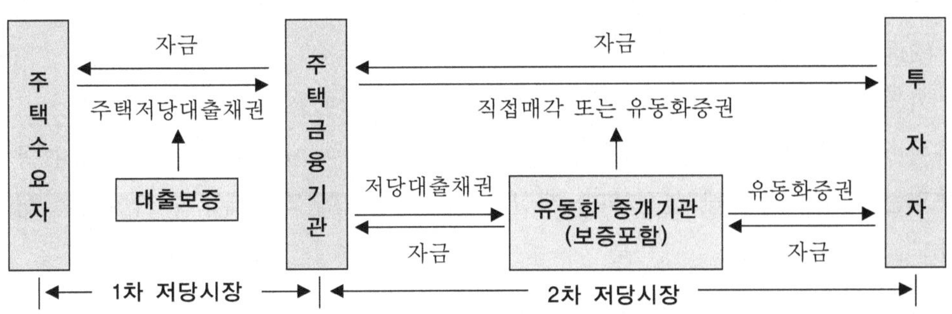

3) 저당대출의 특성

① 대출만기가 통상 장기금융상품으로 금리리스크와 유동성리스크가 노출되며, 상대적으로 신용리스크가 낮다.
② 상환주기가 통상 월단위로 원리금이 동시에 상환되는 활부상환 형태로 현금흐름이 안정적이다.
③ 조기상환에 의해 수익이 변동된다.
④ 차주에 대한 신용평가, 담보물에 대한 감정평가 및 실사 등 많은 사무처리 과정이 필요한 노동집약적 금융상품이다.
⑤ 채권구조가 복잡하고 현금흐름이 불확실하기 때문에 국채나 회사채보다 수익률이 높다.

4) 저당대출의 종류

(1) 원리금균등상환 고정금리부 대출

만기까지 매월 동일한 원리금이 상환 되어 만기에 완전히 상환이 완료되는 형식으로, 매월 상환되므로 원금잔액이 줄고 이에 따라 이자도 줄어들어 매월 상환액 중 이자부분이 점차 감소하고 원금부분은 점차 증가 한다.

$$MP = MB_0 \frac{r(1+r)^n}{(1+r)^n - 1}$$

MP : 월상환액　　　　n : 개월수
MB_0 : 최초원금잔액　　　　r : 월이자율(= 연이자율/12)

(2) 변동금리부 대출

기준금리에 연동되어 변동되는 대출로 기준금리에 스프레드(spread)를 가산하여 금리가 결정 된다 또한 차주를 유인하기 위하여 대출금리는 시장에서 통용되는 금리보다 낮게 설정하며, 재설정시 기준금리에 스프레드를 가산하는 형태로 보전한다.

(3) Balloon Mortgage

미래의 특정일에 대출금리를 재약정하여 기존 대출금을 상환하고 새롭게 대출을 일으키는 재대출 형태의 대출이다.

대출기관이 장기대출을 실질적으로는 단기 대출하는 형태로 대출기관 입장에서 자금조달운용의 불일치 문제를 완화한다.

(4) Two-Step Mortgage

고정금리부 대출로 만기 전 일정시점에서 금리를 조정하는 대출이다.

(5) 지분증가형 대출

월상환액이 증가하는 고정금리부 대출로 최초 상환액은 원리금 균등방식과 동일하다.

(6) 체증식 대출

원리금 균등상환방식과 같이 금리와 기간은 고정되어 있으나 월상환액이 초기에는 원리금 균등상환방식보다 작다가 점차 증가하는 방식의 대출이다.

5) 저당대출의 위험

(1) 채무불이행 위험

① LTV(loan to value)가 높을수록 채무불이행 확률이 증가한다.
② PT(payment to income)는 높을수록 채무불이행 확률이 증가한다.
③ 2차 저당대출이 있는 경우에는 없는 경우보다 채무불이행 확률이 높다.
④ 저당대출기간이 경과할수록 채무불이행 확률이 감소한다.

(2) 유동성 위험

① 저당대출은 규모가 크고 분리가 불가능하여 유동성이 떨어지므로 스프레드가 다른 상품보다 높다.
② 통상적인 담보물이 아닌 저당대출일수록, 또 담보물이 색다른 것일수록 스프레드는 높아진다.

(3) 이자율 위험

저당대출은 만기가 장기인 상품으로 기간불일치가 크고 그 가격이 시장금리와는 반대방향으로 움직인다.

(4) 조기상환 위험

대출만기 전에 원금이 상환됨에 따라 저당대출의 현금흐름이 불확실해지는 위험으로 조기상환이란 만기상환에 대응되는 말이다. 조기상환이 발생하는 이유는 금리하락시 차주는 조기상환옵션을 행사하여 더욱 낮은 금리가 적용되는 채권으로 변경하길 원하기 때문이다.

6) 주택저당채권(MBS)의 특성

① 주택저당대출의 만기와 대응하므로 통상장기로 발행한다.
② 조기상환에 따라 수익이 변동된다.
③ 채권구조가 복잡하고 현금흐름이 불확실하기 때문에 국채나 회사채보다 수익률이 높다.
④ 자산이 담보되어 있고 보통 별도의 신용보안이 이루어지므로 회사채보다 높은 신용등급의 채권을 발행한다.
⑤ 채권상환과정에서 자산관리수수료 등 각종 수수료가 발생한다.

7) 주택저당채권의 종류

① 지분형(pass-through S) : 모기지 소유권투자자에게 이전하고 투자자에게 현금을 바로 이체한다.
② 채권형(mortgage backed bond : MBB) : 발행기관이 모기지 소유권을 보유하고, 별도계획에 의거 상환한다.
③ pass-THROUGH S(지분, 채권혼합형) : 발행기관이 모기지 소유권을 보유하고 투자자에게 현금을 이체한다.
④ CMO : 조기상환위험을 완화하기 위해 도입된 제도이다.

연 습 문 제

1. 금융상품중 RP를 설명하시오.
2. 주가지수 연계증권을 설명하시오.
3. 주가지수 연동펀드를 설명하시오.
4. 수익증권을 설명하시오.
5. CMA를 설명하시오.
6. 주식형 수익증권을 설명하시오.
7. MMF를 설명하시오.
8. 뮤추얼펀드를 설명하시오.
9. 부동산투자신탁을 설명하시오.
10. REITs를 설명하시오.
11. 자산유동화증권을 설명하시오.
12. 자산유동화증권의 분류를 설명하시오.
13. 주택저당채권을 설명하시오.

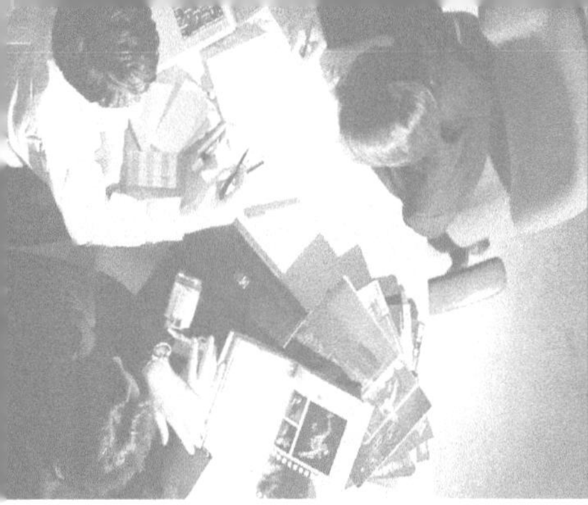

제10장 은행의 금융상품

제1절 은행의 신탁상품

1. 맞춤형 신탁

맞춤형 신탁은 기존의 특정금전신탁의 변형상품으로 고객이 운용대상(부동산, 국채, 선물, 옵션 등)과 운용방법 및 운용조건을 지정하고 고객의 요구조건에 따라 운용하며, 신탁종료시 운용수익을 배당하는 주문형 신탁상품을 의미한다. 세금우대종합저축 한도 내에서 1년 이상 가입시는 세금우대 혜택을 받을 수 있다. 3개월이 지나면 중도해지 수수료가 면제된다.

2. 단위형 금전신탁

단위형 금전신탁은 일정한 판매기간을 지정하여 다수 고객의 자금을 운용한 후 만기에 실적 배당하는 상품으로 저금리에 만족하지 못해 고위험을 부담하면서 고수익을 추구하려는 공격적 성향의 투자자에게 적합한 상품으로 운용결과 손실이 발생할 수 있는 상품이다.

가입대상은 제한이 없으며 투자기간은 1년 이상 월 단위이다. 만기이전에는 특별한 경우 이외에는 중도해지가 불가능하다. 가입금액은 100만원 이상이며, 신탁의 종류[1]에는 성장형과 안정형, 안정성장형이 있다.

---

1) 신탁의 종류는 주식형과 채권형이 있으며, 주식형은 주식의 편입비율에 따라 성장형(주식 30%－50% 이내), 안정형(주식10% 이내), 안정성장형(주식10%－30% 이내)이 있으며, 채권에만 투자할 수 있는 채권형(주식 0%)이 있다. 또한 기준가격이 일정한 목표치에 도달하면 성장형에서 안정형으로 전환하여 운영하는 전환형이나 채권운용 시 신용등급 A이상인 회사채, A3 이상인 어음 등 우량채권으로만 운용하는 클린형도 있다.

3. 추가형 금전신탁

추가형 금전신탁은 단위형 금전신탁과 마찬가지로 다수의 고객들로부터 금전을 신탁받아 대출 및 주식, 채권 등에 운용하고 운용수익을 배당하는 상품이다. 단위형 금전신탁과는 달리 중도해지가 가능하며, 세금우대 종합저축한도 내에서 1년 동안 가입시에는 세금우대 혜택을 받을 수 있다.

4. 퇴직연금신탁

기업이 근로자의 퇴직급여를 적립하고 기업 또는 가입자의 운용지시에 따라 적립금을 운용하여 가입자의 퇴직시 연금 또는 일시금으로 지급하는 신탁. '기금형퇴직연금'이라고도 하며 2016년 7월 도입되었다. 기금형제도는 노동자, 사용자, 외부 전문가가 참여하는 기금운용위원회에서 퇴직연금 운용 방향과 자산배분 등을 결정하는 방식이다.

1) 퇴직연금신탁의 종류

① 확정급여형

확정급여형(defined benefit)은 근로자가 받을 퇴직급여가 사전에 확정되며, 기업이 부담하는 부담금은 적립금 운용 결과에 따라 변동될 수 있는 퇴직연금 제도이다.

② 확정기여형

확정기여형(defind contribution)은 기업아 부담할 부담금이 사전에 확정되어 있고 기업이 납입한 적립금은 근로자가 직접 운용하여 운용 결과에 따라 근로자의 퇴직급여가 결정되는 퇴직연금제도이다.

③ 개인형

개인형(individual retirement pension)은 근로자가 은퇴 전 퇴직급여의 조기 소진을 방지하고 노후자산으로 본래의 가치를 높이기 위해 퇴직연금 가입자가 퇴직시 퇴직급여를 의무적으로 자기명의의 IRP계좌에 이전하도록 한 퇴직연금 제도이다.

5. 근로자우대신탁

근로자의 저축증대와 소비억제를 통하여 재산형성을 목적으로 일정기간 신탁금을 적립하고 신탁기간이 만료되면 신탁금액과 이자를 일시에 지급하고, 이자소득에 대하여 비과세 혜택을 주는 신탁상품이다.

가입대상은 연간 총급여액이 3천만원 이하의 근로자는 가능하다. 근로자 우대저축은 전 금융기관에서 취급하며, 3년 이상 5년 이하 월단위로 1만원에서 50만원 한도 내에 적립이 가능하며, 1인 1통장만 가입할 수 있다. 증권회사에서는 근로자우대증권저축, 보험회사는 근로자우대보험, 투자신탁회사는 근로자우대신탁, 은행에서는 근로자우대저축과 근로자우대신탁 모두 취급하고 있다. 특별한 사유[2] 발생시에는 중도해지가 가능하다.

6. 노후생활연금신탁

노후생활연금신탁은 개인의 노후생활 및 장래의 생활안정을 목적으로 일정금액을 5년 이상 거치 또는 적립하고 만기 후에는 계약내용에 따라 원리금을 일시금 또는 연금과 일시금을 혼합한 형태로 지급받을 수 있는 장기저축상품이다. 가입대상은 위탁자는 만 18세 이상이고 수익자는 위탁자 본인 또는 위탁자가 지정한 개인으로 만기일 기준으로 만 40세 이상인 개인으로 1인 1통장만 가입할 수 있다. 최저적립 신탁금액은 적립식 1만원 이상 즉식 연금식은 100만원 이상이며, 수익배당방법은 일시금식은 신탁원리금을 신탁기간 만료시 일시 지급되며 연금식은 신탁원리금을 5년 이상(연단위) 매월 또는 매분기별 지급된다. 혼합식은 신탁원리금을 일시금과 연금으로 혼합 지급된다.

7. 특정금전신탁

특정금전신탁은 신탁계약에 의해 위탁자가 자기책임 하에 신탁재산의 운용방법과 조건을 특정 시키고 수익자는 위탁자의 운용지시에 따라 운용하며 그 운용성과에 따라 실적배당하는 단독운용 신탁상품이다. 상품의 특징은 최저예탁

2) 천재지변, 가입자의 사망, 해외이주, 퇴직 및 사업자의 폐업, 가입자의 3개월 이상 장기 입원치료 또는 요양이 필요한 상해 또는 질병이 발생할 때, 국외취업 근로자가 질병 또는 취업계약 기간의 만료 등으로 귀국한때 등에는 특별중도해지로 보아 비과세 혜택과 함께 중도해지 수수료를 면제하고 실적배당에 따른 원리금을 지급한다.

〈표 10-1〉 금전신탁과 예금비교

구 분	금전신탁	은행예금
재산관계	신탁재산(신탁계정)	고유자산(은행계정)
계약 관계인	위탁자, 수탁자(은행), 수익자 : 3자관계	예금주, 은행 : 2자 관계
계약의 성질	신탁행위(계약,유언) : 신탁법	소비임차계약 : 민법
준 거 법	신탁법	민법
이익분배	원칙적으로 실적배당 운용수익－신탁보수＝신탁이익	확정배당이 원칙 원금×약정이율＝예금이자
원본보전 및 이익보전	원칙적으로 의무없음	의무 있음
특약사항	가능	불가능
감 독	신탁업법(금융감독원)	은행법(금융감독원)

한도가 통상 1억원 이상이고 세금혜택 및 예금보호대상에서 제외된다. 배당은 실적배당이고 수익은 만기에 일시지급된다. 중도해지가 가능하며 가입 후 1년이 지나 찾게 되더라도 중도해지수수료는 해당되지 않는다. <표 10－1>은 금전신탁과 예금의 비교표이다.

8. 불특정금전신탁

불특정금전신탁은 신탁업을 영위하는 은행 등의 금융기관이 신탁단위(펀드)별로 일정한 판매기간을 정하여 다수의 고객으로부터 금전을 신탁받아 대출, 채권, 주식 등의 자산에 운용하고 운용수익에서 일정한 비용을 차감한 후 실적배당하는 상품이다. 불특정금전신탁 상품에는 가계금전신탁, 적립식목적신탁, 비과세가계장기신탁, 근로자우대신탁, 부동산투자신탁, 단위금전신탁 등이 있으며 2004년 7월부터 취급이 중지되었다.

제2절 은행의 예금상품

예금이란 예금자가 금융기관에 대하여 일정한 금전의 보관을 위탁하고 금융기관은 이를 수탁함으로써 성립되는 일종의 임치계약이다. 그러나 보통의 임치계약이 물건을 보관하는 사람이 보관하는 물건을 사용 또는 처분할 수 없는 것과는 달리 금융기관은 이를 자유로이 사용할 수 있고 반환시에 이자가 붙는 예금의 경우 이자를 붙여서 반환하면 된다는 부분에서 소비임차계약이라 할 수 있다. 예금에는 입금과 출금이 자유로워 이자가 없거나 저리의 이자를 받는 요구불예금과 일정기간동안 예치함으로써 보다 높은 이자를 받는 저축성예금으로 구분되어 진다.

1. 요구불예금

입금과 출금이 자유스러운 예금으로서 이자가 없거나 저리의 이자를 받는 예금이다. 우리나라의 경우 요구불예금의 종류는 보통예금, 당좌예금, 가계종합예금, 별단예금 등이 있다.

1) 보통예금

보통예금은 필요한 자금을 언제든지 자유롭게 입·출금 할 수 있는 예금을 말하며, 가입대상, 예치금액, 예치기간, 입출금회수 등에 아무런 제약이 없는 상품이다.

금융기관의 여·수신이율 등에 관한 규정에 의하여 이자가 결정된다. 이자계산방법은 일반적으로 6개월마다 평균예금 잔액에 대해 계산하여 원금과 합산한다.

보통예금은 유동자산 항목으로 당좌자산으로 분류하며, 증가는 차변에, 감소는 대변에 기록한다.

2) 당좌예금

당좌예금은 은행과 당좌거래계약을 체결한 자의 예금잔액범위(또는 당좌대출한도)안에서 거래은행을 지급인 또는 지급장소로 하는 당좌수표 또는 약속어음을 발행할 수 있는 예금이다. 또한 예금거래계약을 맺을 때 담보물을 제공하고(근저당설정) 당좌차월계약을 맺으면 예금잔액을 초과하여 수표 및 어음을 발행할 수 있다. 그 후에 입금을 하면 우선적으로 당좌차월을 갚고 잔액을 당좌예금의 잔액으로 남는다.

가입대상은 신용과 자산상태가 양호하다고 인정할 수 있는 예금·당좌대출일정자격(거래기간, 거래금액 등)을 갖춘 법인 또는 사업자등록증을 소지한 개인이다. 이율은 무이자이며 예치한도에는 제한이 없다.

3) 별단예금

별단예금은 은행업무의 수행과정에서 발생하는 미결제예금이나 미정리예수금, 타계정에서 처리하기 곤란한 예금, 특정자금 등을 일시적으로 처리하기 위한 편의적 계정과 일시적으로 수탁받는 예금이다.

별단예금에 대해서는 일정한 형식의 예금증서나 통장 등이 발행되지 않는다. 다만 필요한 경우 은행에서 예치증이나 영수증·확인서 등만 발행해 준다.

원칙적으로 이자가 붙지 않지만 예외적으로 당좌거래 개설보증금이나 특별약관에 의한 경우 일반예금 수준의 저리 금리가 나오는 경우도 있다. 95% 이상이 자기앞수표 발행에 활용되고 사채원리금 및 주식배당금 지급, 부도대금 및 부도제재금 등도 별단예금 계정을 통해 처리된다.

2. 저축성예금

저축성예금은 일정한 만기가 없고 입출금이 항상 자유로운 예금으로서 요구불예금에 비해 높은 이자율이 지급되는 예금이다. 우리나라에는 정기예금과 저축예금이외에도 정기적금, 목돈마련저축, 상호부금, 자유저축예금 등이 있다.

1) 입출금식 예금

① 저축예금

저축성예금은 가계의 저축증대를 위하여 도입된 예금으로서 보통예금처럼 입출금이 자유로우면서 비교적 높은 금리가 지급되는 예금상품으로 가입대상은 실명의 개인으로서 이율은 자유이고(통상 연 2%), 이자계산방법은 매 3개월마다 평균예금 잔액에 대해 계산하여 원금과 복리로 합산한다.

② 기업자유예금

법인이나 사업자등록증을 소지한 개인기업이 일시 여유자금을 은행에 예치하여 안전하고 편리하게 지급결제기능을 수행할 수 있도록 한 예금이다. 그 기능은 보통예금과 유사하나 가입대상 및 이율체계는 다르다. 보통예금에 비해 금리가 다소 높은 편이지만, 금리는 예치기간별로 차등 적용하고 있으며, 7일 미만 예치시에는 이자가 없으며 예치기간 7일 이후부터 이자가 붙는다. 이자 계산은 3개월(1월, 4월, 7월, 10월)선입선출법에 따라 이자를 계산하여 원금에 합산한다. 이 예금은 비영리법인이나 지방자치단체 및 임의단체 등 법인이면 항상 가입이 가능하다.

③ 개인용 MMDA(money market deposit account)

MMDA는 시장금리부 수시입출금식 예금으로 1997년 7월 4단계 금리자유화 때 도입이 되었으며 저축예금의 금리가 자유화되자 수시입출금식 상품인 저축예금에 시장금리를 지급할 수 있게 되어 단 하루만 맡겨도 높은 금리가 발생하는 상품으로 자산운용사의 MMF(money market fund)와 경쟁이 가능하게 되었다.

500만원, 1,000만원, 3,000만원, 5,000만원, 1억원을 기준으로 목돈을 1개월 이내 초단기로 운용할 때 유리하며, 금액별로 차등금리를 지급한다. 가입대상은 개인이며, 예금실적에 따라 마이너스 대출, 수수료 면제, 대출·예금금리우대, 신용카드대금 결제 등 자동이체도 가능하다.

④ 자유저축예금

자유저축예금은 가계저축의 유치를 목적으로 하는 금융상품이다. 입출금이 자유로운 반면 예치기간별로 이율이 차등 적용되는 특징이 있다. 가입대상은 개인이며, 이자는 3개월 마다 선입선출법에 따른 예치기간별 예금 잔액에 대해 계산한 후 원금에 합산한다.

⑤ 기업용 MMDA

기업이 가입할 수 있는 MMDA 예금상품으로 가입금액은 은행에 따라 기준이상이 하지만 최저가입금액의 제한이 있다. 가입대상은 법인 및 사업자등록증을 소유한 개인, 비영리법인, 국가·지방자치단체 등이다. 이율은 예치기간별, 금액별로 차등금리를 적용한다. 예치기간이 7일 미만 예치시에는 이자가 없으며, 7일 이상 예치시 이자지급은 매건 별로 기간 및 금액에 따른 차등금리를 지급하며, 기간계산시 선입선출법을 적용한다.

2) 적립식 예금

① 정기적금

정기적금은 일정한 기간동안 일정액을 적립하고 만기일에 일정금액을 지급받을 것을 약정한 적립식예금이다. 정기적금은 은행 이외에도 신용협동조합, 우체국, 상호저축은행, 농·수협 단위조합, 새마을금고에서도 취급한다.

가입대상은 제한이 없으며, 가입기간은 6개월 이상 5년 이내(1개월 단위적립)이고 이율은 자유롭다. 저축한도는 월 1만원 이상 제한이 없으며, 만기 후에는 적용금리가 약정 이자율의 1/2로 하향 조정된다.

② 가계우대정기적금

가계우대정기적금은 우대금리를 적용하는 적금으로서 가계의 목돈마련과 은행의 수신기반 강화를 위한 장기성 예금이다. 특히 만기시까지 적금관계 대출을 받지 않을 경우 일반 정기적금 금리에 특별금리를 가산하여 적용한다. 가입대상은 개인이며 가입기간은 6개월 이상 5년 이내이고, 이율은 자유화이며, 취급금융기관은 정기적금과 동일하다.

③ 장학적금

장학적금은 미취학아동 및 초·중·고등학교 학생 등을 대상으로 저축 의식고취와 학부모의 자녀학자금 마련을 위해 시행되고 있는 세금우대 혜택이 주어지는 정기적금 이다. 취급기관은 정기적금과 동일하고 가입대상은 미취학아동·초·중·고등학생이다. 가입기간은 6개월 이상 3년 이내이고 월 단위로 계약 한다. 가입한도는 금융기관별로 상이하나, 이율은 금융기관마다 자유로우며, 장학적금도 정기적금과 마찬가지로 은행 이외에도 상호저축은행, 농·수협 단위조합, 새마을금고, 우체국에서도 취급하고 있다.

④ 상호부금

상호부금은 사금융인 계가 변천한 제도로서 일정기간을 정하여 중도 또는 계약기간 만료시에 은행이 가입자에게 일정한 금액을 급부(대출)하여 줄 것을 약정하고 일정기간 동안 정기적으로 부금을 납입하는 예금상품으로 정기적립식과 자유적립식이 있다. 가입대상은 제한이 없으며, 가입기간은 6개월 이상 5년 이하이고 월 단위로 적립한다. 이율은 자유이며, 대출자격은 총납입 회수의 1/4 또는 1/3 이상 납입 후, 계약금액 이내에서 대출이 가능하다.

⑤ 근로자우대저축

근로자우대저축은 조세특례제한법에 따라 이자소득에 대하여 비과세혜택이 주어지는 적립식저축이다. 가입대상은 연봉 3,000만원 이하의 모든 근로자가 해당되며, 1인 1통장만 가입이 가능한 상품이다. 저축기간은 3년 이상 5년 이하이며, 가입금액은 월 1만원 이상 50만원 이내에서 적립이 가능 하였으며 현재는 신규 가입이 불가능한 상품이다.

⑥ 근로자장기저축

근로자의 저축증대와 재산형성을 위해 근로자의 월급여액 범위 내에서 매월 최고 50만원 한도까지 저축할 수 있는 금융상품이다. 가입대상은 모든 근로자가 가능하며, 가입기간은 3년에서 5년까지 가능하고 세금우대 혜택을 받으려면 3년 이상 예치시켜야 한다. 이율은 자유이며, 상호저축은행, 은행, 우체국 등에서도 취급한다. 이자는 예금 만기시 원리금을 지급한다.

⑦ 장기주택마련저축

장기주택마련저축은 매월 100만원 이내에서 1만원 단위로 적립하는 자유적립식 저축으로 무주택자의 주택마련을 위한 금융상품이다. 7년 이상 저축을 할 경우 이자소득에 대해 비과세 혜택이 있으며, 연간납입액의 40% 범위 내에서 최고 180만원까지 소득공제 혜택이 있다. 또한 일정기간 경과 후 장기주택자금 대출이 가능하다. 가입대상은 만 18세 이상 무주택자 또는 전용면적 85㎡(약 25.7평) 이하의 1주택 소유자로서 전 금융기관을 통해 1인 1통장인 경우 가능하다.

⑧ 주택청약부금

주택청약부금은 전 은행에서 취급하는 주택금융상품이며, 청약부금가입자가 일정기간동안 부금을 납입하면 가입기간과 저축금액에 따라 만기 또는 중도에 일정한 금액을 대출해 주는 적립식 상품이다. 전용면적 85㎡ 이하의 민영주택 또는 민간건설의 중형국민주택 분양시 일정금액 이상 부금을 납입하면 청약권을 주는 목적부 예금이다.

⑨ 주택청약저축

주택청약저축은 무주택자가 85㎡ 이하의 내집 마련을 원할 경우 유리한 저축으로, 무주택 세대주라면 청약예금이나 청약부금보다는 청약저축에 가입하는 것이 유리하다. 청약예금과 청약부금은 가입조건이 완화되었지만 청약저축은 아직까지 은행에서만 가입이 가능하고 무주택 세대주만 가입할 수 있어 대상자가 상대적으로 적은 것이 장점이다. 청약저축에 가입 하더라도 전용면적 18평 이하의 국민주택과 25.7평 이하의 주공·시영주택과 18평 이상 25.7평 이하의 국민·민영주택 청약이 가능하다.

청약저축은 저축기간이 2년 이상 경과하면 높은 이율의 금리를 지급하고 있어 목돈을 마련하여 아파트 당첨시 중도금으로 활용할 수 있다. 주택청약저축은 배우자 또는 부양가족이 있는 세대주로서, 무주택자나 전용면적 85㎡ 이하의 1주택 소유자일 경우 연간 총불입금액의 40% 범위 내에서 주택자금 특별공제를 받을 수 있다. <표 10-2>는 주택마련저축 비교표이다.

3) 거치식예금

① 정기예금

정기예금은 일정기간동안 일정금액을 예치하는 예금으로 예금의 만기 이전에는 원칙적으로 예금 지급청구를 할 수 없는 저축성이 강한 기한부예금이다. 예치기간에 따라 이율이 다르며, 예치기간이 길수록 높은 이율을 지급 받을 수 있다. 만약 만기 이전에 중도 해지를 하게 되면 약정금액에 미치지 못하는 이자를 지급 받게 된다.

② 실세금리연동형 정기예금

2001년에 도입된 정기예금의 일종으로 4단계 금리자유화 이후 본격적으로 판매가 이루어진 금융상품으로 가입일 당시의 실세금리를 반영하여 만기에 확정금리를 지급하는 예금이다. 세금우대 혜택이 있으며 가입당시 정해진 금리가 만기까지 보장되므로 금리 하락 시에 유리하다. 세금우대혜택이 있으며 월이자 지급식과 만기이자 지급식이 있다.

③ 양도성예금증서

양도성 예금증서(certificate of deposit : CD)는 정기예금에 양도성을 부여하여 무기명으로 발행한 상품으로 발행금융기관의 승낙 없이도 자유롭게 양도, 양수할 수 있는 완전한 유가증권이다. CD는 이율이 높고 안정성이 보장되는 상품으로, 가입대상은 제한이 없고 저축기간은 30일 이상이다. 저축한도는 제한이 없으며 이율은 자유금리상품으로 실세금리를 매일 고시하여 가입당시의 이율을 만기까지 적용하는 선이자 지급식 상품이다.

〈표 10-2〉 주택마련저축(청약예금 · 부금 · 저축)비교

구 분	청약저축	청약부금	청약예금
청약가능주택	국민주택과 민간건설형 국민주택	85㎡이하의 민영주택과 민간건설중형 국민주택	민영주택과 민간건설형 국민주택
취급은행	국민은행, 우리은행, 농협	모든은행	모든은행
가입지역	전 국	청약예금제도 실시지역 (전국 "시"급 지역과 필요시 "군" 지역)	
가입대상	무주택세대주(국민)	만 20세 이상 개인(외국인 거주자 포함)	
저축기간	국민주택 등에 입주자로 선정된 날까지	2년 이상 5년 이내 (월 단위)	1년제(자동재예치)
저축예금 및 저축방법	월2만원~10만원(5천원 단위), 자유적립식	월5만원~50만원(1만원 단위), 자유적립식	청약가능면적에 따른 지역별 예치금액, 거치식
이자지급방법	만기일시 지급식	만기일시 지급식	만기일시 지급식 월이자지급식
명의변경	상속, 결혼, 개명, 세대주변경	상속, 개명	
계좌부활*	• 사업주체의 파산, 입주자 모집승인취소 등으로 이미 납부한 입주금을 반환 받았거나 당해 주택에 입주할 수 없게 된자 • 분양전환되지 아니 하는 임대주택의 입주자로 선정된 자가 해약한 경우	• 사업주체의 파산, 입주자 모집승인 취소 등으로 이미 납부한 입주금을 반환 받았거나 당해 주택에 입주할 수 없게 된 자	
청약예금 전환	납입 인정금액이 지역별 청약예금 예치금 이상	1순위 계좌	–
청약 1순위	2년 경과되고 24회 이상 납입시	2년 경과되고 납입인정 금액이 지역별 청약예금 예치금 이상 납입시	2년 이상 경과시
기 타	• 세금우대 가능 • 연말정산 소득공제	• 예금담보대출 • 세금우대 가능 • 특별중도해지 : 당첨 후 해지시 평형 지역변경 해지시 상속으로 2계좌 해지시	

* 주택마련저축으로 주택을 분양받았을 경우 동 계좌를 원칙적으로 다시 청약할 수 없으나, 위와 같은 사유의 경우에는 계좌를 이용하여 청약할 수 있는데 이를 계좌부활이라 한다.

④ 환매조건부채권

환매조건부채권(repurchasing agreement : RP)은 일정한 기간이 지난 후 재매수 하는 조건으로 판매하는 채권으로 발행목적이 매우 다양하다. 즉, 채권발행시 일정기간 경과 후 사전에 약정한 가격으로 다시 매수하거나 매도할 것을 약정한 채권이다. 한국은행이 금융통화 조절용으로 시중은행에 판매하는 RP와 은행·증권회사 등 금융기관이 일정기간 후 재매수하는 조건으로 고객에게 채권을 판매하는 것 등이 있다. 가입대상은 제한이 없으며 30일 이상 가입해야 한다. 이 상품은 예금자 보호 상품이 아니며, 중도 해지가 가능하다.

⑤ 표지어음

표지어음(cover bill)은 은행이 할인하여 보유하고 있는 어음에 대해 은행을 지급인으로 하여 새로운 어음을 발행하여 고객에게 판매하는 상품이다. 표지어음은 은행, 종합금융회사, 상호저축은행 등이 발행할 수 있으나 대부분의 표지어음은 은행에서 발행한 것이다. 이 상품은 양도가능하며 가입대상과 가입금액에는 제한이 없다. 가입기간은 30일 이상이며, 이율은 자유로우며 실세금리를 고시 한다. 예치기간 동안의 액면금액에 대한 이자를 선지급 하고 만기에 액면금액만 지급한다.

⑥ 주택청약저축

주택청약저축은 국민주택 및 민간건설 중형 국민주택 청약권을 부여하는 적립식 저축으로 가입대상은 무주택세대주(1세대 1계좌)이며, 계약기간은 국민주택 입주자로 선정되는 날까지이며, 매월 2만원에서 50만원 범위 내에서 불입한다. 청약순위는 가입후 2년 이상 경과하고, 매월 저축금을 연체없이 24회이상 납입할시 1순위 청약자격이 부여 되며, 가입후 6개월 이상 경과하고, 매월 저축금을 연체없이 6회 이상 납입할시 2순위 자격이 부여된다.

⑦ 주택청약예금

주택청약예금은 일정금액의 목돈을 일시에 정기예금으로 예치한 후 일정기간이 경과되면 민영주택 또는 민간건설 중형 국민주택 청약자격이 부여되는 목적부 정기예금이다. 가입대상은 19세 이상의 개인 또는 외국인 거주자로 전 금융기관을 통하여 1인 1계좌를 가입할 수 있다.

청약예금·청약부금·청약저축 중 1계좌만 가입이 가능하다. 저축기간은 1년, 1년 단위로 자동 재예치(당첨계좌 제외)하며, 저축한도는 청약지역별·평형별로

〈표 10-3〉 지역별·평형별 예치금액

(단위 : 만원)

지역별 보증금	청약가능 면적(전용면적 기준)			
	85㎡ 이하 (25.7평)	102㎡ 이하 (30.8평)	102㎡ 초과(30.8평) 135㎡ 이하(40.8평)	135㎡ 이상 (40.8평)
서울·부산	300	600	1,000	1,500
기타 광역시	250	400	700	1,000
기타 시·군	200	300	400	500
비 고	민간건설 중형 국민주택도 청약 가능	85㎡ 이하 민영 주택도 청약 가능	해당평형만 청약 가능	해당평형만 청약 가능

구분 예치(200만원~1500만원)한다. 이자지급 방법은 매월 이자지급식과 만기이자지급식이 있다. 저축이자율 가입당시 이율을 만기까지 적용하며 매 1년경과 후 자동 재예치시에는 당시의 고시 금리를 적용한다.

청약우선순위는 1순위는 수도권지역의 경우 예금가입 후 1년이 경과된 자, 지방의 경우 예금 가입 후 6개월 경과된 자, 2순위 : 1순위에 해당되지 않는 자로 청약예금 가입여부와 관계가 없다. 청약예금의 지역별·평형별 예치금액은 <표 10−3>과 같다.

⑧ 주택청약종합저축

주택청약종합저축의 가입대상은 개인과 외국인거주자이며, 미성년자, 주택소유자, 세대원도 가입이 가능하며, 전 금융기관을 통하여 청약예금·청약부금·청약저축 중 1인 1계좌만 가입이 가능하다. 가입방법은 금융기관의 창구나 인터넷뱅킹, 스마트폰으로 가능하며, 월저축금은 잔액이 1,500만원 미만인 경우는 1,500만원에 도달할 때까지 일시 예치가 가능하다. 잔액이 1,500만원 이상인 경우 매월 약정납입일에 2만원에서 50만원 내에서 5천원 단위로 자유롭게 입금할 수 있다. 이율은 가입일로부터 해지일까지 기간에 따라 적용하며, 원금과 이자는 해지시에 일시지급한다.

⑨ 생계형 비과세저축

생계형 비과세저축은 60세 이상의 노인, 국가유공자, 장애인 복지법에 등록된 장애인, 고엽제 후유증 환자, 국민기초생활 보장법 수급대상자, 5.18민주화운동부상자 등 저소득자의 생계안정을 위하여 도입한 1인당 3,000만원 한도 내에서 비과세되는 특별우대저축이다. 은행, 증권회사, 보험회사, 종합금융회사 등 모든 금융기관에서 취급하며, 만기가 없기 때문에 중도해지도 가능하며, 만기 후에도 비과세혜택을 받을 수 있다.

⑩ 개인연금저축

개인연금저축은 노후대비 장기저축상품으로 세제상 특별우대가 적용되며, 실적배당 또는 금리연동형이 있다. 가입대상은 만 20세 이상 국내거주자이며, 은행, 보험회사, 투자신탁회사, 농·수협의 지역조합, 우체국에서 취급하고 있으며, 가입금액은 매월 또는 분기별로 월 기준 100만원까지 1만원 단위로 자유적립식으로 하거나 일시에 정액 납입 할 수 있다. 적립기간은 10년 이상 1년 단위로 수익자가 만 55세(보험회사는 62세)까지이며, 연금지급기간은 적립기간 만료일부터 5년 이상 1년 단위로 한다.

3. 모기지론과 역모기지론

(1) 모기지론

모기지론은 신혼부부나 서민·중산층 가구가 쉽게 내 집을 마련하여 생활을 하면서 장기간에 걸쳐 대출금을 나누어 갚도록 설계된 선진국형 주택담보대출이다.

신청자격은 만 20~65세의 무주택자 또는 1주택 소유자이며 소득능력이 입증된 세대주로 소득증빙 서류가 필요하며, 소득증빙이 불가능할 경우 국민연금납부실적을 소득으로 환산하여 인정한다. 신청기한은 구입 후 소유권등기일로부터 3개월 이내 가능하다. 대출가능한도는 주택가격, 주택의 종류, 상환능력에 따라 최대 3억까지 가능하며, 대출가능 한도의 70%까지 소득금액의 확인이 있어야 한다.

모기지론의 특징으로는 고정금리가 적용되며 대출기간이 10년, 15년, 20년(거치기간 포함)이 있으며 소득공제[3)]가 가능하다.

(2) 역모기지론

역모기지론은 은퇴 이후 노후보장의 일환으로 소유하고 있는 주택을 담보로 주택담보 및 대출계약을 체결하면 최장 15년 이내에서 대출약정금액에 도달할

3) 모기지론의 소득공제는 최대 1,000만원 까지 소득공제가 가능(15년 이상시)하며, 소득공제의 요건은 세대주가 국민주택규모(25.7평) 이하의 주택에 대하여 소유권 이전 등기일로부터 3개월 이내에 15년 이상의 장기대출에 한하여 가능함.

때까지 일정금액을 연금식으로 수령하는 주택금융서비스로, 가계의 라이프 사이클별 수입과 지출액의 불균형을 해소하기 위하여 마련된 상품으로 대상은 본인 명의의 주택을 담보로 제공하는 실명의 개인으로 대상 담보물은 아파트, 단독주택, 연립주택, 다세대주택, 주거용 오피스텔, 주거용으로 이용하는 근린생활 시설 등이다.

대출기간은 15년 이내(고정금리대출은 5년 이내)이고 대출한도는 담보금액의 가용범위이내 이다.

4. 방카슈랑스

방카슈랑스는 금융겸업화의 대표적 유형으로 금융서비스의 개선, 금융소비자의 편익 증진, 금융부분의 경쟁력 강화 등의 목표로 도입 하였으며, 광의로는 은행이 보험사와 제휴를 하거나, 은행이 보험사를 자회사로 두어 보험서비스를 제공하는 것이며, 협의로는 단순히 은행이 보험상품을 일부 제공하여 보험상품을 취급하는 대리점과 같은 역할을 하는 것을 말한다. 방카슈랑스를 통해 은행은 고객에게 예금, 대출, 투자상품 및 보험에 이르는 종합 금융 서비스를 제공하게 되며, 보험사는 판매 채널의 개선 효과로 인한 보험료 인하와 각종 수수료 절감 등으로 고객에게 더 좋은 상품을 제공할 수 있게 되었다. 20세기 후반 이후, 유럽대륙과 미국, 아시아지역에서 일본이 시행하기 시작하였으며, 우리나라도 2003년부터 단계적으로 도입하여 <표 10-4>와 같이 시행하고 있다.

〈표 10-4〉 방카슈랑스 단계별 도입현황

구 분	1단계 (2003년 8월)	2단계 (2005년 4월)	3단계 (2006년10월)	4단계 (2008년 4월)
생명보험	연금, 교육, 생사혼합보험, 개인저축성보험, 신용생명보험	제3분야보험(만기환급금 없는 경우)	제3분야보험 보장성보험	종신보험 자동차보험 보장성보험
손해보험	개인연금, 장기저축성보험, 화재보험(주택),상해보험(단체상해제외) 종합보험, 신용손해보험		자동차보험(개인용) 제3분야보험 장기저축성보험	종신보험 자동차보험 보장성보험

5. 주가지수 연동예금

주가지수 연동예금(equity linked-deposit : ELD)은 정기예금의 일종으로서 주가지수 상승률에 연동하여 사전에 약정한 금리를 지급하는 금융상품으로 지수하락시에도 원금지급이 보장된다. 주가지수 연동예금의 조달자금은 대출금 및 유가증권을 운용하면서 운용예상수익중 일부를 주가지수옵션에 투자하였다가 주가지수 상승시에 옵션행사를 통하여 수익을 실현하여 이자를 지급한다.

주가가 무한정 상승하더라도 주가지수 연동예금의 수익률이 최고 수익률을 초과 하지 않으며, 이는 옵션매도자가 리스크에 과도하게 노출되는 것을 방지하기 위하여 계약기간중 주가지수가 일정수준을 초과할 경우에는 옵션매입자의 수익을 사전에 약정된 일정수준으로 확정하기 때문이다.

주가지수 하락시에는 옵션행사를 포기함으로서 최대손실규모가 정기예금 이자 발생 예상분으로 지급한 옵션프리미엄으로 한정한다. 따라서 주가지수 연동예금의 가입자는 최악의 경우 이자를 전혀 지급받지 못하고 원금만 되돌려 받을 수 있다.

연 습 문 제

1. 맞춤형 신탁을 설명하시오.
2. 개인연금신탁을 설명하시오.
3. 특정금전신탁을 설명하시오.
4. 요구불 예금이란?
5. 저축성 예금이란?
6. 적립식 예금이란?
7. 청약저축, 청약예금, 청약부금을 비교 설명하시오.
8. 거치식 예금을 설명하시오.
9. 모기지론이란?
10. 역모기지론이란?
11. 방카슈랑스를 설명하시오.

제11장 보험 및 연금상품

제1절 보험상품

1. 보험상품의 의의

보험(insurance/assurance)은 미래의 불확실성을 확실성으로 전환하는 경제적, 사회적 시설이라 할 수 있으며, 보험상품은 불확실한 미래에 대비하여 돌발적인 사고로 인한 동질적인 위험으로 입게 되는 경제적, 사회적 손실을 보전할 목적으로 다수의 경제주체들이 보험회사에 일정한 보험료를 납입하고 불행을 당한 경제주체에게 약정된 금액을 지급하는 보험상품이다. 따라서 보험은 개별적 손실을 다수인의 공동으로 피해를 복구 시켜준다는 점에서 현대인의 생활에서 없어서는 안 되는 필수불가결한 사회제도이다.

2. 보험의 분류

1) 생명보험

보험상품은 생명보험(life insurance), 손해보험(propetry and liability insurance), 사회보험(social insurance)으로 구분되며, 생명보험 상품은 피보험자를 기준으로 하여 개인생명보험과 단체보험, 신용생명보험으로 분류할 수 있다.

개인생명보험은 개개인을 피보험자로 하여 보험가입자의 사망 또는 일정한 연령까지 생존시에 약정한 보험금을 지급하는 보험이며, 단체보험은 일정한 조건을 갖춘 단체의 구성원을 피보험자로 하는 집단보험으로 고용주가 보험기간 중 피보험자의 사망, 질병, 상해 등의 재해를 당하거나 퇴직할 경우 대비하여 가입하는 대표적인 보험상품이다. 신용생명보험은 채권·채무관계에서 채무자의 사망시 잔여채무액을 보험자가 채권자에게 지급하는 보험이다.

(1) 보험금 지급조건에 따른 분류

개인생명보험은 보험금 지급조건에 따라 보험기간 중 1급 장애 또는 사망 시 보험금을 지급받는 사망보험, 피보험자가 보험기간 종료일까지 생존하는 경우 지급받는 생존보험, 그리고 생존보험의 저축기능과 사망보험의 보장기능을 절충한 생사혼합보험으로 세분한다.

① 사망보험

사망보험이란 예기치 못한 사망 또는 1급 장애[1)] 상태로 인정될 때 경제적 손실에 대비하기 위한 보장을 목적으로 지급받을 수 있는 보험상품이다. 피보험자가 보험기간 중 사망 또는 1급 장애 상태로 노동력을 상실하여 사망에 준한다고 생각 할 수 있는 고도의 장애상태를 말한다. 사망보험은 다시 피보험자가 보험기간 만료일 까지 생존했을 때는 보험금은 물론 만기환급금도 지급되지 않는 순수보장성보험과 피보험자가 보험기간 만료일 까지 생존했을 때는 만기환급금이 지급되는 일반보장성보험이 있다. 이 경우 지급되는 만기환급금은 납입보험료를 초과하지 못한다. 사망보험은 보장기간에 따라 정기보험(term life insurance)과 종신보험(whole life insurance)으로 나눌 수 있는데, 정기보험은 약정한 보험기간(1년, 5년, 10년, 20년 등), 종신보험은 피보험자가 사망할 때까지 종신토록 보장하는 상품이다. 우리나라의 보험회사 대부분이 종신보험을 취급하고 있다.

② 생존보험

생존보험은 자녀의 교육이나 결혼, 주택구입 또는 자신의 은퇴에 대비하여 일정한 계약기간을 정하고 피보험자가 보험기간 만료일 까지 살아있어야 지급되는 보험으로 피보험자가 보험기간 만료일 이전 사망시에는 사망자의 몫 즉, 책임준비금은 모두 생존자의 몫으로 귀속되기 때문에 사망자에게는 아무런 보장

---

1) 1급 장애 상태란 ① 두 눈의 시력을 완전 영구히 잃었을 경우, ② 말 또는 씹어 먹는 기능을 완전 영구히 잃었을 경우, ③ 중추신경계 또는 정신에 뚜렷한 장애를 남겨서 평생 간호를 받아야 하는 경우, ④ 흉부, 복부, 장기에 뚜렷한 장애를 남겨서 평생 간호를 받아야 하는 경,우 ⑤ 두 팔의 손목 이상을 잃었거나 완전 영구히 사용하지 못하게 되는 경우, ⑥ 두 다리의 발목 이상을 잃었거나 완전 영구히 사용하지 못하게 되었을 경우, ⑦ 한 팔의 손목 이상을 잃고 한 다리의 발목 이상을 잃었을 경우, ⑧ 한 팔의 손목 이상을 잃고 한 다리의 완전 영구히 사용하지 못하게 되었을 경우, ⑨ 한 다리의 발목 이상을 잃고 한 팔을 완전 영구히 사용하지 못하게 되었을 경우.

이 없어지게 된다. 따라서 생존자는 사망자가 납입한 보험료 지분을 얻게 된다.

순수생존보험의 경우에는 중도사망시 사망자의 몫이 전혀 없어지게 되는 문제점 때문에 거의 판매하지 않고 사망보험을 결합한 생사혼합보험이 판매되고 있다. 자녀의 학자금 마련을 위한 교육보험, 노후생활자금을 마련하기 위한 연금보험 등은 일종의 생존보험이라 할 수 있는데 이는 보험료 중 생존급부의 비중이 사망보험금보다 크기 때문에 편의상 분류한 것이다.

③ 양로보험

양로보험은 피보험자가 사망시 계약액과 동일한 보험금을 수익자에게 지급하거나 일정한 연령까지 생존시 피보험자에게 생존급부금을 지급하는 보험을 말하며, 저축성기능과 보장성기능이 혼합된 형태의 보험이다.

(2) 보험금 정액유무에 따른 분류

사망 보험금이 보험기간 중에 일정한 정액보험과 부정액보험이 있다.

① 정액보험

보험금 지급시기에 관계없이 항상 일정액의 보험금이 지급되는 보험이다.

② 체증정기보험

기간이 경과함에 따라 보험금이 점점 증가하는 보험으로 물가지수연동보험 등을 들 수 있다. 보통소비자물가지수 인상분만큼 사망보험금이 증가하는 보험으로 늦게 사망할수록 보험금이 증가하게 된다.

③ 체감정기보험

체감정기보험은 기간이 경과함에 따라 보험금이 점점 감소하는 보험으로 계약 첫해에 보험사고가 발생하였을 경우 당초 약정한 보험금 전액을 지불하나, 이후 해가 갈수록 보험금 지급액이 적어지는 것으로, 보험수혜자가 성장하여 경제력이 향상되어 보장의 필요성이 줄어들게 됨에 따라 보험금이 줄어드는 것이다.

④ 감액보험

감액보험은 가입일로부터 일정기간 내에 보장사고가 발생했을 경우 보험금을 감액하는 보험이다. 과거에는 사망보험에서 건강진단을 하지 않는 무진단보험을 판매할 경우 가입초기 발생한 사고는 보험금을 감액하는 것이 일반적이었다. 보험회사는 가입초기 질병사망 가능성이 높은 피보험자가 더 많이 가입하는 역선택 문제를 방지하고 또한 보험가입자가 보험가입시 건강진단을 기피하기 때문에 이에 대한 마케팅의 편의가 주된 목적이었다고 볼 수 있다. 그러나 이 상품은 가입 초기 사망시 고객의 민원이 많아 최근에는 거의 적용되지 않고 있다.

⑤ 변액보험

변액보험은 보험회사가 투자자들의 보험료를 주식이나 채권에 투자하여 그 투자수익을 배당해 주는 실적배당형 보험상품을 말하며, 보험회사가 투자에 성공하면 더 많은 보험금을 받을 수 있지만 반대로 실패하면 보험금이 줄어드는 상품으로, 화폐가치의 변동에 따라 보험금의 차이가 크다는 문제점이 있다. 특히 인플레이션이 심하여 화폐가치가 하락 하였을 경우 가입 시 설정한 보험금의 실질가치는 매우 낮게 평가되는데 이를 보완하기 위하여 개발된 보험 상품이다.

(3) 피보험자의 수에 의한 분류

① 단생보험

단생보험은 피보험자의 수가 1인인 경우의 보험상품을 말한다.

② 연생보험

연생보험은 피보험자의 수가 2인이상인 경우의 보험상품을 말하며, 우리나라에서는 부부에게 연금을 지급하는 부부연금, 부모 중 1인과 자녀를 피보험자로 하는 3연생교육보험이 있다.

③ 단체보험

단체보험은 주식회사나 협회 등의 단체에서 수십명 이상의 사람을 한 장의 보험증권 형태로 판매되는 보험상품을 말한다. 이 경우 일정한 조건을 구비한 피보험자의 집단을 보험계약으로 가입하는 보험이다. 따라서 개인보험의 상대적인 개념이며, 동질한 위험을 대상으로 하기 때문에 보험상품 마케팅이 쉽고, 보험계약체결 및 보험료 납입 등 업무처리가 매우 편리하며, 동일한 보장의 개인보험보다 보험료가 저렴한 것이 특징이다. 국내의 대표적인 단체보험은 단체정기보험이다.

④ 단체취급보험

단체취급보험은 개인보험과 단체보험의 중간형태의 보험상품이다. 우리나라에서는 5인 이상의 일괄가입시 보험료의 일정률을 할인해 주고 있다.

(4) 배당금 지급여부에 따른 분류

① 배당상품

계약배당은 보험회사가 생명보험계약의 장기성과 경영의 불확실성 등을 고려하여 예정위험율, 예정사업비율 등이 안전하게 설계된 계산기초에 의해 산정된 보험료율과 실제보험금 지급액의 차액을 정산하여 보험계약자에게 반환하는 개념의 보험상품 이다.

② 무배당상품

무배당상품은 계약자배당을 지급하지 않는 상품으로 보험료에 이와 같은 배당요소가 포함되어 있지 않기 때문에 보험료가 배당상품에 비해 저렴하다.

2) 손해보험상품

손해보험(non－life insurance)은 화재, 도난, 사고나 부주의로 인하여 발생하는 재산상의 손실에 대하여 지급하는 재산보험과 피보험자가 제3자에게 법적으로 부담하는 재산상의 배상책임을 보상하는 책임보험으로 구분된다.

재산보험은 다시 화재보험, 해상보험, 특종보험, 자동차보험, 장기보험 등으로 구분된다.

(1) 화재보험

화재보험(fire insurance)은 화재로 인한 손해를 보상하는 보험상품이다. 전쟁, 지진, 폭발에 의한 화재의 손해는 특약(special clause)이 없는 한 보상에서 제외된다. 화재보험은 일반적으로 화재로 인한 물적 손해를 보상하지만, 그 이외에 화재에 의한 휴업 때문에 상실한 영업상의 이익도 보상한다.

(2) 해상보험

해상보험은 항해에 관한 운송위험을 보상하는 보험상품으로, 항해에 부수하여 발생하는 육상, 하천, 호수 등의 운송에도 담보하고 있으며. 해상보험에는 선박보험, 운송보험, 적하보험, 항공보험 등이 있다.

① 선박보험

선박보험은 항해 중 화물을 적재한 선박이 화재, 충돌, 좌초, 납치 등의 손해로 인하여 선체에 입은 손해를 보상하는 보험상품이다.

② 운송보험

운송보험은 화물의 운송중에 우연한 사고로 화물 자체에 입은 손해를 보상하는 보험상품이다.

③ 적하보험

적하보험은 운송도중에 발생할 수 있는 위험의 대비와 선박에 입은 손해로 인하여 발생한 적재된 화물에 입은 손해를 보상하는 보험상품이다.

④ 항공보험

항공보험은 항공기의 추락, 불시착, 화재 등 우연한 사고로 발생한 손해를 보상하는 보험상품이다.

(3) 자동차보험

자동차보험(automobile insurance)은 자동차의 소유·사용·관리로 인하여 일어나는 자동차 고유의 위험과 운행도중에 일어나는 각종 위험과 사고시에 피해를 보상하는 보험상품으로, 책임보험과 임의보험으로 나눌 수 있다.

① 책임보험

책임보험은 자동차 운행 중 타인의 생명 또는 신체를 사상케 함으로써 법률상 손해배상책임을 부담하게 되는 피보험자의 손해를 자동차 손해배상책임보장법에서 정한 금액의 한도까지[2] 의무적으로 보상해주는 보험상품이다.

② 임의보험

㉠ 대인배상 Ⅱ

대인배상Ⅱ는 자동차 사고로 남에게 신체상 피해를 입힌 경우, 대인배상 Ⅰ을 초과하는 손해를 보상하는 보험으로 보상한도는 법률상 손해배상액과 필요 타당한 비용이다.

㉡ 대물배상

대물배상은 자동차 소유자가 자동차의 소유·사용·관리에 기인하여 타인의 재물에 손해를 입혀 손해배상책임을 지게 됨으로써 생긴 손해를 보상하는 보험으로 보상한도는 직접손해와 간접손해를 합하여 여러 단계로 되어 있다.

---

2) 대인보상 Ⅰ에 해당하는 책임보험은 법에 의해 강제된 보험으로 피해자 1인당 보장금액은 사망 또는 후유장애시 최고 8,000만원, 부상시 최고 1,500만원을 의무적으로 보상한다.

㉢ 자기신체사고

자기신체사고는 자기 자동차에 탑승 중 교통사고로 피보험자 자신 또는 가족의 신체에 피해를 입을 경우 보상받으며, 그 한도는 사상의 정도에 따라 사망·부상·후유장애에 따라 차이가 있다.

㉣ 자기차량손해

피보험자 자신의 자동차에 생긴 손해를 보험가입금액 한도 내에서 보상하는 상품으로 보험가입금액은 통상 차량가액이며, 자기차량손해에 가입할 경우 사고 발생시 일정금액을 자기가 부담하는 자기부담제도가 있는데 5만원, 10만원, 20만원, 50만원 등이 있다.

㉤ 무보험자동차에 의한 상해

무보험자동차에 의해 생긴 사고로 사망하거나 상해를 입었을 경우, 그 손해에 대하여 배상의무자가 있을 경우 약관에 정한 바에 따라 보상한다.

(4) 배상책임보험

배상책임보험은 책임보험의 일종으로써 손해보험의 범주에 속하며 일반손해보험과 마찬가지로 손해배상책임을 부담함으로써 입게 될 손해의 위험을 사회적으로 분산하는 것이다. 배상책임보험은 보험자와 피보험자 이외에 피해를 입은 제3자의 존재를 전제로 하는 보험상품이다.

① 전문배상책임보험과 임의배상책임보험

담보위험과 전문성에 따라 일반배상책임보험과 전문직업책임배상보험으로 구분된다.

② 임의배상책임보험과 의무배상책임보험

보험가입의 임의의사냐 가입의 의무화냐에 따라 임의배상책임보험과 의무배상책임보험으로 나눌 수 있다.

③ 개인배상책임보험과 영업배상책임보험

담보위험이 개인의 일상생활 위험인가 또는 사무활동상의 위험인가에 따라 구분되어진다.

(5) 특정보험

특정보험은 특수위험 상황에서 발생하는 위험에 대한 피보험자의 손해를 보상하는 상품이다.

① 재산종합보험

재산에 관한 전체적인 위험에 대한 보상을 하는 패키지 형태의 종합보험상품이다.

② 도난보험

도난보험은 건물 내에 수용된 동산에 대해 도난으로 입은 손해를 보상하는 상품이다.

③ 보증보험

신원, 이행, 납세, 인허가, 할부판매, 지급계약, 신용카드 등의 손해에 보상하는 상품이다.

④ 레저종합보험

레저활동 중 신체상해, 용품손해, 배상책임손해를 종합적으로 보상하는 보험상품이다.

제 2 절 연금보험

1. 연금보험의 의의

연금보험은 현업에서 은퇴이후 경제력 부족으로 인한 문제를 해결하기 위하여 일정한 소득이 발생하는 기간 동안 국가 또는 소속 직장에서 운영하는 기금에 매월 급여의 일정액을 정기적으로 납입하는 보험을 말한다. 연금보험은 일정한 연령에 도달한 후부터 일정한 금액을 정기적으로 수령하여 노후생활의 경제적 안정을 보장하는 기능을 갖추고 있다.

2. 연금보험의 유형

1) 장기성저축보험

장기성저축보험은 손해보험회사에서 판매하는 보장성기능이 가미된 저축성 보험상품으로 장기적으로 목돈을 마련하거나 목돈을 안정적으로 운용하는데 편리한 상품이다.

2) 연금보험

연금보험은 연금수령 방법이 다양하고 선택부가 특약으로 연금 지급개시 전 보장성기능이 있어, 고령화 사회의 노후복지 마련에 적합한 상품이다.

3) 변액연금보험

변액연금보험은 일반적으로 가입당시 보장금액이 정해져 있는 정액보험과 달리, 지급되는 보험금이 채권이나 주식에 투자하여 그 수익에 따라 달라지는 보험이다. 인플레이션으로 인한 보장자산의 가치하락을 보완해주는 기능과 투자기능이 추가된 보험상품이나, 원금보장이 안되는 실적배당형 상품이므로 주의가 필요하다.

4) 일시납 즉시연금보험

일시납 즉시연금보험은 목돈을 생명보험회사에 가입하고, 일정기간 이후부터 정기적으로 일정액을 연금으로 수령하는 상품이다.

5) 종신보험

종신보험은 한번의 가입으로 종신토록 보장되며, 사망원인에 관계없이 보험금이 지급되는 보험이다. 각 개인의 재무상황에 따라 맞춤형으로 설계하여 각종 특약을 조합함로써 다양한 보장을 해주는 보험상품이다.

6) 연금저축 손해보험

손해보험회사에서 취급하는 연금보험 상품으로 저축성 기능을 가지고 있는 고령화 사회의 노후복지에 적합한 상품이다.

연 습 문 제

1. 보험상품의 의의를 설명하시오.
2. 보험의 종류를 설명하시오.
3. 생명보험과 손해보험을 비교 설명하시오.
4. 연금보험의 의의를 설명하시오.
5. 연금보험의 유형을 설명하시오.

제12장 기타 금융기관 상품

제1절 종합금융회사 상품

종합금융회사는 민간부분의 외자도입을 원활히 하고 기업의 다양한 금융수요를 충족시키기 위해 설립되었다. 현재는 예금과 보험 업무를 제외한 단기금융업무, 외화조달 및 주선업무, 리스업무, 증권투자신탁업무, 유가증권업무, 회사채 발행 주선업무, 중장기대출업무 등 금융권에서 취급하는 거의 모든 업무를 취급한다.

대표적인 저축상품으로는 기업어음(CP), 발행어음, 어음관리계좌(CMA) 등이 있다.

1. 어음관리계좌

어음관리계좌(CMA)는 종합금융회사가 고객의 예탁금을 어음 및 국·공채 등 단기금융상품에 직접 투자하여 운용한 후 그 수익을 고객에게 되돌려주는 단기 저축상품이다. 이 상품은 수시 입출금이 가능한 상품으로 예탁기간이 1년이며, 실적배당을 하며 인출시에 원금과 배당금을 지급한다. 거래방법은 실물을 거래하는 것이 아니며 어음관리계좌 통장으로만 가능하다. 만기 이후에도 인출하지 않을시에는 원리금이 자동으로 재 예탁되는 방식으로 예탁기간이 연장된다.

2. 발행어음

발행어음은 종합금융회사가 영업자금조달을 위해 회사의 자체신용으로 융통어음을 발행하여 일반투자자에게 매출하는 형식의 금융상품이다. 가입한도는 제한이 없으며, 최저 거래금액이 100만원에서 500만원 이상이며 예치기간은 1

년 이내(보통 90 일)이며, 실세금리 연동형의 확정금리 상품이다. 이자계산은 할인매출 또는 만기에 이자를 원금에 기산하여 지급하며, 중도 환매가 가능하다.

3. 기업어음

기업어음(commercial paper : CP)은 적격업체로 선정된 기업이 자금융통을 위해 발행한 단기어음을 종합금융회사가 할인 매입한 후 이를 기관이나 일반투자자에게 다시 매출하는 단기상품이다. 투자자금에 제한이 없어나, 1억원 이상의 거액자금을 1개월 이상 3개월 미만 운용하기에 편리한 상품으로 예치기간은 1년 이내이며, 실세금리 연동형의 확정금리 상품이다. 이자는 할인매출 또는 만기에 이자를 원금에 가산하여 지급된다. 원칙적으로는 중도환매가 불가능하지만 10억원 이상의 경우에는 배서양도의 방식으로 제3자에게 중개회사를 통해 양도할 수 있다.

4. 표지어음

표지어음은 금융기관이 기업으로부터 매입 및 할인하여 보유하고 있는 상업어음이나 외상매출채권을 다시 여러 장으로 쪼개거나 한대 묶어 액면금액과 이자율을 새로이 설정해 발행하는 어음으로, 은행 및 상호저축은행의 대표적인 상품이다. 거래금액은 제한이 없으며 저축기간은 원 어음의 최장 만기일 범위 내에 가능하다. 실세금리 연동형 확정금리를 지급하며 이자는 선이자 지급방식이다.

5. 환매조건부채권

환매조건부채권(repurchase agreement : RP)은 금융기관이 보유하고 있는 국공채 등 채권을 고객이 매입하면 일정기간이 지난 뒤 이자를 가산하여 고객으로부터 다시 매입하겠다는 조건으로 운용되는 단기저축 상품이다. 가입대상은 개인이나 법인이며, 취급대상 채권은 국채, 지방채, 특수채, 상장법인 및 등록법인이 발행하는 채권이다. 약정기간은 제한이 없으며, 실세금리 연동형 확정금리 상품으로 매매단위는 10만원 이상이다.

6. 양도성예금증서

양도성예금증서(certificate of deposit : CD)는 은행이 양도성을 부여하여 무기명 할인식으로 발행한 정기예금증서이며, 수익률이 실세금리를 반영하여 비교적 높은 편이며 통상 1,000만원 이상의 목돈을 3개월 내지 3개월 정도 운용하는데 적합한 단기금융상품이다.

제2절 상호저축은행 상품

1. 정기예금

여유자금을 일정기간동안 확정금리로 예치하면 높은 수익을 얻을 수 있는 가장 보편적인 장기저축성예금으로 매월 이자지급식과 만기 이자지급식 중에 선택할 수 있다. 가입대상은 제한이 없으며, 가입기간은 1~60개월, 계약금액은 10만원 이상이다.

2. 정기적금

일정금액을 정기적으로 납입하여 만기일에 원리금을 지급받는 목돈마련을 위한 가장 보편적인 장기저축상품으로 세금우대로 가입이 가능하다.

3. 가계우대정기적금

매월 일정금액을 정기적으로 납입하여 만기일에 원리금을 지급하는 예금으로 대출 또는 담보로 제공되지 않는 경우에는 만기시 특별이자를 지급하며 세금우대로 가입이 가능하다.

4. 신용부금

신용부금은 계약기간동안 일정금액을 매월 또는 매일 적립한 후 만기일에 원리금을 지급받는 적립식 저축상품으로서, 가입 즉시 계약금액 범위 내에서 대출을 받을 수 있다. 가입대상은 제한이 없으며, 계약기간은 월부금식은 6개월 이상 6년 이내에서 1개월 단위이며 일일부금식은 매일 적립하여 3년 이내로 하나 보통 100일로 한다. 계약금액은 1,000원 이상이나 상호저축은행별로 상이하다. 중도해지는 원칙적으로 가능하며, 1년 미만 예치시에 약정이율의 1/3, 1년 이상 예치시 약정이율의 1/2을 지급하며, 1년 이상 가입시에는 세금우대종합저축 한도 내에서 세금우대혜택을 받을 수 있다.

5. 자유적립예금

일정기간동안 금액 회수에 제한 없이 자유로이 예금을 납입하고 만기일에 원금과 이자를 지급받는 상품으로 월 복리로 계산한다. 가입대상은 제한이 없으며, 납입금액은 1,000원 이상 제한이 없다.

6. 표지어음

상호저축은행이 표지어음을 발행, 매출하여 일반고객으로부터 자금을 조성하는 금융상품이다. 대표적인 단기금융상품 중 하나로 3개월 이상 6개월 이내에서 단기여유자금 운용에 유리한 금융상품이다. 만기이전에 환매를 요청할 수 있고 다른 사람에게 양도도 가능하며, 거래금액은 제한이 없으며 저축기간은 180일 이내로서 이자는 선이자 지급방식이다.

제3절 농 · 수협 단위조합, 신용협동조합, 새마을금고

1. 정기예탁금

은행의 정기예금과 유사한 상호금융 저축상품으로 지역농협과 수협, 새마을금고, 신용협동조합 등 신용기구들이 취급하고 있는 저축상품으로 거치식예금과 적립식예금이 있다.[1] 상품특징으로는 가입대상 제한되어 있으며, 비교적 높

1) 지역 농협의 경우 지역사랑예금으로 거치식예금으로 일반정기예탁금, 복리식 정기예탁금 1, 2, 만기자유정기예탁금이 있으며, 적립식예금으로는 정기적금, 물레방아적금, 더불어자유적금, 자유부금이 있으며, 그 밖에 우리농산물사랑예금이 있다.

은 금리, 비과세 또는 저율과세로 재산을 운용할 수 있는 금융상품으로 <표 12-1>, <표 12-2>와 같다.

〈표 12-1〉 신용협동기구의 정기예금(저율과세)

취급기관	상호금융(지역농협, 지구별 수협 및 지역별 산림조합), 신용협동조합, 새마을 금고
가입대상	조합원, 준조합원 또는 회원
예탁금액	제한없음
예탁기간	5년이내
금리	자유화(확정금리)
이자계산	매월 이자 지급식 또는 만기 일시 지급식
세금혜택	2006년 말까지 2,000만원 한도 내에서 비과세(단, 농어민과 저소득근로자가 아닌 경우에는 농어촌특별세 1.5% 부담)
예금보호 여부	상시보호(상호금융 및 새마을금고는 자체적인 기금으로 보호)
참고사항	세금우대종합저축한도와 무관하게 신용협동기구를 합하여 1인당 2,000만원 범위 내에서 가입기관과 관계없이 비과세(농어민, 저소득근로자가 아닌 경우에는 농어촌 특별세 1.5% 부담)되므로 여유자금을 장기는 물론 1년 미만의 단기로 운용하기에 편리함

〈표 12-2〉 신용협동기구의 정기예금(비과세)

취급기관	상호금융(지역농협, 지구별 수협 및 지역산림조합), 신용협동조합, 새마을금고
가입대상	지역 또는 직장 등의 상호유대를 가진 거주자
가입좌수, 금액	1좌 이상(1좌당 금액은 보통 1천-1만원)
배당방법	매년 조합 등의 이익을 추자금액에 따라 배당
세금혜택	비과세
예금보호 여부	상시보호(상호금융 및 새마을금고는 자체적인 기금으로 보호)
참고사항	출자금을 내고 조합원 등이 되어야 신용협동기구 예탁금에 대한 이자소득세 비과세(1인 1통장, 2,000만원 한도)혜택을 받을 수 있음

2. 농어가 목돈마련저축

농민과 어민의 생활안정과 재산형성을 지원하기 위해 도입된 특별우대 비과세 저축으로 기본금리 외에 법정장려금을 추가로 지급하여 높은 이율을 적용받을 수 있는 저축상품이다. 가입대상으로 저소득층은 1ha를 초과한 농지를 소유한 농업인은 제외되며 일정규모(예, 젖소 10두 이하)이하의 가축을 사육하는 자는 가입 할 수 있다. 일반은 2ha를 초과하는 농지를 소유한 농업인은 제외되며, 일정규모이하(예, 젖소 20두 이하)이하의 가축을 사육하는 자는 가입할 수 있다.

3. 장기주택마련저축

주택자금 조성을 위한 비과세 상품으로 가입대상은 만 18세 이상 무주택 또는 국민주택 이하 주택(전용면적 85㎡이하)으로서 가입당시 주택의 기준시가 3억원 이하의 1주택을 소유한 세대주는 해당된다. 가입한도는 분기당 1만원이상 최대 300만원 이하이며, 계약기간은 7년이며 가입일로부터 최장 10년 까지 연장할 수 있다. 금리는 3년까지는 확정금리를 지급하며, 3년 이후는 변동금리를 적용한다.

4. 세금우대저축

세금우대저축은 이자소득세가 비과세 되는 절세상품으로 1992년 조세감면규제법 시행세칙에 의해 도입된 저축상품이다. 가입대상은 조합원 또는 준조합원에 의해 실명으로 거래 하여야 하며 미성년자는 가입이 불가능 하다.

5. 생계형비과세저축

세금이 전액 면제되는 비과세 상품으로서 가입대상은 만 60세 이상 고령자, 장애인, 복지법인에 의한 수급자, 독립유공자와 그 유족 또는 가족, 5.18 민주화운동 부상자, 고엽제 후유증 환자 등이며, 가입한도는 1인당 3,000만원이다.

제4절 우체국 상품

1. 우체국 상품의 특성

우체국은 정부에서 직접 경영하는 금융기관이라는 특성상 많은 고객들에게 안전성이라는 매력으로 많은 고객들의 주목을 받고 있다. 최근에 와서 우체국도 다양한 상품들을 선보이고 있고, 온라인망으로 연결된 우체국이 전국의 지역마다 포진해 있어 고객들에게 접근성이 용이하여 많은 고객들이 예금과 보험을 가입하여 이용할 수 있는 금융기관이 되었다.

2. 우체국의 예금상품

① **보통예금** : 입금과 출금이 자유롭고, 가입대상의 제한이 없다.
② **저축예금** : 제세공과금 및 급여, 연금 등의 자동이체가 가능하고 현금카드 등으로 인출할 수 있다.
③ **정기예금** : 일정금액을 일정기간 예치하게 되면 확정금리를 받을 수 있는 금융상품이다.
④ **근로자장기저축** : 근로자의 재산형성을 위한 저축으로 이자소득세가 감면되는 금융상품이다.
⑤ **정기적금** : 일정기간 동안 매월 일정금액을 납입하게 되면 만기시에 약정금액을 인출할 수 있는 상품이다.

3. 우체국의 보험상품

① **학자금보험** : 자녀들의 교육을 위한 상품
② **청소년 꿈보험** : 청소년들의 미래를 위한 상품
③ **연금보험** : 노후생활대비 상품
④ **보장성 상품** : 불의의 사고나 질병 등으로 안정된 생활을 하기위한 상품

연 습 문 제

1. 종합금융회사의 금융상품을 설명하시오.
2. 상호저축은행의 금융상품을 설명하시오.
3. 농 · 수협 단위조합, 신용협동조합, 새마을금고의 금융상품을 설명하시오.
4. 우체국의 금융상품을 설명하시오.

제5부

파생상품시장

The secret to success is to be ready
when opportunity comes.

- Benjamin Disraeli -

기회가 왔을 때 잡을 준비가 되어 있는 것,
그것이 바로 성공의 비결이다.

- 벤저민 디즈레일리 -

제13장 주가지수 선물

제1절 주가지수 선물거래의 개요

1. 주가지수 선물거래의 개념

주가지수 선물계약은 1982년 캔자스시티 상품거래소가 세계최초로 도입한 이후 급속히 성장하게 되었다 투자자는 개별주식의 주가변동에 따르는 비체계적인 위험은 포트폴리오를 구성함으로써 대처할 수 있었으나, 대세변동 등에 따르는 주식시장의 체계적인 위험까지 관리할 수는 없었다. 그러나 주가지수선물의 도입으로 인해 이러한 체계적인 위험까지도 통제할 수 있게 되었고, 자산운용도 다양하고 효율적으로 할 수 있게 되었다.

주가지수 선물거래는 금리선물거래, 외환선물거래와 같이 금융선물거래의 일부이다. 따라서 주가지수 선물거래는 주가지수의 특정수량을 장래의 특정일에 현재시점에서 합의한 가격으로 매도 또는 매수할 것을 계약한다는 점에서 다른 금융선물거래와 동일하다. 그러나 주가지수란 추상적인 지수이기 때문에 실물이 존재하지 않아 현물을 매도 또는 매수할 수 없을 뿐만 아니라 주가지수 자체를 매매하는 현물시장도 존재하지 않는다. 따라서 최종 매매일까지 반대매매에 의하여 결제되지 않는 미결제포지션은 결제일에 현물 인·수도에 의하지 않고 현금결제로 거래를 종결시킨다는 점에서 다른 금융선물거래와 다른 특징을 가지고 있다. 물론 만기일 이전에 반대매매로서 선물포지션을 청산할 수 있다.

2. 우리나라의 주가지수 선물거래

주가지수 선물거래는 미국에서 최초로 도입된 이후 영국, 프랑스, 독일 등의 유럽국가와 일본, 싱가포르, 홍콩 등의 아시아 국가들에서 속속 도입되었고 우리나라에서도 1996년 5월 3일 KOSPI 200 지수[1]를 대상으로 주가지수선물거래를 도입하여 시행하고 있다.

1) KOSPI 200 선물거래

KOSPI 200 선물거래는 일단 계약시 정한가격으로 거래소가 정한 최종 결제일에 KOSPI 200을 인·수도 하겠다는 선물계약을 체결하고, 결제시에는 계약당시 선물가격과 최종결제가격의 차이에 KOSPI 200 지수 1포인트당 25만원을 곱하여 산출한 금액을 수수하게 되며 매도자와 매수자가 모두 계약당시 정한 가격으로 계약을 반드시 이행해야 하는 의무가 있다. [그림 13-1]은 선물거래 만기시 매수자와 매도자의 손익구조이다.

① 거래형태

◆ 현재시점 : 계약체결

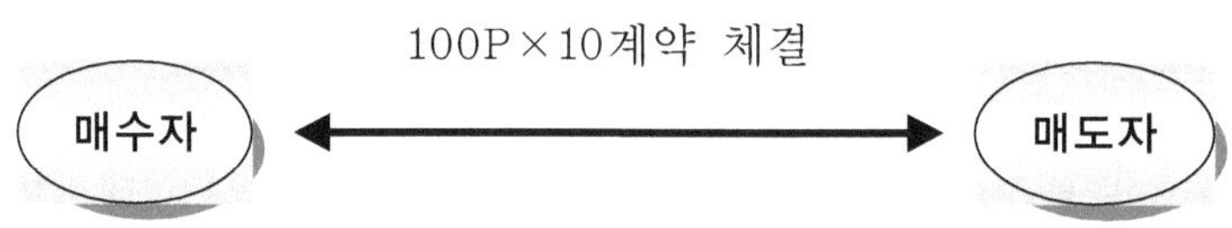

◆ 만기시점 : 계약이행

㉠ KOSOI 200 지수 종가 : 105P(매수자 이익, 매도자 손실)

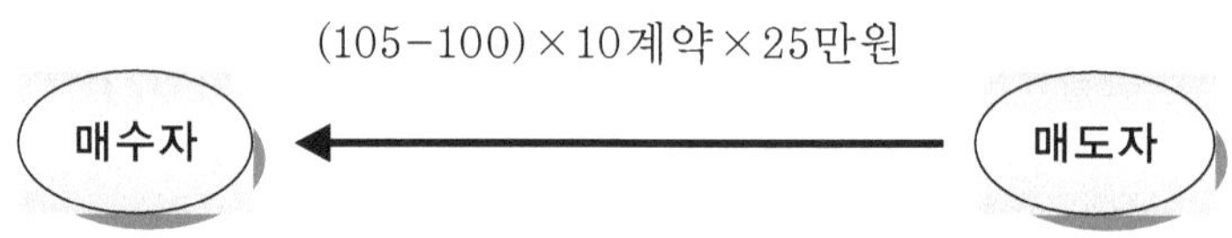

㉡ KOSPI 200 지수 종가 : 95P(매수자 손실, 매도자 이익)

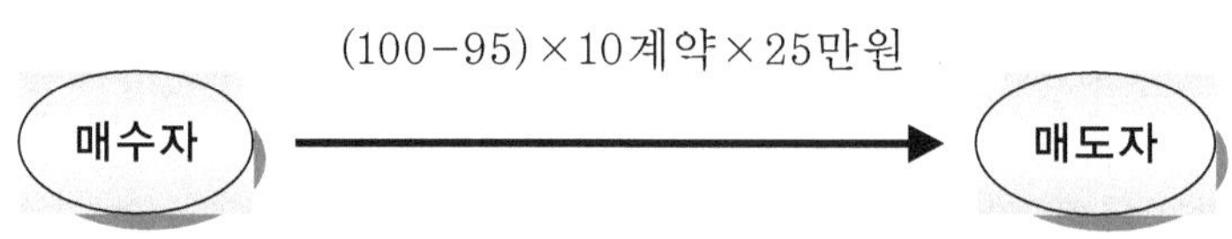

---

1) ① KOSPI 200은 한국거래소가 선물·옵션거래 대상지수로 사용하기 위하여 새로 개발한 시가 총액식(주가×상장주식수)주가지수이다.
② 거래대상지수 : KOSPI 200
③ 기준시점 및 기준지수 : 기준시점 1990년 1월 3일, 기준지수 100.00P(소수점 셋째 자리에서 반올림)
④ 산출방식
주가지수 200＝비교시점의 시가총액/기준시점의 시가총액×100
⑤ 지수구성 종목수 : 200종목
(시가총액 합계가 전체 시가총액의 70% 이상이 되도록 종목을 선정)

[그림 13-1] 선물거래 만기시 매수자와 매도자의 손익구조

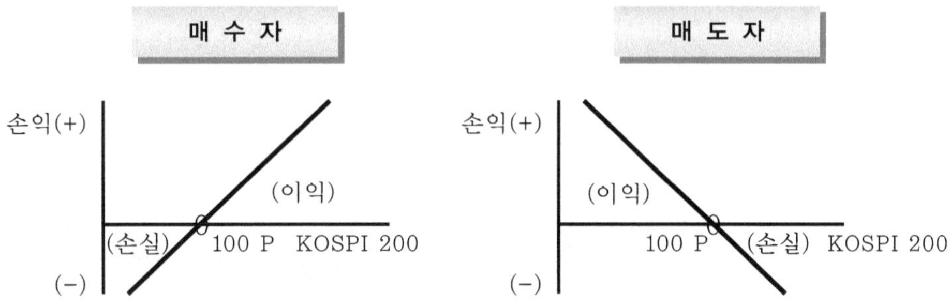

② 보유중인 미결제약정은 전 · 환매를 통하여 중도에 해소 가능하다.

◆ 전매(도)

선물 매수자가 보유하고 있는 매수 미결제약정을 만기 이전에 청산(미결제약정 해소)하기 위하여 행하는 매도의 거래 형태를 말한다.

◆ 환매(수)

선물 매도자가 보유하고 있는 매도 미결제 약정을 만기 이전에 청산하기 위하여 행하는 매수의 거래 형태를 말한다.

2) 주가지수 선물거래의 유용성

① 주식시장 가격변동위험의 효과적인 관리수단
② 주식시장 장래가격 예측의 유용한 자료 제공
③ 주식시장 전체에 대한 투자수단
④ 주식시장의 거래활성화

제2절 주가지수 선물의 가격결정

1. 주가지수 선물 이론가격

주가지수 선물가격은 일반적으로 매도와 매수호가에 의해 결정되지만 선물종

목의 최종거래일(해당 월의 두 번째 목요일)에는 현물주가지수(KOSPI 200)로 최종 결제되므로 기본적으로 선물가격은 현물주가지수에 최종거래일까지의 보유비용을 감안하여 산출한 이론가격과 유사한 가격으로 형성된다. 그러므로 선물이론가격은 완전시장의 가정하에서는 현물가격보다 최소한 선물계약에 드는 제비용, 즉 보유비용만큼은 높아야 한다.

주가지수 선물 이론가격 = 주가지수 + 이지비용 - 배당수입

$$F = S + S \times (r - d) \times T / 365$$

F : 선물이론가격, S : 현물가격, r : CD 금리,
d : 배당수익률, T : 잔존일수

예를 들면, 20××년 3월 26일 KOSPI 200 이 114 P 이고, CD 금리가 7.3%, 배당수익률이 0.00%, 잔존일수가 13일 때 6월물의 이론가격을 풀이 하면

$F = 114+[114\times(0.073-0.00)\times13/365]=114.30$이 된다.

그러나 실제 선물가격은 각 투자자별로 선물보유비용을 구성하는 이자의 기준이나 향후 주식시장에 대한 전망이 다르므로 각 종목별로 매도 및 매수호가의 스프레드에 의하여 현물지수를 이용한 이론가격과 엄밀하게 일치하지는 않는다. 일반적으로 향후 주식시장이 상승할 것으로 전망되면 이론가격보다 높게 거래되고 하락할 것으로 예상되면 이론가격보다 낮게 거래가 된다.

2. 베이시스

베이시스는 주가지수 선물가격에서 현물 주가지수를 차감한 금액, 즉 보유비용을 말한다. 베이시스는 만기일이 가까워 질수록 0 에 접근하고 만기일 까지의 기간이 길수록 확대된다. 정상적인 시장의 선물가격은 현물가격보다 높거나 만기가 길수록 선물가격이 높아지는 것이 보통이며, 이러한 정상시장을 콘탱고(contango)라고 한다. 반대로 일시적으로 공급(매도)이 수요(매수)보다 부족하

게 되면 현물가격이 선물가격보다 높은 경우가 발생할 수 있는데 이러한 비정상시장을 백워데이션(backwardation) 또는 역조시장이라 한다.

- ◆ 선물가격 − 현물가격 > 0 (베이시스가 +인 경우, 정상적 시장, 콘탱코)
- ◆ 선물가격 − 현물가격 < 0 (베이시스가 −인 경우, 비정상적 시장, 백워데이션)

제3절 주가지수 선물거래의 유형

1. 선물을 이용한 헤지거래

선물거래의 가장 기본적인 거래로서 주식보유 손익과 반대되는 손익구조를 가진 선물포지션을 취하여 보유주식의 가격변동에 따른 위험을 회피하려는 거래로서 주가지수 선물은 대규모의 보유주식을 일시에 직접매도할 경우 초래되는 문제점(대량 매도에 따른 시장충격 및 체결위험, 높은 거래비용 등)없이 주가변동 위험을 회피할 수 있는 효과적인 헤지수단이다.

1) 매도헤지

매도헤지(short hedge)는 현물주식을 보유하고 있거나 장래에 주식매도를 하고자 하는 경우 주가하락에 따른 위험을 회피하기 위하여 주가지수 선물을 매도하는 것을 말한다.

예를 들면, 10억원 상당의 주식 포트폴리오를 보유하고 있는 고객(선물가격=100p)은 향후 주가하락에 따른 손실에 대비하여 주식보유 금액과 동일한 수량의 주가지수선물을 매도하고자 할 경우

→ 주가지수선물 매도 수량=주식보유평가금액÷(선물가격×25만원)

=10억÷(100P×25만원)=40계약

① 주가가 10% 하락하여 KOSPI 200지수가 90P가 된 경우

보유주식 손익 : 10억×10%=5천만원 손실

주가지수 선물 매도 손익 : (100P−90P)×20계약×25만원=5천만원 이익

→ 전체손익 : 0

② 주가가 10% 상승하여 KOSPI 200 지수가 110P가 된 경우
보유주식 : 10억×10%=5천만원 이익
주가지수선물매도 : (100P−110P)×20계약×25만원=5천만원 손실
→ 전체손익 : 0

2) 매입헤지

매입헤지(long hedge)는 보유주식을 매도(신용대주, 공매도 등)하고 있거나 장래에 주식매입을 예정하고 있는 경우 주가의 상승위험을 회피하기 위하여 주가지수선물을 매입하는 것이다.

2. 선물을 이용한 투기거래

주식을 보유하지 않고 장래의 주가변동을 예측하여 선물만 매도 또는 매수함으로써 시세변동에 따른 차익획득을 목적으로 하는 거래를 말한다. 이러한 투기거래는 헤지 또는 차익거래자가 선물을 매도·매수하고자 하는 경우 거래 상대방의 역할을 수행하여 선물시장의 가격형성을 원활이 하고, 유동성을 제고하는 역할을 수행하여 선물시장 본연의 기능인 위험회피목적의 헤지거래가 원활하게 이루어지도록 하는 역할을 수행한다. 그러나 거래시세의 등락이 예측방향과 일치하는 경우에는 큰 이익을 보지만, 반대인 경우는 레버리지 효과로 인하여 큰 폭의 손실을 볼 수 있다.

3. 현·선물간 차익거래

현물과 선물의 가격중 어느 한쪽이 일시적으로 싸지거나 비싸질 때 상대적으로 싼 것을 매수하고 동시에 비싼 것을 매도하여 향후 주가변동에 관계없이 일정한 이익을 위험없이 취하는 거래를 말한다.

1) 매도차익거래(주식매도 · 선물매수)

선물가격이 이론가격을 크게 하회하는 경우(저평가된 경우) 선물을 매입하고 동시에 현물을 매도한 후 선물의 최종거래일에 선물을 최종결제하고 동시에 매도해 놓은 현물주식을 매수함으로써 만기시점 KOSPI 200에 관계없이 무위험이익을 취한다.

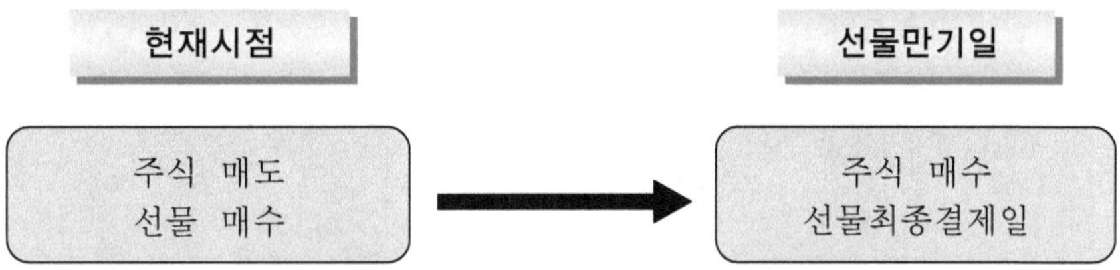

예를 들면, 2월 8일 현재 주가지수는 100P, 20××년 3월물 가격이 95P에 거래되고 있다. 선물이 이론가격 대비 저평가 되어 있으므로 현물매도 및 선물을 매수하는 매도 차익거래[2] 전략을 취하여 주식 100억원 매도, 선물 200 계약(100억+100P÷25만원)매수하였다. 단기금리 연 10% 예상 배당수익률은 연 2%일 때 선물거래 최종일(3월 9일)에 주가지수에 따른 투자결과를 보면 <표 13-1>과 같다.

단, 이자=10%, 배당=2%, 잔존일수=30일

※ 선물이론가=100+100×(0.1−0.02)×30/365=100.66

〈표 13-1〉 주가지수에 따른 투자결과

구 분	만기 KOSPI 200=80P	만기 KOSPI 200=100P	만기 KOSPI 200=120P
현물매입	100억×20%= +20억	0	100억×20%= −20억
이자수익	100억×10%×30/365 = +0.82억	100억×10%×30/365 = +0.82억	100억×10%×30/365 = +0.82억
배당지급	100억×2%×30/365 = −0.16억	100억×2%×30/365 = −0.16억	100억×2%×30/365 = −0.16억
선물전매	(80−95)×25만원×200 = −7.5억	(100−95)×25만원×200 = +7.5억	(120−95)×25만원×200 = +12.5억
손 익	+8.16억	+8.16억	+8.16억

2) 매수차익거래(주식매수·선물매도)

선물가격이 이론가격을 크게 하회하는 경우(고평가된 경우) 선물을 매도하고 동시에 현물을 매입한 후 최종거래일 선물을 최종결제하고 동시에 매입해 놓은 현물주식을 매도함으로써 만기시점 KOSPI 200에 관계없이 무위험이익을 취한다.

2) 매도차익거래이익=(선물이론가격−현재선물가격)×25만원×선물계약건수

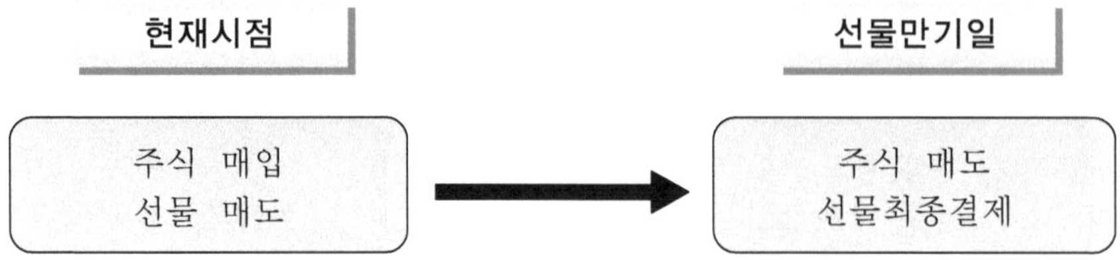

예를 들면, 20××년 2월 8일 현재 주가지수는 100P, 선물 20××년 3월물 가격이 105P에 거래되고 있다. 선물이 이론가격 대비 고평가되어 있으므로 현물매입 및 선물을 매도하는 매수 차익거래 전략을 취하여 주식 100억원 매수하고, 선물 200 계약을(100억÷100P÷25만원) 매입하였다. 단기금리 연 10% 예상 배당수익률은 연 2%일 때 선물거래 최종일(3월 9일)에 주가지수에 따른 투자결과를 보면 <표 13-2>와 같다.

단, 이자=10%, 배당=2%, 잔존일수=30일

※ 선물이론가=100+100×(0.1−0.02)×30/365=100.66

〈표 13-2〉 주가지수에 따른 투자결과

구 분	만기 KOSPI 200=80P	만기 KOSPI 200=100P	만기 KOSPI 200=120P
현물매입	100억×20%= −20억	0	100억×20%= +20억
이자수익	100억×10%×30/365 = −0.82억	100억×10%×30/365 = −0.82억	100억×10%×30/365 = −0.82억
배당지급	100억×2%×30/365 = +0.16억	100억×2%×30/365 = +0.16억	100억×2%×30/365 = +0.16억
선물전매	(80−95)×25만원×200 = −7.5억	(100−95)×25만원×200 = +2.5억	(120−95)×25만원×200 = +12.5억
손 익	+1,84억	+1.84억	+1.84억

◆ 매수차익거래이익=(실제선물가격−이론가격)×25만원×선물계약수

제4절 주가지수 선물 매매제도

1. 거래대상지수와 결제월 및 거래기간

주가지수 선물의 거래대상지수는 KOSPI 200이며, 결제월은 3월물, 6월물, 9월물, 12월물이며, 각 종목의 최장거래기간은 1년이다.

2. 최종거래일 및 신규종목 거래 개시일

주가지수 선물의 최종거래일은 각 결제월의 두 번째 목요일(휴장일 때는 순차적으로 앞당김)이며, 신규종목의 거래 개시일은 거래종목의 최종거래일 다음날이다.

예를 들면, 선물 20××년 3월물의 최종 거래일은 3월 9일(두 번째 목요일)이며, 만약 3월 9일이 법정공휴일이면 최종거래일은 3월 8일이 되며 거래 개시일은 3월 10일이 된다.

3. 거래단위 및 호가가격 단위

거래단위는 "계약"으로 표시되며, 최소거래단위는 "1 계약"이며, 1 계약의 크기는 1 포인트당 25만원으로 표시하며, 호가가격 단위는 최소가격 변동폭으로서 0.05P이다.

4. 매매거래시간

1) 최종거래 이외의 날

선물거래 : 09 : 00~15 : 45

주식거래 : 09 : 00~15 : 30

※ 현물지수의 확정(15 : 30)에 따른 포지션 조정의 기회부여를 위해 종료시간을 15분 늘렸다.

2) 최종거래일(결제월 2번째 목요일)

선물거래 : 09 : 00~15 : 20

주식거래 : 09 : 00~15 : 30

※ 최종현물지수(KOSPI 200)가 매매종료전 10분간의 동시호가에 의한 단일가로 결정되므로 이 시간중에는 현물시장의 정보가 단절됨에 따라 선물가격이 급변하고 현물 및 선물간의 가격차이가 왜곡될 우려가 있으므로 폐장시간을 현물보다 10분 앞당겨 폐장한다.

제5절 주가지수 선물의 결제제도

주가지수 선물거래는 일반선물거래와는 달리 인·수도 할 수 없으므로 매매거래 최종일에 현물지수(KOSPI 200)를 최종결제 가격으로 하여 현금결제하는 방식으로 결제가 이루어진다. 하지만 주가지수 선물거래는 손익의 레버리지가 매우 크므로 투자자의 손실확대에 따른 결제불이행 위험을 사전에 방지하기 위하여 선물의 경우 매일 일일정산을 실시하고, 옵션의 경우 매매대금을 수수하는 것으로 결제를 하게 된다. 또한 최종결제를 하고, 옵션은 만료월 종목 중 내가격 옵션 종목에 한하여 권리행사 신고를 하지 않아도 자동으로 권리행사를 시킴으로서 결제를 마감하며, 권리행사가 되지 않는 종목은 자동 소멸된다.

선물의 결제기관은 한국거래소가 주가지수 선물결제업무를 담당하며, 선물의 결제시한은 거래성립일의 익 영업일(T+1)로 한다. 결제계좌 개설은 옵션거래와 동일하다.

1. 선물 일일정산제도

선물거래는 투자자가 보유하고 있는 포지션에 대한 선물가격변동에 따른 손실을 언제든지 보전할 수 있는 충분한 수준의 증거금을 항상 유지하도록 요구하는 제도적 장치가 필요한데 이를 일일정산제도라고 한다. 일일정산 과정은 투자자의 미결제약정을 매일 최종가격으로 재평가한 선물거래의 손익을 당일 중으로 반영하는 것으로 그 다음날에는 전일까지의 포지션별 손익이 정산된 상태에서 거래를 새로 시작하게 된다.

> 일일정산차금＝당일차금＋갱신차금＋최종결제차금

1) 당일차금

당일에 매매체결된 모든 선물약정에 대하여 각 약정가격과 당일의 정산가격(종가)을 비교하여 산출된 손익이다.

> 매도 미결제약정 : (당일약정가－당일정산가)×수량×25만원
> 매수 미결제약정 : (당일정산가－당일약정가)×수량×25만원

예를 들면, 선물 20××년 3월물을 110.00P에 2계약을 신규 매수하였다. 금일 종가는 108.50P이라고 할 때 당일차금을 계산하면 다음과 같다.

매수분 당일차금은－750,000원[(108.50－110.00)×2×25만원]이 된다.

2) 갱신차금

개장시의 모든 선물 미결제약정에 대하여 전일의 정산가격(종가)과 당일의 정산가격을 비교하여 산출된 손익이다.

> 매도 미결제약정 : (전일정산가 － 당일정산가) × 수량 × 25만원
> 매수 미결제약정 : (당일정산가 － 전일정산가) × 수량 × 25만원

3) 최종결제차금

최종거래일 매매종료시까지 전환 매매되지 않는 미결제약정에 대하여 최종거래일의 정산가격과 최종결제가격을 비교하여 산출된 손익이다.

매도 미결제약정 : (당일정산가 − 최종결제가) × 수량 × 25만원
매수 미결제약정 : (최종결제가 − 당일정산가) × 수량 × 25만원

예를 들면, 20××년 3월 9일 만기일인, 20××년 선물 3월물 만기일 전일까지 보유했던 매수 미결제약정 3 계약이 최종결제 될시, 정산차금은 다음과 같다.

단, 선물 전일종가 : 120P, 선물 당일종가 : 122P, KOSPI 200 당일종가 : 123P

갱신차금 : (122−120)×3×25만원=+1,500,000원

최종결제치금 : (123−122)×3×25만원=+750,000원

➡ 정산차금 : +2,250,000원

제6절 주가지수 선물의 거래제도

1. 주가지수 선물거래 계좌 개설

선물거래를 하기 위하여 주식계좌와 별도로 주가지수 선물거래를 위한 매매거래계좌를 개설해야 한다.

2. 기본 예탁금 납부

선물계좌를 개설한 후 신규로 매수 또는 매도를 위탁하는 때에는 주문전에 계좌약정에 따라 일정금액 이상의 현금 또는 당해금액에 상당하는 유가증권(대용증권)을 선물 기본예탁금으로 증권회사에 예탁하여야 한다.

3. 매매주문

선물의 매매주문은 주식시장과 동시에 거래를 개시하여 주식시장 종료 15분 후에 거래를 종료하며, 현재는 지정가 주문만 허용되고 거래의 대상이 유형의 실물이 아니라 기술적으로 수도(受渡)가 불가능한 무형의 지수이므로 반대매매를 통하여 만기일전에 포지션(position)을 청산(clearing)하든지 아니면 만기일에 가서 그 차액을 현금으로 결제한다.

연 습 문 제

1. 주가지수 선물거래의 개념을 설명하시오.
2. KOSPI 200 선물거래를 설명하시오.
3. 주가지수 선물거래의 유형을 설명하시오.
4. 주가지수 선물의 이론가격을 설명하시오.
5. 베이시스를 설명하시오.
6. 주가지수 선물 매매결제 제도를 설명하시오.
7. 현물거래와 선물거래의 차익거래란?
8. 선물의 일일정산제도를 설명하시오.
9. 갱신차금이란?

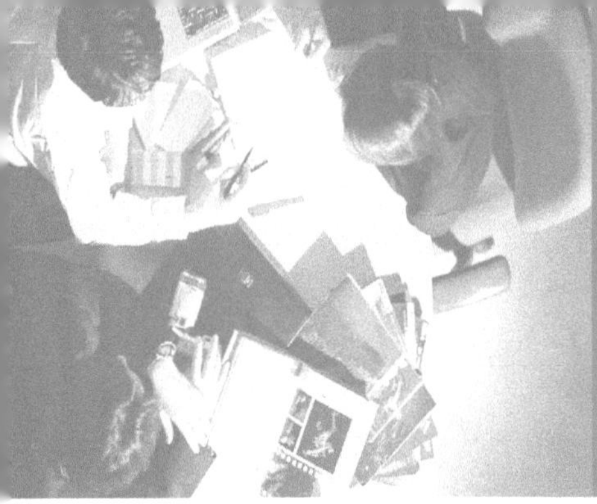

제14장 주가지수 옵션

제1절 옵션의 기초

1. 옵션의 정의

옵션(option)은 일정한 유가증권이나 상품 등을 미리 정하여진 기간, 미리 정해진 가격에 일정한 양을 사거나 팔 수 있는 권리를 부여하는 계약을 의미한다. 특히 옵션은 일정한 계약조건 내에서 그 정해진 기초자산을 계약 상대방으로부터 살 수 있는 권리 또는 팔 수 있는 권리를 말하며, 살 수 있는 권리를 콜옵션(call option)이라 하고 팔 수 있는 권리를 풋옵션(put option)이라 한다. 옵션의 대상이 되는 목적물을 대상자산(underlying asset)이라 하고, 미리 정한기일에 옵션의 매도자와 매수자가 미리 정해진 가격으로 대상자산을 거래하는 것을 권리행사(exercise)라 한다. 또한 권리행사시 대상자산을 사가나 팔수 있는 가격을 (권리)행사가격(exercise price)이라 하며, 권리 행사가 가능한 마지막 날을 만료일(expiration date)이라 한다.

1) 콜옵션

옵션의 가장 기본적인 형태는 콜옵션(call option)과 풋옵션(put option)이다. 콜옵션이란 일정기간, 일정가격에 정해진 기초증권의 일정한 양을 매입할 수 있는 권리이며, 반대로 풋옵션이란 정해진 조건으로 팔 수 있는 권리이다. 또한 옵션은 그 옵션을 정해진 옵션의 만기일(expiration)에만 행사할 수 있는 유럽식 옵션과 만기일내에서는 언제라도 옵션의 행사가 허용되는 미국식 옵션으로 구분된다.

콜옵션은 기초자산을 그 시장가격과는 관계없이 미리 계약에 의해 정하여진 가격에 살 수 있는 권리이므로 기초증권의 시장가격이 그 옵션의 만기 또는 만기 이내에 적어도 행사가격보다 상승할 것으로 기대되는 투자자들에 의하여 보유된다. 왜냐하면 기초증권의 시장가격이 그 옵션소유자가 매입할 수 있는, 즉 옵션의 행사가격보다 높을 경우 옵션소유자는 실제로는 보다 비싼 증권을 그보다 싼 행사 가격에 매입할 수 있으므로 시장가격과 행사가격의 차액이 옵션소유자의 이익이 되기 때문이다.

2) 풋옵션

기초증권을 일정기간, 일정한 가격에 일정량을 팔 수 있는 권리인 풋옵션(put option)은 특히 향후 계약기간 내에 그 기초증권가격이 행사가격 이하로 하락할 것을 기대하는 투자자들에 의하여 매입된다. 예상대로 증권가격이 행사가격 이하로 하락할 경우 풋옵션 매입자는 기초증권을 행사가격 이하의 시장가격에 매입하여 그 보다 비싼 행사가격에 풋옵션 발행자에게 팔 수 있기 때문이다. 만일에 증권가격이 행사가격보다 높아지면 비싼 가격에 이를 매입하여 오히려 보다 저렴한 행사가격에 팔 이유가 없으므로 풋옵션을 포기하면 그만이다.

2. 옵션의 종류

1) 대상자산에 따른 분류

대상자산에 따라 주식옵션, 주가지수옵션, 채권옵션, 통화옵션, 선물옵션으로 나눌 수 있다.

2) 권리행사 유형에 따른 분류

① 미국형 옵션(american style option) : 만료일 이내에는 언제라도 권리행사를 할 수 있다.
② 유럽형 옵션(european style option) : 만료일에만 권리행사를 할 수 있다.

3. 옵션거래의 매매대상

1) 정의

옵션거래는 옵션을 매매대상으로 하는 거래로서 매도자가 매수자에게 옵션

(권리)을 제공하고 매수자는 매도자에게 그 대가를 지급하는 것을 말한다.

옵션거래에서 매수자와 매도자가 주고받는 거래대금을 프리미엄(premium)이라고 한다.

2) 옵션매수자

옵션매수자(buyer, holder)는 옵션을 취득함으로써 권리를 보유하는 자를 말한다. 옵션매수자는 대금(premium)을 지불하고 권리를 취득하며, 그 권리의 행사는 자유선택으로 유리한 경우에 행사한다.

3) 옵션매도자

옵션매도자(seller, writer)는 옵션을 발행하여 매도함으로써 의무를 지는 자를 말한다. 옵션매도자는 대금을 지불받는 대신에 매수자의 권리행사시 그에 따른 의무를 이행해야 한다.

4. 옵션거래의 구분

1) 종목

콜옵션·풋옵션, 결제월, 행사가격 등의 권리내용이 다르면 옵션의 본질이 달라지므로 위의 권리내용이 다른 옵션은 각기 다른 종목으로 구분된다.

예를 들면, 만료일이 동일한 6월물 주식콜옵션이라도 행사가격이 10,000원인 것과 11,000원인 것은 별개의 종목이 된다.

2) 등가격옵션, 내가격옵션, 외가격옵션

옵션은 권리행사가격과 대상자산가격과의 관계에 따라 다음과 같다.

① 등가격옵션(at-the-money : ATM)
대상자산가격과 권리행사가격이 같은 종목을 말한다.

② 내가격옵션(in-the money : ITM)
권리를 행사하면 매수자에게 이익이 발생하는 종목을 말한다.

> 콜옵션의 경우 : 대상자산가격 > 권리행사가격
> 풋옵션의 경우 : 대상자산가격 < 권리행사가격

③ 외가격옵션(out-of-the-money : OTM)

권리행사를 하면 매수자에게 손실이 발생하는 종목을 말한다.

> 콜옵션의 경우 : 대상자산가격 < 권리행사가격
> 풋옵션의 경우 : 대상자산가격 > 권리행사가격

5. 옵션거래의 결제

옵션의 결제는 매수자와 매도자 사이에 대상자산으로 거래가 이루어져, 옵션거래에 따른 권리의무관계가 종료되는 것을 말한다. 결제의 방법에는 권리행사, 권리포기, 반대매매의 세 가지가 있다.

1) 권리행사

옵션의 매수자는 자신에게 유리한 경우 권리를 행사하여 이익을 실현하며 옵션의 매도자는 매수자의 권리행사에 응하여 손실을 입게 된다.

콜옵션의 경우 매수자는 대상자산가격이 권리행사가격보다 큰 경우 권리행사를 하게 되며 권리행사로 매수한 대상자산을 현물시장에 매도하면 대상자산과 권리행사가격의 차이만큼 이익을 얻을 수 있다.

> 매수자의 손익 : −프리미엄+(대상자산가격−행사가격)
> 매도자의 손익 : +프리미엄−(대상자산가격−행사가격)

풋옵션의 권리행사가격이 대상자산가격보다 큰 경우 매수자는 현물시장에서 대상자산을 매수하여 권리행사로 대상자산을 행사가격에 매도하면 대상자산가격과 권리행사가격의 차이만큼 이익을 얻을 수 있다.

> 매수자의 손익 : －프리미엄＋(행사가격－대상자산가격)
> 매도자의 손익 : ＋프리미엄－(행사가격－대상자산가격)

예를 들면, 갑은 행사가격이 10,000원인 A 주식의 콜옵션을 500원에 사서 보유하고 있다. 그 후 A 주식의 가격이 11,000원이 되었다면 갑은 권리행사를 하여 11,000원에 매도함으로써 1,000원의 이익을 얻을 수 있다.

2) 반대매매

매수자는 자신이 매수했던 종목을 매도(전매)함으로써 권리를 해소하고 매도자는 매도했던 종목을 매수(환매)함으로써 의무를 해소한다. 이때 매수자의 손익은 － 매수시 지불한 프리미엄에 ＋ 전매시 받은 프리미엄이다. 매도자의 손익은 ＋ 매도시에 받은 프리미엄에 － 환매시에 지불한 프리미엄이다.

예를 들면, 갑은 행사가격이 10,000원인 A 주식 콜옵션을 500원에 매수 했다. 그 후 A 주식가격은 11,000원으로, 행사가격 10,000원의 A 주식콜옵션은 1,200원으로 가격이 상승하였다. 갑은 매수 했던 옵션을 1,200원에 전매함으로써 700원의 이익을 얻을 수 있다.

3) 권리포기

만료일까지 반대매매나 권리행사가 이루어지지 않은 옵션은 만료일의 도래와 함께 권리의무 관계가 자동적으로 소멸하게 된다.

매수자는 만료일까지 전매나 권리행사를 하지 않는 경우 권리를 잃게 되며 매도자는 의무로부터 벗어나게 된다.

매수자의 손익은 － 계약시에 지불한 프리미엄이고, 매도자는 ＋ 계약시에 받은 프리미엄이다.

예를 들면, 갑은 행사가격이 10,000원인 A 주식 콜옵션을 500원에 매수 했다. 그 후 A 주식가격은 하락하여 만료일에 9,000원이 되었다. 갑은 시장가격이 9,000원인 A 주식의 권리를 행사하여 10,000원에 살 필요가 없으므로 권리를 포기하게 된다.

6. 옵션거래의 기능

1) 헤지효과

헤지효과는 대상자산을 보유하고 있는 투자자가 풋옵션을 매수함으로써 대상자산의 가격하락에 따른 위험을 회피할 수 있고 또 장래에 대상자산을 매수하려는 자는 콜옵션을 매수함으로써 그동안의 대상자산의 가격상승에 따른 위험을 회피할 수 있다.

2) 레버리지효과

레버리지효과는 대상자산의 가격보다 훨씬 적은 금액의 프리미엄으로 대상자산을 거래하는 것과 유사한 효과를 얻을 수 있다. 적은 투자금액으로 큰 규모의 거래를 할 수 있으므로 투자금액에 비해 큰 이익을 얻을 수 있다.

3) 위험한정효과

위험한정효과는 옵션매수자의 경우 대상자산의 가격이 유리하게 움직일 경우에는 권리행사하거나 전매하여 이익을 얻을 수 있고, 불리하게 움직일 경우에는 권리를 포기하여 당초에 지불했던 프리미엄만큼 손실을 제한하게 된다.

제2절 옵션의 가격

1. 가격의 구성요소

옵션의 가격은 프리미엄이라고도 한다. 프리미엄은 각 종목별로 옵션시장에서 매도호가와 매수호가의 경합에 의하여 가격이 형성되는 점은 주가지수선물과 동일하지만, 매도자와 매수자가 반드시 결제를 이행해야 하는 주가지수선물과 달리 매수자의 일방적 의사표시에 의해 결제이행여부가 결정되므로 주가지수와 단순히 비교하여 이론가격을 산출할 수 없는 특성이 있다. 그리고 프리미엄은 산출시점에 권리를 행사하여 받을 수 있는 금액(행사가치)보다 높게 형성되므로 권리행사시 받을 수 있는 금액과 동일 금액을 초과하는 옵션가격의 차액을 구분하여 옵션의 가치를 평가할 수 있다.

옵션의 가격 = 행사가치 + 시간가치

1) 행사가치

행사가치(exercise price)는 옵션을 권리행사하는 경우에 얻어지는 이익으로 내재가치(intrinsic value)라고도 하며, 외가격옵션, 등가격옵션의 경우는 권리행사시 이익이 없으므로 행사가치는 0이 된다.

풋옵션의 행사가치 = 대상자산가격 − 권리행사가격(≥0)
풋옵션의 행사가치 = 권리행사가격 − 대상자산가격(≤0)

2) 시간가치

옵션가격 중 행사가치를 초과하는 부분으로 매수자에게는 잔존기간동안 옵션에서 얻을 수 있는 이익에 대한 기대치이며 매도자에게는 위험에 대한 대가이다.

시간가치는 만료일이 가까울수록 감소하며 등가격옵션에서 최대, 내가격옵션, 외가격옵션에서는 그 값이 점점 작아지지만 Deep OTM, Deep ITM에서도 시간가치는 존재한다.

시간가치 = 옵션가격(프리미엄) − 행사가치
콜옵션의 시간가치 = 옵션가격 − (대상자산가격 − 권리행사가격)
풋옵션의 시간가치 = 옵션가격 − (권리행사가격 − 대상자산가격)

예를 들면, 현재 콜옵션의 가격이 아래 표와 같을 경우 옵션의 행사가치와 시간가치를 보면 <표 14−1>, <표 14−2>와 같다.

〈표 14-1〉 옵션의 행사가치와 시간가치

KOSPI 200	행사가격	콜옵션가격
95	100	2.5
100	100	5.4
105	100	8.2
110	100	12.5

풀이하면,

옵션가치＝행사가치＋시간가치

〈표 14-2〉 옵션의 행사가치와 시간가치

KOSPI 200	행사가격	콜옵션가격	행사가격	시간가치
95	100	2.5	0	2.5
100	100	5.4	0	5.4
405	100	8.2	5	3.2
110	100	12.5	10	2.5

2. 옵션가격 결정요인

옵션의 가격은 대상자산가격, 옵션의 행사가격, 대상자산의 자산변동성, 만료일까지의 잔존기간, 이자율 등의 변수에 의해 결정된다.

옵션이론가격＝f(대상자산가격, 행사가격, 변동성, 잔존기간, 이자율)

1) 대상자산의 현재가격

콜옵션의 행사가치는 (대상자산가격－옵션의 행사가격)이고, 풋옵션의 행사가치는 (옵션의 행사가격－대상자산가격)이므로 콜옵션의 경우는 대상자산의 가격이 높을수록 옵션의 가치가 커지며 풋옵션은 대상자산의 가격이 낮을수록 가치가 커진다.

2) 옵션의 권리행사가격

콜옵션의 행사가치는 (대상자산가치－옵션의 행사가격)이고 풋옵션의 행사가치는 (옵션의 행사가격－대상자산가격)이므로 콜옵션의 경우는 옵션의 행사가격이 낮을수록 옵션의 가치가 커지며 풋옵션의 경우에는 옵션의 행사가격이 높을수록 커진다,

[그림 14-1] 행사가치와 시간가치에 따른 옵션의 가격

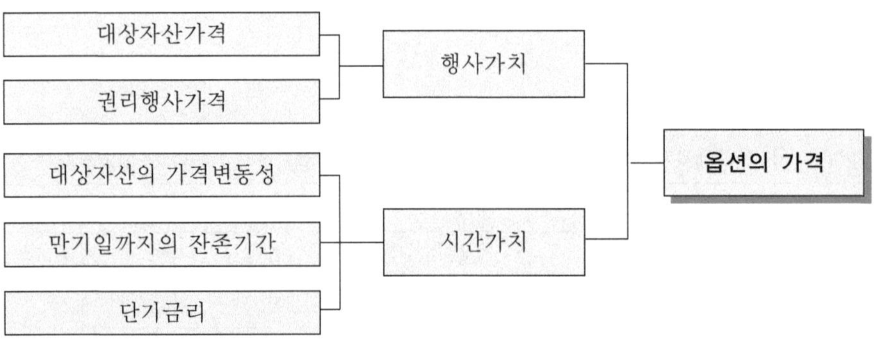

3) 옵션만기일까지의 잔존기간

만기까지의 잔존기간이 길면 대상자산의 가격변동으로 이익을 얻을 확율이 높아지므로 콜옵션, 풋옵션 모두 만기까지의 잔존기간이 길수록 가치가 크다.

4) 변동성

변동성은 대상물이 장래 일정기간 동안에 확률적으로 어느 정도 변동할지를 나타내는 지표이며, 변동성이 크면 대상자산 가격이 행사가격을 높이 상회할 가능성 뿐만 아니라 하회할 가능성도 있으므로 옵션 매수자에게는 그만큼 이익을 획득할 기회가 많아지게 된다. 결국 변동성이 높아질수록 프리미엄도 비싸지게 된다. 따라서 콜옵션, 풋옵션 모두 변동성이 클수록 가치가 크다. 변동성 예측방법의 일반적인 형태는 다음과 같은 방법을 사용하고 있다.

① 역사적 변동성(historical volatility) : 주가지수가 과거 일정기간동안 어떻게 변동 하였느냐를 나타내준다.

② 내재변동성(implied volatility) : 실제시장에서 형성된 프리미엄으로부터 투자자가 예측한 변동성을 추정하는 개념으로 프리미엄 결정모델을 이용하여 변동성을 역산하는 방식으로 산출한다.

5) 무위험이자율

무위험 이자율이 높을수록 매입대금 지불을 미래로 연기시킬 수 있는 옵션의 이용이 유리해지기 때문에 콜옵션의 가격은 높아지고, 매도를 미래로 연기시키는 풋옵션의 가격은 낮아진다.

〈표 14-3〉 무위험 이자율에 따른 콜옵션가격과 풋옵션가격

구 분	기준물가격	행사가격	잔존일수	단기금리	변동성
	↑	↑	↑	↑	↑
콜가격	↑	↓	↑	↑	↑
풋가격	↓	↑	↑	↓	↑

3. 위험분석지표

시장 조건의 변화가 옵션가치에 어떤 영향을 미치는가에 대한 지표로는 델타, 감마, 세타, 베가 등이 있다.

1) 델타(delta)

$$델타(\Delta) = \frac{옵션가격의\ 변화}{대상자산가격의\ 변화}$$

(1) 대상자산의 가격변화에 대한 옵션가격의 변화정도를 나타낸다. 즉, 대상자산가격이 변함에 따라 옵션가격이 얼마나 변하는가를 나타내는 단위이다.

(2) 옵션가격의 변화는 그 절대치에 있어서 대상자산의 가격변화보다도 작기 때문에 콜옵션의 델타는 0~1, 풋옵션의 델타는 −1~0까지의 값을 가지므로 $|\Delta|$는 항상 0과 1 사이에 있게 된다.

(3) 델타는 가격변동에 노출된 위험을 측정할 수 있는 지표로서 델타를 이용하여 반대포지션을 적절히 구성함으로써 대상자산의 가격변동에 영향을 받지 않는, 즉 위험이 없는 포지션을 구성할 수 있다. 이를 델타 중립포지션이라 한다.

예를 들면,

① 콜옵션의 델타값이 +0.5라면, 이 옵션은 대상자산가격이 1P 변동 할 때 옵션의 가격은 0.5P 만큼 변하개 된다.
② 델타가 0.5인 콜옵션 3 계약을 보유하면 전체 포지션의 델타가 1.5가 되어 포지션의 가치는 대상자산 가격변동율의 1.5배씩 변동하게 된다. 따라서 이 포지션의 위험을 상쇄하고자 한다면 델타가 −0.5인 ATM 풋옵션을 3 계약을 매수하면, 총 델타가 0이 되어 주가가 어떻게 변동할지라도 영향을 받지 않는 포지션을 갖게 된다.

2) 감마(gamma)

$$감마(\gamma) = \frac{델타의\ 변화}{대상자산가격의\ 변화}$$

(1) 감마는 대상자산의 가격변화에 대한 델타의 변화정도를 말하는데, 감마가 높을수록 델타가 대상자산의 가격변동에 더욱 만감함을 의미한다. 즉, 감마는 델타의 기울기를 의미한다.
(2) 콜옵션이나 풋옵션 모두 대상자산가격이 상승하면 델타가 상승하므로 양의 값을 가진다.
(3) 감마는 ATM 옵션에서 최대값을 가지며 ITM, OTM 옵션의 경우 0까지 하락한다.

3) 세타(theta)

$$세타(\theta) = \frac{프리미엄의\ 변화}{시간의\ 변화}$$

(1) 옵션은 만료일이 가까워짐에 따라 시간가치가 감소하는데 세타는 시간이 경과함에 따른 옵션가치의 변화정도를 말한다.

(2) 통상 음수값으로 나타내며, ATM에서 최대이고 Deep OTM 또는 Deep ITM일수록 작아진다. 이는 결국, ATM 옵션의 프리미엄은 시간에 가장많은 영향을 받는다는 것을 의미한다. 즉, 옵션의 매수자에게는 등가격옵션의 세타는 중요한 의미를 가지는데 옵션의 시간가치는 만료일이 가까워질수록 급격히 감소하기 때문이다.

4) 베가(vega)

$$베가(v) = \frac{옵션의\ 가격}{가격변동의\ 변화}$$

(1) 베가는 대상자산 가격변동성의 변화에 따른 옵션가격의 변화정도를 말한다.

가격변동성 1%가 감소할 때 옵션가격이 0.25% 하락한다면 이 옵션의 베가는 0.25가 된다.

(2) 변동성이 높을수록 불확실성은 높아지며, 불확실성은 시간가치의 주요변수이기 때문에 변동성이 높을수록 옵션의 가치는 더 비싸진다. 따라서 변동성이 커지면 옵션의 가치도 증가하므로 옵션의 베가는 항상 0 보다 크다.

(3) ATM에서 최대이며, Deep OTM 또는 Deep ITM 으로 갈수록 작아진다.

〈표 14-4〉 위험분석지표와 포지션별 영향도

구 분	델 타	감 마	쎄 타	베 가
콜옵션 매수	+	+	−	+
콜옵션 매도	−	−	+	−
풋옵션 매수	−	+	−	+
풋옵션 매도	+	−	+	−

※ 어떤 포지션이든 포지션 감마와 포지션 쎄타는 서로 반대부호를 가짐

제3절 주가지수 옵션의 기본거래 형태

1. 콜옵션매수

옵션거래의 조건 : ① 20××년 3월물 100인 콜 : 3P
② 20××년 3월물 100인 풋 : 2P
매매수량 각각 10 계약씩 거래

1) 콜옵션매수

(1) 사용시기 : KOSPI 200 지수가 강세로 예상될 때 가격하락의 위험을 한정시키면서 큰 레버리지 효과를 거둘 수 있다.

(2) 만기시 손익구조
KOSPI 200 지수 > 100P인 경우 → 권리행사를 할 경우
손익 = KOSPI 200 지수 − 행사가격(100P) − 매수시 지불한 프리미엄(3P)

KOSPI 200 지수 < 100P인 경우 → 권리 포기시의
손익 = −매수시 지불한 프리미엄(3P)이다. <표 14−5>는 콜옵션 매수 만기시 손익구조이며 [그림 14−2]는 지수상승과 하락에 따른 손익구조이다.

〈표 14-5〉 콜옵션 매수 만기시 손익구조

KOSPI 200	98	99	101	102	103	104
순손익(P)	−3	−3	−2	−1	0	1
결 제	권리행사포기		권리행사			

※ KOSPI 200이 101P인 경우 권리행사는 가능하나 2,000,000원의 손실을 본다.

[그림 14-2] 지수상승과 하락에 따른 손익구조

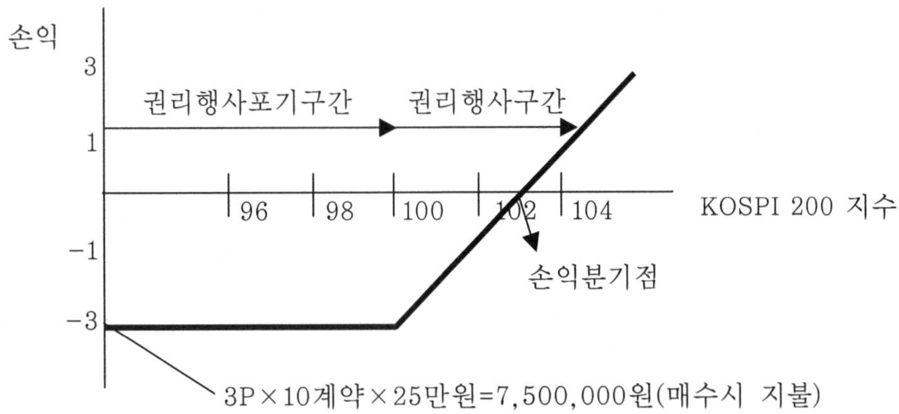

KOSPI 200 지수상승시에 지수상승폭에 비례하여 이익발생한다.
KOSPI 200 지수하락시에 손실은 프리미엄(3P)으로 한정된다.

(3) 전매시 손익구조

손익 : 전매가격 − 매수가격

전매가격 > 매수가격 → 이익발생
전매가격 < 매수가격 → 손실발생

2. 콜옵션매도

(1) 사용시기

KOSPI 200 지수가 상승할 가능성이 매우 낮다고 확신할 때, KOSPI 200 의 상승에 대하여 약간의 확신이 있으며 OTM 매도하고 가격하락, 또는 횡보를 확신한다면 ATM 옵션을 매도한다.

(2) 만기시 손익구조

KOSPI 200 지수 < 100P인 경우에는 매수자가 권리를 포기한다.
손익 = 매수자가 지불한 프리미엄(3p) 만큼 이익이 된다.

KOSPI 200 지수 > 100P인 경우에는 매수자의 권리행사에 응한다.
손익=행사가격-KOSPI 200+매수시 지불한 프리미엄(3P)이다.

〈표 14-6〉 콜옵션 매도 만기시 손익구조

KOSPI 200	98	99	101	102	103	104
순손익(P)	+3	+3	+2	+1	0	−1
결 제	의 무 소 멸		의 무 이 행			

※ KOSPI 200 최종지수가 102P인 경우 행사가격(100)보다 크기 때문에 매수자의 권리포기와 함께 매도자는 의무이행을 통해 1,000,000(100−102+3)의 이익이 된다.

[그림 14-3] 지수상승과 하락에 따른 손익구조

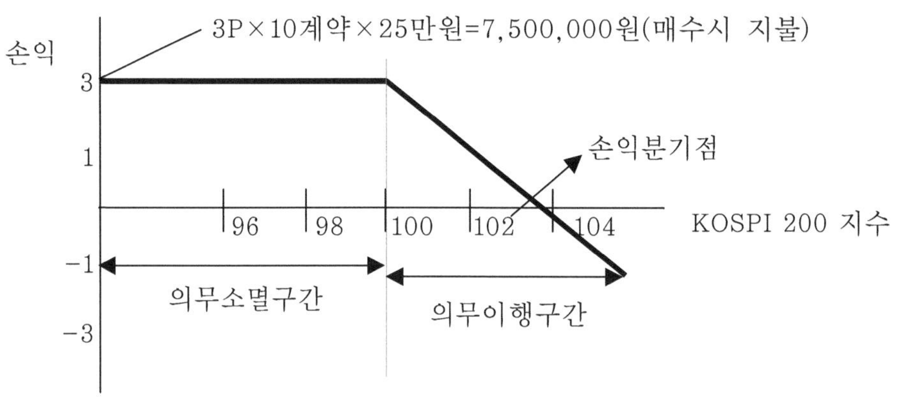

매도자의 최대이익은 옵션매수대금인 7,500,000원이 된다.

KOSPI 200 지수가 손익분기점(행사가격+옵션가격)이상으로 상승시 무한정 손실을 보며, KOSPI 200 지수하락시 이익폭은 한정된다. <표 14−6>은 콜옵션 매도 만기시 손익구조이며, [그림 14−3]은 지수상승과 하락에 따른 손익구조이다.

(3) 환매시 손익구조

손익 : 매도가격(3P)−환매가격

환매가격 > 매도가격 → 손실발생

환매가격 < 매도가격 → 이익발생

3. 풋옵션매수

(1) 사용시기

KOSPI 200이 약세일 것으로 확신할 때 사용되며 예상되는 하락폭이 클수록 OTM 옵션 매수

(2) 만기시 손익구조

KOSPI 200 지수 < 100P인 경우에는 권리행사를 한다.

손익＝행사가격(100p)－KOSPI 200 지수－매수시 지불한 프리미엄(2P)이다.

KOSPI 200 지수 > 100P인 경우 권리를 포기한다.

손익＝－매수시 지불한 프리미엄(2P)이다.

〈표 14-7〉 풋옵션 매수 만기시 손익구조

KOSPI 200	96	97	98	99	101	102
순손익(P)	+2	+1	0	−1	−2	−2
결 제	권 리 행 사				권 리 행 사 포 기	

[그림 14-4] 지수상승과 하락에 따른 손익구조

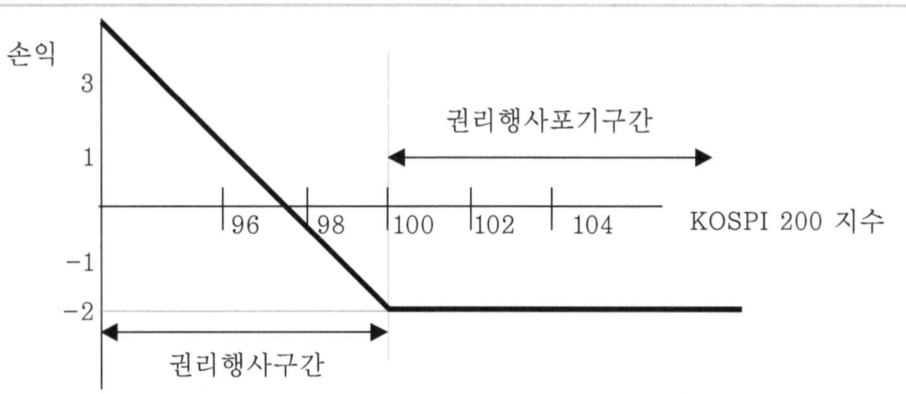

2P×10계약×25만원=5,000,000원(매수시 지불)

최대손실은 옵션매수대금인 5,000,000원이 된다.

KOSPI 200 지수가 손익분기점(행사가격－옵션가격) 이하로 하락시에는 이익

되고, KOSPI 200 지수가 하락시에 이익은 무한정이며, 상승시에는 손실폭이 한정된다. <표 14−7>은 풋옵션 매수 만기시 손익구조이며, [그림 14−4]는 지수 상승과 하락에 따른 손익구조이다.

(3) 전매시 손익구조

콜옵션 전매시와 동일하다.

4. 풋옵션매도

(1) 만기시 손익구조

KOSPI 200 지수 > 100P인 경우에는 매도자가 이익이 된다.

손익 = 매수자가 지불한 프리미엄(2P)이다.

KOSPI 200 지수 < 100P인 경우에는 매도자 손실이다.

손익 = KOSPI 200 지수 − 행사가격 + 프리미엄(2P)이다.

〈표 14-8〉 만기시 손익구조

KOSPI 200	96	97	98	99	101	102
손 익(P)	−2	−1	0	+1	+2	+2
결 제	의 무 이 행				의 무 소 멸	

[그림 14-5] 지수상승과 하락에 따른 손익구조

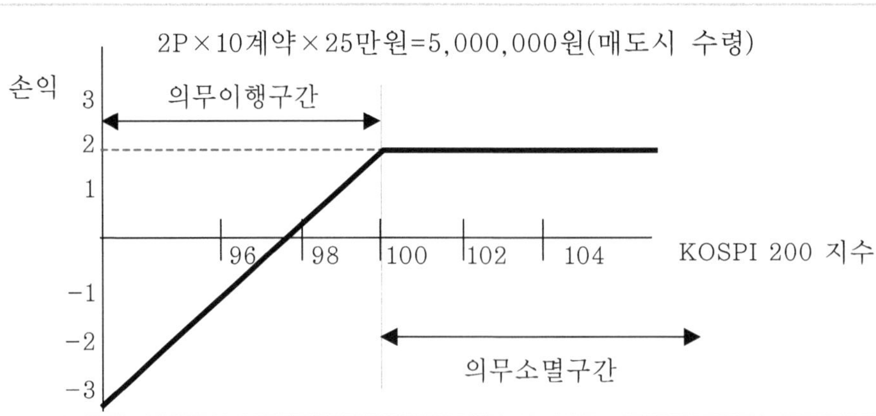

최대손익은 옵션매수대금인 5,000,000원이 된다.

KOSPI 200 지수가 손익분기점(행사가격 − 옵션가격) 이하로 하락시 이익이 되며, KOSPI 200 지수 하락시 이익은 무한정이 되고, 상승시에는 손실폭이 한정된다. <표 14−8>은 만기시 손익구조이며, [그림 14−5]는 지수상승과 하락에 따른 손익구조이다.

(2) 환매시 손익구조 : 콜옵션 매도시와 동일하다.

제4절 주가지수 옵션의 매매제도

1. 거래대상지수

KOSPI 200

2. 결제월 및 거래기간

1) 결제월 : 연속 3월과 3, 6, 9, 12월 중 1개(4결제월 종목)

2) 최장거래기간 ① 3, 6, 9, 12월물의 최장거래기간 : 6개월
② 1, 2, 4, 5, 7, 8, 10, 11월물의 최장거래기간은 1년이다.

3. 최종거래일 및 신규종목 거래 개시일

주가지수 옵션의 최종거래일은 각 결제월의 두 번째 목요일(휴장일 때는 순차적으로 앞당김)이며, 신규종목의 거래 개시일은 거래종목의 최종거래일 다음 날이다.

예를 들면, 옵션 20××년 3월물의 최종 거래일은 3월 9일(두 번째 목요일)이며, 만약 3월 9일이 법정공휴일이면 최종거래일은 3월 8일이 되며 거래 개시일은 3월 10일이 된다.

4. 거래단위 및 호가단위

(1) 거래단위 "계약"으로 표시하고, 최소단위는 "1 계약"이다.

(2) 1 계약의 크기는 1 포인트당 25만원이다.

(3) 호가가격단위위는 10P 이상인 경우 0.05P(=5,000원)
10P 미만인 경우 0.01P(=1,000원)

5. 매매거래시간

1) 최종거래 이외의 날

옵션거래 : 09 : 00~15 : 45(15분 연장)

주식거래 : 09 : 00~15 : 30

※ 현물지수의 확정(15:30)에 따른 포지션 조정의 기회부여를 위해 종료시간을 15분 늘린다.

2) 최종거래일(결제월 2번째 목요일)

옵션거래 : 09 : 00~15 : 20(10분 단축)

주식거래 : 09 : 00~15 : 30

※ 최종현물지수(KOSPI 200)가 매매 종료전 10분간의 동시호가에 의한 단일가로 결정되므로 이 시간 중에는 현물시장의 정보가 단절됨에 따라 옵션가격이 급변하고 현물 및 옵션 가격간의 가격차이가 왜곡될 우려가 있으므로 폐장시간을 현물보다 10분 앞당겨 폐장한다.

연 습 문 제

1. 옵션의 의의를 설명하시오.
2. 콜옵션과 풋옵션을 설명하시오.
3. 옵션의 종류를 설명하시오.
4. ATM, ITM, OTM을 설명하시오.
5. 옵션의 권리행사란?
6. 옵션거래의 기능을 설명하시오.
7. 옵션가격의 구성요소를 설명하시오.
8. 옵션가격의 결정요인을 설명하시오.
9. 위험분석지표를 설명하시오.
10. 옵션의 거래단위와 호가단위를 설명하시오.

제6부

금융자산의 세금관리

「Give me neither poverty nor riches, but give me only my daily bread,
Otherwise, I may have too and disown you and say, "Who is the Lord?.
Or I may become poor and steal, and so dishonor the name of may
God.

- Proverbs 30 : 8-9 -

곧 허탄과 거짓말을 내게서 멀리 하옵시며 나로 가난하게도 마옵시고
부하게도 마옵시고 오직 필요한 양식으로 내게 먹이소서,
혹 내가 배불러서 하나님을 모른다 여호와가 누구냐 할까 하오며 혹 내가
가난하여 도적질 하고 내 하나님의 이름을 욕되게 할까 두려워함이니이다.

- 잠 언 30 : 8-9 -」

제15장 금융자산관리와 세금

본장에서는 금융자산관리에 필요한 우리나라 조세의 구조, 소득세법, 증권거래세, 기타금융소득에 필요한 부분만 다루었다.

제1절 우리나라 조세의 구조

1. 조세의 개념

1) 조세의 정의

조세(tax)란 국가 또는 지방자치단체가 특별급부에 대한 반대급부가 아니라 그의 경비를 충당하기 위하여 법률이 정한 과세요건에 해당하는 경우 일반인에게 부과하는 1회 또는 계속적인 금전급부를 말한다. 관세는 이에 해당하나 행정행위의 특별한 청구에 대한 수수료 및 특별부담은 이에 해당하지 않는다.[1)]

2) 우리나라 조세의 분류

(1) 과세주체에 따른 분류

① 국세 : 과세권자가 국가인 경우 국세(national tax)로 분류한다.

② 지방세 : 과세권자가 지방자치단체인 경우 지방세(local tax)라 한다.

(2) 조세의 전가성에 따른 분류

① 직접세 : 조세부담의 납세자에게 직접 귀착되는 것을 직접세(direct tax)라 한다.

② 간접세 : 조세부담의 거래상대방에게 전가(shifting)될 것이 예상되는 조세

1) 김면규, 이기생(2007), 세법총론, 영화조세통람, pp.4~5 참조.

이다.

(3) 지출의 목적성에 따른 분류

① 보통세 : 세수의 용도가 특정되어 있지 않고 일반경비를 조달하는 것을 말한다.

② 목적세 : 세수의 용도가 특정한 경우 징수하는 것을 목적세라 한다.

(4) 과세표준단위에 따른 분류

① 종가세 : 가격을 과세표준으로 하는 조세다 .

② 종량세 : 양을 과세표준으로 하는 조세다.

(5) 세율의 구조에 따른 분류

① 비례세 : 과세표준과 관계없이 일정률의 세율이 적용되는 조세다.

② 누진세 : 과세표준의 크기에 따라 세율의 차이가 있는 조세다.

3) 우리나라의 조세체계

(1) 국세

국세는 중앙정부의 행정관서인 국세청과 관세청에서 부과·징수하며, 국방·치안·교육 등과 같은 국민전체의 이익을 위해 사용된다. 국세는 내국세, 관세 등이 있다.

① 내국세

내국세는 우리나라 영토안에 있는 사람이나 물품에 대하여 부과하는 세금으로 국세청에서 징수한다.

ⓐ 직접세 : 소득세, 법인세, 부당이득세, 상속세 및 증여세

ⓑ 간접세 : 부가가치세, 주세, 인지세, 증권거래세, 특별소비세

ⓒ 목적세 : 교육세, 농어촌특별세, 교통세

② 관세

관세는 외국으로부터 물품을 수입할 때 부과하는 세금으로 관세청에서 징수를 담당하고 있다.

(2) 지방세

지방세는 지방자치단체인 특별시, 광역시, 도, 시, 군, 구의 행정기관에서 부과·징수하며, 상, 하수도 및 소방 등과 같은 지역주민의 이익과 지역발전을 위해 사용된다. 지방세는 도세, 시·군세 등이 있다.

① 도세

ⓐ 보통세 : 취득세, 등록세, 레저세, 면허세

ⓑ 목적세 : 공동시설세, 지방교육세, 지역개발세

② 시 · 군세

ⓐ 보통세 : 주민세, 재산세, 자동차세, 농업소득세, 도축세, 담배소비세, 종합토지세, 주행세

ⓑ 목적세 : 도시계획세, 사업소세

2. 국세부과와 세법적용의 원칙

1) 국세부과의 원칙

국세부과란 이미 성립한 납세의무의 확정절차를 말함으로 이러한 납세의무 확정과정에서 지켜야 할 원칙이 국세부과의 원칙이다.

① 실질과세의 원칙

과세요건사실에 대한 세법적용에 있어서 경제적 실질과 법적 형식이 일치하지 않을 경우 경제적 실질에 따라 과세해야 한다는 원칙으로 공평부담의 원칙을 실행하기 위한 세법고유의 법원리이다.

② 신의성실의 원칙

납세의무자가 그 의무를 이행함에 있어서 또는 세무공무원이 그 직무를 수행시 신의성실에 따라야 한다는 원칙이다.

③ 근거과세의 원칙

국세의 조사와 결정은 장부 등 직접적인 자료에 의하여야 한다는 원칙으로 납세의무자가 세법에 의하여 장부를 비치·기장하고 있는 때에는 당해 국세의 과세표준의 조사와 결정은 그 비치·기장한 장부와 이에 관계되는 증빙자료에 의하여야 한다.

④ 조세감면의 사후관리

세액감면 후 운용범위를 벗어나면 당해 감면세액은 취소하고 추정할 수 있다.

2) 세법적용의 원칙

① 재산권 부당침해 금지의 원칙

세법을 해석하고 적용함에 있어서 과세의 형평과 당해 조항의 합목적성에 비추어 납세자의 재산권이 부당히 침해되지 않도록 해야 한다는 원칙이다.

② 소급과세 금지의 원칙

법률에 의하지 아니하고는 납세의무가 성립하지 아니하므로 새로운 법령 등으로 과거에 소급하여 과세하는 것은 조세법률주의에 반하는 것으로 국세를 납부할 의무는 그 성립 후의 새로운 세법에 의하여 소급하여 과세하지 아니하며, 세법의 해석 또는 국세행정의 관행에 의한 행위 또는 계산은 정당한 것으로 보며, 새로운 해석 또는 관행에 의하여 소급하여 과세하지 아니한다.

③ 세법공무원 재량의 한계

직무수행시 과세의 형편과 당해 세법의 합목적성에 비추어 일반적으로 적당하다고 인정하는 한계를 엄수해야 한다는 원칙이다.

④ 기업회계의 존중

세법에 특별한 규정이 있는 경우를 제외하고는 과세표준을 조사·결정함에 있어 기업회계기준 또는 관행으로 인정되는 것을 존중해야 한다는 원칙이다.

3. 납세의무

1) 납세의무의 성립

(1) 과세의 요건

과세의 요건은 조세채권의 성립에 필요한 법률상의 요건으로, 각 세법마다 그 내용을 달리하며, 그 구성요소는 납세의무자, 과세물건, 과세표준, 세율의 네 가지를 든다.

① 납세의무자

세법의 규정에 의하여 세금을 납부할 의무가 있는 자

② 과세물건

성립요건의 물적 요소로 과세의 목적물로 정하는 물건·행위·사실 등의 과세 객체

③ 과세표준

세액산출의 기초가 되는 과세물건의 수량 또는 가액

④ 세율

과세표준에 대한 세액의 비율

(2) 납세의무의 성립시기

① 소득세, 법인세, 부가가치세

과세기간이 종료되는 때

② 상속세

상속을 개시하는 때

③ 증여세

증여에 의하여 재산을 취득하는 때

④ 인지세

과세문서를 작성하는 때

⑤ 증권거래세

매매거래가 확정되는 때

⑥ 가산세

가산할 국세의 납세의무가 성립되는 때

⑦ 원천징수하는 소득세, 법인세

소득금액, 수입금액을 지급하는 때

2) 납세의무의 확정

과세요건의 충족으로 발생한 추상적 납세의무를 구체적 납세의무로 결정하는 절차로 신고확정, 부과확정, 자동확정이 있다.

① 신고확정

납세의무자가 과세표준과 세액을 정부에 신고하므로 확정되는 조세(소득세,

법인세, 부가가치세, 증권거래세 등)

② 부과확정

정부가 과세표준과 세액을 결정하므로 확정되는 조세(상속세, 증여세, 자산재평가세 등)

③ 자동확정

납세의무의 성립과 동시에 특별한 절차 없이 확정되는 조세(인지세, 원천징수하는 소득세, 법인세, 중간예납법인세 등)

제2절 소득세법

1. 소득세

소득세(income tax)는 개인이 획득한 소득에 대하여 부과되는 세금으로 소득 귀속자가 누구냐에 따라 법인소득세(corporate income tax)와 개인소득세(individual income tax)로 구분한다. 여기에서 소득이란 일정기간의 총수입금액에서 이에 대응되는 필요경비를 공제한 금액이다. 소득세는 각 개인의 부담능력을 가장 직접적으로 나타내는 소득을 과세물건으로 할뿐만 아니라 개인의 사정을 고려하여 누진 세율을 적용함으로써 세금부담능력을 고려한 세금부과원칙을 실현하는데 가장 적합한 세금이다. 우리나라 소득세법은 다음과 같은 특징을 가지고 있다.

1) 소득원천설을 근간으로 순자산증가설

소득원천설은 소득의 원천을 근거로 하여 소득의 개념을 규정하는 이론으로 소득은 일정한 원천으로부터 규칙적, 반복적 수입만을 소득으로 인정하고 일시적, 비반복적 수입은 소득을 구성하는 것으로 볼 수 없다는 학설이다. 순자산증가설은 소득의 원천을 가리지 않고 일정기간 부의 순증가를 소득의 개념으로 규정하고 있으며 기존의 순자산을 잠식하지 않고 자유로이 처분할 수 있는 순자산의 증가분을 소득이라 주장하는 학설이다.

현행 소득세법은 소득을 발생원천에 따라 종합소득, 퇴직소득, 양도소득 및 산림소득으로 분류하여 법에서 열거한 소득만 과세하므로 기본적으로 소득원천설의 입장에 있으나 불규칙적이고 일시적인 소득인 양도소득, 일시재산소득과 기타소득을 과세대상으로 하는 순자산증가설의 입장이 가미되었다.[2)]

2) 종합과세

소득세법은 원칙적으로 종합과세를 택하고 있다. 즉 종합소득의 이자인 이자소득, 배당소득, 부동산임대소득, 사업소득, 근로소득, 일시재산·연금소득 및 기타소득을 인별로 종합하여 소득공제를 한 후 소득금액의 크기에 따라 초과누진율을 적용하고 있다. 분류과세와 분리과세로 현재 우리나라의 소득세제는 개인별로 소득을 종합하여 개인의 인적사정, 즉 배우자, 부양가족 또는 장애자의 유무에 따라 동일한 소득자라도 세금부담을 달리하는 인적공제제도를 적용하는 종합과세제도를 채택하고 있다. 다만 그 소득의 특수한 성격상 퇴직소득, 양도소득, 산림소득을 종합과세하지 않고 소득별로 세금을 부과하는 분류과세제도를 채택하고 있으며, 또한 조세정책인 측면에서 종합소득 중 이자소득, 배당소득, 기타소득의 경우에 일정한 소득금액을 한도로 분리과세제도를 채택하고 있다.

3) 소득공제제도

소득세법은 납세자의 가족부양, 최저생활보장 및 사회보장적 차원에서 기본공제, 추가공제, 특별공제 등 소득공제제도를 채택하고 있다.

4) 신고납세제도

납세자가 과세표준과 세액을 스스로 신고함으로써 구체적인 납세의무가 확정되는 신고납세제도와 과세관청이 부과처분에 의하여 납세의무가 확정되는 부과과세제도가 있다.

5) 개인별과세

현행 소득세법에서는 개인별과세를 원칙으로 하고 이자소득, 배당소득 및 부동산임대소득의 자산소득에 대하여는 거주자 및 배우자 즉 부부합산 과세제도

---

2) 황인태(2007) 금융자산관리, 청목출판사, p.447 참조.

를 채택하고 있다.

6) 자산소득의 합산과세

개인별로 과세함을 원칙으로 하고 이자소득, 배당소득, 부동산임대소득 등 자산소득에 대하여는 거주자 및 배우자 중 주된 소득자의 종합소득과 합산하여 과세하도록 규정하고 있다.

7) 주소지 과세제도

주소지를 납세지로 하여 과세함을 원칙으로 하고, 소득발생지를 납세자로 할 수 있도록 하고 있다.

2. 소득세의 납세의무

1) 소득세의 납세의무자

납세의무란 소득세법에 의하여 조세를 납부할 의무가 있는 자를 말하며 소득세의 납세의무자는 다음과 같다.

① 거주자 : 국내에 주소를 두거나 1년 이상 거소를 둔 개인을 말하며 이러한 거주자는 국내외에서 얻은 모든 소득에 대하여 납세의무가 있다.[3)]

② 비거주자로서 국내원천소득이 있는 개인 : 국내에 주소를 두지 아니하고 거주기간이 1년 미만인 자를 말한다.

③ 법인격 없는 사단, 재단, 기타단체로서 법인으로 보는 단체이외의 사단, 재단, 기타단체 : 대표자 또는 관리인이 선임되어 있으나 이익의 분배방법이나 비율이 정하여져 있지 아니한 때에는 그 단체를 1거주자로 보며 그렇지 않을 경우에는 공동사업을 영위하는 것으로 본다(예 : 종중의 재단, 학교동창회, 직장공제조합 등).

---

3) ① 주소 : 생활의 근거가 되는 곳, 국내에서 생계를 같이하는 가족 및 국내에 소재하는 자산의 유무 등 생활관계의 객관적 사실에 따라 판정한다.
② 거소 : 주소지 이외의 장소 중 상당기간에 걸쳐 거주하는 장소로서 주소와 같이 밀접한 일반적 생활관계가 형성되지 아니하는 장소를 말한다.

2) 소득세 원천징수 의무자

소득세에 있어서 징세의 편의상 원천징수의 대상이 되는 이자소득·배당소득·근로소득·기타소득·세법이 정하는 사업소득 및 퇴직소득 등을 개인에게 지급하는 다음에 해당하는 자는 그 지급금액에 대하여 세법에서 규정한 내용대로 원천징수를 하여 납부할 의무가 있다.

① 거주자
② 비거주자
③ 국내에 본점 또는 주사무소를 둔 법인(내국법인)
④ 외국에 본점 또는 주사무소를 둔 법인(외국법인)의 국내지점 또는 국내영업소, 출장소
⑤ 기타소득세법에서 정하는 원천징수 의무자

3) 과세소득의 범위

① 거주자 : 국내외의 모든 소득을 과세한다.
② 비거주지 : 국내 원천소득에 대하여만 과세한다.

4) 소득별 과세방법

소득세는 납세의무자의 모든 소득을 종합하여 과세하는 것을 원칙으로 하나 일부 소득은 조세정책 등의 이유로 분류과세 하고 있다.

① 종합과세 : 개인의 소득 중 해마다 발생하는 정상소득을 종합하여 과세하는 것으로 현행 소득세법은 이자소득, 배당소득, 부동산임대소득, 일시재산소득, 연금소득, 사업소득, 근로소득 그리고 기타소득 등 8가지 소득을 종합과세대상 소득으로 한다.
② 분류과세 : 종합과세소득에 포함되지 아니하는 퇴직소득, 양도소득, 산림소득은 그 소득이 장기간에 걸쳐 발생된 것으로 종합소득과 구분하여 각 소득별로 소득세를 과세하는 제도를 분류과세라 한다.
③ 비과세소득 : 과세소득에 속하는 소득 중 그 소득의 성질이나 국가정책에 따라 과세에서 제외되는 소득을 비과세소득이라 한다.
④ 분리과세 : 종합과세소득에 속하는 소득으로 법정률(원천징수세율)만을 원천징수함으로 인해 종합소득세의 납세의무가 종료하므로 종합과세표준에

합산하지 아니하는 제도를 분리과세라 한다.

⑤ 자산소득종합과세 : 소득세는 각 개인을 별개의 독립된 과세단위로 하는 개인과세 제도를 원칙으로 하나, 특정소득에 대하여는 부부를 단위로 하는 부부합산 과세제도를 두고 있어 이자소득, 배당소득, 부동산 임대소득은 주된 소득자의 소득에 합산하여 과세한다.

⑥ 비거주자의 과세방법 : 종합과세로 국내사업장이나 부동산이 있는 비거주자는 국내 원천소득을 종합과세 한다. 분리과세로 국내사업장이나 부동산이 없는 비거주자는 국내원천소득을 분리과세 한다.

3. 과세기간

(1) 일반적인 경우 : 1/1~12/31

(2) 거주자가 사망한 경우 : 1/1~사망한 날

(3) 거주자가 출국하는 경우 : 1/1~출국한 날

4. 납세지

(1) 거주자 : 주소지 ※ 주소지가 없는 경우 그 거소지

(2) 비거주자 : 국내사업장(국내사업장이 2 이상 있는 경우에는 주된 국내사업장)의 소재지 ※ 국내사업이 없는 경우에는 국내원천소득이 발생하는 장소

(3) 비거주자가 납세관리인을 둔 경우 : 그 국내사업장의 소재지 또는 납세관리인의 주소지나 거소지 중 신고하는 장소

(4) 국내주소지가 없는 공무원 또는 거주자로 보는 자 : 그의 가족의 생활근거지 또는 소속기관의 소재지

5. 이자소득

1) 이자소득의 범위

이자란 자금을 대여하고 그 대가로 차입자로부터 지급 받는 금액을 말한며, 이자소득을 아래와 같이 한정적으로 열거하고 있다. 따라서 법령상 또는 경제적 이자 중 아래에 열거된 소득만이 소득세의 과세대상이 된다.

① 국가 또는 지방자치단체가 발행한 채권 또는 증권의 이자와 할인액

② 내국법인이 발행한 채권 또는 증권의 이자와 할인액
③ 국내에서 지급 받는 예금(적금, 부금, 예탁금과 우편대체 포함)의 이자와 할인액
④ 상호신용금고법에 의한 상호신용계 또는 신용부금으로 인한 이익
⑤ 내국법인으로부터 받는 신탁(공채 및 사채 외의 증권투자신탁 제외)의 이익
⑥ 외국법인의 국내지점 또는 국내영업소에서발행한 채권이나 증권의 이자와 할인액
⑦ 외국법인이 발행한 채권 또는 증권의 이자와 할인액
⑧ 국외에서 지급 받는 예금의 이자와 신탁의 이익
⑨ 채권 또는 증권의 환매조건부매매차익
⑩ 저축성보험의 보험차익
⑪ 직장공제회 초과반환금
⑫ 비영업대금의 이익

㉠ 신탁이익에 대한 소득구분

신탁이익은 신탁재산의 투자대상을 기준으로 구분된다.

i. 증권투자신탁 중 공·사채투자신탁은 이자소득이며, 공·사채외의 투자신탁은 배당소득이다.

ii. 증권투자신탁 외의 신탁은 이자소득이다.

공사채투자신탁은 매결산일 또는 신탁해지일 현재 신탁재산의 50% 이상을 공채 및 사채에 투자하여 운영하는 것을 말한다. 신탁의 이익에는 상장·장외등록된 유가증권 및 벤처기업의 주식과 국외에서 발행되어 국외에서 거래되는 외화표시 유가증권의 매매 및 평가이익은 포함하지 아니한다.

㉡ 환매조건부매매차익

환매조건부매매차익은 금융기관이 환매기관에 따른 사전약정 이율을 적용하여 환매수 또는 환매도하는 것을 조건으로 채권 또는 증권의 매매차익을 말한다.

㉢ 비영업대금의 이익

비영업대금의 이익은 금전의 대여를 영업으로 하지 않는 자가 일시적, 우발적으로 금전을 대여함에 따라 지급받는 이자 또는 수수료를 말하며 대외에 표명하지 아니한 자가 금전을 대여하고 받는 이자는 비영업대금의 이익이 된다.

㉣ 저축성보험의 보험차익

저축성보험의 보험차익은 보험계약에 의하여 만기에 지급받는 보험금, 공제금이나 계약기간 중도에 당해보험계약이 해지됨에 따라 지급받는 환급금에서 납입보험료 또는 납입공제료를 차감한 금액을 말한다.

2) 비과세 또는 면제되는 이자소득

소득세법상 비과세이자소득으로는 공익신탁의 이익, 조세특례제한법상 비과세이자소득으로는 개인연금저축이자, 장기주택이자, 근로자우대저축이자 등이 있으며, 근로자목돈마련저축이자와 농·어가목돈마련저축이자 등이 있다.

국제금융이자는 면제이자소득으로 국가, 지방자치단체 또는 내국법인이 발행한 외화표시채권, 외화채무, 외환표시어음·예금증서 등의 이자소득 및 수수료 등을 말한다.

6. 배당소득

1) 배당소득의 범위

배당소득은 법인 또는 단체의 잉여금을 주주나 출자자에게 그 출자비율에 따라 배분하는 것으로 그 배당에 의하여 주주 등이 분배받는 배당금 중 소득세 과세대상이 되는 배당금을 배당소득이라 하며 다음과 같다.

① 내국법인으로부터 받는 이익이나 잉여금의 배당 또는 분배금과 건설이자 배당
② 법인으로 보는 단체로부터 받는 배당 또는 분배금
③ 의제배당
④ 법인세법에 의하여 배당으로 처분된 금액(인정배당)
⑤ 국내에서 받은 배당부 투자신탁수익의 분배금
⑥ 외국법인으로부터 받는 이익이나 잉여금의 배당 또는 분배금과 당해 외국의 법률에 의한 건설이자 배당 및 이와 유사한 성질의 배당
⑦ 위의 소득과 유사한 소득으로써 수익 분배의 성격이 있는 것

2) 의제배당소득

의제배당소득이란 형식이나 절차상 본래 의미의 배당은 아니나 법인의 잉여금이 배당 이외의 형태로 출자자에게 이전되는 경우 소득세법상 이를 배당으로

의제한 것이다. 즉 법인이 이익처분에 의하여 배당금을 지급하는 것이 아니고 주주 또는 사원이 법인의 주식을 소유하였거나 출자로 인하여 경제적 이익을 받게 될 때, 그 경제적 이익을 배당으로 간주한다.

① 투자의 회수(자본 또는 출자의 감소와 퇴사 또는 탈퇴의 경우)

주식의 소각이나 자본의 감소(주식소각 등)로 인하여 주주가 취득하는 금전 기타재산의 가액이 주주, 사원이나 출자자가 당해 주식 또는 출자를 취득하기 위하여 소요된 금액을 초과하는 경우 그 초과금액을 의제배당으로 한다.

② 잉여금의 자본전입

법인이 잉여금의 전부 또는 일부를 자본 또는 출자의 금액에 전입함으로써 취득하는 주식 또는 출자의 가액을 의제배당으로 한다.

합병차익, 감자차익, 분할차익, 주식발행차금, 재평가적립금(84. 1. 1－97. 12. 31, 사이에 취득한 토지의 재평가차액은 제외)의 자본전입은 제외한다. 이 경우 자기주식소각익의 경우는 소각일로부터 2년이 경과한 후 자본전입한 경우에 한한다. 따라서 자기주식의 소각익을 소각일부터 2년내에 자본전입하는 경우는 의제배당에 해당한다.

③ 법인이 해산하는 경우

해산한 법인의 주주, 사원, 출자자 또는 구성원이 그 법인의 해산으로 인한 잔여재산의 분배로서 취득하는 금전 기타 재산의 가액이 당해 주식 및 출자 또는 자본을 취득하기 위하여 소요된 금액을 초과하는 경우 동 초과금액을 의제배당으로 한다.

④ 법인의 합병 경우

합병으로 인해 소멸한 피합병법인의 주주, 사원 또는 출자자가 합병법인으로부터 그 합병으로 인하여 취득하는 주식 또는 출자의 가액과 금전의 합계액이 당해 피합병법인의 주식 또는 출자를 취득하기 위하여 소요된 금액을 초과하는 경우 그 초과금액을 의제배당으로 한다.

⑤ 법인이 분할하는 경우

법인이 분할하는 경우 분할법인의 주주가 받는 분할대가가 그 분할법인의 주식을 취득하기 위하여 소요된 금액을 초과하는 금액을 의제배당으로 한다.

3) 인정배당

법인이 법인세를 불성실하게 신고하여 과세관청이 법인세 과세표준과 세액을 경정결정하는 경우 익금산입 또는 손금불산입된 금액 중 출자자에게 귀속되었다고 인정하는 금액은 이를 출자자에 대한 배당으로 처리하는 법인세법의 규정에 의하여 개인출자자의 배당소득으로 과세하는 금액을 인정배당이라 한다.

4) 간주배당(gross-up)과 배당세액공제

소득이 개인에게 귀속되는 경우에는 소득세가 법인에게 귀속될 때에는 법인세가 과세된다. 그런데 기업을 법인형태로 영위하는 경우 법인세가 부과된 법인의 소득이 출자자에게 분배되는 단계에서 다시 소득세가 과세되므로 배당소득은 법인세와 소득세의 이중과세를 초래하게 된다. 이를 조정하기 위해 배당소득금액이 포함된 법인세 상당액을 소득세액에서 공제하는 제도가 배당세액공제제도인 것이다. 이는 배당소득이 종합소득금액으로 하고 동 가산액을 소득세에서 배당세액공제액으로 공제한다.

① 간주배당(gross-up)을 하는 배당소득

배당소득 중 아래의 배당소득이 종합소득과세표준에 포함되는 경우 그 배당소득이 내포하고 있는 법인세 상당액인 배당금의 19%를 종합소득세 과세표준에 가산하는 바 그 가산하는 배당소득의 19% 상당액을 간주배당이라 한다.

ⓐ 내국법인으로부터 받은 이익이나 잉여금의 배당 또는 분배금과 건설이자의 배당

ⓑ 법인으로 보는 단체로부터 받은 배당 또는 분배금

ⓒ 의제배당

ⓓ 법인세법에 의해 배당으로 처분된 금액

② 간주배당을 하지 않는 배당소득

ⓐ 배당부투자신탁수익의 분배금

ⓑ 외국법인으로부터 받는 배당소득

ⓒ 주식소각일로부터 2년 이내에 자본에 전입하는 자기주식소각익

ⓓ 1984. 1. 1부터 1997. 12. 31사이에 취득한 토지의 재평가이익

ⓔ ⓓ의 의제배당 중 자기주식배당, 무상주의 타주주배정에 따른 의제배당

ⓕ 최저한세가 적용되지 아니하는 법인세의 비과세·면제·감면 또는 소득

공제를 받는 법인으로부터 받은 배당

③ 배당세액공제

배당세액공제액은 종합과세표준 계산시 배당소득에 가산한 gross－up 금액으로 하되 다음 산식에 의하여 산출된 금액을 한도로 한다.

$$공제한도액 = 종합소득\ 산출액 \times \frac{배당소득금액}{종합소득금액}$$

④ 비과세 되는 이자소득과 배당소득

ⓐ 공익신탁의 이익
ⓑ 장기주식형저축이자
ⓒ 장기주택마련저축이자와 배당
ⓓ 근로자우대저축의 이자와 배당
ⓔ 생계저축이자와 배당
ⓕ 증권투자신탁저축이자와 배당
ⓖ 장기보유우리사주주식의 배당
ⓗ 조합출자금의 배당
ⓘ 근로자주식저축이자와 배당
ⓙ 고수익 고위험 신탁저축의 이자·배당

7. 원천징수

소득을 지급하는 자의 세금을 징수하여 납부하는 제도이다. 채권 등에 대한 소득금액계산 및 원천징수 특례는 다음과 같다.

1) 원칙

매매가 가능한 채권 등에서 발생하는 이자와 할인액은 당해 채권 등의 보유기간별로 이자 상당액이 각각 귀속되는 것으로 보아 소득금액을 계산하여 원천징수하는 것이 원칙이다.

2) 소득금액의 계산

보유기간 이자상당액＝액면가액×보유기간×약정이자율

① 보유기간

매수일로부터 매도일까지의 일수이다.

② 약정이자율

ⓐ 공개시장에서 발행하는 국채 : 표면이자율

ⓑ 전환·교환사채 중 상환할증률의 지급이 약정된 것 : 표면이자율＋상환할증률

ⓒ 기타 채권 및 증권＝표면이자율＋할인율－할증률

③ 원천징수세율

채권 구분에 따른 원천징수 세율은 <표 15－1>과 같다.

〈표 15-1〉 원천징수 세율

구 분	이자를 지급하는 때 원천징수세율	채권을 중도에 매입하는 때
일반채권 등	14%	세액징수 없이 원천징수영수증만 발급
저율채권 등	저율세율	세액징수 없이 14% 적용 원천징수영수증만 발급
고율채권 등	고율세율	14%까지는 원천징수 없이 영수증만 발급하고 14% 초과분은 실지 원천징수

3) 매입하는 법인이 소득세 원천징수하는 특례규정

거주자나 비거주자가 법인으로부터 채권이나 증권의 이자를 지급받거나 이자를 지급받기 전에 법인에게 매도하는 경우에는 매입하는 법인이 소득세 원천징수하는 특례규정이 있다.

(1) 원천징수 의무자

거주자 등에게 채권 등의 이자를 지급하거나, 거주자로부터 채권 등을 매입하는 법인이다.

(2) 원천징수의 시기

채권의 매도일 또는 이자지급일이다.

(3) 특례가 적용되는 채권의 범위(보유기간별 과세)

① 국가·지방자치단체·내국법인이 발행한 채권 또는 증권
② 외국법인·외국법인의 구내지점이 발행한 채권 또는 증권
③ 타인에게 양도가 가능한 이자 또는 할인액이 발생하는 아래의 유가증권
- 금융기관이 발행한 예금증서 및 이와 유사한 증서
- 신탁회사가 발행한 수익증권으로 통장에 의하여 거래되지 아니한 것
- 간접투자자산운용업법에 의하여 자산운용회사가 발행한 이자부투자신탁 수익증권으로써 통장에 의하여 거래되지 아니하는 것
- 어음(금융기관이 발행 매출 중개한 어음은 포함하며, 상업어음은 제외)

8. 이자소득과 배당소득의 과세방법

1) 소득금액의 계산

이자소득과 배당소득은 총수입금액 자체가 소득금액(필요경비 공제 안함)이다.

2) 과세방법

이자소득 및 배당소득의 발생원천에 따라 종합과세방법과 분리과세방법이 있다.

(1) 당연종합과세소득

① 비영업대금의 이익
② 상장법인, 협회등록법인의 대주주(증권투자회사의 대주주 제외)가 받는 배당 소득
③ 비상장법인, 비협회등록법인의 주주(우리사주조합원·농협우선출자자·증권투자신탁회사의 주주 제외)가 받는 배당소득
④ 국외에서 받은 배당소득으로 원천징수되지 않는 소득

(2) 당연분리과세

① 분리과세신청한 장기채권, 장기저축의 이자소득(5년 이상의 채권 및 저축)
② 비실명 이자배당소득
③ 경매보증금, 경락대금의 이자
④ 직장공제회초과반환금
⑤ 장기보유주식의 배당소득
⑥ 세금우대종합저축이자
⑦ 사회간접자본채권의 이자소득

(3) 한도분리과세(한도초과종합과세)소득

소득자의 당연종합과세되는 소득과 당연분리과세되는 소득을 제외한 소득 중 2,000만원까지는 분리과세하고 2,000만원을 초과하는 금액은 종합과세표준에 포함한다.

(4) 이자소득과 배당소득의 수입계산특례

2001년 종합과세 시행에 따라 일정금액 미만은 분리과세하고 소득을 합산하여 2,000만원 초과시 종합과세 한다.

(5) 보유기간의 이자상당액

보유기간 이자상당액＝액면가액 등×보유기간×약정이자율

① 보유기간

그 채권 등의 매수일(발행일 또는 직전 원천징수일)부터 매도일(매도일 또는 이지 등의 지급일)까지의 일수

② 약정이자율

채권 등의 표면이자율에 발행시의 할인율을 가산하고 할증률을 차감한 율을 말한다. 다만, 전환사채(또는 교환사채)의 경우에는 만기상환일에 표면이자율을 추가하여 상환 할증률을 지급하는 약정이 있는 때에는 그 할증률을 포함하되, 주식으로 전환청구(또는 교환청구)를 한 후에도 이자를 지급하는 약정이 있는 경우에는 전환청구일(또는 교환청구일)부터는 당해 약정이자율을 적용한다.

(6) 원천징수의 특례

특례가 적용되는 채권으로부터 발생한 이자소득에 대하여는 아래의 방법으로 소득세를 원천징수 하여야 한다.

① 이자 등을 지급하는 경우

채권의 발행법인이 채권의 이자를 지급하는 경우에는 그 이자 등을 지급받는 자의 보유기간 이자상당액에 대하여 소득세를 원천징수 한다.

② 개인이 법인에 매도하는 경우

거주자 등이 채권 등의 이자를 받기 전에 법인에 매도하는 경우에는 채권 등을 매수하는 법인이 거주자의 보유기간의 이자상당액에 대하여 소득세를 원천징수 한다.

③ 법인이 개인 또는 법인에게 매도하는 경우

법인이 채권의 이자와 할인액을 지급받기 전에 당해 채권을 매도하는 경우의 보유기간 이자상당액에 대하여 소득세를 원천징수 하여야 한다.

9. 종합과세표준과 세액의 계산

1) 종합소득과세표준계산 흐름도

종합소득금액－소득금액＝종합소득과세표준

종합소득금액＝이자소득금액＋배당소득금액＋부동산소득금액＋사업소득금액
＋근로소득금액＋일시재산소득＋기타소득금액

이자소득금액＝이자수입금액－분리과세소득

배당소득금액＝배당수입금액＋간주배당－분리과세소득

부동산소득금액＝부동산임대수입금액－필요경비

사업소득금액＝사업수입금액－필요경비

근로소득금액＝근로수입금액－근로소득공제

일시재산소득금액＝일시재산수입금액－필요경비

기타소득금액＝기타수입금액－필요경비

2) 세액계산흐름도

과세표준금액×세율=산출세액
산출세액-공제감면세액=결정세액
결정세액+가산세=총결정세액
총결정세액-기납부세액=납부 또는 환급세액

3) 종합과세표준

종합소득세의 과세표준은 개인의 1년간 이자·배당·부동산임대·사업·근로·일시재산·기타소득금액의 합계금액(종합소득금액)에서 종합소득공제를 하여 계산한다.

종합소득과세표준=종합소득금액-종합소득공제

4) 종합소득공제

소득세법상의 소득공제는 인적공제, 특별공제, 기타의 소득공제가 있다. 종합소득공제란 납세의무자의 인적사항을 고려하여 일정한 금액을 과세소득금액에서 공제함으로써 납세의무자의 최저생계를 보장하고 부양가족의 상환에 따라 차별을 둠으로써 부담능력에 따른 과세를 실현하기 위한 제도이다.

(1) 인적공제

① 기본공제

종합소득이 있는 사람에게는 다음에 해당하는 가족수 1인당 연 150만원을 곱하여 계산한 금액을 종합소득금액에서 공제해주는 것이다. 예를 들면 본인을 포함하여 소득금액에서 기본공제를 받게 된다.

ⓐ 소득자 본인
ⓑ 소득자의 배우자
ⓒ 부양가족인 직계존속으로서 60세(여자 55세)이상인 자, 직계비속과 동거입양자로서 20세 이하인 자, 형제자매로서 20세 이하 또는 60세 이상인 자

(다만, 장애자는 연령의 제한이 없음).

ⓓ 생활보호법에 의한 생활보호대상자 중 거택보호 대상자.

ⓔ 아동복지법에 따라서 가정위탁을 받아 양육하는 아동으로서 과세기간에 6개월 이상 위탁하여 직접 양육한 18세 미만의 위탁아동.

단, ⓑ, ⓒ, ⓓ, ⓔ의 경우에는 이자소득, 배당소득, 부동산임대소득 이외의 소득이 100만원 이하인자에 한하여 공제한다.

② 추가공제

기본공제 대상자(근로자 본인, 배우자, 부양가족)가 다음의 사유에 해당하는 경우 인원수에 1인당 다음의 내용에 따라 계산한 금액을 추가로 공제한다.

ⓐ 경로우대공제 : 70세 이상인 경우(100만원)

ⓑ 장애자공제 : 장애자인 경우(200만원)

ⓒ 부녀자공제 : 배우자가 없는 여성으로서 부양가족이 있는 세대주이거나 배우자가 있는 여성의 경우(50만원)

ⓓ 한 부모공제 : 배우자가 없는 사람으로서 기본공제 대상자인 직계비속 또는 입양자가 있는 경우(100만원)

단, ⓒ와 ⓓ에 모두 해당하는 경우 ⓓ만 적용한다.

(2) 특별소득공제

근로소득이 있는 종합소득자의 경우 보험료, 주택자금으로 실제로 지출한 금액을 기준으로 공제금액을 결정할 수 있다.

① 보험료공제

국민건강보험·고용보험·노인장기요양보험 납입액은 전액 공제한다.

② 주택자금공제

무주택자나 국민주택규모 이하 1주택소유자의 ⓐ 주택마련저축 불입금액 또는 무주택자의 주택임차차입금 원리금 상환액의 100분의 40에 상당하는 금액, ⓑ 월세액의 100분의 60에 상당하는 금액(ⓐ+ⓑ: 연 300만원 한도)을 소득공제한다. 또한 ⓒ 부양가족이 있는 세대주가 국민주택규모 이하의 주택을 취득하기 위해 차입한 장기주택저당차입금의 이자전액(ⓐ+ⓑ+ⓒ: 연 500만원 한도)을 소득공제한다.

(3) 연금보험료공제

근로자가 본인명의로 연금보험으로 다음과 같이 연금보험을 납부한 경우 소득금액에서 납부금액 전액을 공제한다.

ⓐ 국민연금법에 의하여 근로자 본인이 부담하는 연금보험료

ⓑ 공무원연금법·군인연금법·사립학교교직원연금법·별정우체국법에 의하여 근로자 본인이 부담하는 기여금 또는 부담금 등이다

(4) 주택담보노후연금 이자비용공제

연금소득이 있는 종합소득자가 주택담보노후연금(역모기지)을 받는 경우 연 200만원을 한도로 연금에 대하여 해당 과세기간에 발생한 이자비용을 연금소득금액에서 공제한다.

제3절 증권거래세

1. 과세대상

주권(株券)이나 지분(持分)의 양도를 과세대상으로 한다. 단, 외국의 증권거래소에 상장된 주권이나 지분을 양도하거나 국내사업장이 없는 비거주자가 양도하는 경우에는 제외한다.

2. 납세의무자

증권거래세의 납세의무자는 주권, 지분, 주권으로 보는 것의 거래 유형에 따라 아래와 같이 구분한다.

① 증권거래소 또는 장외 중개회사에서 양도되는 주권을 대체 결제하는 경우에는 당해 대체결제를 하는 회사(증권예탁원)

② 증권회사를 통하여 주권 등을 양도하는 경우에는 당해 증권회사

③ 그 이외에 주권 등을 양도하는 경우에는 당해 양도자(단, 국내사업장을 가지고 있지 아니한 비거주자(외국법인 포함)가 주권 등을 증권회사를 통하지 아니하고 양도하는 경우에는 당해주권의 양수인)

3. 비과세양도

① 국가 또는 지방자치단체가 주권 등을 양도하는 경우
② 증권거래법 제8조의 규정에 의하여 주권을 매출하는 경우
③ 증권거래법 제8조의 모집매출시 미청약주권을 주식인수기구가 인수한 후 6월 내에 양도하는 경우
④ 다음의 주권을 양도하는 경우
ⓐ 주권을 목적물로 하는 소비대체의 경우
ⓑ 증권회사가 증권저축가입자에게 주권을 양도하는 경우
ⓒ 산업합리화대상 기업의 주권을 그 산업합리화 기준에 따라 양도하는 경우
ⓓ 창업투자회사 또는 창업투자조합이 창업자에게 출자한 주권의 양도
ⓔ 신기술사업 금융자 또는 신기술 사업투자조합이 신기술 사업자에게 직접 출자한 주권의 양도

4. 과세표준

증권거래세의 과세표준은 주권의 양도가액을 과세표준으로 한다. 그러나 양도가액이 불분명한 경우에는 아래의 보충적 방법으로 평가한 가액을 과세표준으로 한다.

① 증권거래소에서 양도되는 주권의 양도가액의 합계액이다.
② 다음의 주권은 그 양도가액의 합계액을 과세표준으로 한다.
ⓐ 증권거래소의 매매수량단위 미만 주권
ⓑ 상장사와의 합병을 위하여 금감위에 신고한 비상장법인의 주권
ⓒ 증권거래법 194조의 규정에 의한 장외거래되는 주권
③ 위 외는 양도가액 단, 양도가액을 알 수 없거나 그 가액이 다음의 가액보다 낮은 경우에는 아래와 같다.
ⓐ 상장법인의 주식을 증권거래소 또는 증권회사를 통하지 않고 양도한 경우 : 양도일의 직전거래일에 증권거래소가 공표한 최종시세가액에서 증권거래소가 정한 가격제한폭의 금액을 차감한 가액이다.
ⓑ 장외등록법인의 주식을 장외거래방식에 의하지 않고 양도한 경우 : 증권업협회가 공표한 양도일의 매매거래기준가격에서 증권업협회가 정한 가격제한폭의 금액을 차감한 가액이다.

ⓒ ⓐ, ⓑ항 이외의 방식으로 주식 등을 양도한 경우 : 상속세법 시행령 제5조의 규정에 의해 계산한 가액이다.

5. 세율

기본세율은 1,000분의 5이다. 다만, 자본시장의 육성을 위하여 증권거래소 또는 장외 중개회사에서 거래되는 주권에 한하여 그 세율을 조정할 수 있으며 현재의 적용세율은 다음과 같다.

① 증권거래소에서 양도되는 주권 : 0.15%
② 협회중개회사에서 양도되는 주권 : 0.3%
③ 상기 이외의 주권 : 0.5%

6. 신고납부일

증권거래세의 납세의무자는 매월분의 증권거래세 과세표준액과 세금을 거래징수의무자는 거래 징수한 금액을 익월 10일까지 납부하여야 한다.

7. 가산세

납부하여야 할 세금을 납부하지 아니하거나 납부할 금액보다 미달하게 납부한 경우 그 납부하지 아니하거나 납부할 금액에 미달하는 세금의 10%에 상당하는 가산세로 징수한다.

제4절 기타금융세제

1. 외국인의 증권세제

1) 비거주자 등의 과세개요

(1) 과세방법

① 국내사업장이나 부동산임대소득이 있는 경우 : 종합과세
② 국내사업장이나 부동산임대소득이 없는 경우 : 분리과세

③ 퇴직·양도·산림소득 : 분류과세

(2) 원천징수

① 국내원천소득의 지급자는 법정원천징수세율을 적용하여 원천징수한다. 다만 원천징수세율이 조세조약상의 제한세율보다 높은 경우에는 조세조약상의 제한세율을 적용한다.

② 원천징수세율 : 소득 구분별 원천징수 세율은 <표 15-2>와 같다.

〈표 15-2〉 소득 구분별 원천세율

소 득 구 분	원 천 세 율
이자소득·배당소득·사용료소득·기타소득	14%~20%
선박임대소득·사업소득	2%
인적용역소득	20%
유가증권양도소득	10% 또는 20%

③ 조세조약상의 제한세율 : 제한세율이란 조세조약이 국내법상의 적용최고세율을 제한한 것으로 우리나라와 조세조약이 체결된 국가의 거주자 등이 국내에서 이자소득·배당소득 및 사용료소득 등 투자소득이 있는 경우에는 조세조약상의 제한세율이 적용된다.

2) 유가증권 양도소득의 과세

소득세법과 법인세법은 비거주자 등에 대한 국내원천소득 중 유가증권의 양도소득은 그 유가증권의 종류와 거래주체에 따라 과세유형을 달리한다. 다만 선물거래를 통한 소득은 과세대상 국내원천소득으로 보지 아니한다.

(1) 과세대상

① 다음 이외의 내국법인의 주식 또는 출자 지분이다.

ⓐ 특정주식·특정시설물이용권주식·부동산과다주식이다.

ⓑ 5년내 25% 미만 소유주가 증권거래소나 협회중개시장을 통하여 양도하는 주식이다.

② 국내사업장이 있는 비거주자가 주식·추가지분외의 유가증권을 양도함으

로서 생기는 소득 중 이자소득 이외의 소득이다.

③ 국내사업장이 없는 비거주자 주식·출자지분 외의 유가증권을 내국법인·거주자·외국법인 국내사업장에 양도함으로써 생기는 소득 중 이자소득 이외의 금액이다.

(2) 유가증권 양도소득의 원천징수세율

① 원칙 : 양도가액의 10%

② 취득가액이 확인되는 경우 : 다음 중 작은 금액이다.

ⓐ 양도가액의 10%

ⓑ 양도차익의 25%

2. 파생금융상품의 조세제도

1) 개요

파생상품의 형태나 거래유형이 매우 다양하고 복잡하며 그 역사가 짧아 현행 세법이 파생금융상품에 대한 과세체제를 정립하지 못하고 있다. 그러므로 파생금융상품에서 생기는 소득은 거래유형과 관계없이 소득의 발생원천에 따라 이자소득, 배당소득, 근로소득, 사업소득, 기타소득 또는 양도소득 등으로 파악하여야 한다.

2) 주식매수선택권(stock-option)의 조세특례

현행 조세특례법은 법정요건을 갖춘 옵션에 대하여 조세감면혜택을 주고 있다.

(1) 주식매수선택권의 종류

① 주식교부방식

② 차액보상방식

(2) 옵션 행사이익의 소득구분

① 근로소득

당해 법인의 종업원이나 임원이 옵션을 행사하므로 발생하는 소득은 근로소득에 해당한다.

② 사업소득 또는 기타소득

당해 법인의 임직원 이외 자의 옵션의 행사이익은 그 용역제공이 일시적인 경우에는 기타소득, 계속반복적인 경우는 사업소득에 해당한다.

③ 주식 양도시 양도소득과세

옵션행사로 취득한 주식을 양도하는 경우 일반 주식과 같이 그 양도차익에 대하여 양도소득세가 과세된다.

(3) 주식매수선택권(stock-option)의 과세특례

일정요건을 갖추어 2006. 12. 31까지 부여받은 옵션의 행사로 발생한 옵션행사이익 중 연간 3,000만원(1999년 이전에 부여받은 경우는 5,000만원) 한도 내의 금액은 비과세 된다.

① 특례대상옵션의 범위

조세특례를 받을 수 있는 옵션은 다음내용의 모두를 충족 하여야 한다.

ⓐ 옵션내용이 정관에 기재되어야 하며, 옵션부여 전에 옵션내용을 주주총회, 이사회 결의 후 종업원과 약정하여야 한다.

ⓑ 옵션행사가액이 법정가액 이상이어야 한다.

ⓒ 옵션을 타인에게 양도 할 수 없다.

ⓓ 옵션부여일로부터 3년경과 후 권리를 행사 하여야 한다.

ⓔ 1인의 옵션한도가 발행주식의 10% 이내 이어야 한다.

ⓕ 모든 종업원이 옵션대상이 되어서는 아니 된다.

② 과세특례내용

ⓐ 근로소득의 과세특례 : 당해 법인의 종업원의 옵션행사이익에 대하여는 근로소득이 비과세 된다.

ⓑ 기타·사업소득의 과세특례 : 종업원 이외의 자의 옵션행사이익인 기타소득·사업소득에 대하여는 소득세를 비과세 한다.

ⓒ 해당기업의 조세특례 : 종업원의 옵션행사로 당해 기업이 부담한 옵션프리미엄이 있는 법인세법상 부당행위 계산의 부인 대상에서 제외한다.

연 습 문 제

1. 조세의 정의를 설명하시오.
2. 우리나라 조세의 분류를 설명하시오.
3. 우리나라 조세의 체계를 설명하시오.
4. 조세부과의 원칙을 설명하시오.
5. 과세의 요건을 설명하시오.
6. 소득세를 설명하시오.
7. 종합과세를 설명하시오.
8. 이자소득이란?
9. 배당소득을 설명하시오.
10. 이자소득과 배당소득의 과세방법을 설명하시오.
11. 증권거래세란?
12. 파생상품의 조세제도를 설명하시오.

부 록

부록 1. 금융상품 안내

〈표 1〉 금융기관별 주요 금융상품 일람표

구 분	취급 상품	장 점	단 점
은행 (농·수협 중앙회 포함)	(주요상품) 요구불예금, 저축성예금, 신탁상품, CD·RP 등 시장성상품 저축예금, 가계당좌예금, 시장금리부, 수시입출금식예금(MMDA), 정기적금, 상호부금, 정기예금, 실세금리연동형 정기예금, 양도성예금증서(CD), 환매조건부채권(RP), 표지어음, 금융채, 주택청약종합저축, 청약저축, 주택청약예금, 주택청약부금, 장기주택마련저축, 연금신탁, (신)노후생활연금신탁, 특정금전신탁, 퇴직신탁, 생계형저축	- 다양한 부대서비스 - 광범위한 점포망 및 이용 편리성 - 대출가능성	- 비교적 낮은 예금금리 - 중도해지시 낮은 금리 적용
종합금융 회사	(주요상품) CMA, CP, 발행어음 기업어음(CP), 발행어음, 표지어음, 어음관리계좌(CMA), 생계형저축	- 단기고수익 - 거액고객에 다양한 서비스 제공	- 개인대출 불가능 - 점포수 적음 - 최소 가입 금액 큼
상호저축 은행	(주요상품) 예금, 적금, 신용부금, 표지어음 보통예금, 기업자유예금, 정기예금, 정기적금, 자유적립예금, 장기주택마련저축, 신용부금, 표지어음, 생계형저축	- 고수익 - 대출절차 간단	- 기관신용도 낮음 - 점포수 적음
상호금융 (지역농협, 지구별수협, 지역산림조합)	(주요상품) 출자금, 예탁금, 적금 출자금, 보통예탁금, 자립예탁금, 정기예탁금, 농어가목돈마련저축, 부금공제, 생계형저축	- 고수익	- 기관신용도 낮음
신용협동 조합	(주요상품) 출자금, 예탁금, 적금 출자금, 보통예탁금, 자립예탁금, 자유저축예탁금, 정기예탁금, 정기적금, 자유적립적금, 생계형저축	- 고수익	- 기관신용도 낮음
새마을금고	(주요상품) 출자금, 예탁금, 적금 출자금, 보통예탁금, 자립예탁금, 정기예탁금, 정기적금, 자유적립적금, 생계형저축	- 고수익	- 기관신용도 낮음
자산운용회사	(주요상품) 수익증권, 뮤추얼펀드 단기금융상품펀드(MMF), 수익증권, 뮤츄얼펀드, 엄브렐러펀드, 생계형펀드	- 고수익	- 일부상품은 위험도 높음 - 개인대출 불가능
우체국	(주요상품) 우체국예금·보험 보통예금, 가계우대정기적금, 자유저축예금, 근로자우대저축, 저축예금, 환매조건부채권, 정기예금, 복리정기예금, 정기적금, 장학보험, 개인연금보험, 어린이보험, 종합건강보험, 생계형저축	- 원리금 100% 보장 - 광범위한 점포망	- 대출 불가

〈표 2〉 저축목적별 주요 금융상품

저축목적	주요 금융상품
주택자금 마련	주택청약예금, 주택청약부금, 주택청약저축, 장기주택마련저축 등
노후생활자금 마련[1]	노후생활연금신탁, (개인)연금신탁, 연금보험, 역모기지론 등
목돈 늘리기	정기예금, 금전신탁, 수익증권, 뮤추얼펀드, 변액보험 등
자녀교육비 마련	장학적금, 교육보험 등
생활안정성 확보	생명보험, 상해보험, 질병보험(암보험), 손해보험 등
대출을 받기 위한 저축	상호부금, 신용부금 등

주 : 1) 노후생활연금신탁, 개인연금신탁은 신규가입이 중단되었음

〈표 3〉 저축기간별 주요 금융상품

구 분	1개월 이내	1~3개월	3~6개월	6개월~1년	1년 이상
은행	저축예금, MMDA	표지어음, RP, CD, 정기예금	표지어음, RP, CD, 정기예금, 맞춤형탁정신탁	표지어음, 정기예금, 맞춤형 특정신탁	정기예금, 금융채, 연금신탁, 맞춤형특정신탁, 주택관련저축
자산운용회사[1]	MMF	MMF, 단기수익증권(채권형)	단기수익증권(채권형)	중기수익증권(채권형/주식형)	장기수익증권(채권형/주식형), 연금투자신탁, 뮤추얼펀드
증권회사	RP, CMA	RP, 단기수익증권(채권형), CMA	RP, 단기수익증권(채권형), CMA	중기수익증권(채권형/주식형)	증권저축, 회사채, 국공채 장기수익증권(채권형/주식형)
보험회사					장기저축성보험, 연금보험, 종신보험, 변액보험
종합금융회사	CP, CMA	표지어음, CP, CMA	발행어음, 표지어음, CP, CMA	발행어음	
우체국	저축예금		RP		정기예금, 연금보험
상호저축은행, 신용협동기구	예탁금, 보통예금	예탁금, 표지어음(상호저축은행)	예탁금, 표지어음(상호저축은행)	정기예금, 예탁금	정기예금, 예탁금, 연금보험(공제)

주 : 1) 자산운용회사의 수익증권은 은행이나 증권회사, 보험회사 등 판매회사에서 가입할 수 있음

부록 2. 돈 안드는 노후준비 7대 원칙

평균수명이 100세에 이르는 시대를 사는 현대인들에게는 은퇴 후 10년 정도 살다 삶을 마감하던 때와는 다른 노후준비가 필요하다. 은퇴 후 여명이 10년 정도라면 쉬면서 보낼 수도 있었겠지만 은퇴하고도 20~40년을 더 살게 된 지금은 여가 생활만으로는 행복한 노후를 보낼 수 없다. 행복한 노후, 건강한 노후를 위해서는 다음의 원칙 중 한 두 가지라도 지킬 필요가 있다.

제1원칙 평생 현역

불가능한 10억 만들기에 절망할 것이 아니라 평생 일을 하여야 한다. '신세대 노인'으로서 평생 현역으로 하겠다는 마음의 자세가 필요하다. 젊어서 돈을 벌기 위해 일했다면 은퇴 후에는 자신이 좋아하는 일, 행복해지는 일을 하면서 평생 현역으로 살 필요가 있다.

제2원칙 평생 경제

노후에도 작은 일이라도 해서 경제적 활동으로 돈을 벌어야 한다. 은퇴후 젊었을 때 벌어놓은 돈을 쓰면서 산다는 것은 환상이다. 젊을 때 노후에 필요한 돈을 다 버는 것이 불가능하고 저금리 등으로 이자수입으로 살기도 힘들다.

제3원칙 평생 건강

평소 규칙적인 운동, 적당한 수면, 충분한 수분 섭취, 금주와 금연 등을 통해 건강을 지켜야 한다. 몸이 아픈 것만큼 서러운 일도 없고 더구나 늙어서 중병을 앓으면 서럽고 애써 모은 노후자금을 병원비로 지불해야 하기 때문에 노후자금이 더욱 빨리 부족해진다.

제4원칙 평생 젊음

매사에 젊은이들처럼 도전정신을 유지하여야 한다. 젊음이란 인생의 한 시기를 말하는 것이 아니라 삶에 대한 태도를 의미한다. 나이에 상관없이 자신이 하고 싶은 일을 적극적으로 하는 사람이 젊은이다.

제5원칙 평생 관계

노후에도 정기적으로 만날 수 있는 인맥을 만들어 두어야 한다. 좋은 인간관계는 행복한 삶의 기본이다. 정기적으로 만날 수 있는 친한 사람이 최소 여섯 명이고, 일상사의 불편에서 벗어날 수 있다면 노후가 행복하다.

제6원칙 평생 공부

세상이 변화하는 것에 맞춰 자신이 맡은 업무는 물론이고 다양한 분야에 관심을 두고 끊임없이 학습하여야 한다. 이미 7년마다 지식의 양이 두 배로 증가하고 있으며 이 속도는 점점 빨라져 2030년이면 72일마다 지식의 양이 두배로 증가하게 된다고 한다. 때문에 학교에서 배운 지식으로는 평생을 살 수 없다.

제7원칙 평생 마음개발

일상에서 불가피하게 부닥치는 스트레스를 다스리는 마음 공부가 필요하다.

헛된 욕망에 괴로워하지 말고, 늘 겸손함을 유지하며 이웃에게 베푸는 자세를 지니면 삶에 보람을 느껴 스스로 행복해진다. 신체적인 건강뿐 아니라 마음 역시건강하게 갈고 닦아야 한다.

자료 : '돈 안드는 노후준비 7대 원칙'(김창기 저)

부록 3. 주식부자들의 투자습관 10가지

세계에서 두번째로 돈이 많은 워렌 버핏은 '모르는 분야에는 결코 투자하지 않고, 절대로 손실을 보지 않는다'는 투자 원칙을 습관화해 세계적인 부자가 됐다. 이처럼 세계적인 투자 대가들이 주식으로 부자가 된 것은 그들만의 투자 원칙이 있었기 때문이다. 투자 습관의 1% 차이가 실패한 투자자들과 100% 다른 성과를 안겨준 셈이다.

최근 전설적인 투자가들의 아이디어를 총망라한 책으로 화제를 모으고 있는 '주식부자들의 투자습관'(리더스북)에 소개된 그들만의 돈 버는 투자 습관을 10 가지로 정리해 본다.

1) 10년은 평균, 가능하면 영원히 보유한다.

워렌 버핏은 "내가 가장 좋아하는 주식 보유기간은 '영원히'다"라고 말했다. 그가 투자한 종목은 대략 10년 정도 그의 손에서 떠나지 않았다. 평생, 아니 영원히 보유할 종목이 아니라면 아예 매수하지 않았다는 얘기다. 아무하고나 평생 살 수 없듯이 워렌 버핏은 주식도 그렇게 골랐다.

2) 폭락 앞에 의연하다.

1987년 미국 증시 붕괴를 정확히 예측하고 주식을 팔아치워 월스트리트에서 유명세를 떨친 일레인 가자렐리는 성공적인 투자 비결이 겁을 먹고 너무 빨리 주식을 팔아치우는 실수를 범하지 않는 것이라고 말했다. 시장이 하루에 200포인트 하락하면 개인투자자들은 대개 잔뜩 겁을 먹고 주식을 팔아치우지만 그 때가 바닥일 때가 많다. 단기 시황에 원칙이 흔들리거나 동요되면 안 된다.

3) 매도 원칙이 분명하다.

자신의 실수를 깨달았을 때, 투자한 회사가 더 이상 투자기준을 만족시키지 못할 때, 더 좋은 투자 대상을 발견했는데 신규 자금이 없을 때 매도한다. 필립 피셔가 제시한 이 세 가지 매도원칙은 가치투자자는 물론이고 대부분 투자 대가들이 가진 공통점이다.

4) 번 돈의 절반은 인출한다.

제시 리버모어는 초창기 투자 실패의 원인이 번 돈을 잘 관리하지 못한 데 있다고 판단했다. 그는 투자 원금이 두 배로 불어나면 그 중 절반을 인출해서 안전한 자산으로 옮겼다. 불어난 돈을 넣어 계좌에 넣어 두고 계속해서 거래를 하다가 파산하는 불행을 자초하면 곤란하다.

5) 잡초에는 물을 주지 않는다.

피터 린치는 분산 자체만을 위해 알지도 못하는 종목에 투자하는 것은 무익한 일이라고 잘라 말했다. 일반 투자자들이 빠지기 쉬운 함정이 바로 어리석은 분산투자이며, 맹목적인 분산투자는 잡초에도 쓸데없이 물을 주는 것과 같다고 봤다. 중요한 것은 보유종목의 개수가 아니라는 얘기다.

6) 장차 2등이 될 10등 종목을 산다.

월스트리트의 유명한 펀드매니저인 포스터 프리스는 지금 10등이지만 앞으로 2등이 될 수 있는, 수익 창출 능력이 지금도 좋고 앞으로 더 좋아질 기업을 고를 것을 강조했다. 주가는 수익에 따라 움직이기 때문이다. 하지만 그는 1위 기업의 주식을 별로 좋아하지 않는다. 이미 주가가 너무 올라 투자매력이 떨어지기 때문이다.

7) 자신의 원칙을 목숨처럼 지킨다.

원칙을 세우는 것도 어렵지만 이를 지키는 것은 더 어렵다. 투자 대가들도 간혹 실패할 때가 있었는데 이는 원칙이 없었거나 원칙을 지키지 않았기 때문이었다. 뼈아픈 실패를 겪은 대가들은 자신의 원칙을 목숨처럼 지키며, 대표적인 인물은 단연 워렌 버핏이다. 그가 '닷컴' 버블 때 인터넷 주식에 투자하지 않았던 것은 두고두고 회자됐다. 그는 잘할 수 있는 분야에만 투자한다는 원칙을 고집스럽게 지켰다.

8) 감정을 다스리고 이성으로 판단한다.

'주식투자 절대불변의 법칙'의 저자인 마이클 신시어는 아무리 많은 것을 배운다 해도 감정을 통제할 수 없으면 결국 돈을 잃을 수밖에 없다고 강조했다. 감정을 통제하지 못하면 싸구려 주식, 단타 매매, 외상 매매, 특급 정보에 현혹돼 주식시장을 카지노 정도로 생각하는 도박꾼이 돼 버린다.

9) 투자와 인생을 가르쳐 줄 멘토가 있다.

투자는 기본적으로 고독하다. 역설적으로 투자 대가들은 끊임없이 누군가를 그리워했다는 말이다. 자신을 지키는 것은 남과 고립된 상황에서 나오는 것이 아니며, 그래서 멘토가 필요하다. 워렌 버핏은 자신이 부와 성공을 이룬 것에 대해 스승인 벤저민 그레이엄 덕분이라는 말을 곧잘 한다. 그는 벤저민 그레이엄의 '현명한 투자자'를 읽고 그에게 직접 배우기 위해 컬럼비아 대학에 들어갔고, 나중에는 그레이엄의 회사에 취직하기도 했다.

10) 실패에서 배운다.

투자 대가들도 초창기에는 많은 실패를 경험했다. 하지만 실패 원인을 철저히 분석하고 같은 실수를 되풀이하지 않았기 때문에 투자에 성공할 수 있었다. 벤저민 그레이엄도 1929년 대공황 때 돈을 모두 잃고 깡통 신세가 된 일이 있었다. 그는 대학에서 무엇이 잘못되었는지 검토하고 재평가하는 기회를 가졌고, 그 결과 '증권분석'이라는 걸작을 남겼다. 5년 동안 고객들의 원금을 회복할 때까지 돈을 받지 않고 일했고, 처절한 몸부림으로 원금을 회복한 그는 다시 손해를 보지 않았다.

자료 출처 : 머니투데이

부록 4. 증권투자 격언

1. 총 론

1) 격언을 모르고 시세에 뛰어들지 마라.
2) 타이밍과 종목선택 둘 다 중요하다.
3) 달걀은 한 바구니에 담지 마라.

2. 주가속성

1) 오르는 힘이 다하면 주가는 저절로 떨어진다.
2) 3단 상승, 3단 하락은 시세의 기본이다.
3) 수급은 모든 재료에 우선한다.
4) 바닥은 깊고 천정은 짧다.
5) 대세는 오래가도 종목시세는 짧다.
6) 대량거래가 지속되면 천정의 징조이다.
7) 돌이 뜨고 가랑잎이 가라앉는다.
8) 경계심이 강할 때에는 좀처럼 천장을 치지 않는다.
9) 사기 힘든 주식은 팔기도 힘들다.
10) 10%의 주가 등락은 대세 전환일 경우가 많다.
11) 주가는 거래량의 그림자다.
12) 종목별로 상승하고 일제히 하락한다.
13) 촛불은 꺼지기 직전이 가장 밝다.
14) 주가는 언젠가는 고향으로 돌아온다.
15) 장기간에 움직이지 않던 주식이 오르기 시작하면 크게 오른다.
16) 큰 시세는 3년이고 작은 시세는 3개월이다.
17) 최후시세가 가장 크다.
18) 천정과 바닥은 계기가 된다.
19) 시세는 천리동풍이다.
20) 나만 아는, 멀리 있는 정보가 아니다.
21) 긴 보합은 폭등이나 폭락의 전조이다.
22) 산이 높으면 계곡도 깊다.
23) 반락이 얕으면 큰 시세가 온다.

3. 시장심리(Market psychology)

1) 대중이 가는 뒤안길에 꽃길이 있다.
2) 대중은 항상 틀린다.
3) 만인이 좋아하는 미인 주를 잡아라.
4) 1%가 소문을 만들고 99%가 뒤를 쫓는다.
5) 주가는 재료보다 선행한다.
6) 합창을 하면 주가는 반대로 움직인다.
7) 인기는 순환이다.
8) 모두가 좋다는 종목은 피하는 것이 좋다.
9) 행복은 대중의 호주머니에 떨어지지 않는다.
10) 끼 있는 주식이 가장 잘 올라간다.
11) 시장분위기에 도취되지 마라.
12) 시세는 인기 7할, 재료 3할

4. 전략

1) 눈앞의 시세로 장세를 예측하지 말라.
2) 하방 경직성을 보이는 주식을 사라.
3) 보합시세는 무너지는 쪽으로 붙어라.
4) 매수는 느긋하게 매도는 신속하게 하라.
5) 매매기준은 주가수준보다 대세흐름을 봐야 한다.
6) 주식할 땐 바보가 되어라.
7) 숲을 먼저 보고 나무를 보아라.
8) 신용잔고가 많으면 피하고, 만기매물 압박에는 맞서라.
10) 3할 타자가 되라.
11) 주식투자의 첫걸음은 사전계획을 세우는 것이다.
12) 챠트는 시세의 길잡이이다.
13) 사는 것 보다 파는 것이 더 중요하다.
14) 시세는 시세에게 물어봐라
15) 움직이지 않는 주식에는 손을 대지 마라.
16) 바닥권의 악재는 사라.
17) 주식투자는 절대적 유연성이 필요하다.
18) 충동매매는 후회의 근본이다.
19) 처분한 주식은 돌아보지 말라.
20) 손해보고 있는 종목부터 팔아라.

21) 미련이 있을 때 미련 없이 팔아라.
22) 생선의 꼬리와 머리는 고양이에게 주라.
23) 매입 가격은 잊어버려라.
24) 사고 팔고 쉬어라. 쉬는 것도 투자다.
25) 확신이 있으면 과감하게 투자하라.
26) 행운아에 따라 붙어라.
27) 나누어서 사고 나누어서 팔아라.
28) 내부자의 조언도 100% 믿어서는 안 된다.
29) 뉴스를 과신 말고 기사는 행간을 읽어라.
30) 신 고가는 따라 붙어라.
31) 배당보고 투자하지 마라.

5. 타이밍

1) 매수는 기술, 매도는 예술이다.
2) 때가 올 때까지 기다리는 사람이 성공한다.
3) 내일이라는 날도 있다.
4) 금융장세는 대시세가 나온다.
5) 모든 재료가 곧 바로 주가에 반영되지 않는다.
6) 바닥시세에서 맨 먼저 뛰는 종목을 사라.
7) 제철이 지난 과일은 먹지 마라.
8) 매입은 천천히 매도는 신속하게 하라.
9) 오늘의 주가는 오늘로 마감하라.
10) 떨어지는 칼을 손으로 잡지마라.
11) 인기주는 초기 시세에 따라 붙어라.
12) 시작은 소녀, 마무리는 토끼처럼 하라.
13) 기회는 소녀처럼 왔다가 토끼처럼 달아난다.
14) 주식을 사기보다는 때를 사라.
15) 소문에 사고 뉴스에 팔아라.
16) 천재지변이나 돌발사태로 인한 폭락은 사라.
17) 천정권의 호재는 팔고 바닥권의 악재는 사라.
18) 능마주도 큰 돈 벌 수 있다.

6. 펀더멘탈 · 포트폴리오 · 자금관리

1) 싼 것이 비지떡이다.
2) 기업분석에 지나치게 치중하지 마라.
3) 주식은 자식과 같다.
4) 생명 돈은 남겨두고 생명 돈에는 손대지 마라.
5) 신용투자는 단기에 끝내라.
6) 아군의 진지를 비워두어서는 안 된다.
7) 여유자금으로 투자하라.
8) 꿈이 있는 주식이 가장 크게 오른다.
9) 목숨이 걸린 돈에는 손대지 말라.
10) 밀짚모자는 겨울에 사라.
11) 주식과 결혼하지 마라.

7. 경험 · 절제 · 자기관리

1) 작은 실패로 배워라.
2) 주식이 잘될 때 자만하지 마라.
3) 주식투자는 자식을 키우는 것과 같다.
4) 잃은 돈 찾으려다가 가진 돈 잃는다.
5) 노력하는 사람만이 성공한다.
6) 생각나는 대로의 매매는 다침의 원인이다.
7) 주식은 마음을 비우는 자의 것이다.
8) 하루 종일 시세 판을 쳐다보고 있어도 돈을 벌 수 없다.
9) 어설픈 상담사가 투자를 망친다.
10) 투자는 내일도 할 수 있다.
11) 자신에게 가장 알맞은 투자 방법을 개발하라.
12) 주식은 냉철한 이성을 지닌 자의 것이다.
13) 꼬이기 시작하면 그만둬라.

자료 출처 : www.shinyoung.com / www.bookkook.co.kr

참고문헌

1. 국내문헌

구본창, 디지털 경제시대의 금융재테크, 디지털머니캡, 2001.

김건우, 투자론, 홍문사, 2006.

김동균·임성훈·최일, 금융상품에서 펀드판매까지, 이패스코리아, 2006.

김인기, 신금융론, 박영사, 2004.

김종선·김종오, 금융시장론, 학현사, 2004.

김종선·김종오, 금융과 재테크, 비엔엠북스, 2006.

김희오, 투자자산 분석의 이해, 대명, 2007.

남상섭·서정교, 재테크특강, 현학사, 2006.

박강우. 김종오. 이우백, 금융시장과 금융투자, 2015.

박용희, 주식투자의 이해, 유비온, 2007.

백재승, 증권시장의 이해, 명경사, 2010.

신종욱, 개인자산관리의 이해, 비엔엠북스, 2007.

윤봉한, 황선웅, 금융기관론, 문영사, 2004.

이경균, 금융상품의 이해와 활용, 2014.

이요섭, 금융시장의 이해, 연암사, 2005.

이장우, 강인철, 증권시장과 투자의 이해, 대명, 2005.

이재석, 투자와 자산관리, 청목출판사, 2006.

이정도, 한국증권시장, 법문사, 2006.

자산운용협회, 투자분석, 2007.

장영광, 현대투자론, 신영사, 2004.

전윤범, 금융상품 비교분석, 유비온, 2005.

조해균, 최신보험경영론, 박영사, 2006.

최세일, 주식시장의 기술적 분석, 진리탐구, 1999.

한국은행, 한국의 금융시장, 2012.

한국은행, 금융생활 길라잡이, 2012.

한국은행, 알기쉬운 경제지표 해설, 2012.

황인태, 금융자산관리, 청목출판사, 2006.

현대증권, 주가지수 선물·옵션거래의 이해, 1997.

홈페이지 : 부국증권 http://www. bookkook.co.kr
신영증권 http://www. shinyoung.com
한국은행 http://www. bok.or.kr
한국증권연수원 http://www. ksti.or.kr
현대증권 http://www. youfirst.co.kr

2. 외국문헌

Brealey, R. A., An Introduction the Risk and Return from Common Stocks, Cambridge Mass : The M.I.T. Press, 1969.

Fama, E. F., Efficient Capital Market: A Review of Theory and Empirical Work, Journal of Finance, 25, May 1970.

Hirshleifer, J,, Investment Decision Under Uncertainty : Choice– Theoretic approaches, The Quarterly Journal of Economics, Vol. 79, No. 4, November 1965.

Malkiel, B. G., A Random Walk Down Wall Street, eighth edition, W.W. Norton & Co., New York, 2003.

Porter, M. E., Competitive Strategy: Techniques for Analyzing Industries and Competitors, New York: Free Press, 1980.

Stanley, T. J, William D. Danko, The Millionaire Next Door, Simon & Schuster Inc,. New York, 1996.

찾아보기

국문 찾아보기

ㄱ

ㅂ

ㅊ

ㅎ

영문 찾아보기

A

B

C

[저자 약력]

김 희 오

현, 경일대학교 테크노경영학과 교수
경북대학교, 경남대학교 재무론 전공(경영학박사)
현대그룹 임원(현대증권 본부장)
경북대, 계명대, 대구대, 경남대, 경운대 강사
한국전산회계학회 부회장
한국산업경영학회 대외협력 위원장
대구광역시 지방세과세표준 심의위원장
중소기업청 정책자문위원

저 서
투자자산 분석의 이해(김희오, 도서출판 대명)
금융자산관리론(김희오, 피앤씨미디어)
증권투자론(김희오 외, 도서출판 대명)
창업경영의 이해(김희오 외, 경영과 미래)
원가회계(김희오 외, 피앤씨미디어)

제4판
금융자산관리론

초판발행 2008년 2월 15일
제2판발행 2014년 2월 28일
제3판발행 2015년 2월 10일
제4판인쇄 2017년 8월 16일
제4판발행 2017년 8월 20일

지은이 김희오
펴낸이 박노일

총괄기획 김중용·최준규
편 집 심성보·김인숙

펴낸곳 피앤씨미디어
경기도 고양시 일산동구 강송로 153 310-1501
등록 제396-2012-000203호
전 화 070)7550-3758 팩 스 02)718-8554
홈페이지 www.pncmedia.co.kr 이메일 pnc@pncmedia.co.kr
ISBN 979-11-5730-427-1 93320

정 가 23,000원